Spirituelle Psychologie

Rudolf Steiner

Themen aus dem Gesamtwerk 11

Das Werk Rudolf Steiners gründet sich methodisch und erkenntniswissenschaftlich auf die Darstellungen der grundlegenden Schriften: *Die Philosophie der Freiheit.* Grundzüge einer modernen Weltanschauung; *Theosophie.* Einführung in die übersinnliche Welterkenntnis und Menschenbestimmung; *Wie erlangt man Erkenntnisse der höheren Welten?* und *Die Geheimwissenschaft im Umriß.* Diese bilden zusammen mit den übrigen Schriften und den Aufsatzbänden das geschriebene Werk von überschaubarem Umfang, rund 40 Bände.

Daneben ist die Fülle der nachgeschriebenen Vorträge außerordentlich, in der Gesamtausgabe mehr als 250 Bände. Diese Vorträge waren alle frei gehalten und nicht zum Druck bestimmt. Ihre Herausgabe erfolgt nach von Rudolf Steiner nicht durchgesehenen Nachschriften. Sie enthalten jedoch den Ausbau und die Entfaltung der in den Schriften entwickelten Grundkonzeptionen nach den verschiedensten Richtungen und Lebensbereichen. Sie stellen in ihrer thematischen Mannigfaltigkeit auch heute noch eine nicht bewältigte Aufgabe dar.

So ist das Motiv dieser Taschenbuchreihe: unter den in unserer Zeit aktuellen Gesichtspunkten den Zugang zu verschiedenen im Vortragswerk verstreuten und nicht zusammenhängend ausgearbeiteten Themenkomplexen zu eröffnen und damit zugleich den Ansatz der anthroposophischen Erkenntnismethode an bestimmten Problemkreisen zu verdeutlichen; die jeweilige Zusammenstellung von Vorträgen beansprucht dabei inhaltlich keine Vollständigkeit.

Rudolf Steiner

Spirituelle Psychologie

Grundbegriffe einer anthroposophischen Seelenkunde

Elf Vorträge, ausgewählt und herausgegeben von Markus Treichler

Verlag Freies Geistesleben

Das vorliegende Werk basiert auf der deutschen Originalausgabe, die im Rudolf Steiner Verlag, Dornach / Schweiz, innerhalb der Rudolf Steiner Gesamtausgabe (GA) erschienen ist. Als Herausgeber zeichnet die Rudolf Steiner Nachlaßverwaltung, zu der das Rudolf Steiner Archiv und der Rudolf Steiner Verlag gehören. Damit die Tätigkeit des Rudolf Steiner Archivs und somit die Herausgabe von Rudolf Steiners Werk gewährleistet bleiben kann, ist das Archiv, das keine staatlichen oder anderen Beiträge erhält, ganz auf Spendengelder angewiesen. Zu diesem Zweck besteht ein Förderverein.

Weitere Informationen:
Rudolf Steiner Archiv, Postfach 135, CH-4143 Dornach
oder:
www.steinerarchiv.info

ISBN 3-7725-0081-1

3. Auflage 2004

Verlag Freies Geistesleben,
Landhausstr. 82, 70190 Stuttgart
Internet: www.geistesleben.com

Einbandentwurf: Maria A. Kafitz, unter Verwendung
eines Fotos von Wolfgang Schmidt, Ammerbuch

Gesamtherstellung: Clausen & Bosse, Leck

Inhalt

Vorwort

Spirituelle Psychologie durchzieht das gesamte geisteswissenschaftliche Werk Rudolf Steiners. Es gibt keinen speziell psychologischen Kurs, wie es pädagogische, landwirtschaftliche, naturwissenschaftliche, medizinische und andere Fachkurse von Rudolf Steiner gibt.

Eine spirituelle Psychologie aus anthroposophischer Welt- und Menschenerkenntnis soll nicht eine neue psychologische Theorie sein. Die anthroposophisch-spirituelle psychologische Anschauung soll fruchtbar werden im Umgang mit Menschen. «Die Psychologie muß aus der Bewußtseinsseele heraus neu begründet werden. Die Psychologie sollte aber keine neue Theorie, sondern eine spirituelle Betätigung werden, mit der man dem Niedergang entgegenarbeitet, denn die Menschen verlieren das Seelische. Dies wäre Ihre anthroposophische Aufgabe.»[1]

Die psychologische Wissenschaft, wie sie heute betrieben wird, ist in den beiden letzten Jahrzehnten des vorigen Jahrhunderts entstanden, zu der Zeit, als Rudolf Steiner neben der Herausgabe von Goethes Naturwissenschaftlichen Schriften seine eigenen philosophischen Werke verfaßte. Er beobachtete und kommentierte aufmerksam die Entstehung und Entwicklung der neuen Wissenschaft vom Seelenleben, die vor ihrer Geburt schon den Geist und unter der Geburt ihre Seele verloren hatte.[2] Heute, so könnte man als kritischer und skeptischer Beobachter hinzufügen, habe diese Wissenschaft im Alter von gerade 100 Jahren – für eine Wissenschaft noch kein Alter – vorzeitig den Verstand und zuletzt auch noch das Bewußtsein verloren.

So wenigstens die Richtungen der orthodoxen Verhaltenspsychologie und der Lerntheorien, die ihre als Humanpsychologie verbreiteten Erkenntnisse fast ausschließlich in Experimenten mit Ratten gewonnen haben.[3] Freilich gibt es auch andere psychologische Theorien, für die die «Psychologie des Menschlichen» nicht nur Lippenbekenntnisse sind.[4]

Die in diesem Band zusammengefaßten Vorträge Rudolf Steiners stellen nun weder eine vollständige noch eine systematische Abhandlung einer anthroposophischen Psychologie dar. Sie wollen dem an Psychologie interessierten Leser das Kennenlernen einiger wesentlicher Gesichtspunkte einer spirituellen Psychologie aus dem Werk Rudolf Steiners erleichtern. Daß es dabei auf die «spirituelle Betätigung» ankommt, sollte nicht vergessen werden. Die Reihenfolge der Vorträge, die der Rudolf Steiner Gesamtausgabe entnommen sind, ist nicht chronologisch, sondern folgt einem inhaltlichen Aufbau, der im einzelnen in den den Vorträgen vorangestellten Bemerkungen unter Berücksichtigung der ursprünglichen Umstände der Vorträge angesprochen wird.

Verzichtet wurde in der vorliegenden Auswahl auf die Wiedergabe von Darstellungen Rudolf Steiners zum Komplex des Unterbewußtseins,[5] weil es hier darauf ankam, die Grundlagen und Methoden einer anthroposophisch-spirituellen Psychologie aufzuzeigen. Ihre Stellung zur gegenwärtigen Psychologie, in der dieser Komplex eine bedeutende Rolle spielt, wird unter dem Gesichtspunkt der Selbsterkenntnis im Nachwort zu beschreiben versucht.

Anmerkungen

1 Rudolf Steiner am 6. Juli 1924, siehe Kurt Vierl: *Selbsterziehung in der Heilpädagogik* 1979. Dazu auch Kurt Vierl: «Psychologie – eine spirituelle Betätigung?»; in: *Mitteilungen aus der anthroposophischen Arbeit in Deutschland,* Heft 4, Weihnachten 1983.

2 Vgl. Anm. 11 zu den Vorträgen, S. 318.

3 K. Holzkamp: «Verborgene anthropologische Voraussetzungen der allgemeinen Psychologie»; in: *Neue Anthropologie,* hrsg, v. H.-G. Gadamer, Bd. 5: *Psychologische Anthropologie,* München 1973.

4 C.F. Graumann: «Bericht zur Lage der Psychologie 1970»; in: *Psychologie in Deutschland, ein Bericht zur Lage von Forschung und Lehre* 1983.

5 In unserer Auswahl ist das «Unterbewußte» angesprochen in dem Vortrag vom 4. 11. 1910. Vgl. dazu im weiteren die beiden Vorträge von Rudolf Steiner «Über die Psychoanalyse» vom 10. und 11. 11. 1917 in GA 178.

Zum Vortrag vom 2. Juni 1922 in Wien

Der nachfolgende erste Vortrag der vorliegenden Zusammenstellung wurde als öffentlicher Vortrag am 2. Juni 1922 auf dem von ca. zweitausend Menschen aus ganz Europa besuchten Wiener West-Ost-Kongreß gehalten. Es ist der zweite von fünf Vorträgen, die unter dem Oberthema «Anthroposophie und Wissenschaften» gehalten wurden. Der erste Abendvortrag des Kongresses war dem Verhältnis Anthroposophie und Naturwissenschaft gewidmet. Der zweite, hier abgedruckte Vortrag behandelt den Zusammenhang von Anthroposophie und Psychologie. Rudolf Steiner führt darin in einem großen Bogen den Weg von dem fragenden und staunenden Erleben des Menschen seiner eigenen Seele gegenüber zu den methodischen Schritten einer anthroposophisch-geisteswissenschaftlich fundierten Psychologie. Bestimmte Seelenübungen werden charakterisiert, um sich den höchsten Fragen der Psychologie zu nähern und die Seele zu einem Geistorgan zu bilden. Durch seinen umfassenden Charakter und die enthaltenen methodischen Hinweise ist dieser öffentliche Vortrag eine geeignete Einführung in das Gebiet einer spirituellen Psychologie.

Anthroposophie und Psychologie

Wien, 2. Juni 1922

Meine sehr verehrten Anwesenden! Wenn die Daseinsrätsel des Lebens die menschliche Seele selbst betreffen, so werden sie nicht nur zu großen Lebensfragen, sondern sie werden in einem intimen Sinn zum Leben selbst. Sie werden Glück oder Leid des Daseins des Menschen. Und zwar nicht bloß vorübergehendes Glück oder Leid, sondern Glück oder Leid, das der Mensch durch eine gewisse Dauer durch das Leben tragen muß, so daß er durch dieses Glücks- oder Leideserlebnis tüchtig oder untüchtig für das Leben wird.

Nun steht der Mensch seiner eigenen Seele so gegenüber, daß ihm die wichtigsten Daseinsfragen in bezug auf diese Seele und ihre geistige Wesenheit eigentlich nicht aus dem Grunde aufgehen, weil er irgendwie zweifeln könnte an dem Geistig-Seelischen seines eigenen Wesens. Gerade weil er in einer gewissen Beziehung dieser seiner eigenen geistigen und seelischen Wesenheit gewiß ist, weil er in dieser geistigen und seelischen Wesenheit seine eigentliche Bedeutung als Mensch und seine Würde als Mensch sehen muß, wird ihm die Frage nach dem Weltenschicksal seiner Seele zum großen, gewaltigen Daseinsrätsel. Das Geistige in dem Menschen selbst zu leugnen fällt ja selbstverständlich auch dem strammsten Materialisten nicht ein. Er wird das Geistige als solches anerkennen, es gewissermaßen nur ansehen als Ergebnis der physischen, materiellen Vorgänge. Derjenige aber, der ohne solche Theorie, einfach aus den tiefsten Empfindungsbedürfnissen seiner Seele, nach dem Schicksal dieses seelischen Selbstes fragt, der wird sich im Leben gegenübergestellt finden einer Unsumme von Erscheinungen, von Erfahrungen, die ihm gerade deshalb zu Rätselfragen werden, weil er sich des seelisch-geistigen Lebens voll bewußt ist und weil er gerade deshalb fragen muß: Ist dieses geistig-seelische Leben ein vorübergehender Hauch, aufsteigend aus dem physischen Dasein und mit ihm wiederum in die allgemeine Naturtatsachenwelt zurückkehrend, oder hängt dieses Geistig-Seelische mit einer geistig-seelischen Welt selbst zusammen, innerhalb welcher es eine ewige Bedeutung hat?

Ich möchte von den vielen Erlebnissen des Seelischen, die an den Menschen herantreten und die ihm die Rätselfragen der Seele vor das geistige Auge führen, nur zwei herausgreifen.

Man kann sagen: Wenigen Menschen werden sich vielleicht diese Erlebnisse so aufdrängen, daß sie sie zu bewußten oder gar zu theoretischen Seelenfragen machen. Das ist aber auch gar nicht das Wichtige. Das Wichtige ist, daß solche Erlebnisse gerade die unterbewußten oder unbewußten Seelenregionen ergreifen, in diesen sich festlegen und in das Bewußtsein nur heraufströmen als allgemeine Seelenstimmung oder auch Seelenverstimmung, als dasjenige, was uns mutig und kraftvoll im Leben macht, oder als dasjenige, was uns niedergeschlagen macht, so daß wir an keiner Stelle in der Lage sind, uns selbst richtig in das Leben hineinzufinden oder auch dieses Leben in der für uns geeigneten Weise zu erfassen. Wie gesagt, nur zwei von diesen Erlebnissen möchte ich herausheben.

Das eine tritt dem Menschen jeden Abend, wenn er einschläft, vor das Seelenauge, wenn das, was während des wachen Tageslebens auf und ab wallt und webt im seelischen Erleben, wie ausgelöscht hinuntersinkt in die Unbewußtheit. Dann, wenn der Mensch hinschaut auf dieses Erlebnis oder, wie es bei den meisten Menschen der Fall ist, wenn er die unbewußten Empfindungen dieses Erlebnisses in seiner Seele wirksam hat, dann überkommt ihn etwas wie die Ohnmacht dieses Seelenlebens gegenüber dem äußeren Weltengang. Und gerade weil der Mensch im Seelenleben sein Wertvollstes, sein Würdigstes sieht, weil er nicht ableugnen kann, daß er im wahren Sinn des Wortes eben ein geistig-seelisches Wesen ist, so bestürmt ihn von innen heraus dasjenige, was er also als Ohnmacht des seelischen Lebens empfindet, und er muß sich fragen: Übernimmt, wenn der Mensch durch die Pforte des Todes schreitet, das allgemeine Naturgeschehen ebenso die seelischen Erlebnisse, wie dieses allgemeine Naturgeschehen sie jedesmal beim Einschlafen übernimmt? – Ich möchte sagen, das eine Erlebnis ist die Ohnmacht des Seelenlebens.

Das andere Erlebnis ist dem ersten in einer gewissen Weise polarisch entgegengesetzt. Wir erfühlen es mehr oder weniger bestimmt oder unbestimmt, bewußt oder unbewußt, wenn wir im Aufwachen, vielleicht nach dem Übergang durch eine phantastisch chaotische, mit der Wirklichkeit nicht übereinstimmende Traumwelt, mit dem, was wir als unser Geistig-Seelisches erfühlen und erleben, untertauchen in unsere Leiblichkeit. Wir empfinden dann, wie dieses Geistig-Seelische unsere Sinne ergreift, wie wir durch die Wechselbeziehungen zwischen der Außenwelt und unseren Sinnen, die ja physisch-physiologischer Natur sind, unser seelisches Erleben durchsetzt haben. Wir empfinden, wie dieses Geistig-Seelische weiter hinuntersteigt in unsere Leiblichkeit, wie wir unsere Willensorgane mit diesem Geistig-Seelischen ergreifen und dann zum wachen, besonnenen Menschen werden, der sich seines Leibes, seines Organismus bedienen kann. Aber wenn wir uns nun besinnen, so müssen wir uns sagen: Trotz aller Anatomie und Physiologie, die ja von außen in großartiger Weise die Leibesfunktionen zu durchschauen, zu analysieren bestrebt sind: von innen angeschaut, wissen wir Menschen durch das gewöhnliche

Bewußtsein zunächst nichts von dem, was da als ein Wechselverhältnis besteht zwischen unserem Geistig-Seelischen und unseren leiblichen Verrichtungen. Wenn wir die einfachste Leibesverrichtung, die aus dem Willen hervorgeht, ins Auge fassen, das Erheben des Armes, das Bewegen der Hand, müssen wir uns sagen: Zunächst sitzt in uns die Vorstellung, der Gedanke dieses Armhebens, dieser Handbewegung. Wie aber dieser Gedanke, diese Vorstellung hinunterströmt in unseren Organismus, wie er eingreift in unser Muskelsystem, wie zuletzt das zustande kommt, was wir doch wiederum nur durch Anschauung selber kennen: was da im Innern eigentlich vorgeht, bleibt dem gewöhnlichen Bewußtsein verborgen, ebenso wie verborgen bleibt in jenem wunderbaren Mechanismus, den uns die Physik und Physiologie zeigen, im menschlichen Auge oder in einem anderen Sinnesorgan das Geistig-Seelische, das in diesen wunderbaren Mechanismus eingreift.

So, müssen wir sagen, ist es die Ohnmacht des Seelenlebens auf der einen Seite, die uns Rätsel aufdrängt, so ist es die Finsternis, in die wir untertauchen mit unserem Geistig-Seelischen, wenn wir in den eigenen Leib dieses Geistig-Seelische einströmen fühlen, was uns die Rätselfragen weiter aufwirft. Wir müssen uns sagen – gewiß, die meisten Menschen tun das wieder nicht bewußt, aber sie empfinden es als die Stimmung ihrer Seele –: Dieses Geistig-Seelische in seinem Wechselverhältnis mit dem Organismus ist uns als Schöpferisches unbekannt, es ist uns da unbekannt, wo es gerade im physischen Erdenleben seine eigentliche Bestimmung nach außen im Dasein offenbart.

Was auf diese Art jeder naive Mensch erlebt, erstreckt sich in einer etwas veränderten Form hinein in die Seelenwissenschaft. Es müßte allerdings lange gesprochen werden, wenn die Art und Weise, wie sich diese Rätselfragen in die Wissenschaft hineinschleichen, wissenschaftsgemäß erörtert werden sollten; aber es kann wenigstens, mit einer gewissen Äußerlichkeit vielleicht, in der folgenden Weise gesagt werden.

Auf der einen Seite sieht die Wissenschaft nach dem Seelischen hin und fragt sich: Wie steht dieses Seelische mit dem Körperlichen, mit dem Äußerlich-Leiblichen im Wechselverhältnis? Indem sie nach der anderen Seite, nach dem Körperlichen hinschauen und nach all dem, was die äußere Naturwissenschaft über dieses Körperliche zu sagen hat, sind dann die einen – und die Seelenkunde hat in dieser Beziehung eine lange Geschichte – der Meinung, man müsse das Seelische vorstellen als die eigentlich wirksame Ursache des Leiblichen; die andern sind der Meinung, man müsse das Leibliche ansehen als das, was das eigentlich Kraftende dabei ist, und das Seelische nur als eine Art Wirkung des Leiblichen. Das Unbefriedigende dieser beiden Anschauungen haben neuere Seelenforscher oder -denker durchschaut, und sie haben daher die sonderbare Anschauung von dem psychophysischen Parallelismus[I] aufgestellt, nach welcher man nicht sagen kann, das Leibliche wirke auf das Seelische oder das Seelische auf das Leibliche, sondern nur: leibliche Vorgänge seien dem seelischen Geschehen parallel und seelische Vorgänge dem leiblichen; man könne immer nur sagen, welche seelischen Vorgänge die leiblichen begleiten oder welche leiblichen die seelischen.

Aber diese Seelenkunde empfindet ja selbst auf der einen Seite etwas wie die Ohnmacht des Seelenlebens. Wenn man mit dem gewöhnlichen Bewußtsein dieses Seelenleben, auch wie es dem Seelenforscher, dem Psychologen, vorliegt, zu durchschauen unternimmt, so hat es etwas innerlich Passives, es hat etwas, dem man nicht anschauen kann, daß es kraftend eingreift in das Leibesleben. Wer die seelischen Wesenhaftigkeiten von Denken und Fühlen – beim Wollen ist es so, daß es nicht durchschaut werden kann; daher gilt in einer gewissen Beziehung für die

Seelenforschung gegenüber dem Wollen dasselbe wie gegenüber dem Denken und Fühlen –, wer dieses Denken und Fühlen mit den Mitteln der Seelenkunde anschaut, dem kommt es kraftlos vor, so daß er nirgends etwas finden kann, was wirksam wirklich eingreifen könnte in das Leibliche. Da empfindet dann der Seelenforscher, was man nennen könnte die Ohnmacht des Seelenlebens für das gewöhnliche Bewußtsein. Allerdings ist ja in der verschiedensten Weise versucht worden, dieses Gefühl der Ohnmacht des Seelenlebens zu überwinden. Aber der Streit der Philosophen, die Wandlungen der einzelnen philosophischen Weltanschauungen, die im Laufe der Zeit aufgetaucht sind, liefern dem unbefangenen Menschenbetrachter einen Tatsachenbeweis, wie unmöglich es dem gewöhnlichen Bewußtsein ist, diesem seelischen Erleben beizukommen, weil sich überall das Gefühl von der Ohnmacht jenes Seelischen aufdrängt, das eben dieses gewöhnliche Bewußtsein beobachten kann.

Gerade in bezug auf eine solche Beobachtung des Seelenlebens vor dem gewöhnlichen Bewußtsein ist hier in Wien eine Reihe klassischer Literaturwerke aufgetreten, die wie Marksteine dastehen innerhalb der philosophischen Entwickelung. Ich meine, trotzdem ich nicht im entferntesten mich selber irgendwie zu dem Inhalt dieser Bücher bekennen kann, daß diese Bücher gerade vom Standpunkt des gewöhnlichen Bewußtseins aus außerordentlich bedeutsam sind. Ich meine Richard Wahles *Das Ganze der Philosophie und ihr Ende*, in dem dargestellt werden soll, wie dieses gewöhnliche Bewußtsein eigentlich zu keinen erheblichen Resultaten gegenüber dem Seelenleben kommen könne, wie dann abgegeben werden müsse, was philosophische Forschung in dieser Richtung zu erstreben versucht, an Theologie, Physiologie, Ästhetik, Sozialpädagogik. Und in einer noch schärferen Weise hat dann Richard Wahle die Gedanken dieses Buches in seinem *Mechanismus des geistigen Lebens* ausgeführt.

Wir können sagen: Da wird wirklich einmal gezeigt, daß das gewöhnliche Bewußtsein im Grunde genommen ohnmächtig ist, irgendwie etwas auszusagen gegenüber den Fragen des seelischen Lebens. Das Ich, die seelische Einheit, alles das, was eine ältere Psychologie an die Oberfläche gebracht hat, sie zerfallen vor der Kritik, die dieses gewöhnliche Bewußtsein gegenüber sich selbst ausübt.

Auf der anderen Seite ist in der neueren Zeit in begreiflicher, ja man muß sagen, in notwendiger Weise versucht worden, mit der Seelenkunde nicht direkt auf das Seelische loszugehen, demgegenüber das gewöhnliche Bewußtsein eben ohnmächtig ist, sondern auf dem Umwege durch die Leibeserscheinungen, die aus dem sogenannten Seelischen hervorquellen, irgend etwas zu erkunden über dasjenige, was man gewöhnlich seelische Erscheinungen nennt. So ist experimentelle Psychologie entstanden. Diese ist durchaus ein notwendiges Produkt unserer gegenwärtigen Weltanschauung und unserer gegenwärtigen Forschungsmethode. Und wer auf dem Boden steht, von dem aus ich hier heute zu Ihnen spreche, der wird die volle Berechtigung dieser experimentellen Seelenkunde niemals leugnen. Er wird vielleicht im einzelnen sowohl mit den Forschungswegen wie auch mit den Forschungsergebnissen nicht ganz einverstanden sein; aber die Berechtigung dieser experimentellen Psychologie oder Seelenkunde darf nicht geleugnet werden.

Da erhebt sich dann gerade das andere Seelenrätsel. Wenn wir noch soviel erfahren über das, was durch experimentelle Seelenkunde mit dem menschlichen Leibe erlebt werden kann, so müssen wir doch sagen: Alles, was in dieser Weise auf dem Umwege durch den Leib erkundet wird oder auch was erkundet wird scheinbar über reine Seelenfunktionen, ist doch nur, wenn man sich nicht täuschen will, auf dem Umweg durch den Leib erkannt. Alles das gehört doch einer Sphäre an, die mit dem Tod des Menschen übergeben wird dem allgemeinen Naturgeschehen, so daß dadurch nichts erfahren werden kann über das Geistig-Seelische, dessen Weltschicksal dem Menschen eine so große, gewaltige Angelegenheit ist. Und so können wir sagen, in einer gewissen Weise ist auch für diese Seelenkunde das große Seelenrätsel neu aufgetaucht.

Wieder ist es ein neuerer Seelenforscher, der lange hier in Wien gelebt und gewirkt hat, der allen denen unvergeßlich sein wird, die jemals vor ihm auf den Schulbänken hier in Wien gesessen haben, wie ich selber, der ich zu Ihnen spreche. Es ist ein moderner Seelenforscher, der in dem ersten Bande seines unvollendet gebliebenen Werkes über Psychologie es ausgesprochen hat: Was könnte uns alle Seelenkunde bringen, wenn sie uns aufklärte – sei es nun, das füge ich ein, auf experimentellem oder nichtexperimentellem Wege – über die Art und Weise, wie sich die Vorstellungen verbinden oder lösen, wie die Aufmerksamkeit wirkt, wie das Gedächtnis etwa zustande kommt im Leben zwischen Geburt und Tod und so weiter, wenn wir gerade wegen der Wissenschaftlichkeit dieser Seelenkunde, die der Naturwissenschaft nacheifern will, verzichten müßten zu erkennen, welches das Schicksal der menschlichen Seele ist, wenn der menschliche Leib in seine Elemente zerfällt? Das, meine sehr verehrten Anwesenden, hat nicht irgendein Phantast ausgesprochen, sondern der strenge Denker Franz Brentano[2], der die Seelenkunde im wesentlichen zur Aufgabe seines Lebens gemacht hat und der in der Seelenkunde so arbeiten wollte, wie es der strengen naturwissenschaftlichen Methode der neueren Zeit gemäß ist. Dennoch hat gerade er das Seelenrätsel in der Weise, wie ich es eben angedeutet habe, als ein wissenschaftlich Notwendiges vor seine Mitwelt hingestellt.

Aus alledem muß doch der unbefangene Mensch heute eine Konsequenz ziehen. Es ist diese, daß wir mit den naturwissenschaftlichen Methoden bis zu dem Punkt, bis zu dem sie heute ausgebildet sind, in der Erforschung des Menschen kommen können, daß wir aber, wenn wir mit dem gewöhnlichen Bewußtsein, das für die Naturwissenschaft vollberechtigt ist, wie es auch vollberechtigt ist für das gewöhnliche Leben, an das Seelische herangehen, gegenüber dem Seelischen nicht zurechtkommen. Und aus diesem Grunde, weil diese Einsicht gerade aus wissenschaftlichen Untergründen sich heute dem unbefangenen Menschen ergeben muß, spreche ich zu Ihnen vom Gesichtspunkt einer Weltanschauung, die sich nun sagt: Es kann eben nicht mit den Seelenkräften, die sich für das gewöhnliche Bewußtsein offenbaren, die da im gewöhnlichen Leben und in der gewöhnlichen Wissenschaft arbeiten, das seelische Leben erforscht werden. Da müssen in dieser Seele andere Seelenkräfte entwickelt werden, die für das gewöhnliche Bewußtsein in der Seele nur mehr oder weniger schlummern oder, wenn ich mich eines wissenschaftlichen Ausdrucks bedienen will, latent sind.

Wenn man die richtige Stellung zu einer solchen Lebensauffassung gewinnen will, dann braucht es allerdings etwas, was heute im Menschen nur in einem geringen Maße – lassen Sie mich das schon aussprechen – eigentlich vorhanden ist. Es braucht das, was ich nennen möchte intellektuelle Bescheidenheit. Es muß ein Moment im Leben kommen, wo man sich sagt: Ich war ein kleines Kind, ich habe dazumal seelisches Leben entwickelt, das so hindämmernd traumhaft war, daß es auch so vergessen ist wie ein Traum. Erst allmählich tauchte aus diesem traumhaften kindlichen Seelenleben nach und nach dasjenige auf, was mich dazu bringt, daß ich mich im Leben orientieren kann, daß ich meine Gedanken, meine Gefühlsimpulse, meine Willensentschlüsse einfügen kann dem Gang der Welt, daß ich ein arbeitsfähiger Mensch geworden bin. Aus dem Unbestimmten und Undifferenzierten des mit dem Leibe verwobenen kindlichen Seelenlebens ist aufgetaucht dasjenige Erleben, das wir durch unsere vererbten Eigenschaften haben, die sich dann mit dem Heranwachsen des Leibes ausbilden, das wir auch durch unsere gebräuchliche Erziehung haben.

Wer so zurückschaut, in intellektueller Bescheidenheit, wie er in diesem Erdenleben geworden ist, wird es auch nicht verschmähen, sich in einem gewissen Zeitpunkt seines Lebens zu sagen: Warum sollte denn das nicht weitergehen? Diejenigen seelischen Kräfte, die mir heute die wichtigsten sind, durch die ich mich im Leben orientiere, durch die ich ein arbeitsfähiger Mensch werde, sind schlummernde gewesen während meines kindlichen Daseins. Warum sollten in meiner Seele nicht auch Kräfte schlummern, die ich weiter aus ihr hervorentwickeln kann?

Man muß zu diesem aus der intellektuellen Bescheidenheit hervorgehenden Entschluß kommen. Intellektuelle Bescheidenheit nenne ich das aus dem Grunde, weil der Mensch geneigt ist zu sagen: Die Form des Bewußtseins, die ich einmal als erwachsener Mensch habe, ist die des normalen Menschen; was anders sein will im inneren Seelenleben als dieses sogenannte normale Bewußtsein, das ist entweder Phantasterei oder Halluzination oder Vision oder dergleichen. Die Weltanschauung, von der ich hier spreche, geht durchaus vom gesunden Seelenleben aus und versucht vom gesunden Seelenleben aus in der Seele schlummernde Kräfte, auch Erkenntniskräfte, zu entwickeln, die dann Seherkräfte werden in dem Sinn, wie ich gestern[3] von exakten Seherkräften gesprochen habe. Das, was die Seele da mit sich vorzunehmen hat, habe ich gestern in einem gewissen Sinne angedeutet. Ich habe auch auf mein Buch *Wie erlangt man Erkenntnisse der höheren Welten?* hingewiesen, auf meine *Geheimwissenschaft*, auf *Von Seelenrätseln* und so weiter. Dort findet man die Einzelheiten jener Seelenübungen, die, ausgehend vom gesunden Seelenleben, hinaufführen zu einer Entwickelung der Seele, so daß diese tatsächlich zu einer Art geistigen Schauens kommt, durch das sie hineinblicken kann in eine geistig-seelische Welt, wie sie durch die gewöhnlichen Sinnesorgane wahrnehmen kann die physisch-sinnliche Welt. Sie werden in den genannten Büchern überall einen ersten Teil finden; dieser erste Teil, der wird selbst von manchen Gegnern der Weltanschauung, die ich hier vertrete, als etwas anerkannt, was dem Menschen durchaus nütze sein könnte. Er handelt davon, daß sich der Mensch durch gewisse Übungen intellektueller, gefühlsmäßiger, moralischer Art in eine Seelenverfassung und in eine Leibesverfassung bringt, die durchaus als gesund gelten können, die durchaus dahin streben, daß der Mensch auch in die Lage komme, wachsam innerlich sein zu können gegenüber all dem, was, aus krankhaftem Seelenleben herauskommend, zum Mediumismus, zu Halluzinationen und Visionen führt. Denn alles das, was auf diesem Wege zustande kommt, muß abgewiesen werden für eine wirkliche Seelenkunde. Gerade zu Visionen kommt der Mensch nicht aus dem Seelischen heraus, sondern dadurch, daß krankhafte Bildungen innerhalb seines Organismus sich finden; ebenso zum Mediumismus. Das alles hat mit einer gesunden Seelenkunde und Seelenentwickelung nichts zu tun, muß selbst seiner Bedeutung nach vom Gesichtspunkt dieser gesunden Seelenkunde beurteilt werden. Gegner finden heute aber die Übungen, die dann als Fortsetzung dieser vorbereitenden auftreten, die nun aus der Seele hervorholen sollen diejenigen Kräfte des Denkens, Fühlens und Wollens, die, wenn sie ausgebildet sind, den Menschen in eine geistige Welt so einführen, daß er sich in ihr orientieren lernt, daß er auch mit seinem Willen in sie einzutreten in die Lage kommt, phantastisch und schädlich.

Andeutungsweise habe ich gestern schon davon gesprochen,

wie wir zunächst als moderne Menschen durch gewisse Denkübungen dazu kommen, das Denken aus dem gewöhnlichen Zustand herauszubringen, in dem es sich passiv hingibt an die Erscheinungen der Außenwelt und an das, was innerlich als Erinnerungen auftaucht, was sich ja auch an die Außenwelt anknüpft. Wir kommen dadurch über dieses Denken hinaus, daß wir Meditationsübungen in ernster, geduldiger und energischer Weise machen, daß wir sie immer wieder und wiederum machen. Je nach den Anlagen dauert es bei dem einen jahrelang, bei dem andern weniger lang; aber jeder kann merken, wenn er an dem entscheidenden Punkt angelangt ist, wie sein Denken dann aus dem, was ich gestern das abstrakte, tote Denken nannte, ein innerlich lebendiges Denken wird, ein innerlich lebendiges Denken, das den Weltrhythmus mitzuerleben in der Lage ist. Da strebt eine besonnene Welt- und Lebensauffassung nicht danach, Visionen oder Halluzinationen aus der Seele herauszuzaubern, sondern danach, das, was Vorstellungsleben, was Gedankenleben ist, in einer solchen Intensität zu erleben, wie man sonst nur erlebt, was den äußeren Sinnen gegeben wird.

Sie brauchen ja nur ehrlich zu vergleichen die Lebendigkeit, mit der wir leben in den Farben, wenn wir durch das Auge diese Farben wahrnehmen, in den Tönen, wenn wir durch das Ohr die Töne hören, mit der Blaßheit des Gedankenerlebens im gewöhnlichen Bewußtsein. Durch jenes Energisieren des Gedankenlebens, von dem ich gestern gesprochen habe, machen wir allmählich das bloße Vorstellungsleben, das bloße Gedankenleben innerlich so intensiv, wie sonst nur das Sinnenleben ist. Nicht also sucht der moderne Mensch, der Geistiges erkennen will, wenn er ein besonnener Mensch ist, die auftauchenden Halluzinationen und Visionen; er strebt gerade nach dem Ideal, möchte ich sagen, des Sinneslebens in bezug auf dessen Intensität und dessen Bildhaftigkeit, in voll besonnener Weise im Gedankenleben, im Vorstellungsleben selbst. Und wenn Sie sich solchen Meditationen als Geistesforscher hingeben, wie ich sie charakterisiert habe, so dürfen Sie nicht irgendwie abhängig sein vom Unbewußten oder Unterbewußten, sondern das, was da vollzogen wird – Sie können die Übungen nachlesen, alle sind sie auf das gestimmt, was ich jetzt charakterisieren will –, alles, was da im intimen Seelenleben an Übungen vollführt wird, verläuft so bewußt, so besonnen, man darf sagen, so exakt, wie sonst nur die mathematischen oder geometrischen Verrichtungen verlaufen.

Daher darf gesagt werden: Man hat es hier nicht mit dem alten nebulosen Hellsehen, sondern mit einem Hellsehen zu tun, das durch vollbewußte, besonnene Seelenerlebnisse und Seelenübungen herbeigeführt ist. Die Besonnenheit ist dabei auf jedem Schritt so, daß man das, was der Mensch erlebt und aus sich selber macht, eben mit dem vergleichen kann, was man sonst an einem geometrischen Problem erlebt. Sonst ist dieses Üben nicht tauglich.

Dann aber, wenn der moderne Mensch zu einem solchen Vorstellungsleben kommt, das nun energisiert ist, das nun auch unabhängig wird vom Atmungsleben, das aber auch leibfrei wird, das eine bloße geistig-seelische Funktion ist, demgegenüber man durch die unmittelbare Wahrnehmung weiß: man vollzieht nicht mit dem Körper dieses Denken, sondern im rein Geistig-Seelischen –, dann fühlt er erst dieses Denken gegenüber dem abstrakten Denken wie ein Lebendiges gegenüber dem Toten. Gerade so, wie wenn wir einen toten Organismus plötzlich zum Leben erwacht fänden, so erleben wir, wenn wir den Übergang gewahr werden von dem gewöhnlichen abstrakten Denken zu dem lebendigen Denken. Und dieses lebendige Denken ist, trotzdem es geistig-seelischer Vorgang ist, nicht so linienhaft, nicht so flächenhaft nur wie das gewöhnliche abstrakte Denken. Es ist innerlich gesättigt und bildhaft. Und auf diese Bildhaftigkeit kommt es an.

Dann aber kommt des weiteren außerordentlich viel darauf an, daß wir jene Besonnenheit, die wir während des Übens haben müssen, ausdehnen auf den Augenblick, wo dieses belebte Denken, dieses bildsame Denken in uns auftritt. Wenn wir in diesem Augenblicke uns hingeben den Bildern, zu denen wir uns selber hingerungen haben, und glauben, in ihnen schon Realitäten geistiger Art zu finden, dann sind wir nicht Geistesforscher, dann sind wir eben Phantasten. Das dürfen wir gewiß nicht werden; denn das könnte uns nicht eine auf festem Grunde erbaute Weltanschauung für den modernen Menschen geben. Erst dann, wenn wir uns sagen: Wir haben einen Inhalt des seelischen Lebens erlangt, aber dieser Inhalt ist ein Bildinhalt, dieser Inhalt sagt uns nur etwas über Kräfte, die in uns selber walten, über das, was wir selber durch unsere eigene menschliche Wesenheit im Innern vermögen; erst wenn wir uns im vollen Sinn des Wortes sagen: Über keinerlei Außenwelt, auch nicht über das, was wir sind in der Außenwelt, vermag uns diese, ich nenne sie gewöhnlich imaginative Erkenntnis, eine Auskunft zu geben; sondern allein, wenn wir *uns* in diesem Bildwerden, in diesem Bildweben erfühlen, wenn wir uns drinnen lebend wissen als eine Kraftheit: erst dann stehen wir auf dem rechten Standpunkt diesem Erlebnis gegenüber, dann fühlen wir uns in unserem Selbst, dann fühlen wir uns als geistig-seelisches Wesen außerhalb des Leibes – fühlen uns aber eben nur in unserem Selbst, mit einem innerlichen Bildcharakter unseres Wesens.

Und erst wenn wir dann den Mut haben, die Übungen bis zur nächsten Stufe fortzusetzen, kommen wir zu einer wirklichen geistigen Anschauung. Dieser nächste Schritt muß nicht nur darin bestehen, daß wir jetzt die Fähigkeit entwickeln, gewisse

Vorstellungen, die wir leicht überschauen – so etwa, wie wir geometrische Vorstellungen überschauen, denen gegenüber wir wissen: es ist nicht etwas Unbewußtes in ihnen wirksam –, in den Mittelpunkt unseres Bewußtseins zu rücken, um an ihnen unsere seelische Kraft zu verstärken, sondern darin, daß wir in die Lage kommen, diese Vorstellungen mit Besonnenheit und Willkür[4] aus unserem Bewußtsein fortzuschaffen. Das ist unter Umständen eine schwierige Aufgabe. Im gewöhnlichen Leben ist das Vergessen nicht etwas so Schwieriges, wie ja das gewöhnliche Bewußtsein weiß. Aber wenn man sich erst angestrengt hat – auch ohne daß man sich in irgendeine Selbstsuggestion hineintreibt; das kann ja bei Besonnenheit nicht stattfinden –, gewisse Vorstellungen in den Mittelpunkt seines Bewußtseins zu rücken, dann hat man eine stärkere Kraft, als sie sonst im Seelenleben angewendet zu werden braucht, nötig, um diese Vorstellungen wiederum aus dem Bewußtsein fortzuschaffen. Man muß aber diese starke Kraft allmählich entwickeln, so daß man ebenso, wie man zuerst alle Aufmerksamkeit, alle innere Seelenkraft, Seelenspannkraft zusammengenommen hat, um zu ruhen auf einer solchen Vorstellung im Meditationszustand, nun dazu kommen muß, diese Vorstellungen, und überhaupt alle Vorstellungen, mit besonnener Willkür aus dem Bewußtsein fortzuschaffen. Und es muß eintreten können aus unserem Willen heraus, was man nennen könnte «leeres Bewußtsein». Was «leeres Bewußtsein» heißt, auch nur für einige Augenblicke, das wird der ermessen, der unbefangen darüber nachdenkt, wie es dem Menschen mit dem gewöhnlichen Bewußtsein ergeht, wenn dieses Bewußtsein entbehren muß der Sinneseindrücke, entbehren muß auch der Erinnerungsvorstellungen, wenn durch irgendwelche Vorkommnisse dem Menschen die äußeren Eindrücke, auch die Erinnerungen genommen werden: er kommt zum Einschlafen, das heißt, das Bewußtsein wird herabgedämpft und herabgedämmert. Das Gegenteil davon muß eintreten: vollständig besonnenes, bewußtes Wachsein, trotzdem alles durch inneren Willen aus dem Bewußtsein herausgeschafft worden ist.

Wenn man so erst die Seele erkraftet und sie dann leer gemacht und bei Bewußtsein erhalten hat, dann tritt ebenso, wie vor das Auge die Farbe tritt, wie vor das Ohr die Töne treten, vor dieser Seele, die sich also dazu vorbereitet hat, eine geistige Umwelt auf. Wir schauen in die geistige Welt hinein. Und so können wir sagen: Gerade der hier gemeinten Geistesforschung ist es vollkommen begreiflich, daß für das gewöhnliche Bewußtsein Geist und Seele nicht erreicht werden können, ja daß sich als ein Richtiges – wie zum Beispiel für Richard Wahle[5] – herausstellen muß: das gewöhnliche Bewußtsein sollte gar nicht von einem Ich reden. Denn alles, was da, ich möchte sagen, wie Dunkelheit gegenüber der Helligkeit hereintaucht und im gewöhnlichen Leben eigentlich nur mit Worten bezeichnet wird, das taucht eben erst auf, wenn solche Kräfte entwickelt werden, die gewöhnlich noch nicht da sind. Gerade die nüchterne Erkenntnis, was das gewöhnliche, an den Leib gebundene Bewußtsein vermag, spornt uns an, solche Kräfte in uns zu entwickeln, die nun die Seele und den Geist erst wirklich entdecken können.

Dabei ist aber noch eins zu berücksichtigen, wenn man auf diesem Wege zu einer gesunden und nicht zu einer krankhaften Seelenkunde kommen will. Nehmen Sie als krankhaft das Mediumistische, Visionäre, Halluzinatorische, so ist es so, daß der, der in ein solches krankhaftes Seelenleben verfällt, mit seiner ganzen Wesenheit in ihm aufgeht. Er wird eins – wenigstens für den Verlauf seiner seelischen Erkrankung – mit dem, was als krankhaftes Seelenleben auftritt. Nicht so ist es, wenn solche Übungen vorgenommen werden, wie sie hier angegeben wurden. Derjenige, der auf diese Art ein Seelenforscher wird, der läßt zwar seinen physischen Leib zurück mit den Fähigkeiten, die da sein müssen für das gewöhnliche Denken, für gewöhnliche Orientierung im Leben; er tritt heraus aus diesem Leibe, lernt leibfrei imaginativ schauen; ein schauendes Denken entwickelt er: aber keinen Moment geht er vollständig auf in diesem – wenn ich es so nennen darf, es ist nicht im Hochmut so genannt –, in diesem höheren Menschen, sondern er ist immer in der Lage, ebenso besonnen wiederum innerhalb seines Leibes zu wirken wie sonst, so daß der gewöhnliche Mensch mit seinem gesunden Menschenverstand immer neben diesem höher entwickelten Menschen steht – der gewöhnliche Mensch mit seinem gesunden Menschenverstand, der ein nüchterner Kritiker alles dessen ist, wozu im Schauen dieser höhere Mensch kommt.

Gegenüber der eigenen seelischen Wesenheit gelangen wir zunächst dadurch, daß wir das bildhafte lebendige Denken ausbilden und dann das leere Bewußtsein herstellen, zu einer Anschauung, die als eine Bildeinheit alles umfaßt, was wir durchgemacht haben in dem Erdenleben seit unserer Geburt, seit wir eingetreten sind in dieses Erdenleben. Nicht so, wie es sonst in der Erinnerung ist, in der einzelne Reminiszenzen auftauchen – selbständig oder durch Anstrengung –, nicht so steht dieses vergangene Erdenleben jetzt vor der Seele, sondern es wird auf einmal überschaut wie ein mächtiges Tableau, das aber nicht im Raum, sondern in der Zeit vor uns steht. Wir überblicken auf einmal, mit *einem* Seelenblick, dieses Leben; aber so, wie es auch eingreift in unsere Wachstumsverhältnisse, in die Kraftwirksamkeiten unseres physischen Leibes. Wir schauen uns, wie wir auf dieser Erde hier als denkende, fühlende, wollende Wesen waren, aber so, daß Denken, Fühlen und Wollen sich jetzt verdichten und sich zu gleicher Zeit hineinorganisieren in die menschliche Wesenheit. Wir durchschauen unser geistig-seelisches Leben, wie es in unmittelbarer Verbindung steht mit dem Körperlichen. Wir geben es auf, durch philosophische Spekulation zu ergründen, wie die Seele auf den Leib wirkt. Wenn wir die Seele schauen, dann schauen wir auch, wie in jedem Augenblick das, was uns so in dem Tableau erscheint, in unser physisches Erdenleben eingegriffen hat. Die Einzelheiten werden in den nächsten Tagen zu schildern sein.

Der nächste Schritt muß nun darin bestehen, daß wir, indem wir die Kraftvorstellungen, die wir selbst in uns versetzt haben, wegschaffen aus unserem Bewußtsein, diese Kraftvorstellungen immer mehr und mehr verstärken. Wir verstärken sie, indem wir diese Übungen immer mehr und mehr fortsetzen, wie wir die Muskeln verstärken, wenn wir sie immer und immer üben. Und indem wir diese Kraftvorstellungen fortsetzen, gelangen wir dahin, dieses ganze Tableau des Seelenlebens, zu dem wir uns selbst erst durchgerungen haben, dieses ganze Tableau des Seelenlebens zwischen unserer Geburt und dem Moment, wo wir stehen, nun auch aus dem Bewußtsein wegzuschaffen. Das erfordert allerdings eine größere Anstrengung, als bloß Bildvorstellungen wegzuschaffen; aber man gelangt zuletzt dazu. Und wenn es uns gelingt, dieses eigene Leben, das wir im Erdendasein unser Innenleben nennen, aus dem Bewußtsein so fortzuschaffen, daß jetzt nicht nur unser Bewußtsein gegenüber gegenwärtigen Eindrücken leer wird, sondern daß es leer wird von alledem, was wir innerlich als in einem zweiten Leibe, in einem feineren Leibe, der aber in unsere Wachstums- und Erinnerungsverhältnisse selbst eingreift, erleben, was wir so wie in einem feineren Menschen, gleichsam in einem ätherischen Menschen, einem ersten übersinnlichen Menschen erleben – dann wird unser Bewußtsein, das nun bei vollständigem Wachsein zwar leer ist, aber eine stärkere innere Kraft sich

Liebe Leserin, lieber Leser,

mit dieser Karte können Sie uns Ihre Fragen und Wünsche oder Ihre Meinung zum Buch mitteilen.

Diese Karte entnahm ich dem Buch: ______________________________

Meine Meinung zu diesem Buch:

Ich habe folgende Fragen / Wünsche:

errungen hat, weiter schauen können in der geistigen Welt. Und es kann jetzt auf das schauen, was das eigene Seelenwesen war, bevor es aus geistig-seelischen Welten heruntergestiegen ist zu einem physischen Erdendasein. Jetzt wird das, was wir die Ewigkeit der Menschenseele nennen, Anschauung wird herausgehoben aus der Sphäre der bloß philosophischen Spekulation. Jetzt lernen wir hinschauen auf ein rein Geistig-Seelisches, das wir waren in einer geistig-seelischen Welt, bevor wir heruntergestiegen sind, um durch Konzeption, Keimleben und Geburt uns mit einem physischen Erdenleib zu umkleiden.

So phantastisch das schon für manchen Menschen der Gegenwart ist – wenn es auch auf einem so exakten Weg erworben ist wie nur die mathematischen Vorstellungen –, noch paradoxer mag erscheinen, was nun noch gesagt werden muß: nicht nur über die Seele, als sie noch ein geistig-seelisches Dasein hatte, sondern über das Konkrete dieses Erlebnisses. Nur andeutungsweise kann darüber gesprochen werden in diesem Vortrage; weiteres wird in den nächsten Vorträgen gesagt werden. Was so angedeutet werden soll, kann vielleicht auf die folgende Art verständlich gemacht werden.

Fragen wir uns zunächst: Was schauen wir denn eigentlich, wenn wir im gewöhnlichen Erdenleben als erkennender, als verstehender, als wahrnehmender Mensch in das Wechselverhältnis treten mit unserer natürlichen Umgebung? Wir schauen eigentlich nur die Außenwelt. Schon aus dem, was ich heute eingangs erwähnt habe, geht das hervor. Wir schauen eigentlich nur die Außenwelt, den Kosmos. Aber das, was sich in unserem Innern abspielt, schauen wir auch nur dadurch, daß wir es zu einem Äußerlichen machen in Physiologie, Anatomie. Wenn es auch großartig ist, wir schauen das Innere doch nur, indem wir es zuerst zu einem Äußerlichen machen und die Untersuchungen dann so machen, wie wir sie an äußeren Vorgängen zu machen gewohnt sind. Aber es ist Finsternis da unten in dem Gebiet, in das wir eintauchen, in das wir unser Geistig-Seelisches hinunterströmen fühlen in die Organe. Wir schauen im gewöhnlichen Leben, zwischen Geburt und Tod, im Grunde genommen nur das, was außer uns ist; durch unmittelbares Anschauen können wir nicht ins Innere des Menschen hineinblicken und sehen, wie das Geistig-Seelische eingreift in die Leibesorgane. Der aber, der ein wenig in unbefangener Weise von dem Standpunkt einer geistigen Anschauung, wie ich ihn entwickelt habe, auf das Leben forschend hinzuschauen vermag, wird zu dem Folgenden kommen. Er wird sagen: Großartig und gewaltig ist schon der äußere Anblick, sind die Gesetzmäßigkeiten, die wir erkunden in der äußeren Welt der Sterne, in der äußeren Welt der Sonne, die uns zusendet Licht und Wärme; großartig und gewaltig ist das, was wir erleben, wenn wir entweder nur anschauen und ganze Menschen sind bei diesem Anschauen oder wenn wir wissenschaftlich erkunden, was da an Gesetzmäßigkeiten vorliegt, wenn die Sonne uns Licht und Wärme zusendet und hervorzaubert das Grün der Pflanzen; großartig und gewaltig ist das. Aber könnten wir hineinschauen in den Bau des menschlichen Herzens, so wäre die innere Gesetzmäßigkeit dieses Herzens eine großartigere und gewaltigere als das, was wir äußerlich erblicken!

Das kann der Mensch mit dem gewöhnlichen Bewußtsein ahnen. Aber die Wissenschaft, die auf exaktem Hellsehen beruht, kann es auch zu einem wirklichen Forschungsresultat erheben. Sie kann sagen: Groß und gewaltig erscheinen uns die Veränderungen im Luftkreis; und es liegt ein Ideal vor der Wissenschaft, die auch hier in größere und gewaltigere Gesetzmäßigkeiten hineinschauen wird; aber noch größer ist das, was im Bau und in den Funktionen der menschlichen Lunge vorhanden ist und vor sich geht! Nicht auf die Größe kommt es an. Der Mensch ist eine kleine Welt gegenüber der großen. Allein schon *Schiller* sagt: Im Raum wohnt, Freund, das Erhabene nicht. – Er meint das höchste Erhabene. Dieses höchste Erhabene kann erst erlebt werden, wenn man es in der menschlichen Organisation selber erlebt.

Zwischen Geburt und Tod wird es vom Menschen mit seinem gewöhnlichen Bewußtsein nicht erkundet. Aber in dem Dasein, in dem wir sind, bevor wir uns mit dem Leibesdasein vereinigen, in dem geistig-seelischen Dasein, in einer geistig-seelischen Umgebung, da liegt gerade das Umgekehrte vor. Wie uns hier finster ist die innere Menschenwelt und hell und tonvoll die äußere Welt des Kosmos, so ist uns in dem rein geistig-seelischen Leben vor unserer Erdenverkörperung dunkel die äußere kosmische Welt; dagegen ist unsere Welt dann das menschliche Innere. Wir schauen das menschliche Innere! Und wahrhaftig, es erscheint uns da nicht kleiner und ungewaltiger, als uns der Kosmos erscheint, wenn wir ihn durch unsere physischen Augen während unseres Erdendaseins erschauen. Wir finden uns hinein als in unsere «Außenwelt» in dasjenige, was die Gesetzmäßigkeit unseres menschlichen Innern, unseres geistig-seelischen menschlichen Innern ist, und wir bereiten uns vor, nun im Geistig-Seelischen innere Berater unserer Leibesfunktionen zu werden, Bearbeiter dessen zu werden, was wir sind zwischen Geburt und Tod. Was wir zwischen Geburt und Tod sein werden, das liegt offen als eine Welt vor uns ausgebreitet, bevor wir heruntersteigen in dieses physische Erdendasein.

Meine sehr verehrten Anwesenden! Das ist keine Spekulation. Das ist unmittelbare Anschauung, die sich dem exakten Hellsehen ergibt. Das ist etwas, was vom Gesichtspunkt dieses exakten Hellsehens aus uns ein Stück hineinführt in das, was wir den Zusammenhang des menschlichen Ewigen mit dem Leben zwischen Geburt und Tod nennen können – des menschlichen

Ewigen, das uns verborgen bleibt zwischen Geburt und Tod, das uns erst aufleuchtet, wenn wir es anzuschauen vermögen in dem noch unverkörperten Zustand. Es ist ein Teil der menschliche Ewigkeit selbst damit erkundet. Für diesen Teil der menschlichen Ewigkeit haben wir in den neueren Sprachen nicht einmal ein Wort. Wir reden von Unsterblichkeit mit Recht; aber wir sollten auch reden von Ungeborenheit. Denn diese tritt uns als unmittelbare Erkenntnis zunächst auf.

Das ist die eine Seite des exakten Hellsehens, die eine Seite der menschlichen Ewigkeit, der großen Rätselfrage des menschlichen Seelenlebens, damit der höchsten Frage der Psychologie überhaupt. Die andere Seite ergibt sich, wenn wir jene anderen Übungen machen, die ich gestern als Willensübungen bezeichnet habe, durch die wir unseren Willen so in die Hand nehmen, daß wir uns dieses Willens leibfrei, unabhängig vom Leib bedienen lernen. Ich habe ausgeführt, daß diese Übungen dazu führen, Schmerz und Leid innerhalb der Seele überwinden zu müssen, um diese Seele, uneigentlich gesprochen, ganz zum «Sinnesorgan», eigentlich gesprochen, zum geistigen Anschauungsorgan zu machen, so daß wir das Geistige nicht nur anschauen, sondern in seiner Verbürgtheit anschauen. Dann aber, wenn wir lernen, in dieser Art außerhalb unseres Leibes nicht nur mit unseren Gedanken, sondern mit unserem Willen selbst, also mit unserer ganzen menschlichen Wesenheit, leibfrei zu erleben, dann tritt vor die Anschauung der Seele das Bild des Todes in der Art, daß wir jetzt wissen, wie das Erleben ist ohne den Leib: sowohl im Denken wie im Willen und in dem, was dazwischenliegt, im Fühlen. Wir lernen in bildhafter Weise ohne den Leib leben. Das gibt uns ein Bild davon, wie wir hinausgehen durch die Pforte des Todes, wie wir den Leib auch in der Realität entbehren können und wie wir, durch die Pforte des Todes hindurchgehend, wiederum in jene geistig-seelische

Sphäre kommen, aus der wir heruntergestiegen sind in diese Leiblichkeit. Nicht nur zu einer philosophischen Gewißheit, sondern zu unmittelbarer Anschauung wird das, was in uns als Ewiges, Unsterbliches lebt. Durch die Willensbildung wird die andere Seite der Ewigkeit, die Unsterblichkeit, ebenso enthüllt für die seelische Anschauung, wie die Ungeborenheit für die Gedankenbildung enthüllt wird.

Dann aber, wenn die Seele in dieser Art ein Geistorgan wird, dann ist es in der Tat so, als ob, in einer niedrigeren Region, ein Blindgeborener operiert würde. Der Blindgeborene war bisher gewohnt, das, was für den Sehenden Farbenwelt ist, nur durch das Tasten wahrzunehmen. Er schaut ganz Neues, wenn er nun operiert worden ist. Dieselbe Welt, in der er früher lebte, wird jetzt für ihn eine andere. So wird für den, dessen seelisches Auge in der geschilderten Weise geöffnet wird, diese Umwelt eine andere. Und ich will nur in bezug auf einen Punkt heute noch hervorheben, inwiefern sie eine andere wird.

Wir sehen sonst im Leben mit dem ungeöffneten Seelenauge, wie zum Beispiel ein Mensch da lebt, indem er zuerst seine kindlichen Lebensschritte unternimmt, dann heranwächst, zu einem Schicksalsereignis seines Lebens kommt: Er trifft einen anderen Menschen; die Seelen verbinden sich so, daß die beiden Menschen durch diese Verbindung der Seelen ihr Schicksal aneinanderbinden, ihren Lebensweg nun weiter zusammen verfolgen – nur ein einzelnes Ereignis will ich, wie gesagt, herausgreifen. Wir sind angewiesen im gewöhnlichen Bewußtsein, das, was eintritt im Leben, wie eine Summe von Zufälligkeiten anzusehen und mehr oder weniger auch als einen Zufall, daß wir zuletzt zu diesem Schicksalsereignis, zu dem Treffen mit dem andern Menschen geführt worden sind. Nur einzelne Menschen, wie Goethes Freund Knebel, erwerben sich, gewissermaßen rein durch ihr Alter, eine innere

Lebensweisheit. Er sprach es einmal aus seinem Freund Goethe gegenüber: Wenn man zurückschaut in vorgerückterem Alter auf seine Lebensschritte, da findet man etwas in ihnen, was wie planvoll geordnet erscheint, so daß von vornherein alles so keimhaft veranlagt erscheint und sich das Weitere so entwickelt, daß man wie durch innere Notwendigkeit hingeführt wird zu dem, was dann als Schicksalsereignis erscheint. Mit dem geöffneten Seelenauge erblicken wir allerdings ein Leben der Menschen, das sich zu dem Leben, welches man mit dem ungeöffneten Auge schaut, verhält wie die farbige Welt zu der bloß getasteten des Blinden.

Man schaut hin, wie aus dem kindlichen Seelenleben, aus dem Wechselspiel von Sympathie und Antipathie, sich die ersten Schritte des Kindes entwickeln, wie dann, aus dem innersten Menschenwesen hervorquellend, der Mensch selbst, wie aus innersten Sehnsüchten, seine Schritte lenkt, wie er sich selbst hinführt zu dem Schicksalsereignis. Das ist nüchterne Lebensbeobachtung. Wenn man aber das Leben so ansieht, dann steht es vor einem wie etwa das Leben eines Greises: wir werden nicht sagen, das Leben des Greises sei «an und für sich da»; durch die Logik wissen wir das Greisenleben auf ein Kindesleben zurückzuführen; durch seine eigenen Eigentümlichkeiten müssen wir es auf ein Kindesleben zurückführen. Was für das Greisenleben die bloße Logik tut, das tut für das Menschenleben überhaupt, durch das exakte Hellsehen, das Anschauen: Wenn wir das Leben, wie es sich aus den innersten Seelensehnsüchten entwickelt, wirklich schauen, dann müssen wir es schauend zurückverfolgen. Und dann kommen wir zu früheren Erdenleben, in denen sich dasjenige vorbereitet hat, was in der Gegenwart als Seelensehnsüchte sich herausentwickelt, was dann zu unseren Betätigungen führt und so weiter.

Ich konnte heute nur andeuten, daß nicht irgendeine Phantasterei, sondern ein ganz exakter Weg zu einer solchen umfassenden Lebensbetrachtung führt, die in der Tat durch eine entwickelte Seelenkunde hineindringt zu dem Ewigen in der Menschennatur. Dann aber erhebt sich auf einem solchen Unterboden, der manchem noch abstrakt erscheinen mag, etwas, was nun Gewißheit wird, etwas, was aus der gegenwärtig uns als modernen Menschen angemessenen Erkenntnis herausquillt und eine Erkenntnisgrundlage für eine wahre innere Frömmigkeit, für ein wahres inneres religiöses Leben bietet.

Wer einmal eingesehen hat, und zwar meine ich jetzt das Wort «eingesehen» im wörtlichen Sinne, wer geschaut hat, wie sich die einzelne Seele aus dem Leibe losringt, um in ein geistig-seelisches Reich einzugehen, der schaut auch unser soziales Leben anders an. Er schaut, ausgerüstet in seiner Gesinnung, hin, wie unter den Menschen sich Freundschaften, Liebesverhältnisse, andere soziale Zusammenhänge bilden; er schaut hin, wie Seele zu Seele sich findet aus der Familie, aus anderen Gemeinschaften heraus; er findet, wie das körperliche Beisammensein die seelische Gemeinschaft, das seelische Ineinanderfühlen und Ineinanderleben vermittelt; er weiß nun, daß ebenso wie von der einzelnen Seele der Leib abfällt, so die irdischen Leiblichkeiten und Geschehnisse abfallen von den Freundschaften, von den Liebeszusammenhängen, und er schaut, wie sich das, was seelisch geworden ist von Mensch zu Mensch, fortsetzt in eine geistig-seelische Welt, wo es auch geistig-seelisch erlebt werden kann.

Und dann kann gesagt werden, jetzt auf einer Erkenntnis-, nicht auf einer Glaubensgrundlage: Die Menschen finden sich, indem sie durch die Pforte des Todes schreiten, wiederum zusammen. Und gerade wie in der geistigen Welt der Leib als Hindernis für das Schauen des Geistigen wegfällt, so fällt jedes Hindernis für Freundschaft und Liebe nun hinweg in der geistigen Welt. Die Menschen sind da näher zusammen als in der Leiblichkeit. Eine Erkenntnis, die noch abstrakt ausschauen mag in bezug auf wahre Psychologie, gipfelt in diesem religiösen Empfinden, in diesem religiösen Schauen, ohne daß diejenige Weltanschauung, von deren Boden aus ich hier spreche, irgendein Religionsbekenntnis antasten will. Sie kann tolerant sein, sie kann jedes einzelne Religionsbekenntnis in seinem Wert voll anerkennen, es auch praktisch ausüben; aber sie führt zu gleicher Zeit als eine Helferin des religiösen Lebens eine Erkenntnisgrundlage auch dieses religiösen Lebens herbei.

Nun, damit wollte ich heute nur einiges Grundlegende über das Verhältnis einer modernen geistmäßigen Weltanschauung zur Seelenkunde ausführen. Ich weiß vielleicht besser als mancher Gegner, was heute noch alles eingewendet werden kann, wenn so die Anfänge einer solchen Weltanschauung dargestellt werden. Aber ich glaube auch zu wissen, daß die Sehnsüchte nach einer solchen Seelenkunde, wenn auch ganz im Unbewußten, bei unzähligen Seelen heute vorhanden sind, so daß es immer und immer wiederum gesagt werden muß: Wie man kein Maler zu sein braucht, um die Schönheit eines Bildes zu empfinden, so braucht man selbst nicht Geistesforscher zu sein – obwohl man es bis zu einem gewissen Grade werden kann –, um prüfen zu können, ob das wahr ist, was ich hier sage. Wie man die Schönheit eines Bildes empfinden kann, ohne selbst Maler zu sein, so kann man mit dem gewöhnlichen, gesunden Menschenverstand heute einsehen, was der Geistesforscher der Seele sagt. Daß man es einsehen kann, das glaube ich um so mehr erhärtet zu haben, als ich zu erkennen glaube, wie die Seelen nach einer Vertiefung der Seelenkunde, der großen Daseinsrätsel des Lebens in bezug auf die Seele dürsten, wie tatsächlich das, was mit einer solchen modernen Weltanschauung, wie sie hier skizziert wurde, versucht wird, heute den Drang zahlloser Menschen bildet, die es auch gar nicht wissen in ihrem gewöhnlichen Bewußtsein, wie es den Schmerz, das Leid, die Entbehrung, den Wunsch unzähliger Menschen bildet, all derer, die es ernst meinen mit dem, was wir finden müssen als aufsteigende Kräfte gegenüber so vielen in unserer Gegenwart vorhandenen Niedergangskräften.

Und dessen muß sich heute jeder, der von einer zeitgemäßen Weltanschauung spricht, bewußt sein: daß er im Einklang sprechen, denken und wollen muß mit dem, was unsere so ernste Zeit in den Seelen, wenn auch vielfach unbewußt, erstrebt. Und ich glaube – lassen Sie mich damit schließen –, daß gerade in solchen Weltanschauungsansätzen, wie ich sie heute entwikkelt habe, etwas von dem liegt, was zahlreiche Seelen heute erstreben, weil sie es brauchen als geistigen Inhalt, als lebendiges Geistesleben für die Gegenwart und für die nächste Zukunft.

Zum Vortrag vom 16. März 1904 in Berlin

«Die Entwicklung der Wissenschaften im letzten Jahrhundert könnte man nicht mit Unrecht eine Eroberung des naturwissenschaftlichen Geistes über fast alle Gebiete des menschlichen Erkennens nennen. Was für eine sieghafte Gewalt diesem Zuge eigen ist, das sieht man wohl nirgends besser als an dem Charakter, den die Erforschung der menschlichen Seele in fachwissenschaftlichen Kreisen während der letzten Jahrzehnte angenommen hat. Der moderne Psychologe, der mit seinen Zähl- und Meßapparaten den auf- und abflutenden Erscheinungen unseres Innern beizukommen sucht, hat wenig Ähnlichkeit mit dem früheren Seelenforscher, der bloß mit dem geistigen Auge nach der eigenen Seele sehen wollte; dafür sieht er um so ähnlicher dem physikalischen oder chemischen Experimentator.»[6] Mit diesen Worten charakterisierte Rudolf Steiner 1901 in einem Zeitschriftenartikel die Situation der damaligen psychologischen Forschung. Im weiteren Kontext dieses Aufsatzes würdigt Rudolf Steiner, wie auch in unserem ersten Vortrag, die Bedeutung einer experimentellen, physiologischen Psychologie.

In dem folgenden Vortrag wird demgegenüber, wie auch

schon in unserem ersten Vortrag, als Methode der hier gemeinten geisteswissenschaftlichen Psychologie die zu schulende *Selbstbeobachtung* betont. In ihrem historischen Zusammenhang wird auf die Bedeutung der anthropologischen Dreigliederung des Menschen nach Leib, Seele und Geist hingewiesen und die bis heute folgenschwere «Abschaffung» des Geistes durch das 8. ökumenische Konzil von Konstantinopel im Jahre 869 erwähnt. Ausdrücklich thematisiert wird die Dreiheit von Geist, Seele und Leib dann in dem dritten Vortrag unseres Bandes, einem öffentlichen Vortrag vom 28. Februar 1918 in Berlin.

Auch in methodischer Hinsicht finden wir in diesem Vortrag konkrete Hinweise für die Erlernung und Übung der Selbstbeobachtung. Denn es ist nicht das ständige Reflektieren, das «Viel-über-sich-Sprechen, dieses Viel-über-sich-Nachdenken» gemeint, das «wirklich der schlechteste Weg zur Selbsterkenntnis ist»,[7] sondern ein streng methodisches Vorgehen, eine «innere Empirie», durch die äußere Psychologie und Anthropologie erst zu einer wirklichen Anthroposophie werden.

Theosophische Seelenlehre

Berlin, 16. März 1904

Um die Himmelsweisheit den Menschen mitteilen zu können, bedarf es der Selbsterkenntnis. Plato verehrte seinen großen Lehrer Sokrates aus dem Grunde besonders, weil Sokrates durch die Selbsterkenntnis zum Höchsten, zur Gotteserkenntnis kommen konnte, weil er mehr als alle Erkenntnis der äußeren Natur, mehr als alles dasjenige, was sich auf irgend etwas jenseits unserer Welt bezieht, die Erkenntnis der eigenen Seele schätzte. Sokrates ist gerade dadurch einer der Märtyrer der Erkenntnis und Wahrheit geworden, weil er mißverstanden wurde in dieser seiner Seelenerkenntnis. Man hat ihn beschuldigt, daß er die Götter leugne, während er sie doch nur auf einem anderen Wege gesucht hat als andere, auf dem Wege durch die eigene Seele; beschuldigt um dieser Seelenerkenntnis willen, welche zum Ziele nicht bloß die Erkenntnis der eigenen Menschenseele hat, sondern auch das Kleinod, das diese Menschenseele an Erkenntnis birgt, nämlich die Erkenntnis des göttlichen Weltengrundes.

Von dieser Seelenerkenntnis sollen diese drei Vorträge[8] handeln. Nicht willkürlich ist die Zahl der Vorträge festgesetzt worden und auch nicht zufällig, sondern wohlüberlegt ist sie aus dem Entwicklungsgang der Seele heraus. Denn in den Zeiten, in denen das Seelenwissen und die Seelenweisheit in den Mittelpunkt des ganzen menschlichen Sinnens und Trachtens gerückt worden ist, in den Zeiten der alten indischen Vedantaweisheit, die dem Buddhismus vorangegangen ist und wiederum zur Zeit des Buddhismus, als er in seiner Blüte war, und wiederum zur Zeit auch, als die griechische Philosophie ihre Blüte hatte, und wiederum in der ersten und späteren besten Zeit der christlichen Entwicklung hat man das Wesen des Menschen in drei Teile geteilt, in Körper, Seele und Geist. Will man die Seele im richtigen Sinne betrachten, dann muß man sie in Beziehung setzen zu den beiden anderen Gliedern der menschlichen Wesenheit, zum Körper auf der einen Seite und zum Geist auf der anderen Seite. Daher muß dieser erste einleitende Vortrag handeln von den Beziehungen der Seele zum Körper. Der zweite Vortrag wird von dem eigentlichen inneren Wesen der Menschenseele handeln und der dritte von dem Aufblick, den sie gewinnen kann von der menschlichen Seele aus zum göttlich-geistigen Urgrunde des Weltendaseins.

Durch eine merkwürdige Fügung der Geschichte ist diese dreigliedrige Einteilung der menschlichen Wesenheit dem abendländischen Forschen abhanden gekommen, denn, wo Sie auch heute die Seelenwissenschaft aufsuchen, überall werden Sie finden, daß man die Seelenwissenschaft oder Psychologie einfach der Naturwissenschaft oder der Körperlehre entgegensetzt, und überall können Sie hören, daß man dabei ausgeht von der Meinung, daß der Mensch zu betrachten sei nach zwei Gesichtspunkten: nach dem Gesichtspunkte, der über die Körperlichkeit aufklärt, und nach dem Gesichtspunkte, der über die Seele aufklärt. Populär ausgedrückt besagt das, der Mensch besteht aus Leib und Seele. Dieser Satz, auf dem im Grunde genommen unsere ganze Ihnen bekannte Psychologie fußt und auf den viele Irrtümer in der Psychologie zurückzuführen sind, dieser Satz hat eine merkwürdige Geschichte. Bis in die ersten Zeiten des Christentums hinein hat niemand, wenn man über den Menschen nachgedacht hat und sein Wesen zu erklären suchte, den Menschen anders als in drei Glieder unterschieden, als in Körper, Seele und Geist. Gehen Sie zu den ersten christlichen Kirchenlehrern, gehen Sie zu den Gnostikern, dann werden Sie überall diese Einteilung finden. Bis ins 2., 3. Jahrhundert hinein tritt Ihnen die auch von der christlichen Wissenschaft und Dogmatik anerkannte Dreiteilung des Menschen entgegen. Man hat später diese Lehre innerhalb des Christentums für gefährlich gehalten. Man hat gemeint, daß der Mensch dadurch, daß er über seine Seele hinaus aufsteigt zu dem Geist, zu hoffärtig würde, daß er sich zu sehr vermessen würde, über den Grund der Dinge Aufklärungen zu bringen, über den nur die Offenbarung aufklären sollte. Daher hat man auf verschiedenen Konzilien beraten und beschlossen, daß als Dogma für die Zukunft zu lehren sei: der Mensch bestehe aus Leib und Seele. Angesehene Theologen haben in gewisser Hinsicht festgehalten an der Dreiteilung, wie Johannes Scotus Erigena und Thomas von Aquino.[9] Aber immer mehr und mehr ging der christlichen Wissenschaft, der vor allen Dingen im Mittelalter die Pflege der Seelenwissenschaft oblag, das Bewußtsein der Dreiteilung verloren. Und bei dem Aufblühen der Wissenschaft im 15. und 16. Jahrhundert hatte man kein Bewußtsein mehr von der alten Einteilung. Selbst Cartesius[10] unterschied nur zwischen Seele, die er Geist nennt, und Körper. Und so blieb es. Diejenigen, welche heute von der Psychologie oder Seelenwissenschaft sprechen, wissen nicht, daß sie unter dem Einfluß eines christlichen Dogmas sprechen. Man glaubt und kann es aus den Handbüchern lesen, daß der Mensch nur aus Leib und Seele besteht. Man hat damit aber nur ein jahrhundertealtes Vorurteil fortgepflanzt, und darauf fußt man noch heute. Das wird sich uns im Laufe dieser Vorträge auch zeigen.

Vor allem obliegt es uns jetzt zu zeigen, welche Beziehung von dem unbefangenen Seelenbetrachter angenommen werden muß zwischen Seele und Körper; denn es scheint mit ein Ergebnis der modernen Naturwissenschaft zu sein, daß man überhaupt nicht mehr von der Seele sprechen soll,[11] wie man Jahrtausende vor unserer Zeit von Seele gesprochen hat. Die Naturforschung, welche dem 19. Jahrhundert und seiner geistigen Entwickelung den Stempel aufgedrückt hat, hat immer und immer wieder erklärt, daß mit ihren Anschauungen eine Seelenwissenschaft im alten Sinne des Wortes – wie zum Beispiel die Goethesche und teilweise die des Aristoteles – nicht vereinbar und daher nicht haltbar ist. Sie können Handbücher über Psychologie nehmen, oder nehmen Sie die *Welträtsel* von Haeckel,[12] Sie werden überall finden, daß die dogmatischen Vorurteile bestehen und man der Meinung ist, daß die alten Anschauungsweisen, unter denen man sich der Seele zu nähern suchte, überwunden sind. Niemand kann – das sage ich für die Naturwissenschafter und die Verehrer von Ernst Haeckel – Haeckel mehr verehren als ich selbst, als eine Größe, als eine monumentale wissenschaftliche Größe. Aber große Menschen haben auch große Fehler, und so ziemt es sich wohl, ganz unbefangen ein Vorurteil unserer Zeit zu prüfen.

Was wird uns von dieser Seite gesagt? Man sagt uns: Seht einmal zu, dasjenige, was ihr Seele genannt habt, ist ja unter unseren Händen verschwunden. Wir Naturforscher haben euch gezeigt, daß alle Sinnesempfindungen, alles dasjenige, was sich als Vorstellungsleben entwickelt, alles Denken, alles Wollen, alles Fühlen, daß alles dies gebunden ist an ganz bestimmte Organe unseres Gehirns und unseres Nervensystems».[11] Die Naturwissenschaft des 19. Jahrhunderts hat gezeigt, so sagt man, daß gewisse Partien unserer Großhirnrinde, wenn sie nicht vollständig intakt sind, es uns unmöglich machen, gewisse geistige Äußerungen zu vollbringen. Daraus zieht man den Schluß, daß in diesen einzelnen Partien unseres Gehirns diese geistigen Äußerungen lokalisiert sind, daß sie, wie man sagt, von diesen Partien unseres Gehirns abhängen. Man hat das drastisch ausgedrückt, indem man sagt: Ein gewisser Punkt des Gehirns ist das Zentrum für die Sprache, eine andere Partie für diese Seelentätigkeit, eine andere Partie für eine andere, so daß man Stück für Stück der Seele abtragen kann.[13] – Man hat gezeigt, daß mit der Erkrankung ganz bestimmter Gehirnpartien zu gleicher Zeit der Verlust bestimmter Seelenfähigkeiten einhergeht. Was man sich seit Jahrtausenden unter Seele vorgestellt hat, das kann kein Naturforscher finden, das ist ein Begriff, mit dem der Naturforscher nichts anzufangen weiß. Wir finden den Körper und seine Funktionen, aber nirgends eine Seele. Der große Sittenlehrer des Darwinismus, Bartholomäus Carneri,[14] der eine Ethik des Darwinismus geschrieben hat, hat seine Überzeugung klar zum Ausdruck gebracht, wie sie vielleicht niemals deutlicher aus diesen Kreisen der Naturforscher gegeben werden kann. Er sagt: Nehmen wir einmal eine Uhr. Die Zeiger rücken vor, das Uhrwerk ist in Bewegung. Das alles geschieht durch den Mechanismus, der vor uns steht. Wie wir in dem, was die Uhr vollbringt, eine Äußerung des Uhrmechanismus haben, so haben wir in dem, was der Mensch fühlt und denkt und will, eine Äußerung des ganzen Nervenmechanismus vor uns. Ebensowenig wie man annehmen kann, in der Uhr sitze ein kleines Seelenwesen, das die Räder bewegt, die Zeiger vorrückt, ebensowenig können wir annehmen, daß außer dem Organismus eine Seele ist, welche das Denken, Fühlen und Wollen bewirkt. – Das ist das Bekenntnis eines Naturforschers in geistiger Beziehung, das ist es, was die Naturforscher zur Grundlage eines neuen Glaubens, einer solchen reinen naturalistischen Religion gemacht haben. Der Naturforscher glaubt, daß er durch die Ergebnisse der Wissenschaft zu diesem Bekenntnis gezwungen sei, und er glaubt, daß er jeden für einen kindlichen Geist halten darf, der unter dem Einfluß der

Wissenschaft nicht zu diesen Schlüssen kommt. Bartholomäus Carneri hat es unbeschönigt gezeigt. Solange die Menschen Kinder waren, haben sie gesprochen wie Aristoteles; da sie nun aber Männer geworden sind und die Wissenschaft verstehen, müssen sie von den Kinderanschauungen abkommen. Die Auffassung der Naturforscher, die sie in den Menschen nichts anderes sehen läßt als einen Mechanismus, deckt sich mit dem Gleichnis von der Uhr. Diese Anschauung ist radikal ausgesprochen. Sie wird als die einzige angesehen, die der Gegenwart würdig ist. Sie wird so hingestellt, daß die naturwissenschaftlichen Entdeckungen des Zeitalters uns zwingen, zu diesen Bekenntnissen zu kommen.

Nun aber müssen wir uns fragen: Sind es wirklich vor allen Dingen die Naturwissenschaft, die genaue Untersuchung unseres Nervensystems, die genaue Untersuchung unserer Organe und deren Funktionen, die uns gezwungen haben zu dieser Anschauung? Nein, denn im 18. Jahrhundert lag alles dasjenige, was man heute anführt als auf wissenschaftlicher Höhe stehend und als maßgebend, noch im Keim. Da gab es nichts von moderner Psychologie, nichts von den Entdeckungen des großen Johannes Müller[15] und seiner Schule, nichts von den Entdeckungen, die die Naturforscher im 19. Jahrhundert gemacht haben. Und damals, im 18. Jahrhundert, waren diese Anschauungen in der radikalsten Weise ausgesprochen worden in der französischen Aufklärung, die nicht auf Naturwissenschaft bauen konnte, da erklangen zum erstenmal die Worte: Der Mensch ist eine Maschine. – Aus dieser Zeit stammt ein Buch von Holbach,[16] betitelt: *Système de la nature*, von dem Goethe sagte, daß er sich abgestoßen gefühlt habe von der Oberflächlichkeit und Gehaltlosigkeit desselben. Dies zum Beweis dafür, daß diese Anschauung vor der modernen Naturwissenschaft da war. Man darf sagen, daß im Gegenteil der Materialismus des

18. Jahrhunderts über den Geistern des 19. Jahrhunderts lag und daß das materialistische Glaubensbekenntnis tonangebend war für die Denkweise, die man dann erst in die Naturwissenschaft hineingetragen hat. Das in bezug auf die historische Wahrheit. Denn wäre es nicht so, dann müßte man geradezu die Anschauung, welche die moderne Naturwissenschaft hat, nämlich, daß man von der Seele in dem alten Sinne nicht sprechen könne, weil man die Seele abtragen kann in derselben Weise, wie man gezeigt hat, daß man das Gehirn abtragen kann – man müßte diese Ansicht kindlich nennen. Denn, was ist mit dieser Ansicht besonders gewonnen? Kein Forscher auf dem Gebiete des Seelenlebens, der im Sinne des Aristoteles, im Sinne der alten Griechen, oder – sagen wir trotz allen Widerspruchs, der von manchen Seiten herankommen wird – kein Seelenforscher, der im Sinne des christlichen Mittelalters die Seele zu erkennen sucht, kann Anstoß nehmen an den Wahrheiten der heutigen Naturwissenschaft. Jeder vernünftige Seelenforscher wird mit demjenigen, was die Naturwissenschaft über das Nervensystem und das Gehirn als die Vermittler unserer Seelenfunktionen sagt, einverstanden sein. Er ist nicht überrascht, daß, wenn eine gewisse Partie des Gehirns erkrankt, man nicht mehr sprechen kann. Darüber ist der alte Forscher nicht mehr erstaunt als darüber, daß er nicht mehr denken kann, wenn er erschlagen wird. Die moderne Wissenschaft tut nichts anderes, als daß sie im einzelnen festlegt, was die Menschen schon im allgemeinen eingesehen haben. Und genauso, weil der Mensch weiß, daß er ohne gewisse Gehirnpartien nicht sprechen, nicht Vorstellungen bilden kann, genauso müßte es ein Beweis sein, daß er keine Seele hat, wenn er erschlagen werden kann. Auch die Vedantisten, auch Plato und so weiter, sind sich klar darüber, daß die Seelentätigkeit des Menschen aufhört, wenn ihm ein großer Feldstein auf den Kopf fällt und ihn zertrümmert. Etwas

anderes hat die alte Seelenlehre auch nicht gelehrt. Darüber können wir uns klar sein. Wir können die ganze Naturwissenschaft akzeptieren und die Seelenlehre doch anders fassen. In früheren Jahrhunderten war man sich darüber klar, daß der Weg, den die Naturwissenschaft einschlug, nicht zur Erkenntnis der Seele führt und daher auch nicht zu ihrer Widerlegung eingeschlagen werden kann. Würden diejenigen, welche vom Standpunkte der Naturwissenschaft die alte Seelenwissenschaft zu widerlegen sich bemühen, bewandert sein in den Gedankengängen früherer Zeiten, als man noch nicht so befangen war im äußeren Leben, als man noch nicht gewohnt war, das eigene Seelenleben, ja das Seelenleben überhaupt zu beobachten, würden die naturalistischen Gläubigen eingehen auf die Gedankengänge uralter Weiser, dann würden sie gerade durch diese Gedankengänge einsehen können, welche Donquichotterie es ist, in diesem naturwissenschaftlichen Sinne gegen die Seelenlehre zu kämpfen.

Dieser ganze Kampf ist schon dargestellt in einem Gespräch, das Sie in der buddhistischen Literatur finden,[17] in einem Gespräche, das nicht den Reden Buddhas selbst angehört, das erst in den ersten Jahren vor Christi Geburt aufgezeichnet wurde. Wer aber das Gespräch untersucht, der sieht, daß es sich um die älteren echten Anschauungen des Buddhismus handelt, welche in der Unterhaltung des mit griechischer Weisheit und Dialektik ausgestatteten Königs Milinda mit dem buddhistischen Weisen Nagasena zum Ausdruck kommt. Dieser König tritt vor den indischen Weisen hin und fragt: Sage einmal, als wen erkennt man dich? – Darauf gibt der weise Nagasena zur Antwort: Man nennt mich Nagasena. Aber das ist nur ein Name. Es steckt kein Subjekt, keine Persönlichkeit dahinter. – Wie? – sagte da der König Milinda, welcher die griechische Dialektik und die ganze Fähigkeit und Macht des griechischen

Denkens in sich barg –, hört einmal, die ihr herbeigekommen seid, der Weise behauptet, daß hinter dem Namen Nagasena nichts stecke. Was ist denn das, was da vor mir steht? Sind deine Hände, deine Beine Nagasena? Nein. Sind deine Empfindungen, Gefühle und Vorstellungen Nagasena? Nein, alles das ist nicht Nagasena. Nun, dann ist der Zusammenhang von allem Nagasena. Aber, da er nun behauptet, daß alles das nicht Nagasena ist, daß nur ein Name da ist, der alles zusammenhält, wer ist er denn dann und was ist denn dann eigentlich Nagasena? Ist dasjenige, was hinter dem Hirn, hinter den Organen, hinter der Körperlichkeit, hinter den Gefühlen und Vorstellungen lebt, ein Nichts? Ist ein Nichts derjenige, welcher anderen Wohltaten erweist? Ist der ein Nichts, welcher Gutes und Böses tut? Ist ein Nichts derjenige, welcher nach Heiligkeit strebt? Steckt nichts hinter alledem als der bloße Name? – Da antwortete Nagasena mit einem anderen Gleichnis: Wie bist du hergekommen, großer König, zu Fuß oder zu Wagen? – Der König antwortete: Zu Wagen. – Nun, erkläre mir den Wagen. Ist die Deichsel dein Wagen? Sind die Räder dein Wagen? Ist der Wagenkasten dein Wagen? – Nein, antwortet der König. – Was ist also dann dein Wagen? Es ist ein Name, der sich nur auf den Zusammenhang der verschiedenen Glieder bezieht.

Was wollte der Weise Nagasena, der in den buddhistischen Lehren groß geworden ist, mit seiner Antwort sagen? – O König, der du in Griechenland, in der griechischen Philosophie eine große, gewaltige Fähigkeit dir errungen hast, du mußt verstehen, daß du ebensowenig, wenn du die Glieder des Wagens in ihrem Zusammenhang betrachtest, zu etwas anderem als zu einem Namen kommst, wie wenn du die Glieder des Menschen zusammenhältst.

Nehmen Sie diese uralte Lehre, die sich zurückverfolgen läßt bis in die ältesten Zeiten der buddhistischen Weltanschauung, und fragen Sie sich, was ist in ihr gesagt? Nichts anderes, als daß der Weg, durch die Betrachtung der äußeren Organe, ganz gleich, ob grob oder fein betrachtet – die Betrachtung des Wechselspieles der Vorstellungen, welche ein großer Anatom, Metschnikow,[18] auf eine Milliarde geschätzt hat –, zur Kenntnis der Seele zu gelangen, ein Irrweg ist. Im Sinne dieses richtigen Ausspruches des Weisen Nagasena können wir auf diese Weise die Seele nicht finden. Das ist ein falscher Weg. Niemals hat man sich in den Zeiten, in welchen man wußte, auf welchem Wege man die Seele zu finden und zu studieren hat, auf diesem Wege der Seele zu nähern versucht. Das war eine geschichtliche Notwendigkeit, daß die feinen, intimen Wege, auf denen noch die alten Weisen des christlichen Mittelalters die Seele suchten, etwas zurücktraten, als unsere Naturwissenschaft sich mehr auf die äußere Welt zu verlegen begann. Denn, was sind denn diejenigen Methoden und Anschauungsweisen und die Gesichtspunkte, welche die Naturwissenschaft ganz besonders ausgebildet hat? Sie können in den nachgelassenen Werken eines der genialsten Naturforscher unserer unmittelbaren Gegenwart, der große Entdeckungen auf dem Gebiet der Elektrizitätstheorie gemacht hat, finden, daß die moderne Naturwissenschaft auf ihre Fahne geschrieben hat: Einfachheit und Zweckmäßigkeit. Und Sie können bei einem Psychologen, der auch im Sinne der Naturwissenschaft arbeitet, zu diesen zwei Forderungen der Einfachheit und der Zweckmäßigkeit noch die Anschaulichkeit hinzugefügt finden. Und man kann sagen, daß durch diese drei – Einfachheit, Zweckmäßigkeit und Anschaulichkeit – die Naturwissenschaft geradezu Wunder gewirkt hat.

Aber das ist nicht auf die Seelenweisheit anwendbar. Anschaulichkeit in bezug auf die Betrachtung der äußeren Glieder, Zweckmäßigkeit in bezug auf die äußere Erscheinung, das war es, weshalb die Naturwissenschaft darauf gekommen ist, den Zusammenhang der Teile zu suchen, zu errechnen, zu erforschen. Das war es aber auch gerade, was im Sinne des Ausspruches des Weisen Nagasena niemals zur Seele führen kann. Weil die Naturwissenschaft nun diesen Weg genommen hat, ist es nur zu begreiflich, daß sie von den Wegen der Seele abgekommen ist. Nicht einmal ein Bewußtsein hat man heute von dem, was Seelenforscher durch Jahrhunderte hindurch angestrebt haben. Es ist geradezu fabelhaft, was in dieser Beziehung ausgesprochen wird und welche Summe von Unkenntnis dabei zutage tritt, wenn heute in scheinbar maßgebenden Kreisen über die Seelenlehre des Aristoteles[19] oder über die Seelenlehre der ersten christlichen Forscher, über die Seelenlehre des Mittelalters gesprochen wird. Und dennoch, wenn jemand das Wesen der Seele wissenschaftlich verstehen will, dann gibt es keinen anderen Zugang als den der sorgfältigen inneren Arbeit, sich die Vorstellungen des Aristoteles anzueignen, die Vorstellungen, welche die ersten Christen und die großen christlichen Kirchenlehrer zur Kenntnis der Seele geführt haben. Es gibt keine andere Methode. Sie ist ebenso wichtig für dieses Gebiet wie die Methode der Naturwissenschaft für die äußere Wissenschaft. Aber diese Methoden der Seelenwissenschaft sind uns zum großen Teil verlorengegangen. Wirklich innere Beobachtungen werden gar nicht als wissenschaftliches Gebiet angesehen.

Die theosophische Bewegung hat sich zur Aufgabe gestellt, die Wege der Seele wieder zu erforschen. Auf die verschiedenste Art kann der Zugang zur Seele gefunden werden. In anderen Vorträgen versuchte ich, auf rein geisteswissenschaftlichem Wege, durch rein theosophische Methode die Erkenntnis der Seele zu vermitteln. Hier aber soll zunächst gesprochen werden in dem Sinne, wie der große Aristoteles am Abschluß der griechischen, großen philosophischen Epoche diese Seelenwissenschaft begründet hat. Denn anders als bei Aristoteles war die Seelenweisheit in der früheren Zeit gepflogen worden. Wir werden verstehen, wie die Seelenweisheit gepflegt worden ist in der alten ägyptischen Weisheit, gepflegt worden ist in der alten Vedenweisheit. Das aber für später. Heute lassen Sie mich sprechen von der Seelenlehre des Aristoteles, der Jahrhunderte vor Christi Geburt als Gelehrter, als Wissenschaftler dasjenige, was auf ganz anderen Wegen gefunden worden ist, zum Abschluß gebracht hat. Wir können sagen, daß wir in der Seelenlehre des Aristoteles etwas haben, was die Besten auf dem Gebiete der Seelenlehre zu geben vermochten. Und weil Aristoteles das Beste vermittelt, muß vor allen Dingen von Aristoteles gesprochen werden. Und doch war dieser Riesengeist seiner Zeit – seine Schriften sind eine Schatzkammer in bezug auf das Wissen der alten Zeit, und wer sich in Aristoteles vertieft, der weiß, was vor seiner Zeit geleistet war –, dieser Riesengeist war kein Hellseher wie Plato, er war Wissenschafter. Derjenige, welcher auf wissenschaftlichem Gebiete der Seele näherkommen will, der muß es auf dem Wege des Aristoteles tun. Aristoteles ist eine Persönlichkeit, die in jeder Beziehung – wenn man die Zeit berücksichtigt – die Anforderungen naturwissenschaftlichen Denkens befriedigt. Nur, wie wir sehen werden, in einem einzigen Punkte nicht. Und dieser einzige Punkt, in dem wir Aristoteles unbefriedigend finden werden für die Seelenlehre, dieser ist das große Verhängnis aller wissenschaftlichen Seelenlehren des Abendlandes geworden.

Ein naturwissenschaftlicher Entwicklungslehrer war Aristoteles. Er stand ganz auf dem Standpunkte der Entwicklungslehre. Er nahm an, daß sich alle Wesen in streng naturwissenschaftlicher Notwendigkeit entwickelt haben. Die unvollkommensten Wesenheiten ließ er sogar durch Urzeugung erstehen, durch das bloße Zusammentreten von leblosen Naturstoffen, auf rein natürliche Weise. Das ist eine Hypothese, die ein wichtiger wissenschaftlicher Zankapfel ist, aber eine Hypothese, die Haeckel mit Aristoteles teilt. Und Haeckel teilt auch mit Aristoteles die Überzeugung, daß eine gerade Stufenleiter hinaufführt bis zum Menschen. Aristoteles schließt auch alle Seelenentwicklung in diese Entwickelung ein und ist überzeugt, daß zwischen Seele und Körperlichkeit nicht ein radikaler, sondern nur ein gradweiser Unterschied ist. Das heißt, Aristoteles ist der Überzeugung, daß bei der Entwicklung vom Unvollkommenen zum Vollkommenen der Moment eintritt, wo die Stufe erreicht ist, daß alles Leblose seine Gestaltung gefunden hat und dann ganz von selbst die Möglichkeit eintritt, daß aus dem Leblosen das Seelische sich heraufentwickelt. Und nun unterscheidet er stufenweise eine sogenannte Pflanzenseele, die in der ganzen Pflanzenwelt lebt, eine Tierseele, die im Tierreich lebt, und endlich unterscheidet er eine höhere Stufe dieser Tierseele, die im Menschen lebt. Sie sehen, der richtig verstandene Aristoteles stimmt vollständig überein mit alledem, was die moderne Naturwissenschaft lehrt. Und nun nehmen Sie die *Welträtsel* von Haeckel, die ersten Seiten, wo er auf dem Boden der richtigen Naturgesetze steht, und vergleichen Sie das mit der Naturwissenschaft und Seelenlehre des Aristoteles, dann werden Sie finden, wenn Sie die durch die Zeit gegebene Differenz abrechnen, daß eine wirkliche Differenz nicht besteht.

Aber nun kommt das, wo Aristoteles hinausgeht über die Seelenwissenschaft, zu welcher die moderne Naturwissenschaft zu kommen glaubt. Da zeigt Aristoteles, daß er imstande ist, wirkliches Innenleben zu beobachten. Denn wer dasjenige, was Aristoteles nunmehr aufbaut auf diese naturgesetzliche Erkenntnistheorie, verfolgt mit tiefem Verständnis, der sieht, daß alle diejenigen, welche gegen diese Anschauung des Aristoteles etwas einwenden, diese Anschauung einfach nicht im wahren

Sinne des Wortes verstanden haben. Unendlich einfach ist es einzusehen, daß wir von der Tierseele zur Menschenseele einen Schritt, einen gewaltigen Schritt machen müssen. Unendlich leicht ist es einzusehen. Nichts hindert diesen Schritt zu machen mit Aristoteles als lediglich die Denkgewohnheiten, die sich im Laufe der neuzeitlichen Geistesrichtung herausgebildet haben. Denn Aristoteles ist sich klar darüber, daß innerhalb der Menschenseele etwas auftritt, was sich wesentlich unterscheidet von allem, was als Seelisches außerhalb gefunden wird. Schon die alten Pythagoreer haben ja übrigens gesagt, derjenige, der die Wahrheit, daß der Mensch das einzige Wesen ist, das zählen lernen kann, wirklich einsieht, der weiß, worin sich der Mensch vom Tiere unterscheidet. Aber es ist nicht so leicht einzusehen, was es eigentlich heißt, daß nur der Mensch zählen lernen kann. Der griechische Weise Plato hat niemand für seine Philosophenschule für reif erklärt, der nicht zuerst Mathematik gelernt hat, wenigstens die Elemente, die Anfangsgründe. Das heißt: nichts anderes wollte Plato, als daß diejenigen, die er in die Seelenwissenschaft einführte, etwas wissen über die Natur des Mathematischen, etwas wissen über die Natur dieser eigentümlichen Geistestätigkeit, die der Mensch ausübt, wenn er Mathematik treibt. Das ist aber auch Aristoteles klar; es kommt nicht darauf an, Mathematik zu treiben, als vielmehr darauf, zu verstehen: dem Menschen ist es *möglich*, Mathematik zu treiben. Das heißt nichts anderes, als der Mensch ist imstande, Gesetze aufzufinden, streng in sich geschlossene Gesetze, die ihm keine Außenwelt geben kann. Nur derjenige, welcher nicht im Denken geschult ist, nur derjenige, der nicht Selbstbeobachtung zu erreichen versteht, nur der macht sich nicht klar, daß niemals durch bloße Beobachtung auch nur der einfachste mathematische Lehrsatz gewonnen werden könnte. Nirgends in der Natur ist ein wirklicher Kreis, nirgends in der Natur ist eine wirkliche gerade Linie, nirgends eine Ellipse, aber in der Mathematik erforschen wir diese, und die Welt, die wir aus dem Inneren heraus gewonnen haben, wenden wir auf das Äußere an. Das ist eine Tatsache, ohne deren Durchdenken man niemals zu einer wahren Anschauung über das Wesen der Seele kommen kann. Deshalb verlangt die Theosophie von ihren Zöglingen, die sich tiefer in sie einlassen wollen, eine strenge Schulung des Denkens; nicht das irrlichtelierende Denken des Alltags, nicht das irrlichtelierende Denken der abendländischen Philosophie, sondern das Denken, welches in innerlicher Gründlichkeit Selbstbeobachtung übt. Dieses Denken läßt die Tragweite dieses Satzes erkennen. Und diejenigen, welche durch ihre mathematische Schulung die größten Eroberungen auf dem Gebiete der Himmelskunde zu verzeichnen hatten, sehen die Tragweite ein und sprechen sie aus. Lesen Sie die Schriften von Kepler, diesem großen Astronomen, lesen Sie das durch, was er über diese Grunderscheinung der menschlichen Selbstbeobachtung sagt, dann werden Sie sehen, was diese Persönlichkeit darüber ausspricht. Die wußte, welche Tragweite mathematisches Denken bis in die fernsten Himmelsräume hinauf hat. Er sagt: Es ist wunderbar, die Übereinstimmung, die wir finden, wenn wir in einsamer Studierstube gesessen und über Kreise und Ellipsen nachgedacht haben, lediglich aus unserem Denken heraus, und dann hinaufblicken zum Himmel und deren Übereinstimmung finden mit den Sphären des Himmels. – Nicht um äußere Forschung handelt es sich bei solchen Lehren, sondern um die Vertiefung solcher Erkenntnisse. Schon in der Vorhalle sollte es sich zeigen bei denen, die in die Philosophenschule aufgenommen werden wollten, wer von ihnen zugelassen werden kann. Denn dann wußte man, daß wie derjenige, der seine fünf Sinne hat, die äußere Welt erforschen kann, sie ebenso denkerisch das Wesen der Seele erforschen können. Nicht früher war das möglich. Aber man verlangte noch etwas anderes. Das mathematische Denken genügt nicht. Es ist die erste Stufe, wo wir ganz in uns selbst leben, wo sich uns der Geist der Welt aus unserem Inneren heraus entwickelt. Es ist die trivialste, die untergeordnetste Stufe, die zuerst beschritten werden muß, über die wir aber hinausschreiten müssen. Das verlangte gerade der ältere Seelenforscher, die höchsten Gebiete der menschlichen Erkenntnis auf dieselbe Art aus den Tiefen der Seele herauszuholen, wie die Mathematik die Wahrheiten des gestirnten Himmels aus den Tiefen der Seele herausholt. Das war die Forderung, welche Plato in dem Satze verbarg: Jeder, der eintreten will in meine Schule, muß zuerst einen mathematischen Kursus durchgemacht haben. – Nicht Mathematik ist nötig, aber eine Erkenntnis, welche die Unabhängigkeit des mathematischen Denkens hat. Und sieht man ein, daß der Mensch in sich ein Leben hat, das unabhängig ist vom äußeren Naturleben, daß er aus sich heraus die höchsten Wahrheiten holen muß, dann sieht man auch ein, daß des Menschen beste Wirksamkeit sich auf etwas erstreckt, das jenseits aller Naturtätigkeit ist.

Sehen Sie sich das Tier an. Seine Tätigkeit verläuft rein gattungsmäßig. Jedes Tier tut, was unzählige seiner Vorfahren auch getan haben. Der Gattungsbegriff beherrscht das Tier ganz. Morgen tut es dasselbe, was es gestern getan hat. Die Ameise baut an ihrem Wunderbau, der Biber an dem seinigen, in zehn, hundert, tausend Jahren so wie heute. Entwicklung ist auch darin, aber nicht Geschichte. Wer sich klarmacht, daß die menschliche Entwicklung nicht bloß Entwicklung, sondern Geschichte ist, der kann in ähnlicher Weise sich klar sein über die Methode der Seelenbeobachtung, wie derjenige, welcher sich klargemacht hat, was mathematische Wahrheiten sind. Es gibt noch wilde Völker. Sie sind zwar im Aussterben begriffen, aber es gibt noch solche, welche keinen Zusammenhang erkennen können zwischen heute und morgen. Es gibt solche, welche, wenn es des Abends kalt wird, sich zudecken mit Baumblättern. Am Morgen werfen sie diese wieder weg, und abends müssen sie sie wieder von neuem suchen. Sie sind nicht imstande, die Erfahrung von gestern hinüberzutragen in das Heute und Morgen. Was ist notwendig, wenn wir die Erfahrung von gestern in das Heute und Morgen hinübertragen wollen? Wir können nicht sagen, wenn wir heute wissen, was wir gestern getan haben, dann werden wir morgen auch tun, was wir gestern getan haben. Das ist Eigenart der Tierseele. Die kann fortschreiten, sie kann im Laufe der Zeiten etwas anderes werden, aber dann ist das Anderswerden nicht ein Geschichtliches. Ein Geschichtliches besteht darin, daß das Individuum Mensch sich dasjenige, was es erfahren hat, in der Weise zunutze macht, daß es auf ein Nichterfahrenes, auf ein Morgen schließen kann. Ich lerne den Sinn, den Geist des Gestern und baue darauf, daß die Gesetze, die meine Seele aus der Beobachtung gewinnt, in dasjenige, was ich noch nicht beobachtet habe, also in die Zukunft, hinüberragen. Reisende erzählen uns, daß es vorgekommen sei, daß irgendwelche Wanderer sich Feuer angefacht hätten in Gegenden, wo Affen wohnten. Sie seien weggezogen und hätten das Feuer brennen und das Holz liegenlassen. Die Affen seien herangekommen und hätten sich erwärmt am Feuer. Aber sie konnten das Feuer nicht schüren. Sie können sich nicht unabhängig machen von den Beobachtungen und Erfahrungen, sie können keine Schlüsse ziehen. Der Mensch schließt aus seinen Beobachtungen und Erfahrungen heraus und wird dadurch zum selbstherrlichen Bestimmer seiner Zukunft. Er sendet seine Erfahrungen in das Morgen hinein, er verwandelt die Entwicklung in Geschichte. So wie er die Erfahrung in Theorie verwandelt, aus der Natur die Wahrheiten des Geistes herausholt, so holt er aus dem

Vergangenen die Regeln der Zukunft und wird dadurch zum Erbauer der Zukunft.

Wer diese beiden Dinge gründlich durchdenkt, daß der Mensch sich in zweifacher Weise unabhängig machen kann, daß er nicht bloß beobachten, sondern auch Theorien aufstellen kann, daß er nicht bloß wie die Tierseele Entwicklung, sondern auch Geschichte hat, wer sich diese beiden Dinge klarmacht, der versteht, was ich meinte, wenn ich sagte, im Menschen lebt nicht nur die Tierseele, sondern die Tierseele entwickelt sich so weit herauf, daß sie aufnehmen kann den sogenannten Nus, den Weltengeist. Das hält Aristoteles für notwendig, damit der Mensch Geschichte bilden könne, daß in die Tierseele sich der Weltengeist hineinsenkt. Die Seele des Menschen unterscheidet sich im Sinne des Aristoteles von der Tierseele dadurch, daß sie heraufgehoben worden ist von dem, wozu sie sich innerhalb der Tierentwicklung erhoben hat, bis zu den Funktionen und Tätigkeiten, durch die sie in den Besitz des Geistes gekommen ist. Und wenn der große Kepler sagt, daß die in einsamer Studierstube gewonnenen Gesetze anwendbar sind auf die äußeren Naturereignisse, so erklärt sich das dadurch, daß der Weltengeist, der Nus, der Mahat, sich hineinsenkt und die Menschenseele eine weitere Stufe hinaufhebt. Die Menschenseele wird gleichsam hinausgehoben aus dem Tiersein. Der Geist ist es, der sie heraushebt. Der Geist lebt in der Seele. Er entwickelt sich aus der Seele heraus. Er entwickelt sich so, wie sich die Seele stufenweise aus dem Körper heraushebt.

Aber gerade dieses letztere sagte Aristoteles nicht oder nicht klar. Er sagt zwar immer wieder und wieder: die Seele entwickelt sich stufenweise bis zur Menschenseele auf einem ganz naturgemäßen Wege – aber nun kommt der Geist von außen in diese naturgemäß entwickelte Menschenseele hinein. Nus ist im Sinne des Aristoteles etwas, was von außen durch schöpferische Tätigkeit in die Menschenseele hineingelegt wird. Und das wurde das Verhängnis der Seelenwissenschaft des Abendlandes. Es ist das ein Verhängnis des Aristoteles, daß er nicht imstande ist, seine richtige Ansicht, daß durch das Einsenken des Nus in die Menschenseele diese Menschenseele heraufgehoben wird, zu einer Theorie des Geschichtsverlaufes zu gestalten. Diese Entwicklung ist er nicht imstande ebenso naturgemäß zu begreifen, wie die Entwicklung der Seele zu begreifen ist. Das haben aber schon griechische Weise, schon indische Weise getan. Sie haben Körper, Seele und Geist in naturgemäßer Weise bis zum Menschengeist in ihrer Entwicklung begriffen. Bei Aristoteles ist es ein Bruch. Es kommt der Schöpfungsgedanke in die Auffassung hinein. Wir werden sehen, wie die theosophische Seelenlehre diesen Schöpfungsgedanken überwindet, wie sie dasjenige ist, was im wahren Sinne die letzten Konsequenzen der naturwissenschaftlichen Weltanschauung, allerdings vom geistigen Gesichtspunkte aus, zieht.

Aber nur dadurch, daß wir uns klarwerden, daß wir wieder zurückkehren müssen zur alten Einteilung in Körper, Seele und Geist, nur dadurch werden wir diese naturgemäße Entwicklung des Menschen wirklich verstehen. Nicht aber dürfen wir glauben, daß jemals auf dem durch die moderne Naturwissenschaft gepflegten, scheinbar unwiderlegten Wege, durch die Betrachtung der einzelnen Teile des Gehirnes, der Zugang zur Seele gefunden wird. Einsehen müssen wir, daß die Einwendungen des indischen Weisen Nagasena auch der heutigen naturalistischen Seelenlehre gegenüber gelten. Einsehen müssen wir vor allen Dingen, daß tiefere, innere Selbstbeobachtung, tiefere Geistesforschung notwendig ist, um den Zugang zu Seele und Geist zu finden. Eine falsche Vorstellung macht man sich von denjenigen, welche glauben, daß die verschiedenen Religionsbekenntnisse und die verschiedenen Weisen, welche aus den verschiedenen Religionsbekenntnissen hervorgegangen sind, das gesagt hätten, was die moderne Naturwissenschaft zu widerlegen sucht. Das haben sie nie gesagt, nie versucht. Wer die Entwicklung der Seelenlehre verfolgt, der kann klar und deutlich sehen, daß die, welche von den Methoden der Seelenlehre etwas gewußt haben, niemals die Methoden der Naturwissenschaft angewendet haben, so daß sie sie widerlegen müßten. Nicht diese können zur Seele finden. O nein, auf diesem Wege haben die Seelenforscher, die noch gewußt haben, was Seele ist, niemals die Seele gesucht.

Ich will Ihnen einen nennen, den Verpöntesten unter den Aufklärern, den man aber auch am wenigsten kennt, ich will mit ein paar Worten von der Seelenlehre des 13. Jahrhunderts sprechen, von der Seelenlehre des Thomas von Aquino.[20] Es gehört zu den charakteristischen Eigenschaften dieser Seelenlehre, daß der Autor derselben sagt: Dasjenige, was der Menschengeist mitnimmt, wenn er diesen Körper verläßt, dasjenige, was der Menschengeist in die rein geistige Welt mitnimmt, das läßt sich nicht mehr vergleichen mit alledem, was der Mensch innerhalb seines Körpers erlebt. Ja, Thomas von Aquino sagt, die Aufgabe der Religion in ihrem idealsten Sinne besteht darin, den Menschen dazu zu erziehen, daß er aus diesem Leibe etwas mitnehmen kann, was nicht sinnlich ist, was nicht an die Erforschung, an die Betrachtung und Erfahrung der äußeren Natur gebunden ist. Solange wir in diesem Körper leben, sehen wir durch unser Auge und hören durch unsere Ohren Sinnliches. Wir nehmen durch unsere Sinnesorgane alles Sinnliche wahr. Aber der Geist verarbeitet dieses Sinnliche. Der Geist ist das eigentlich Tätige. Der Geist ist dasjenige, was das Ewige ist. Und nun beachten Sie die tiefe Anschauung, die da gewonnen worden ist auf Grund jahrtausendealter Seelenlehre, die sich in den Worten ausdrückt: Derjenige Geist, welcher wenig während dieses Lebens gesammelt hat, was unabhängig ist von äußerer sinnlicher Beobachtung, unabhängig ist vom äußeren Sinnesleben, der ist nicht glücklich daran, wenn er entkörpert ist. Thomas von Aquino sagt: Dasjenige, was wir in unserer sinnlichen Umgebung sehen, ist fortwährend durchdrungen von sinnlichen Phantasmen. – Der Geist aber, gerade der Geist, den ich geschildert habe im Sinne der Mathematik, geschildert habe als Nus, der sich ergibt in einfacher Art, wie sich aus dem Gestern und Heute das Morgen ergibt, dieser Geist, indem er sich frei macht, sammelt Früchte für die Ewigkeit. Unendlich vereinsamt und leer fühlt sich der Geist – das ist Thomas von Aquinos Lehre –, wenn er in das Geisterland eintritt, ohne so weit gekommen zu sein, daß er von allen Phantasmen der Sinnenwelt frei ist. Der tiefe Sinn der griechischen Mythe von dem Trinken aus dem Lethestrom enthüllt sich uns damit als ein Gedanke: Der Geist in seinem rein geistigen Dasein wird immer höher und höher sich entwickeln, je freier und freier er wird von allen sinnlichen Phantasmen. Wer daher den Geist auf sinnliche Art sucht, der kann ihn nicht finden; denn der Geist, wenn er von der Sinnlichkeit frei geworden ist, hat nichts mehr mit der Sinnlichkeit zu tun. Thomas von Aquino verpönt daher auf das entschiedenste die Methoden, mit denen er auf sinnlichem Wege gesucht wird. Dieser Kirchenlehrer ist ein Gegner von jedem Experiment und Versuch, auf sinnlichem Wege in Verkehr mit Entkörperten und Verstorbenen zu kommen. Der Geist muß am reinsten sein, wenn er von sinnlichen Phantasmen und von dem Haften an der Sinnlichkeit frei ist. Ist er das nicht, dann fühlt er sich in der geistigen Welt unendlich vereinsamt. Der Geist, der angewiesen ist auf die sinnliche Beobachtung, der aufgeht in sinnlichen Beobachtungen, der lebt in der geistigen Welt wie in einer unbekannten Welt. Diese Vereinsamung ist sein Schicksal, sein Los, weil er nicht gelernt hat, frei zu sein von sinnlichen Phantasmen. Dies werden wir erst völlig durchdringen, wenn wir zum zweiten Vortrage kommen.

Sie sehen, gerade auf dem entgegengesetzten Wege wurde die Seele gesucht in den Zeiten, in denen die Innenbeobachtung, die Beobachtung dessen, was im eigenen Inneren des Menschen lebt, den Ausschlag gegeben hat für die Seelenwissenschaft. Das ist dasjenige, was als ein Grundirrtum in der modernen Wissenschaft lebt und was dazu geführt hat, geradezu das Schlagwort von der Seelenwissenschaft ohne Seele hinauszuposaunen als naturalistisches Glaubensbekenntnis des 19. Jahrhunderts. Diese Wissenschaft, die bloß auf die äußeren Anschauungen geht, glaubt die Alten widerlegen zu können. Aber diese Wissenschaft weiß nichts von den Wegen, auf denen die Seele gesucht worden ist. Nichts, nicht das geringste soll gesagt werden gegen die moderne Wissenschaft. Wir wollen im Gegenteil gerade als Theosophen im Sinne dieser modernen Wissenschaft das Gebiet der Seele so durchforschen, wie diese das Gebiet der rein räumlichen Natur durchforscht, aber wir wollen nicht in der äußeren Natur die Seele suchen, sondern in unserem Inneren. Wir wollen den Geist suchen da, wo er sich enthüllt, indem wir die Wege der Seele wandeln und durch Seelenerkenntnis zur Geist-Erkenntnis kommen. Das ist der durch jahrtausendealte Lehren vorgeschriebene Weg, den man nur verstehen muß, um ihn in seiner Wahrheit und Gültigkeit zu erfassen.

Das macht uns aber auch klar und wird uns immer klarer machen, was der tiefere Mensch, wenn er die Seele erkennen will, gerade an der modernen kalten Wissenschaft ebenso vermissen wird, wie es Goethe vermißt hat, als ihm diese kalte Wissenschaft im *Système de la nature* von Holbach entgegengetreten ist. Wir können in der äußeren Natur zwar verfolgen, wie der Mensch sich hinsichtlich der Äußerlichkeit entwickelt hat, wie er geworden ist, wie die Monade in den feineren Gebilden arbeitet, wie das mittlere Organsystem für einen Ausdruck der Seele gelten kann, aber das alles führt uns nur zur Erkenntnis der Äußerlichkeit. Da bleibt noch immer die große Frage nach dem Schicksal des Menschen. Haben wir einen Menschen auch noch so gut verstanden in bezug auf seine Äußerlichkeit, wir haben ihn nicht verstanden, insofern er in dieser oder jener Weise dieses oder jenes Schicksal hat, wir haben nicht begriffen, welche Rolle spielt das Gute und Böse, das Vollkommene und Unvollkommene. Was der Mensch im Inneren erlebt, darüber kann uns die äußere Wissenschaft keinen Aufschluß geben; darüber kann uns nur die Seelenlehre, die auf Selbstbeobachtung gegründet ist, eine Gedankenantwort geben. Dann kommen die großen Fragen: Woher kommen wir, wohin gehen wir, was ist unser Ziel? – diese größten Fragen aller Religionen. Diese Fragen, die den Menschen erheben können zu erhabener Stimmung, diese Fragen werden es sein, die uns hinüberführen aus der Seelenwelt zu dem Geiste, zu dem die Welt durchflutenden Gottesgeist. Das muß der Inhalt des nächsten Vortrages sein: Durch die Seele zum Geist. Das wird uns zeigen, daß es durchaus wahr ist – nicht bloß ein bildlicher Ausdruck –, daß auch die vollkommene Tierseele, die geworden ist durch rein äußerliche Entwicklung, im Menschen nur dadurch Menschenseele ist, daß sie heute ein noch Höheres, ein Vollkommeneres darstellt und daß sie die Anwartschaft, den Keim zu einem noch weit Höheren, zu einem grenzenlos Vollkommenen in sich trägt; daß diese Menschenseele aber im Sinne desselben Ausspruches als etwas zu gelten hat, was nicht den Geist und nicht die Seelenerscheinungen aus der Tierheit hervorbringt, sondern daß das Tier im Menschen sich entwickeln muß zu Höherem, um dadurch seine Bestimmung, seine Aufgabe und auch sein Schicksal zu erhalten. Das drückt die mittelalterliche Seelenlehre mit den Worten aus, daß nur der die Wahrheit im wirklichen Sinne erkennt, der sie nicht so betrachtet, wie sie ihm erscheint, wenn er mit äußerem Ohre hört, mit äußerem Auge zuschaut, sondern so, wie sie erscheint, wenn wir sie im Abglanze des höchsten Geistes sehen. So möchte ich den ersten Vortrag mit den Worten schließen, die Thomas von Aquino in seinem Vortrag gebrauchte: Des Menschen Seele gleicht dem Monde, der leuchtet, aber sein Licht von der Sonne empfängt. – Des Menschen Seele gleicht dem Wasser, das nicht kalt und nicht warm für sich ist, sondern seine Wärme vom Feuer erhält. – Die Menschenseele gleicht nur einer höheren Tierseele, aber sie ist Menschenseele dadurch, daß sie ihr Licht von dem Menschengeist erhält.

Im Einklang mit dieser mittelalterlichen Überzeugung sagt Goethe:

Des Menschen Seele
Gleicht dem Wasser:
Vom Himmel kommt es,
Zum Himmel steigt es,
Und wieder nieder
Zur Erde muß es,
Ewig wechselnd.

Dann erst versteht man die Menschenseele, wenn man sie in diesem Sinne faßt, wenn man sie faßt in dem Sinne, daß sie begriffen wird als ein Abglanz der höchsten Wesenheit, die wir überall im Weltenall finden können, als ein Abglanz des das Weltall durchflutenden Weltengeistes.

Geist, Seele und Leib des Menschen

Berlin, 28. Februar 1918

Wer heute ein populäres oder auch wissenschaftliches Buch in die Hand nimmt, um darin irgendwelche Belehrungen zu suchen über das Verhältnis des menschlichen Geist- und Seelenwesens zu der äußeren Leibesorganisation, der wird zumeist auf so etwas wie das folgende Gleichnis stoßen können: Daß die Sinneseindrücke, die der Mensch von der Außenwelt empfängt, gewissermaßen telegraphische Nachrichten seien, die zur Zentralstation des Nervensystems, zum Gehirn, über die Nerven wie Drähte geleitet und von dort wiederum in den Organismus ausgesendet werden, um die Impulse des Wollens hervorzurufen, und so weiter. So einnehmend für manche heute ein solches oder ein ähnliches Gleichnis zu sein scheint, so kann man doch sagen, daß im Grunde mit einem solchen Gleichnis nur verdeckt werden soll die Hilflosigkeit gegenüber dem großen Seelen- und Geisträtsel, das man einschließen kann in die Worte, die den Gegenstand der heutigen Betrachtung charakterisieren sollen: Geist, Seele und Leib des Menschen.

Nun habe ich schon in den vorangehenden Vorträgen[21] angedeutet, daß die heutigen Betrachtungen auf diesem Gebiete an einem Grundmangel leiden. Gerade wenn man sich mit einer solchen Betrachtung auf den Boden der auf anderen Gebieten so erfolgreichen naturwissenschaftlichen Betrachtungsweise stellt, dann tritt einem heute noch die Unmöglichkeit in den Weg, über das Vorurteil hinwegzukommen, das da zusammenwirft im menschlichen Wesen das Seelenleben mit den Wirksamkeiten des eigentlichen Geisteslebens. Seele und

Geist werden heute fast überall in naturwissenschaftlichen, in philosophischen, in populären Betrachtungsweisen durcheinandergeworfen. Es geht mit solchen Betrachtungen heute in der Tat noch so, wie es einem Chemiker gehen würde, der eine zusammengesetzte Substanz analysieren wollte und sich durchaus einbildete, es müßten zwei Glieder, zwei Teilsubstanzen, in dieser zusammengesetzten Substanz sein, der dann ganz unter diesem Vorurteil handelte und infolgedessen nichts Ordentliches herausbringen kann, weil er eben nicht berücksichtigt, daß die Untersuchung nur fruchtbar werden kann, wenn er auf eine Dreigliedrigkeit losgeht.

So bleiben die Untersuchungen heute häufig aus dem Grunde unfruchtbar – neben dem Umstande, daß sie es auch aus mannigfachen anderen Gründen sind –, weil man sich nicht lossagen will von dem Vorurteil, der Mensch könne betrachtet werden, ohne daß man seine Gliederung in die drei Wesenheiten, wenn ich sie so nennen darf, oder in die drei Wesensglieder Leib, Seele und Geist, ins Auge fasse. Ich habe auch schon in einem früheren Vortrage[22] angedeutet, daß es sich für dasjenige, was hier unter Geisteswissenschaft gemeint ist, darum handelt, ebenso von dem seelischen Leben aus die Brücke zum Geist zu schlagen, wie es sich für die physische Wissenschaft und Biologie darum handelt, die Brücke zu schlagen vom seelischen Leben herüber zum leiblichen Wesen des Menschen. Noch einmal möchte ich auf das aufmerksam machen, worauf ich schon hingedeutet habe zur Erläuterung dessen, was eigentlich gemeint ist. Seelisches Erleben, allerdings im weiteren Sinne, ist es zweifellos – wenn das seelische Erleben in diesem Falle auch auf körperlichen und leiblichen Grundlagen beruht –, wenn der Mensch Hunger, Durst, Sättigung, Atmungsbedürfnis und dergleichen empfindet. Aber wenn man auch diese Empfindungen noch so sehr ausbildet, wenn man noch so sehr versucht, den Hunger größer oder kleiner zu machen, um ihn innerlich seelisch zu beobachten, oder wenn man das Hungergefühl vergleicht mit der Sättigung und dergleichen, es ist unmöglich, durch diese bloße innere Beobachtung, durch das, was man seelisch erlebt, darauf zu kommen, welche leiblichen, körperlichen Grundlagen diesem seelischen Erleben als Bedingung dienen. Da muß in der Ihnen ja allbekannten Weise die Brücke durch wissenschaftliche Methoden so geschlagen werden, daß man übergeht von dem bloßen seelischen Erleben zu demjenigen, was sich, während dieses oder jenes seelische Erleben da ist, in der leiblichen Organisation des Menschen abspielt.

Ebenso aber ist es unmöglich, zu irgendeiner fruchtbaren Anschauung zu kommen über den Menschen als Geistwesen, wenn man bloß stehenbleiben will bei dem, was der Mensch innerlich-seelisch in seinem Vorstellungsleben, in seinem Gefühlsleben, in seinem Willensleben durchmacht. Vorstellungen, Gefühle, Willensimpulse sind ja der Inhalt der Seele. Sie wogen auf und ab im alltäglichen wachen Tagesleben. Man versucht, sie zuweilen dadurch zu vertiefen, daß man übergeht von dem bloßen alltäglichen seelischen Erleben im Vorstellen, Fühlen, Wollen zu einer Art mystischer Versenkung in sein Inneres, zu einem vertieften Durchleben desjenigen, was die Seele eben nach dieser Richtung hin durchleben kann. Allein, wieweit man auch gehen mag mit einem solchen mystischen Versenken, zu einer Geisterkenntnis des Menschen kann man durch solche Mystik, und sei sie noch so subtil, nicht kommen. Es muß vielmehr, wenn Geisterkenntnis angestrebt werden soll – allerdings nach der anderen Seite hin, aber in ebenso ernster wissenschaftlicher Weise –, die Brücke geschlagen werden von dem bloßen seelischen Erleben zu dem geistigen, wie auf dem Gebiete der physischen Wissenschaft durch ernste, strenge Methoden die Brücke geschlagen wird von dem seelischen Erleben zu den leiblichen Vorgängen, zu den chemischen oder physischen Vorgängen, die dem Hungergefühl, dem Sättigungsgefühl, dem Atmungsbedürfnis und dergleichen zugrunde liegen. Nun kann man allerdings nicht in einer ebensolchen Weise, wie man von der Seele übergeht zu der Betrachtung der leiblichen Organisation des Menschen, übergehen zu einer Betrachtung des geistigen Lebens des Menschen. Da sind andere Methoden notwendig. Auf diese Methoden habe ich schon in einer prinzipiellen Weise hingedeutet. Die Einzelheiten können natürlich in einem kurzen Vortrage nicht erörtert werden. Sie finden sie in den schon öfter genannten Büchern *Wie erlangt man Erkenntnisse der höheren Welten?*, in meiner *Geheimwissenschaft*, in den Büchern *Vom Menschenrätsel*, *Von Seelenrätseln* und so weiter. Aber einige bemerkenswerte Eigenschaften jener Methoden, welche die Brücke schlagen können vom gewöhnlichen menschlichen Seelenleben zum geistigen Wesen des Menschen, möchte ich auch heute wiederum einleitungsweise vorbringen.

Da handelt es sich vor allen Dingen um eines – auch darauf habe ich von anderen Gesichtspunkten aus in diesen Vorträgen schon hingedeutet –, es handelt sich darum, daß gerade viele Seelenforscher der Gegenwart glauben, daß gewisse Dinge einfach unmöglich sind, die für die Geistesforschung unbedingt angestrebt werden müssen. Wie oft findet man heute von Seelenforschern erwähnt, daß das eigentliche Seelenleben nicht beobachtet werden könne. Man findet darauf hingewiesen, daß zum Beispiel zarte Gefühle nicht beobachtet werden können, weil sie einem entschlüpfen, wenn man mit der beobachtenden Seelentätigkeit an sie herantreten will. Es wird mit Recht darauf hingewiesen, wie wir uns gestört fühlen, wenn wir zum Beispiel etwas auswendig gelernt haben, es hersagen und uns selbst beobachten wollen. Das wird so angeführt, als ob es eine durchgreifende Eigentümlichkeit des Seelenlebens wäre. Gerade das ist aber notwendig einzusehen, daß, was da wie eine Unmöglichkeit, wie eine charakteristische Unfähigkeit des Seelenlebens hingestellt wird, gerade als geisteswissenschaftliche Methode angestrebt werden muß. Was der Biologe, was der Physiologe für den Leib verrichtet, das verrichtet der Geistesforscher für den Geist, indem er von der bloßen alltäglichen und von der bloßen mystischen Selbstbeobachtung zu jener wahren Seelenbeobachtung aufzusteigen bestrebt ist, deren Unmöglichkeit mit dem erwähnten Hinweise dargetan werden soll, daß wir uns beim Hersagen eines Gedichtes nicht selber beobachten können, weil wir uns dadurch stören. Nun ist es ja nicht notwendig, daß man gerade in solch äußerlichen Dingen, wie dem Hersagen eines memorierten Stoffes, zu einer Möglichkeit der Selbstbeobachtung kommt, obwohl das für den, der Geistesforscher werden will, auch eine Notwendigkeit ist. Notwendig aber ist es, daß der Geistes- und Seelenforscher dazu vordringt, wirkliche Selbstbeobachtung dadurch zu erringen, daß er einen Vorstellungsverlauf, eine Gedankenfolge, auch den Verlauf von Willensimpulsen, von Gemütszuständen wirklich so vor sich hat, daß er gewissermaßen, während das in seiner Seele abläuft, wie sein eigener Zuschauer dabeisteht und sich wirklich innerlich selbst beobachten lernt, so selbst beobachten lernt, daß Beobachter und Beobachtetes eigentlich vollständig auseinanderfallen. Diese Möglichkeit wird oftmals als etwas sehr Leichtes hingestellt, und diejenigen, die dies als etwas sehr Leichtes hinstellen, obwohl sie natürlich sie nicht in der ganzen Schwierigkeit ihres Wesens anstreben, die sind es auch, die da glauben, während der Naturwissenschaft strenge Methoden obliegen, sei Geisteswissenschaft irgend etwas, was leichten Herzens auf leichte Weise erlangt werden könne. Zu wirklicher Geistesforschung, die zu sagen vermag, worauf es dem geistigen Leben gegenüber ankommt, ist aber ebensolches, wenn auch nur im Geistigen angewendetes, methodisch strenges, geduldiges, energisches Fortschreiten in einer bestimmten Weise notwendig, und zwar nicht nur wie das auf äußerlich naturwissenschaftlichem Gebiete geschieht, sondern so, daß der, der beides kennt, naturwissenschaftliches Forschen und geisteswissenschaftliches Forschen, sagen muß, daß gegenüber dem oftmals jahrelangen Streben, das notwendig ist, um zu ernsten geisteswissenschaftlichen Resultaten zu kommen, man sich die Methoden der Naturwissenschaft im Grunde doch noch auf eine leichtere Weise aneignen kann.

Für diese wahre Selbstbeobachtung wird eine Grundlage dadurch geschaffen, daß man versucht, ganz methodisch regelrecht den inneren Willen des Menschen einzuführen in das Vorstellungsleben. Dadurch gelangt man zu dem, was man im wahren Sinne des Wortes, nicht in einem dunklen, mystischen Sinne, nennen kann Meditation, meditatives inneres Leben. In unserem gewöhnlichen alltäglichen Bewußtsein sind wir ja an solches meditatives Leben durchaus nicht gewöhnt, da richten wir die Folge der Gedanken ganz nach dem Verlauf der äußeren Welt mit ihren Eindrücken ein; wir lassen einen Gedanken auf den anderen folgen, je nachdem der äußere Eindruck auf den andern folgt. Die Folge der äußeren Eindrücke gibt uns den Faden, nach dem unsere Gedanken verlaufen. Auf der Grundlage dessen, was sich dann der Mensch als eine Lebenserfahrung oder auch Lebensweisheit angeeignet hat, regelt er sich sein inneres Leben, seinen Gedankenverlauf, so daß er dann dazu kommt, von innen heraus seinen Gedanken Folge geben zu können. Allein alles das kann höchstens Vorbereitung zu dem sein, was hier gemeint ist. Das muß in langsamer, geduldiger, energischer Arbeit erlangt werden. Es wird dadurch erlangt, daß man zunächst die Vorsicht anwendet, in seine Gedanken eine solche Regelmäßigkeit und dennoch, ich möchte sagen, solche

Willkür[23] hineinzubringen, daß man sicher ist: In dem, was man so übt, wirkt nichts von einer bloßen Reminiszenz, nichts von dem, was heraufsteigen kann aus irgendwelchen mehr oder weniger vergessenen Vorstellungswelten, Lebenserfahrungen und dergleichen. Daher ist es notwendig, daß derjenige, der zur Geistesforschung kommen will, sich einlebt in ein solches Verfolgen der Vorstellungen, die er sich in übersichtlicher Weise selber zubereitet oder von da oder dort her in übersichtlicher und kunstgerechter Weise zubereitet erhält, daß er wirklich in dem Augenblick, in dem er sich diesem Vorstellungsverlaufe hingibt, sagen kann: Ich überschaue, wie ich die eine Vorstellung an die andere reihe, wie ich durch den Willen beeinflusse den Vorstellungsverlauf.

Das alles muß man dahin bringen, daß es nichts weiter ist als eine Vorbereitung zu dem, was eigentlich für das Seelen- und Geistesleben eintreten soll. Denn das muß zwar auf diese Art sorgfältig vorbereitet werden, stellt sich aber in einem bestimmten Punkt der Entwicklung als etwas Objektives ein, als eine von der geistigen Außenwelt kommende Wirklichkeit. Nur derjenige, der sich eine Zeitlang sorgfältig solchen inneren Übungen hingibt – es ist individuell verschieden, wieviel Zeit man dazu braucht –, durch die er den Willen in die Vorstellungswelt einführt, durch die er dahin kommt, sich zu sagen: Ich lasse die Vorstellungen nicht nach ihrer eigenen Gesetzmäßigkeit oder nach der von außen aufgenommenen Gesetzmäßigkeit aufeinander folgen, sondern ich bringe durch meinen Willen selber jene Regelmäßigkeit in mein Vorstellungsleben, wodurch eine Vorstellung an die andere angereiht wird – der bringt es nach und nach dahin, wenn er in die Vorstellungsfolge die Willkür eingeführt und wieder überwunden hat, etwas innerlich zu entdecken, das ebenso notwendig vom geistigen Gebiete her eine Vorstellung, einen Gedanken an den anderen reiht und so ein inneres Seelenleben, beherrscht von einer geistigen Wirklichkeit, hervorruft. Wie die äußere Beobachtung das Vorstellungsleben regelt und dadurch, daß die Folge der äußeren Ereignisse, die charakteristischen Eigenschaften der äußeren Wesenheiten, den Vorstellungen zugrunde liegen, Notwendigkeit in die Vorstellungen hineinbringt, so daß sie zum Vermittler der äußeren Wirklichkeit werden, so wird nach und nach das Vorstellungsleben zu einem Vermittler einer geistigen Wirklichkeit. Man muß nur eben dasjenige, was hier gemeint ist, in demselben Sinne als etwas ernst Wissenschaftliches erkennen wie die Naturwissenschaft und sich nicht dem Vorurteil hingeben, daß man dadurch in irgendwelche Phantastik hineingerät, weil man allerdings in eine innere Willkür hineinkommt, und einsehen, daß man auf diese Weise ein geistig Lebendiges, ein geistig Wirkliches ergreifen kann, das von der anderen Seite her an unser Vorstellen herankommt, als die Seite ist, die der äußeren physischen Wirklichkeit entspricht. Es ist für denjenigen, der sich mit solchen Dingen nicht viel befaßt hat, ja zunächst schwierig, sich vorzustellen, was mit diesen Dingen eigentlich gemeint ist. Allein diese Dinge, die einer kommenden Geisteswissenschaft zugrunde liegen sollen, die eine kommende geisteswissenschaftliche Forschungsweise abgeben sollen, sind ebenso wie die naturwissenschaftlichen Verrichtungen im Laboratorium und so weiter nichts weiter als feinere Ausbildungen der auch sonst in der Außenwelt erfolgenden Hantierungen. Diese inneren, wenn ich mich des Ausdrucks bedienen darf, Hantierungen des Geistesforschers sind nichts anderes als die Fortsetzung desjenigen, was das Seelenleben sonst auch vollbringt, um die Beziehung zwischen menschlichem Seelenleben und Geistesleben herzustellen, die eigentlich immer da ist, die aber durch diese Übungen mehr oder weniger ins Bewußtsein hineingerufen wird.

Ich möchte von etwas, das leichter verständlich sein kann, ausgehen, um das, was ich eigentlich meine, zu charakterisieren. Wer sich befaßt mit allerlei Betrachtungen über diese oder jene menschlichen oder sonstigen Lebensverhältnisse, der kann ja, wenn er sich nach und nach eine Empfindung dafür aneignet, Unterschiede herausfinden zwischen den Darstellungen des einen Menschen und den Darstellungen eines anderen Menschen. Er wird bei dem einen Schriftsteller finden, daß er mit dem, was er sagt, ja recht gelehrt sein kann, recht streng seine bestimmte Methode handhaben kann, daß er aber durch die Art, wie er die Dinge sagt, im Grunde recht fern steht dem, was sich eigentlich in dem Wesen der Dinge abspielt. Dagegen kann man bei einem anderen Schriftsteller oftmals, ohne daß man vielleicht geneigt ist zu untersuchen, um was es sich handelt, sich sagen: Der ist einfach durch die Art, wie er über die Dinge spricht, ein den Dingen, ihrem inneren Wesen nahestehender Mensch. Er vermittelt einem, während man seine Zeilen liest, etwas, was einen so recht an die Dinge heranbringt. Dafür ein Beispiel:

Man kann sehr viel haben gegen eine solche Kunstbetrachtung, wie sie der anregende, so sympathische Schriftsteller Herman Grimm geübt hat, aber man wird doch, wenn man dafür eine Empfindung hat, selbst dann, wenn man oftmals mit irgendwelchen Ausführungen Herman Grimms nicht einverstanden ist, wenn man ihn sogar dilettantisch findet gegenüber dem, was strenge Gelehrte zu sagen haben, zugeben müssen: In seinen Ausführungen liegt etwas, wodurch man herangeführt wird an die Kunstwerke, an die Künstler, an deren persönlichen Charakter sogar. Es ist, ich möchte sagen, etwas von Atmosphäre in den Schriften Herman Grimms, die unmittelbar hinüberführt von dem, was er sagt, zu dem Wesen dessen, worüber er spricht. Man kann sich die Frage vorlegen: Wie kommt ein solcher Geist dazu, sich gerade in solcher charakteristischen Weise von anderen, die recht gelehrt sein mögen, zu unterscheiden? Für den, der gewohnt ist, über solche Dinge nicht im allgemeinen Abstrakten herumzureden, sondern wirkliche Gründe für eine solche Erscheinung zu suchen, für den kann sich dann eben das Folgende ergeben: Sie werden zum Beispiel an einer Stelle – Sie können aber ähnliche Beobachtungen in den Schriften Herman Grimms auch an anderen Stellen machen –,wo Herman Grimm in einem sehr schönen Aufsatz über Raffael spricht, auf einige Sätze stoßen, welche für den, der ein trokkener, pedantischer, nüchterner Gelehrter ist, wahrscheinlich aufreizend, ärgerlich klingen mögen. Da sagt Herman Grimm, was man nach seiner Meinung empfinden würde, wenn einem heute Raffael begegnete, und wie man ganz anders empfinden würde, wenn einem heute Michelangelo begegnete. – Nicht wahr, in einer wissenschaftlichen Abhandlung solches Zeug zu reden, ist ja für manche von vornherein Träumerei. Selbstverständlich, man kann ein solches Urteil durchaus begreifen. Bei Herman Grimm finden Sie an zahlreichen Stellen solche sonderbaren Bemerkungen. Man möchte sagen, er gibt sich da von vornherein gewissen Vorstellungszusammenhängen hin, von denen er ja natürlich weiß, daß sie sich nicht in der unmittelbaren Wirklichkeit realisieren können, und will selbstverständlich auch gar nichts Besonderes in bezug auf die äußere Wirklichkeit mit solchen Bemerkungen sagen. Aber wer sich immer wieder und wieder gerade solchen Gedankengängen hingegeben hat, der hätte – allerdings jetzt nicht auf diesem Gebiete, denn auf diesem Gebiete führen solche Gedankengänge zu gar nichts – wohl aber auf anderen Gebieten, in anderen Punkten seiner Betrachtung, das Ergebnis, daß dann seine Seelenkräfte so in Bewegung versetzt worden sind, daß er tiefer in die Dinge hineinschauen kann, sie treffsicherer zum

Ausdruck bringen kann als andere, die es verschmähen, solche «unnötigen» Gedankengänge anzustellen. Das ist es, worauf es ankommt und was ich hervorheben möchte.

Wenn man Gedankengänge anstellt in seinem Innern, nur um diese Gedankengänge herzustellen, bloß um sein Denken in Bewegung zu bringen, in eine solche Bewegung zu bringen, daß es eine mögliche Beziehung zur Wirklichkeit hat, und wenn man darauf verzichtet, mit diesen Gedankengängen etwas anderes zu wollen als sein Denken in eine gewisse Entwicklungsströmung hineinzubringen, dann führt einen zunächst das, was man da tut, zu nichts anderem als zu einem Beweglicherwerden seines Denkens, zu einem Beweglicherwerden der seelischen Fähigkeiten überhaupt. Die Frucht davon tritt dann auf ganz anderen Gebieten der Betrachtung zutage. Man muß beides streng voneinander scheiden können. Wer das nicht kann, wer da mit solch einem In-Bewegung-Bringen des Denkens etwas Wirkliches erfassen will, wer etwas anderes will als sein Denken erst herzurichten, um dann in eine Wirklichkeit einzudringen, der kommt in Phantastereien, in Träumereien, in allerlei Hypothesenmacherei hinein. Wer aber die Selbstbeherrschung und Selbstkontrolle hat, genau zu wissen, daß ein solches In-Bewegung-Bringen des Denkens zunächst nur subjektive Bedeutung hat, wer dann die Kraft, die aus einem solchen Sichbetätigen des Denkens in der Seele wirkt, in Bewegung bringt, für den treten die Früchte davon zu einer ganz andern Zeit ein. Von da ausgehend war Herman Grimm wirklich imstande, in seinen Abhandlungen über Macaulay, Friedrich den Großen und so weiter historische Bemerkungen zu machen, welche hart an das anklingen, was Geisteswissenschaft über das Leben der menschlichen Seele und des menschlichen Geistes zu sagen hat. Ich will damit nicht sagen, daß Herman Grimm schon ein Geistesforscher war; das lehnt er ja gerade ab. Ich will damit auch nicht sagen, daß das, was ich bei ihm charakterisiert habe, mehr ist als etwas, was schon im gewöhnlichen Bewußtsein vor sich gehen kann. So etwas ausgebildet, so etwas immer weiter und weiter betrieben, das führt dazu, den Willen einzuführen in das Vorstellungsleben und die geistige Notwendigkeit im Vorstellungsleben zu ergreifen. Dazu muß allerdings etwas anderes kommen.

Ich habe auch darauf schon hingewiesen, daß ja in der Entwicklung des Geistesforschers dem eine besondere Wichtigkeit zugeschrieben werden muß, daß er sich an die sogenannten Grenzpunkte des Erkennens hingeben kann. Du Bois-Reymond[24] spricht von sieben Welträtseln, denen sich der Mensch gegenübergestellt sehen kann, als von Grenzpunkten, über die das menschliche Erkennen nicht hinauskommen kann. Wenn der Mensch sich an solchen Grenzpunkten ein Doppeltes sagt, dann bilden sie gerade den Ausgangspunkt geisteswissenschaftlicher Untersuchungen. Das eine ist, daß man zunächst im vollen inneren Leben empfindet, was mit einer solchen Grenzfrage eigentlich gesagt ist. Ich mache bei einer solchen Gelegenheit gern aufmerksam auf wirkliche, echte Ringer nach Erkenntnis. Als Beispiel sei angeführt Friedrich Theodor Vischer.[25] Als dieser das wichtige Thema der menschlichen Traumphantasie behandelte, kam er auf eine solche Grenzfrage. Er sagte sich: Betrachtet man das Verhältnis des menschlichen Seelenlebens zum menschlichen Leibesleben, so muß man sich sagen: Es ist ganz gewiß, daß die Seele nicht im Leibe sein kann, aber ebenso gewiß ist, daß die Seele nicht irgendwo außer dem Leibe sein kann. Wer solch ein Denken entwickelt, das nicht nach landläufigen, schulmäßig gegebenen Methoden, sondern nach inneren notwendigen Strömungen des Seelenlebens nach Erkenntnis ringt, der kommt in zahlreichen Fällen dahin, daß er sich sagen muß: Du stehst an einem Punkt, wo alle die Vorstellungen, die sich dir ergeben haben aus deinen Sinnesbeobachtungen, aus dem ganzen bewußten Leben, das sich unter dem Einfluß der Sinnesbeobachtung Tag für Tag abspielt, dich gar nicht weiterführen. Man kann nun, wie das so vielfach in der Gegenwart geschieht, an solchen Grenzpunkten stehenbleiben und sagen, nun ja, da ist eben eine Grenze, darüber kann der Mensch nicht hinaus! Man täuscht sich schon, indem man dies sagt. Aber darüber will ich nicht sprechen. Das, um was es sich handelt, ist, daß man gerade an solchen Grenzpunkten versucht, mit dem vollen Leben der Seele einzudringen, daß man versucht, sich in einen wirklichen Widerspruch einzuleben, der die geistig-seelische Wirklichkeit uns darstellt, wie sich als äußere widerspruchsvolle Wirklichkeit darstellt, wenn an einer Pflanze einmal ein grünes Pflanzenblatt, ein andermal ein gelbes Blumenblatt erscheint. In der Wirklichkeit realisieren sich auch die Widersprüche. Wenn man sie erlebt, statt mit seinem logischen Denken, mit seiner gewöhnlichen, nüchternen Urteilskraft an sie heranzugehen, wenn man statt dessen an sie herangeht mit dem vollen lebendigen inneren Seelenwesen, wenn man einen Widerspruch in der Seele selbst sich ausleben läßt und nicht mit dem Vorurteil des Lebens an ihn herankommt und ihn auflösen will, dann merkt man, wie er aufquillt, wie sich da wirklich etwas einstellt, das man mit folgendem vergleichen kann, wie ich das in meinem Buche *Von Seelenrätseln* getan habe.

Wenn ein niederes Lebewesen zunächst keinen Tastsinn hat, sondern nur ein inneres wogendes Leben, und nach und nach in der Außenwelt anstößt, so bildet sich das, was vorher nur inneres wogendes Leben war, um in Tastsinn – es ist das ja eine gebräuchliche naturwissenschaftliche Vorstellung –, und der Tastsinn wiederum differenziert sich, so daß gewissermaßen nach und nach im Zusammenstoßen dieses inneren Lebens mit der Außenwelt diese selber erst inneres Erlebnis wird. Dieses

Bild vom Tastsinn kann man anwenden auf jenes seelisch-geistige Erleben, das beim Geistesforscher eintreten muß. Solchen Grenzpunkten des Erkennens gegenüberstehend, läßt er sie sich in seiner Seele ausleben, läßt er sie in ihrer Eigengeltung. Dann ist es so, als wenn das innere Leben nicht an eine physische Außenwelt stieße, sondern an eine geistige Welt und ein geistiger Tastsinn sich wirklich entwickelt, dann sich weiter differenziert und zu dem werden will, was man in übertragener Bedeutung mit Goethe Geistesaugen, Geistesohren nennen kann. Es ist allerdings weit hin von einer Beschäftigung mit solchen Grenzfragen des Erkennens bis zu dem, was ich in meinem Buche *Vom Menschenrätsel* schauendes Bewußtsein genannt habe. Aber dieses schauende Bewußtsein kann entwickelt werden. Das ist das eine, was zu berücksichtigen ist.

Das andere ist, daß man nun gerade in einer solchen inneren geistig-seelischen Betätigung erfährt, daß man nicht mit dem, was man auf der Grundlage der Beobachtung der Sinneswelt an Urteilskraft gewonnen hat, in die geistige Welt darf eindringen wollen, nicht einmal in dem negativen Sinne, daß man sagt, es könne das menschliche Erkennen an diesem Punkt über sich selbst nicht hinaus. Man muß vielmehr darauf verzichten, in die geistige Welt einzudringen mit dem, was man vorher in der Seele hatte, bevor man sich erst durch diese und ähnliche Übungen bereit machte, in die geistige Welt wirklich einzudringen. Dazu gehört eine gewisse Resignation, dazu gehört überhaupt Verzicht. Während in der Regel der Mensch gewohnt ist, mit dem, was er an der äußeren Welt sich erobert hat, Hypothesen und allerlei logische Schlußfolgerungen aufzustellen über das, was jenseits der physischen Erfahrung sein könnte oder nicht sein könnte, muß der Geistesforscher es sich wirklich nicht nur zu einer inneren Überzeugung, sondern – ich sage ausdrücklich – zu einer inneren intellektuellen Tugend machen, das nicht zu gebrauchen für die Charakteristik der geistigen Welt, für die Anschauung der geistigen Welt, was nur aus der physisch-sinnlichen Wirklichkeit stammt. Diesen Verzicht muß man sich erst aneignen, er muß habituelle Eigenschaft der Seele werden, so daß man es sich versagt, bloße Hypothesen oder bloße philosophische Erörterungen anzustellen über das, was jenseits der physisch-sinnlichen Beobachtung liegt. Man ringt sich dann durch zu der Erkenntnis, daß, um in die geistige Welt einzudringen, die Seele sich dafür selber erst reif machen muß. Das, was sich allmählich durch das volle Festsetzen dieser intellektuellen Tugend ausbildet, unterstützt durch die Einführung des Willens in das Vorstellungsleben, wie ich es geschildert habe, das bringt einen dahin, jene Selbstbeobachtung üben zu können, von der ich vorhin gesprochen habe, die wirklich in die Lage kommt, gewissermaßen der eigene Zuschauer zu sein, während die Gedanken, Gefühle und Willensimpulse ablaufen. Nur durch solche wahre Selbstbeobachtung gelangt der Mensch dazu, eine geistige Tätigkeit zu entwickeln, von der er durch Erleben weiß, sie wird nicht mit Hilfe des Leibes vollführt, sondern sie wird vollführt, indem der Mensch mit seinem wahren Ich nunmehr außerhalb des Leibes steht.

Das ist eine Vorstellung, von der ja zugegeben werden muß, sie ist ganz ungewohnt für die Weltanschauungen, die ihre festen Wurzeln aus jenem Boden ziehen, aus dem fast einzig und allein in der Gegenwart die Weltanschauungen ihre Wurzeln ziehen wollen. Denn alles geht in diesen Weltanschauungen dahin, die Möglichkeit zu verneinen, daß der Mensch ein Seelenleben entwickeln könne, das unabhängig vom Leibe ist, und, wenn auf diese Weise die Ergebnisse der Selbstbeobachtung angeführt werden, sie zu kritisieren mit demjenigen, was man an der äußeren Welt gewonnen hat oder was sich für die Urteilskraft aus dieser äußeren Welt ergeben hat. Damit kommt man nicht zurecht.

Man schafft Mißverständnisse über Mißverständnisse aus dem einfachen Grunde, weil aller Geistesforschung ein gerade Entgegengesetztes zugrunde liegen muß von dem, was zugrunde liegen muß der naturwissenschaftlichen Denkungsweise, obwohl Geistesforschung ganz nach dem Muster naturwissenschaftlicher Forschung aufgebaut ist. Da werden das Denken und der methodische Ausbau des Denkens im Experimentieren und so weiter so eingerichtet, daß der Mensch die von der Urteilskraft und dem Verstande ausgebildeten wissenschaftlichen Methoden anwendet, um der Natur ihre Geheimnisse abzulauschen, daß er durch seinen Verstand die Dinge in diese oder jene Verbindung bringt, wodurch sie ihr Wesen, ihre Geheimnisse aussprechen. Das ist ganz selbstverständlich auf dem Boden naturwissenschaftlicher Denkungsweise. Allein dieselbe Kraft des Denkens und Vorstellens, die da verwendet wird, um allerlei wissenschaftliche Methoden auszubilden, wird in der Geisteswissenschaft dazu verwendet, die Seele erst vorzubereiten, damit sie dann beobachten kann, was das Ergebnis der Geisteswissenschaft ist. Das dient dazu, die Seele zu präparieren, damit sie auf eine vom Leibe völlig freie Weise die Erscheinungen des Seelenlebens beobachten kann. Dadurch kann der Mensch herausrücken von der Seele zum Geiste, wie er nach der andern Seite hin durch wissenschaftliche Methoden herausgerückt wird von der Seele in den Leib. So daß man sagen kann, schon die ganze Art des beweisenden, des urteilenden Denkens muß eine andere werden in der Geisteswissenschaft. Sie darf nicht fehlen, aber was damit erreicht wird, ist dann nicht ein Erwägen nach Gründen und Folgen in derselben Weise wie in der äußeren Wissenschaft, sondern es ist ein Beobachtenkönnen, weil man die Methoden der äußeren Wissenschaft zuerst auf die Entwickelung der Seele selbst angewendet hat.

So bereitet sich der Geistesforscher durch dieselben Mittel, mit denen die Wissenschaft sonst zu ihrem Schlußresultat kommt, im Anfang vor, um geistig beobachten zu können, so daß das Geistige für ihn eben als Erfahrung auftritt, wie für die äußeren Sinne die physisch-sinnliche Welt. Dadurch kommt dasjenige zustande, was ich ungern hellsichtiges Anschauen der geistigen Welt nenne, ungern aus dem Grunde, weil ja heute noch vielfach, wenn man von einem hellsichtigen Anschauen der äußeren Welt spricht, auf ältere abnorme Zustände des menschlichen Seelenlebens hingewiesen wird und man absichtlich oder unabsichtlich die ernste, strenge Methode der Geisteswissenschaft verwechselt mit allerlei krankhaften und dilettantischen Methoden, durch welche die Menschheit heute oftmals in die geistige Welt eindringen will. Über solche Dinge werde ich näher in dem Vortrage über die «Offenbarungen des Unbewußten» sprechen.[26]

Man gelangt nunmehr dazu, das Seelenleben so zu beobachten, daß die Beobachtung nicht bloß im seelischen Erleben stehenbleibt, sondern auf den Geist hinweist. Zwei Punkte möchte ich zunächst erwähnen, obwohl sie verhundertfältigt werden können, die aber wichtige Kernpunkte sind. Indem der Mensch in dieser Weise zur wahren Selbstbeobachtung kommt, die außerhalb des Leibes ausgeführt wird und dadurch dem Geiste gegenübersteht, gelangt er dazu, als unmittelbares Beobachtungsresultat eine Anschauung zu bekommen nicht nur über das Verhältnis des gewöhnlichen Wachens zum gewöhnlichen Schlafen, sondern vor allen Dingen über das, was die Phänomene des Aufwachens und Einschlafens sind. Es ist einmal heute noch das Schicksal der Geisteswissenschaft, daß sie nicht nur von heute vielfach Unbekanntem spricht, sondern daß sie über das, was in das Bewußtsein eines jeden Menschen hineinspielt, was eigentlich alltäglich Bekanntes ist, in einer ganz andern Weise sprechen muß, als sonst gesprochen wird.

Dazu kommt, daß die Geisteswissenschaft ja Worte verwenden muß, die geprägt sind für das äußere, gewöhnliche Leben. Das bietet viele Schwierigkeiten, da Geisteswissenschaft dieselben Worte zuweilen schon in einer andern Richtung gebrauchen muß. Sie muß anknüpfen an bekannte Erscheinungen des Lebens, um von diesen ausgehend in das geistige Gebiet hineinleuchten zu können. Den Wechselzustand von Schlafen und Wachen kennt ja der Mensch, wenn man zunächst vom Bewußtseinsstandpunkt aus spricht, nicht vom naturwissenschaftlichen Standpunkt – der soll heute nicht Gegenstand unserer Betrachtung sein –, auf der einen Seite als die Zeit, in der das Bewußtsein des Menschen vorhanden ist vom Aufwachen bis zum Einschlafen, und auf der andern Seite als die Zeit, in der das Bewußtsein in eine Finsternis hinuntergetaucht ist, in das Schlafbewußtsein. Der Geistesforscher weiß, daß es so schwach ist, daß man gewöhnlich vom Nichtvorhandensein des Bewußtseins im Schlafe spricht. Nun, diese beiden für das Leben wahrhaftig gleich notwendigen Wechselzustände des menschlichen Wesens, sie sind geeignet, durch eine wirklichkeitsgemäße Betrachtung schon ein Stück in das Menschenrätsel hineinzuführen. Von vornherein müßte ja jedem auffallen, daß das eigentliche menschliche Wesen unmöglich mit dem Einschlafen und Aufwachen wiederum neu beginnen kann. Das, was im Menschen seelisch-geistiges Wesen ist, das sonst im Wachzustande als Bewußtsein lebt, das muß auch im Schlafe vorhanden sein. Aber für das gewöhnliche Bewußtsein ist ja die Sache so, daß der Mensch in eigener Selbstbeobachtung sich im Schlafe nicht betrachten kann, daß er daher den Wachzustand mit dem Schlafzustand innerlich geistig nicht vergleichen kann. Äußerlich naturwissenschaftlich ist das eine andere Sache. Nun handelt es sich darum, daß man diesen Dingen näherkommt, wenn man wirklich von der gewöhnlichen Sinnesbeobachtung zur geistigen Beobachtung in der geschilderten Weise so aufsteigt, daß man ins innere geistige Auge faßt das Vorstellungsleben, Gefühlsleben und Willensleben.

Richten wir unsere Aufmerksamkeit zunächst auf das Vorstellungsleben. Der Mensch betrachtet es in der Regel so, daß er weiß: Ich bin wach vom Aufwachen bis zum Einschlafen. Meine Gedanken, herrührend von Wahrnehmungen oder auch innerlich aufsteigend, sie stellen sich hinein in mein gewöhnliches Wachleben. Es kann das gewöhnliche Bewußtsein gar nicht zu einem andern Urteil kommen. Anders ist es, wenn das menschliche Seelenleben durch solche Übungen zu einer geistigen Beobachtung vorbereitet ist. Da gelangt man dazu, diese ganze innere Ausdehnungswelt, das Wachbewußtsein überhaupt, vom Aufwachen bis zum Einschlafen zu beobachten. Es ist merkwürdig, wie auch hier, wie auf so vielen anderen Punkten, ernsthafte Naturforscher heute sich begegnen mit dem, was Geisteswissenschaft von einer ganz andern Seite her zutage fördert. Aber Naturforschung kann ja nur, ausgehend von der Leibesuntersuchung, die Brücke herüberschlagen zum Seelenleben. Sie lehnt es heute noch ab, über dasjenige zu sprechen, über das hier gesprochen wird. Daher reden heute die Naturforscher, wenn sie von diesen Dingen reden, eine ganz andere Sprache als der Geistesforscher. Aber die Dinge werden sich finden, so sicher zusammenfinden, wie die nach richtigen geologischen und geometrischen Methoden zur Herstellung eines Tunnels unternommene Durchbohrung eines Berges sich in der Mitte zusammenfindet. So sind zum Beispiel seit kurzer Zeit auf naturwissenschaftlichem Gebiete interessante Untersuchungen erschienen von dem Forscher Julius Pikler,[27] der das Wachbewußtsein des Menschen ganz anders, als man es in der Biologie bisher gewohnt war, ins Auge faßt. Nur kommt er natürlich nicht darauf, so etwas geisteswissenschaftlich zu untersuchen. Er legt daher etwas zugrunde, was auch nicht viel mehr ist als ein Wort. Pikler spricht von einem Wachtrieb, der den Menschen vom Aufwachen bis zum Einschlafen einfach wachhält, der da ist, auch wenn keine besonderen Gedanken und Vorstellungen vorliegen, der sich als solcher insbesondere in der Langeweile zeigen soll. Darauf wollte ich nur hinweisen, um zu zeigen, wie auch von der andern Seite gebohrt wird.

Geisteswissenschaft kann nicht einfach da, wo eine Erscheinung vorliegt, irgendein Wort oder irgendeine hypothetisch angenommene Kraft zugrunde legen, sondern muß beobachten. Sie beobachtet in der Tat das, was die menschliche Seele erlebt, indem sie in dem für jeden erlebbaren Wachzustande ist. Sie beobachtet das gleichmäßige Hinfließen des bewußten Tageslebens vom Aufwachen bis zum Einschlafen. Was findet die Geisteswissenschaft? Sie findet sich insbesondere dann zurecht, wenn sie mit ihren Beobachtungsmethoden das Hineindringen von Gedanken und Vorstellungen in diesen einfachen Wachzustand beobachtet. Was beobachtet der Geistesforscher, wenn er den ruhigen Strom des Wachlebens verfolgt und dann das Hineindringen von Vorstellungen? Da ergibt sich für den Geistesforscher, daß der gewöhnliche helle Wachzustand, der sonst wie ein ruhiger Strom dahinfließt, unterbrochen wird dadurch, daß ein partielles Einschlafen im Gedankenfassen, im Gedankenerleben eintritt. Wir wachen so, daß wir fortwährend den Wachzustand herunterdämpfen zu einem partiellen Schlafen, indem wir in den Wachzustand die Vorstellungen hineinrücken. Wir lernen nur dadurch das Verhalten der Seele zum Vorstellungsleben kennen, daß wir beobachten können, wie der sonst intensive Wachzustand zwar nicht so stark herabgestimmt wird wie im traumlosen Schlaf, daß er aber doch herabgestimmt wird und in diese Herabstimmung jedesmal der Gedanke, der von einer Wahrnehmung hervorgerufen werden kann, hineinfällt. Wir machen also den gewöhnlichen Wachzustand nicht in einer gleichmäßigen Intensität durch, sondern er wird fortwährend abgedämpft und abgedämmert, indem wir Gedanken fassen. Es setzt sich also im Vorstellen, im Gedankenleben das, was sonst in stärkerer oder völliger Abstumpfung im Schlaf vorhanden ist, ins Wachleben hinein fort. Dadurch kommt man darauf, das, was man sonst eigentlich als ein buntes Aufeinanderfolgen von Vorstellungen im Wachzustande hat, nun zu differenzieren. Was man sonst als Wachen und Schlafen mit einem einheitlichen Intensitätsgrad kennt, das muß man mit anderen Intensitätsgraden vorstellen lernen. Man muß beobachten können völligen Wachzustand, abgeschwächten Wachzustand, weiter völligen Schlafzustand, abgeschwächten Schlafzustand und so weiter.

So lernt man allmählich das, was sonst gar nicht beachtet wird, im Bewußtseinsleben wirklich beachten. Indem man so hineindringt in das gewöhnliche Seelenleben, gelangt man dazu, nun auch den Wachzustand selber ins Auge fassen zu können durch Beobachtung, zu der das geistige Auge erst geschaffen sein muß, wie das physische Auge für die Sinnenwelt geschaffen ist. Dann braucht man keine Beweise für das, was man sieht, sondern man schaut es eben. Da gelangt man dazu, eine Ansicht als die richtige, als die unmittelbare, durch Erfahrung gegebene einzusehen, von der in der bisherigen Seelenlehre außerordentlich selten, aber doch einmal sehr schön gesprochen wird, nämlich von dem viel zu wenig beachteten Seelenforscher Fortlage.[28] Hier steht man an einem derjenigen Punkte, die so interessant sind für die Entwicklung desjenigen, was heute zusammenfassend als Geistesforschung auftreten will. Das ist nicht etwas völlig Neues, sondern etwas, was nur in systematischer Zusammenfassung aufgebaut werden soll, wofür aber die Anfänge bei solchen, die auf diesem Gebiete da oder dort mit der Erkenntnis gerungen haben, schon zutage getreten sind. Fortlage spricht einmal davon, und Eduard von Hartmann[29] tadelt ihn deshalb, daß eigentlich das gewöhnliche Bewußtsein der menschlichen Seele ein fortwährendes abgeschwächtes Sterben sei. Es ist eine sonderbare, kühne Behauptung, aber eine Behauptung, die naturwissenschaftlich zu erhärten ist, obwohl die Naturwissenschaft die entsprechenden Tatsachen falsch deutet; man lese zum Beispiel die Untersuchungen von Gaswitz.[30] Fortlage kommt darauf einzusehen, daß das, wodurch Bewußtsein entsteht, nicht allein beruht auf einem Zutagetreten des wachsenden, sprossenden, gedeihenden Lebens, sondern daß gerade, wenn bewußtes Leben in der Seele auftritt, das sprossende, wachsende, gedeihende Leben im menschlichen Organismus absterben muß, so daß wir den Tod durch unser ganzes Leben partiell in uns tragen, sofern es ein bewußtes ist. Indem wir Vorstellungen bilden, wird etwas in unserm Nervensystem zerstört, das sich aber gleich nachher wieder neu bildet. Dem Abbau folgt wieder ein Aufbau. Auf Abbauprozessen, nicht auf sprossenden, sprießenden Aufbauprozessen, beruht das bewußte Seelenleben. Fortlage sagt sehr schön: Wenn dasjenige, was beim Bilden des Bewußtseins immer in einem Teil des Leibes, im Gehirn, auftritt, das partielle Sterben, jedesmal den ganzen Leib ergreifen würde, wie es der physische Tod tut, so würde der Mensch fortwährend sterben müssen. Der physische Tod bringt für Fortlage nur einmal das summiert zum Ausdruck, worauf das Bewußtsein fortwährend beruht. Daher kann Fortlage, freilich nur hypothetisch, weil er noch nicht Geistesschau hat, zu der Schlußfolgerung übergehen, daß er sagt, wenn wir es jedesmal, wenn unser gewöhnliches Bewußtsein auftaucht, mit einem partiellen Tode zu tun haben, so ist der generelle Tod das Aufgehen eines Bewußtseins unter anderen Bedingungen, welches der Mensch dann für die geistige Welt entwickelt, wenn er durch die Pforte des Todes hindurchgeschritten ist. Da zeigt sich wie ein Lichtblick klar und deutlich, was Geisteswissenschaft genauer und immer genauer entwickeln wird, indem sie ihre Beobachtungsmethoden auf das menschliche Wesen anwendet.

Da zeigt die Wissenschaft, daß das Gesamtwesen des Menschen, das mit Recht heute von der einen Seite her unter den Entwicklungsgedanken gestellt wird, nicht bloß unter den Entwicklungsgedanken gestellt werden darf. Ich dehne jetzt diese Betrachtung nicht über den Menschen hinaus aus; wir werden später eingehend über die Natur sprechen, wo solche Fragen behandelt werden können. Es muß, wenn man beim Menschen stehenbleibt, dieses Menschenwesen so betrachtet werden, daß man weiß, es findet eine Entwicklung von sprießendem, sprossendem, wachsendem Leben, aber fortwährend auch ein Abbauprozeß, rückschreitende Entwicklung statt. Die Organe dieses Abbauprozesses, die Organe, in denen nicht eine fortschreitende, sondern eine rückführende Entwicklung stattfindet, sind im menschlichen Leibe vorzugsweise das Nervensystem. Das seelische Bewußtsein greift in den Menschen ein dadurch, daß es die wachsenden, sprossenden Prozesse abwechseln läßt mit Prozessen, die eine rückläufige Entwicklung darstellen. Das gesamte Wachleben vom Aufwachen bis zum Einschlafen beruht darauf, daß mit dem Aufwachen das Seelisch-Geistige, das sich mit dem Einschlafen vom Leibe getrennt hat, in den Leib untertaucht und das, was vom Einschlafen bis zum Aufwachen fortschreitende Entwicklung ist, in bezug auf das Nervensystem sich in rückschreitende Entwicklung verwandelt. Indem der Mensch denkt, indem er vorstellt, muß er abbauen, muß er Leichenprozesse in seinen Nerven hervorrufen, um dem Wirken des Geistig-Seelischen Platz zu machen. Das wird Naturwissenschaft von der andern Seite immer mehr bezeugen.[31] Der

Geistesforscher rückt vom Geistig-Seelischen an das Leibliche heran und zeigt, daß, indem mit dem Aufwachen das Geistig-Seelische in das Leibliche einströmt, abgebaut wird, bis der Abbau so weit gediehen ist, daß wiederum die fortschreitende Entwicklung mit dem Beginn des Schlafens auftreten muß. Der gleichmäßig fortschreitende Wachzustand beruht darauf, daß durch das Seelisch-Geistige im menschlichen Leibe immer wieder ein ordnungsgemäßer, ein gesetzmäßiger Abbauprozeß, eine Rückentwicklung stattfindet, entgegengesetzt derjenigen Strömung, die lebt in dem gewöhnlichen Wachen, die tätig ist in den Kräften, die uns als Kind wachsen und gedeihen lassen. Stellen wir in den gewöhnlichen Wachzustand das Vorstellen, den Gedanken hinein, so wirken wir wiederum entgegengesetzt. Da bringen wir in den Abbauprozeß von der Leibesseite aus Stücke von Fortentwicklung hinein, partielle Schlafzustände, so daß wir sagen können: Abgeschwächt wird durch Prozesse, die ganz schwach dasjenige darstellen, was im Wachstum vorhanden ist, jener Zustand, der sich ausdehnt über das gewöhnliche Wachleben dadurch, daß abgebaut wird. Nun zeigt sich für den Geistesforscher, daß dieses Abbauen, dieser kontinuierlich fortschreitende Prozeß vom Aufwachen bis zum Einschlafen, die Wirkung desjenigen ist, was der Geistesforscher mit der wahren Selbstbeobachtung als den Geist im Menschen erkennt. Geist baut ab, und innerhalb dieses Abbaues machen sich wiederum jene Tätigkeiten des Vorstellens und Denkens geltend, in denen die Seele die Aufbauprozesse benutzt, um sie in die geistigen Abbauprozesse hineinzustellen. Hier sehen wir ineinanderwirken Geistig-Seelisches und Leibliches. Der Geistesforscher ist nicht geneigt, dilettantisch über Geistig-Seelisches zu sprechen mit Außerachtlassung desjenigen, was sich im Leibe abspielt, gerade weil er selber beobachtet, wie der Geist nicht so wirkt, daß er die Prozesse des Wachsens, der Entwicklung, die reine

Naturprozesse sind, zum Ausdruck bringt, sondern diesen entgegengesetzte Prozesse. Indem der Geistesforscher das, was der Geist am Leibe vollbringt, kennenlernt, lernt er auch wieder erkennen, wie sich die Seele der Leibesprozesse bedient, um die geistigen Prozesse abzudämpfen, indem sie die Vorstellungen hineinrückt in den Abbauprozeß, den der Geist vollführt. Damit deute ich nur an, wie der Geistesforscher dazu kommt, das Wechselverhältnis, die Wechselwirkung des Geistigen, des Seelischen und des Leiblichen im Menschen anzuschauen.

So wie er auf der einen Seite in den Vorstellungen, die in den gewöhnlichen Wachzustand hineinspielen, ein partielles Einschlafen erkennt, so lernt er auf der andern Seite erkennen, wie jedesmal, wenn ein Willensimpuls sich in das Seelenleben hineinstellt, dieser sich wie eine Art Erhöhung des Wachzustandes, wie ein Aufwachen hineinstellt. Das Vorstellen ist wie ein Abdampfen des Wachzustandes, der Willensimpuls wie ein Aufwachen, wie ein Aufleuchten desjenigen Zustandes, der fortlaufend ist vom Aufwachen bis zum Einschlafen in bezug auf das Willensleben, das ja so dumpf ist, daß man es auch, wenn man wacht, als ein Schlafleben bezeichnen kann. Was weiß der Mensch, indem er irgendeinen Willensimpuls ausführt, was da in seinem Arm vor sich geht? Aber jedesmal wenn ein Willensimpuls auftaucht, ist es wie ein Aufwachen.

Damit habe ich Ihnen angedeutet, wie der wirkliche Beobachter, der zur wahren Selbstbeobachtung aufgestiegen ist, das Wirken der menschlichen Seelenkräfte und Geisteskräfte im Geistigen auffassen kann. Er kann, indem er mit seinen Methoden weiter vorrückt, gerade so, wie man das gewöhnliche, alltägliche Ich kennenlernt, dasjenige Ich kennenlernen, das er in dieser Selbstbeobachtung in sich selber erlebt, mit dem er eben die Selbstbeobachtung anstellt. Dieses Ich läßt sich nicht durch philosophische Spekulationen erkennen, es läßt sich nur erleben. Wird es erlebt, dann lernt man durch unmittelbare Anschauung das kennen, was ich jetzt skizzenhaft charakterisiert habe. Der Mensch mit dem gewöhnlichen Bewußtsein kann gar nicht anders als glauben, indem er nur die wachsenden, sprossenden, sprießenden Entwicklungskräfte ins Auge faßt, daß, indem das Kind heranwächst aus der dumpfen Bewußtseinslage und allmählich dazu übergeht, Ich zu sagen, überhaupt zum Selbstbewußtsein zu kommen, allmählich aus den Entwicklungsvorgängen des Leibes das, was im Seelischen als Ich zum Ausdruck kommt, sich heranentwickelt. Für den, der das Ich durch wahre Selbstbeobachtung kennenlernt, wird klar, daß dies irrtümlich ist – aber es ist ein notwendiger Irrtum für das gewöhnliche Bewußtsein –, so wie es irrtümlich wäre, wenn man glauben würde, weil der Mensch Luft in der Lunge hat, steige die Luft, die er ausatmet, aus der Lunge heraus. Hier kann man schon durch äußere, tatsächliche Beobachtung erfahren, daß es Unsinn wäre, die Luft, die mit der menschlichen Lunge verbunden ist, als irgend etwas anzusehen, das aus der menschlichen Lunge entspringt. Will man die Luft erkennen, so muß man aus der Lunge herausgehen; will man die Luft in ihrer eigenen Wesenheit erkennen, so muß man zum äußeren Luftraum übergehen. Dasselbe tut man, wenn man in der hier charakterisierten Weise zur Selbstbeobachtung aufgestiegen ist. Da lernt man erkennen, daß das, was sich im Leibe abspielt in den fortlaufenden sprießenden, sprossenden Entwicklungsprozessen, zu dem Ich des Menschen, zu dem wahren Selbst sich so verhält wie die Lunge zur Luft. So wenig die Lunge Luftschöpferin ist, so wenig ist dieser menschliche Leib irgendwie Ich-Schöpfer. Nur solange man das wirkliche Geistig-Seelische nicht kennt, kommt man zu dem notwendigen Irrtum, als ob dieses Ich irgend etwas mit dem Leibe zu tun habe.[32] Der Geistesforscher geht aber durch seine Methoden bei der Erforschung des

Ich hinaus aus dem Leibe, so wie der, der die Luft für sich betrachten will, aus der Lunge herausgeht. So kommt der Geistesforscher dazu, durch wirkliche Beobachtung zu erkennen, wie dieses Selbst, dieses Geistig-Seelische des Menschen – wenn ich mich eines bildhaften Ausdrucks bedienen darf – in den physischen Leib mit der Geburt, respektive Empfängnis eingeht, den es durch die Vererbungsströmung bekommt, wie dieses Ich, das aus der geistigen Welt herabsteigt, den Leib hinzuerhält, so wie zu der Luft die Lunge hinzukommt, daß der Leib dieses Ich einatmet, und indem der Mensch durch die Pforte des Todes tritt, wieder ausatmet. Es ist das ein bildhafter Ausdruck für die Verbindung des Geistig-Seelischen, das aus der geistigen Welt heruntersteigt, mit dem Physisch-Leiblichen. Wie man, wenn man die Luft in ihrer Wesenheit kennenlernt, diese Wesenheit in dem äußeren Luftraum, nicht in der Lunge sucht, ebensowenig sucht man in der äußeren physischen Leiblichkeit die Wesenhaftigkeit des geistig-seelischen Ich, sobald man das Ich wirklich kennengelernt hat.

Gerade dann aber ergibt sich für den Geistesforscher eine wesentliche Unterscheidung des Geistigen und des Seelischen auch beim Übergang vom Menschen zu der seelisch-geistigen Umgebung, in der der Mensch lebt mit jenem Teil seiner Wesenheit, der durch Geburt und Tod geht, der gegenüber der Vergänglichkeit des Leibes das Ewige, Unsterbliche im Menschen ist. Dieser Unterschied des Seelischen und des Geistigen ergibt sich dadurch, daß wir in dem Seelischen, das sich loslöst von dem Menschen, das nicht unmittelbar mit dem Menschen verbunden ist, erkennen lernen etwas, das von dem, was man sonst im Seelenleben erlebt als Vorstellen, Fühlen und Wollen, gewissermaßen nur ein verklungener Grundton ist. Ich möchte mich durch Folgendes ausdrücken: Nehmen wir ein gesungenes Lied. Wir können die Worte, wir können das Lied zunächst als

Dichtung betrachten und können diese Betrachtung fortsetzen in dem Anhören des gesungenen Liedes. Aber wir können auch beim Singen absehen von dem Inhalt der Worte, von den Sätzen, und können auf das bloß Tonliche, auf das bloß Melodische achten, auf dasjenige also, das zutage tritt, wenn wir gerade von dem Inhaltlichen der Worte absehen. Es ist nur ein Vergleich, den ich brauche, aber der Vergleich hat reale Bedeutung in bezug auf dasjenige, was ich hier sage. Es läßt sich das ganze Erleben des Menschen im Vorstellen, Fühlen und Wollen so ergreifen, daß man auch da einen Unterton erfassen kann, wenn man nicht eingeht auf den Inhalt des Vorstellens, des Fühlens und Wollens, wie sie sich im gewöhnlichen Bewußtsein darstellen.

Um mich noch deutlicher auszudrücken, möchte ich die Sache noch von einer andern Seite charakterisieren. Ihnen allen ist bekannt, daß gewisse orientalische Völker zu dem Geistig-Seelischen aufsteigen durch Methoden, von denen ich in den Vorträgen, die ich hier gehalten habe, und auch in meinen Büchern immer wieder gesagt habe, daß sie für unsere abendländische Kulturentwickelung nicht in derselben Weise anwendbar sind, daß vielmehr hier zur bewußten Geistesforschung andere Methoden angewendet werden müssen. Aber es kann doch zum Vergleich einiges herangezogen werden. Es ist Ihnen bekannt, daß die Morgenländer zu einem gewissen Erkennen des Seelischen – was sie vielleicht nicht zugeben, doch darauf kommt es jetzt nicht an – dadurch kommen, daß sie mantrische Sprüche immer wieder hersagen. Man lacht im Abendlande über die Wiederholungen in den Reden des Buddha und weiß nicht, daß für den morgenländischen Menschen diese Wiederholung gewisser Sätze eine Notwendigkeit ist, weil dadurch eben ein gewisser Unterton in der innerlichen Aufnahme des Stoffes erreicht wird, mit Außerachtlassung dessen, was unmittelbarer Inhalt ist. Es wird, ich möchte sagen, in der Seele gewissermaßen eine in diesen Sprüchen lebende Musik gehört oder gesprochen. Die Seele versetzt sich in so etwas. In meinen Büchern können Sie finden, wie wir das in der abendländischen Geistesentwicklung auf eine geistig-seelischere Weise machen, daß wir nicht in ein solches Absingen oder Absprechen von mantrischen Sprüchen oder Wiederholungen verfallen. Aber was da auf andere Weise erreicht wird, kann erläutert werden dadurch, daß man aufmerksam macht, wie im Vorstellen, Fühlen und Wollen etwas miterlebt wird, was ein Grund- oder Unterton ist.

Verlegt man sich darauf, zur vollen Selbstbeobachtung zu kommen, unter Aufrechterhaltung des Inhalts des Vorstellens, Fühlens und Wollens, wie Sie ihn im gewöhnlichen Wachbewußtsein haben, so entdeckt man zumeist am leichtesten das Wirken des Geistes. Dagegen ist das Seelische ein Intimeres, das entzieht sich vielfach. Man muß schon schwierige und langandauernde Übungen anstellen, wenn man darauf kommen will. Während man verhältnismäßig leichter darauf kommen kann, wie der Geist abbaut im fortströmenden Wachzustande, muß man feinere, intimere Übungen anwenden, um zu beobachten, wie die Vorstellungen, die da auftauchen, partielle Schlafzustände sind. Aber wenn man dann zu diesem intimeren Erleben im Seelischen kommt durch Methoden, wie ich sie in meinen Büchern beschrieben habe, so gelangt man auch von dem bloßen subjektiven Seelenleben in das objektive Seelenleben hinaus. Man verfolgt dann nicht bloß das Geistig-Seelische als solches, wie man die Luft aus der Lunge in den Luftraum hinaus verfolgt, in jenen Geistesraum hinaus, den der Mensch zwischen Tod und einer neuen Geburt durchlebt, in einem rein geistigen Erleben, sondern man kann dann das Seelische verfolgen in seinem Zustande vor der Geburt und in seinem Zustande nach dem Tode. So sonderbar das für den heutigen Menschen noch klingt, diese Dinge können erfahren werden. Und auf Grund dieser Erfahrung, die der Orientale gerade auf eine dem intimen Seelenleben so naheliegende Art ausbildet, kam er eher als der Abendländer darauf, wie sich das gesamte menschliche Seelenleben im wiederholten Erdenleben abspielt, wie sich das wiederholte Erdenleben wirklich als Beobachtungsresultat ergibt. Es ist ein Beobachtungsresultat des seelischen Erlebens. Das ewige Unvergängliche, das durch Geburten und Tode geht, in seiner Geistigkeit zu erleben, ist nun etwas anderes als dieses seelische Erleben, wie es im wiederholten Erdenleben auftritt. Es ist wie eine Spezialisierung, eine Differenzierung des geistigen Erlebens.

Wie man beim einzelnen Menschen im seelischen Durchwirken des allgemeinen Geisteslebens das Vorstellen als ein partielles Schlafen hineinspielen sieht, so kann man in der äußeren Welt beobachten – auf diese Dinge werde ich in dem nächsten Vortrage genauer eingehen[33] –, wie in jenen Geistesraum, den man als Schauplatz des ewigen Geistigen im Menschen entdeckt, hineinspielt das Seelische, indem es spezialisiert das allgemein-ewige Geistesleben in wiederholte Erdenleben, die allerdings einmal einen Anfang genommen haben und ein Ende nehmen werden. Davon werde ich in dem nächsten Vortrage sprechen.

Dazu gelangt man durch wirkliche Ausbildung der seelischen Fähigkeiten, die sich nicht jeder anzueignen braucht. Aber jeder Mensch hat den Sinn für Wahrheit. Wenn dieser Sinn für Wahrheit nicht getrübt wird durch Vorurteile, die heute nur allzu leicht in populären oder wissenschaftlichen Weltanschauungen zu finden sind, so wird man dem, was der Geistesforscher zu sagen hat, zustimmen können, auch bevor man selber ein Geistesforscher geworden ist. Denn der Seher unterscheidet sich von anderen Menschen – ich habe das auch hier schon als Gleichnis zum Ausdruck gebracht – wie derjenige, der dem Uhrmacher zuschaut, von dem, der nur die Uhr sieht. Der die Uhr sieht, der weiß, daß sie durch intellektuelle Tätigkeit des Uhrmachers entstanden ist, dazu braucht man dem Uhrmacher nicht zugeschaut zu haben. Indem der Geistesforscher aus seiner Forschung heraus durch seherische Beobachtung schildert, wie zustande kommt, was im alltäglichen Leben darinnen steht, wird derjenige, der dieses unmittelbar beobachtet, daraus überall die Bestätigung für das Gesagte finden, auch wenn er nicht selbst ein Geistesforscher ist. Wenn das auch heute noch wie etwas Paradoxes sich hineinstellt in die allgemeine geistige Kulturentwicklung, wie der Geistesforscher zu denken hat über Leib, Seele und Geist des Menschen, es wird sich im Laufe der Zeit, indem die Naturwissenschaft entgegenarbeitet dem, was die Geistesforschung zu sagen hat, auch für die Geistesforschung dasjenige ergeben, was sich für die Naturforschung auch langsam und allmählich ergeben hat. Bedenken Sie nur, es hat ja auch eine Zeit gegeben, in der gewisse Vorurteile das Entstehen von Physiologie und Biologie im heutigen Sinne verhindert haben. So hat man heute ein Vorurteil dagegen, die Brücke zu schlagen vom menschlichen Seelenleben zu dem hinüber, was im menschlichen Leibe vor sich geht, während das Seelenleben dahinfließt. Anatomie zu studieren ist auch erst im Laufe des Mittelalters aufgekommen. Vorher stand ein Vorurteil dagegen, das, was sich da im Leibe abspielt, hinzuzufügen zu dem, was die Seele im Innern erleben kann. In derselben Lage ist heute die Geisteswissenschaft. Und wenn man es auch nicht glaubt, die heutigen Vorurteile sind von demselben Wert und stammen aus denselben Ursachen. Wie man im Mittelalter den Leib nicht sezieren lassen wollte, um das, was sich im Leibe abspielt, als Bedingung für das seelische Leben zu erkennen, so sträubt sich heute noch selbst der ernsteste Wissenschaftler dagegen, den Geist zu erforschen durch geisteswissenschaftliche Methoden. Und wie das Mittelalter erst nach und nach dazu gekommen ist, die Untersuchung des Menschenleibes der Wissenschaft freizugeben, so wird auch die Kulturentwicklung der Menschheit es notwendig machen, daß auch die Erforschung des Geistes, der nicht einerlei ist mit der Seele, der Geisteswissenschaft freigegeben wird.

Ob man heute zu naturforscherisch denkenden Menschen, ob man zu sonstigen Seelenforschern geht und mit geisteswissenschaftlichen Resultaten kommt, man erlebt wirklich dasselbe, nur auf einem andern Gebiete, wovon die Biographie Galileis erzählt. Bis zu Galileis Zeiten galt das alte noch gegenüber den Leibeserscheinungen zu überwindende Vorurteil, das sich durch eine mißverständliche Auffassung des Aristoteles durch das ganze Mittelalter fortgepflanzt hat, daß die Nerven aus dem Herzen entspringen. Galilei hatte einem Freunde die Mitteilung gemacht, daß das ein Vorurteil sei. Der Freund war ein strenggläubiger Anhänger des Aristoteles. Er sagte, was im Aristoteles steht, ist wahr, und da steht, daß die Nerven aus dem Herzen entspringen. Da zeigte Galilei dem Betreffenden an einer Leiche, wie der Augenschein lehre, daß die Nerven aus dem Gehirn entspringen, nicht aus dem Herzen, daß Aristoteles das nicht beachtet hatte, weil ihm noch keine solche Leibesbeobachtung möglich war. Der Aristoteles-Gläubige blieb trotzdem ungläubig. Obgleich er sah, daß die Nerven aus dem Gehirn entspringen, sagte er, der Augenschein spricht zwar für dich, aber Aristoteles sagt anders, und wenn ein Widerspruch vorliegt zwischen Aristoteles und der Natur, so glaube ich nicht der Natur, sondern Aristoteles. Das ist wirklich vorgekommen. Und so ist es noch heute. Gehen Sie heute zu denjenigen, die im alten Sinne vom philosophischen Standpunkt aus Seelenforschung begründen wollen, gehen Sie zu denjenigen, die Seelenforschung auf naturforscherische Art begründen wollen, sie werden behaupten, daß man das, was aus dem Geiste oder Leibe stammend den seelischen Erscheinungen zugrunde liegt, bloß aus dem Seelischen heraus irgendwie zu erklären habe; und wenn man noch so sehr auf Tatsachen der geistigen Beobachtung hinweist – sie ist ja nicht so leicht anzustellen wie unsere naturwissenschaftliche Beobachtung, und geistige Anatomie wird schwerer zu treiben sein als physische Anatomie –, es wird einem heute aus demselben Geiste heraus erwidert werden: Wenn ein Widerspruch besteht zwischen dem, was Wundt oder Paulsen oder irgendeine Autorität sagt, und demjenigen, was Geisteswissenschaft durch geistige Beobachtung zeigt, so glauben wir nicht der geistigen Beobachtung, sondern demjenigen, was in den Büchern steht, an die wir in dieser autoritätslosen Zeit gewöhnt sind. Denn heute glaubt man ja nicht mehr an Autoritäten, sondern – allerdings so, daß man es nicht bemerkt – an das, was irgendwie offiziell abgestempelt ist. Geisteswissenschaft wird sich ebenso durchringen, wie sich Naturwissenschaft mit Bezug auf die Leibesforschung durchgerungen hat.

Naturforscher wie Du Bois-Reymond und ähnliche sprechen davon, daß, wo das Übersinnliche beginne, Wissenschaft aufhören müsse. Ich habe schon in einem früheren Vortrage auf den Irrtum hingedeutet, der da zutage tritt. Wodurch ist er entstanden? Man hat zwar gefühlt – und Du Bois-Reymond fühlt es recht deutlich –, daß das menschliche Wesen in einem Geistigen wurzelt. Aber dieses Geistige muß erst durch Ausbildung von geisteswissenschaftlichen Methoden als der Boden erkannt werden, aus dem das Seelische des Menschen fließt. Habe ich einen Baum vor mir und sehe, wie seine Wurzeln in den Boden hineinreichen, so kann ich vielleicht ungehalten darüber sein, daß er mir den Anblick seiner Wurzeln entzieht, und ich will den Baum übersichtlich haben. Die heutige Wissenschaft will die Dinge übersichtlich machen, indem sie dasjenige ins Auge faßt, was sinnlich anschaubar ist; denn das Wurzelhafte im geistigen Boden entzieht sich ihr. Die Wissenschaft macht es wie jemand, der, um einen Baum übersichtlich, anschaulich vor sich zu haben, ihn aus dem Boden herausreißt oder herausgräbt. Er hat ihn dann übersichtlich vor sich, aber der Baum verdorrt. So hat die heutige Wissenschaft, die nicht auf den Geist eingehen will, den Baum der Erkenntnis ausgerissen. Aber ebenso wahr, wie der aus seinem Wurzelboden herausgerissene Baum, wenn er auch übersichtlich anzuschauen ist, verdorrt, ebenso verdorrt die Erkenntnis, die man aus dem geistigen Mutterboden herausreißt. Ein solcher Ausspruch wie der von Du Bois-Reymond, daß die Wissenschaft da aufhört, wo das Übersinnliche anfängt, wird in der Zukunft zu der entgegengesetzten Überzeugung übergeleitet werden. Man wird erkennen: Wenn man das Übersinnliche nicht anerkennen will bis in die Naturerscheinungen hinein, so reißt man den Baum der Erkenntnis aus seinem Mutterboden heraus und bringt die Erkenntnis zum Verdorren. Man wird in Zukunft nicht sagen, wo das Übersinnliche anfängt, hört die Wissenschaft auf, sondern man wird, wenn man Wissenschaft auf die Weise begründen will, daß man sie aus dem Boden des Übersinnlichen herausnimmt, erfahren, daß da, wo im menschlichen Geistesleben das Übersinnliche aufhört, Wissenschaft nicht gedeihen kann, daß da nicht außerhalb des Übersinnlichen eine wirkliche Wissenschaft entstehen wird, sondern daß da, wo das Übersinnliche aufhört, es nur eine tote Wissenschaft geben wird.

Zum Vortrag vom 22. August 1919 in Stuttgart

Waren die ersten drei Vorträge dieser Ausgabe noch Hinführungen zu dem Gegenstand einer Seelenkunde, mit notwendigen methodischen Wegweisern, wie man sich ihr geisteswissenschaftlich nähern kann, so führt der folgende Vortrag mitten in das Gebiet der menschlichen Seele hinein. Zentrale Begriffe des Seelenlebens werden im großen Zusammenhang des anthroposophischen Welt- und Menschenbildes charakterisiert. Dieser Vortrag ist der zweite aus der *Allgemeinen Menschenkunde*, jenem pädagogischen «Gründungskurs» im August / September 1919 für das Lehrerkollegium der anschließend an diesen Kurs eröffneten ersten Freien Waldorfschule in Stuttgart.

Nach dem ersten, in die Aufgabe der Pädagogik einführenden Vortrag der *Allgemeinen Menschenkunde* beginnt in dem hier abgedruckten zweiten Vortrag die Betrachtung des Menschen vom seelischen Gesichtspunkt. Wir haben diesen Vortrag hier aufgenommen, weil die darin charakterisierten Elemente des Seelischen von grundlegender Bedeutung für eine anthroposophische Psychologie sind.

Die vorgeburtliche und nachtodliche Wurzel des Seelischen in Bild und Keim

Stuttgart, 22. August 1919

Jeder Unterricht in der Zukunft wird gebaut werden müssen auf eine wirkliche Psychologie, welche herausgeholt ist aus anthroposophischer Welterkenntnis. Daß der Unterricht und das Erziehungswesen überhaupt auf Psychologie gebaut werden müssen, erkannte man selbstverständlich an den verschiedensten Orten, und Sie wissen ja wohl, daß zum Beispiel die in der Vergangenheit in sehr weiten Kreisen wirkende Herbartsche Pädagogik ihre Erziehungsmaßnahmen auf die Herbartsche Psychologie aufgebaut hat.[34] Nun liegt heute und auch in der Vergangenheit der letzten Jahrhunderte eine gewisse Tatsache vor, welche eigentlich eine wirkliche, eine brauchbare Psychologie gar nicht aufkommen ließ. Das muß darauf zurückgeführt werden, daß in dem Zeitalter, in welchem wir jetzt sind, in dem Bewußtseinsseelenzeitalter, bisher noch nicht eine solche geistige Vertiefung erreicht worden ist, daß man wirklich zu einer tatsächlichen Erfassung der menschlichen Seele hätte kommen können. Diejenigen Begriffe aber, die man sich früher auf psychologischem Gebiete, auf dem Gebiete der Seelenkunde gebildet hatte aus dem alten Wissen noch des vierten nachatlantischen Zeitraumes heraus, diese Begriffe sind eigentlich heute mehr oder weniger inhaltleer, sind zur Phrase geworden. Wer heute irgendeine Psychologie oder auch nur irgend etwas in die Hand nimmt, das mit Psychologiebegriffen zu tun hat, der wird finden, daß ein wirklicher Inhalt heute in solchen Schriftwerken nicht mehr drinnen ist. Man hat das Gefühl, daß die Psychologen nur mit Begriffen spielen. Wer entwickelt heute zum Beispiel einen richtigen deutlichen Begriff von dem, was Vorstellung, was Wille ist? Sie können heute Definitionen nach Definitionen aus Psychologien und Pädagogiken nehmen über Vorstellung, über Wille: eine eigentliche Vorstellung über die Vorstellung, eine eigentliche Vorstellung vom Willen werden Ihnen diese Definitionen nicht geben können. Man hat eben vollständig versäumt – natürlich aus einer äußeren geschichtlichen Notwendigkeit heraus –, den einzelnen Menschen anzuschließen auch seelisch an das ganze Weltenall. Man war nicht imstande zu begreifen, wie das Seelische des Menschen in Zusammenhang steht mit dem ganzen Weltenall. Erst dann, wenn man den Zusammenhang des einzelnen Menschen mit dem ganzen Weltenall ins Auge fassen kann, ergibt sich ja eine Idee von der Wesenheit Mensch als solcher.

Sehen wir einmal auf das, was man gewöhnlich die Vorstellung nennt. Wir müssen ja Vorstellen, Fühlen und Wollen bei den Kindern entwickeln. Also wir müssen zunächst für uns einen deutlichen Begriff gewinnen von dem, was Vorstellung ist. Wer wirklich unbefangen das anschaut, was als Vorstellung im Menschen lebt, dem wird wohl sogleich der Bildcharakter der Vorstellung auffallen: Vorstellung hat einen Bildcharakter. Und wer einen Seins-Charakter in der Vorstellung sucht, wer eine wirkliche Existenz in der Vorstellung sucht, der gibt sich einer großen Illusion hin. Was sollte für uns aber auch Vorstellung sein, wenn sie ein Sein wäre? Wir haben zweifellos auch Seins-Elemente in uns. Nehmen Sie nur unsere leiblichen Seins-Elemente, nehmen Sie nur das, was ich jetzt sage, ganz grob: zum Beispiel Ihre Augen, die Seins-Elemente sind, Ihre Nase, die ein Seins-Element ist, oder auch Ihren Magen, der ein Seins-Element ist. Sie werden sich sagen, in diesen Seins-Elementen leben Sie zwar, aber Sie können mit ihnen nicht vorstellen. Sie fließen mit Ihrem eigenen Wesen in die Seins-Elemente aus, Sie identifizieren sich mit den Seins-Elementen. Gerade das ergibt die Möglichkeit, daß wir mit den Vorstellungen etwas ergreifen, etwas erfassen können, daß sie Bildcharakter haben, daß sie nicht so mit uns zusammenfließen, daß wir in ihnen sind. Sie sind also eigentlich nicht, sie sind bloße Bilder. Es ist der große Fehler gerade im Ausgange der letzten Entwicklungsepoche der Menschheit in den letzten Jahrhunderten gemacht worden, das Sein mit dem Denken als solchem zu identifizieren. «Cogito, ergo sum» ist der größte Irrtum, der an die Spitze der neueren Weltanschauung gestellt worden ist; denn in dem ganzen Umfange des «cogito» liegt nicht das «sum», sondern das «non sum». Das heißt, soweit meine Erkenntnis reicht, bin ich nicht, sondern ist nur Bild.

Nun müssen Sie, wenn Sie den Bildcharakter des Vorstellens ins Auge fassen, ihn vor allem qualitativ ins Auge fassen. Sie müssen auf die Beweglichkeit des Vorstellens sehen, müssen sich gewissermaßen einen nicht ganz zutreffenden Begriff vom Tätigsein machen, was ja anklingen würde an das Sein. Aber wir müssen uns vorstellen, daß wir auch im gedanklichen Tätigsein nur eine bildhafte Tätigkeit haben. Also alles, was auch nur Bewegung ist im Vorstellen, ist Bewegung von Bildern. Aber Bilder müssen Bilder von etwas sein, können nicht bloß an sich sein. Wenn Sie reflektieren auf den Vergleich mit den Spiegelbildern, so können Sie sich sagen: Aus dem Spiegel heraus erscheinen zwar die Spiegelbilder, aber alles, was in den Spiegelbildern liegt, ist nicht hinter dem Spiegel, sondern ganz unabhängig von ihm irgendwo anders vorhanden, und es ist für den Spiegel ziemlich gleichgültig, was sich in ihm spiegelt; es kann sich alles mögliche in ihm spiegeln. – Wenn wir genau in diesem Sinne von der vorstellenden Tätigkeit wissen, daß sie bildhaft ist, so handelt es sich darum, zu fragen: Wovon ist das Vorstellen Bild? Darüber gibt natürlich keine äußere

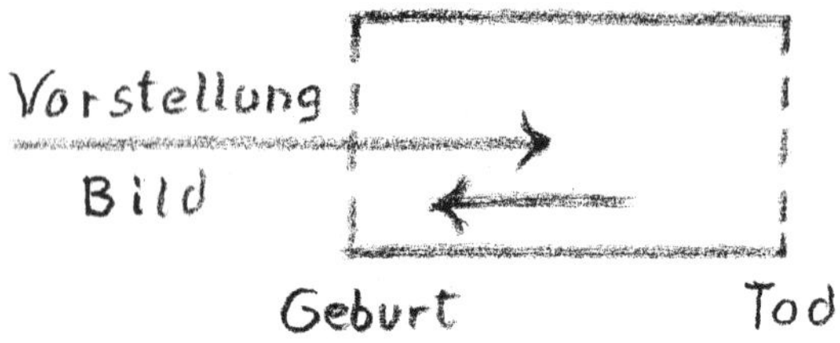

Wissenschaft Auskunft; darüber kann nur anthroposophisch orientierte Wissenschaft Auskunft geben. Vorstellen ist Bild von all den Erlebnissen, die vorgeburtlich beziehungsweise vor der Empfängnis von uns erlebt sind. Sie kommen nicht anders zu einem wirklichen Begreifen des Vorstellens, als wenn Sie sich darüber klar sind, daß Sie ein Leben vor der Geburt, vor der Empfängnis durchlebt haben. Und so, wie die gewöhnlichen Spiegelbilder räumlich als Spiegelbilder entstehen, so spiegelt sich Ihr Leben zwischen Tod und neuer Geburt in dem jetzigen Leben drinnen, und diese Spiegelung ist das Vorstellen. Also Sie müssen sich geradezu vorstellen – wenn Sie es sich bildhaft vorstellen –, Ihren Lebensgang verlaufend zwischen den beiden horizontalen Linien, begrenzt rechts und links durch Geburt und Tod. Sie müssen sich dann weiter vorstellen, daß fortwährend von jenseits der Geburt das Vorstellen hereinspielt und durch die menschliche Wesenheit selber zurückgeworfen wird. Und auf diese Weise, indem die Tätigkeit, die Sie vor der Geburt beziehungsweise der Empfängnis ausgeführt haben in der geistigen Welt, zurückgeworfen wird durch Ihre Leiblichkeit, dadurch erfahren Sie das Vorstellen. Für wirklich Erkennende ist einfach das Vorstellen selbst ein Beweis des vorgeburtlichen Daseins, weil es Bild dieses vorgeburtlichen Daseins ist.

Ich wollte dies zunächst als Idee hinstellen – wir kommen auf die eigentlichen Erläuterungen der Dinge noch zurück –, um Sie darauf aufmerksam zu machen, daß wir auf die Weise aus den bloßen Worterklärungen, die Sie in den Psychologien und Pädagogiken finden, herauskommen und daß wir zu einem wirklichen Ergreifen dessen, was vorstellende Tätigkeit ist, kommen, indem wir wissen lernen, daß wir im Vorstellen die Tätigkeit gespiegelt haben, die vor der Geburt oder Empfängnis von der Seele in der rein geistigen Welt ausgeübt worden ist. Alles übrige Definieren des Vorstellens nützt gar nichts, weil man keine wirkliche Idee von dem bekommt, was das Vorstellen in uns ist.

Nun wollen wir uns in derselben Art nach dem Willen fragen. Der Wille ist eigentlich für das gewöhnliche Bewußtsein etwas außerordentlich Rätselhaftes; er ist eine Crux der Psychologen, einfach aus dem Grunde, weil dem Psychologen der Wille entgegentritt als etwas sehr Reales, aber im Grunde genommen doch keinen rechten Inhalt hat. Denn wenn Sie bei den Psychologen nachsehen, welchen Inhalt sie dem Willen verleihen, dann werden Sie immer finden: solcher Inhalt rührt vom Vorstellen her. Für sich selber hat der Wille zunächst einen eigentlichen Inhalt nicht. Nun ist es wiederum so, daß keine Definitionen da sind für den Willen; diese Definitionen sind beim Willen um so schwieriger, weil er keinen rechten Inhalt hat. Was ist er aber eigentlich? Er ist nichts anderes, als schon der Keim in uns für das, was nach dem Tode in uns geistig-seelische Realität sein wird. Also wenn Sie sich vorstellen, was nach dem Tode geistig-seelische Realität von uns wird, und wenn Sie es sich keimhaft in uns vorstellen, dann bekommen Sie den Willen. In unserer Zeichnung endet der Lebenslauf auf der Seite des Todes, und der Wille geht darüber hinaus (siehe Zeichnung S. 104).

Wir haben uns also vorzustellen: Vorstellung auf der einen Seite, die wir als Bild aufzufassen haben vom vorgeburtlichen Leben; Willen auf der anderen Seite, den wir als Keim aufzu-

fassen haben für späteres. Ich bitte, den Unterschied zwischen Keim und Bild recht ins Auge zu fassen. Denn ein Keim ist etwas Überreales, ein Bild ist etwas Unterreales; ein Keim wird später erst zu einem Realen, trägt also der Anlage nach das spätere Reale in sich, so daß der Wille in der Tat sehr geistiger Natur ist. Das hat *Schopenhauer* geahnt; aber er konnte natürlich nicht bis zu der Erkenntnis vordringen, daß der Wille der Keim des Geistig-Seelischen ist, wie dieses Geistig-Seelische sich nach dem Tode in der geistigen Welt entfaltet.
Nun haben Sie in einer gewissen Weise das menschliche Seelenleben in zwei Gebiete zerteilt: in das bildhafte Vorstellen und in den keimhaften Willen; und zwischen Bild und Keim liegt eine Grenze. Diese Grenze ist das ganze Ausleben des physischen Menschen selbst, der das Vorgeburtliche zurückwirft, dadurch die Bilder der Vorstellung erzeugt, und der den Willen nicht sich ausleben läßt und dadurch ihn fortwährend als Keim erhält, bloß Keim sein läßt. Durch welche Kräfte, so müssen wir fragen, geschieht denn das eigentlich?

Wir müssen uns klar sein, daß im Menschen gewisse Kräfte vorhanden sein müssen, durch welche die Zurückwerfung der vorgeburtlichen Realität und das Im-Keime-Behalten der nachtodlichen Realität bewirkt wird; und hier kommen wir auf die wichtigsten psychologischen Begriffe von den Tatsachen, die Spiegelung desjenigen sind, was Sie aus dem Buche *Theosophie* schon kennen: Spiegelungen von Antipathie und

Sympathie. Wir werden – und jetzt knüpfen wir an das im ersten Vortrage Gesagte an –, weil wir nicht mehr in der geistigen Welt bleiben können, herunterversetzt in die physische Welt. Wir entwickeln, in dem wir in diese herunterversetzt werden, gegen alles, was geistig ist, Antipathie, so daß wir die geistige vorgeburtliche Realität zurückstrahlen in einer uns unbewußten Antipathie. Wir tragen die Kraft der Antipathie in uns und verwandeln durch sie das vorgeburtliche Element in ein bloßes Vorstellungsbild. Und mit demjenigen, was als Willensrealität nach dem Tode hinausstrahlt zu unserem Dasein, verbinden wir uns in Sympathie. Dieser zwei, der Sympathie und der Antipathie, werden wir uns nicht unmittelbar bewußt, aber sie leben in uns unbewußt, und sie bedeuten unser Fühlen, das fortwährend aus einem Rhythmus, aus einem Wechselspiel zwischen Sympathie und Antipathie sich zusammensetzt.

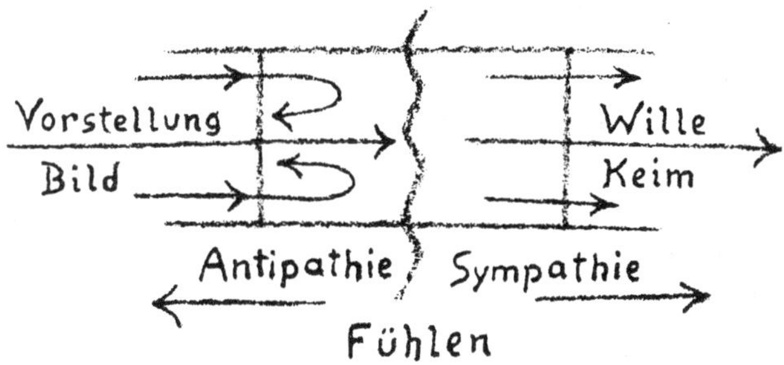

Wir entwickeln in uns die Gefühlswelt, die ein fortwährendes Wechselspiel – Systole, Diastole – zwischen Sympathie und Antipathie ist. Dieses Wechselspiel ist fortwährend in uns. Die Antipathie, die nach der einen Seite geht, verwandelt fortwährend unser Seelenleben in ein vorstellendes; die Sympathie, die nach der anderen Seite geht, verwandelt uns das Seelenleben in das, was wir als unseren Tatwillen kennen, in das Keimhafthalten dessen, was nach dem Tode geistige Realität ist. Hier kommen Sie zum realen Verstehen des geistig-seelischen Lebens: wir schaffen den Keim des seelischen Lebens als einen Rhythmus von Sympathie und Antipathie.

Was strahlen Sie nun in der Antipathie zurück? Sie strahlen das ganze Leben, das Sie durchlebt, die ganze Welt, die Sie vor der Geburt beziehungsweise vor der Empfängnis durchlebt haben, zurück. Das hat im wesentlichen einen erkennenden Charakter. Also Ihre Erkenntnis verdanken Sie eigentlich dem Hereinscheinen, dem Hereinstrahlen Ihres vorgeburtlichen Lebens. Und dieses Erkennen, das in weit höherem Maße vorhanden ist, als Realität vorhanden ist vor der Geburt oder der Empfängnis, wird abgeschwächt zum Bilde durch die Antipathie. Daher können wir sagen: Dieses Erkennen begegnet der Antipathie und wird dadurch abgeschwächt zum Vorstellungsbild.

Wenn die Antipathie nun genügend stark wird, dann tritt etwas ganz Besonderes ein. Denn wir könnten auch im gewöhnlichen Leben nach der Geburt nicht vorstellen, wenn wir es nicht doch auch mit derselben Kraft in gewissem Sinn täten, die uns geblieben ist aus der Zeit vor der Geburt. Wenn Sie heute als physische Menschen vorstellen, so stellen Sie nicht mit einer Kraft vor, die in Ihnen ist, sondern mit der Kraft aus der Zeit vor der Geburt, die noch in Ihnen nachwirkt. Man meint vielleicht, die habe aufgehört mit der Empfängnis, aber sie ist noch immer tätig, und wir stellen vor mit dieser Kraft, die noch immer in uns hereinstrahlt. Sie haben das Lebendige vom Vorgeburtlichen fortwährend in sich, nur haben Sie die Kraft in sich, es zurückzustrahlen. Die begegnet Ihrer Antipathie. Wenn Sie nun jetzt vorstellen, so begegnet jedes solche Vorstellen der Antipathie, und wird die Antipathie genügend stark, so entsteht das Erinnerungsbild, das Gedächtnis, so daß das Gedächtnis nichts anderes ist als ein Ergebnis der in uns waltenden Antipathie. Hier haben Sie den Zusammenhang zwischen dem rein Gefühlsmäßigen noch der Antipathie, die unbestimmt noch zurückstrahlt, und dem bestimmten Zurückstrahlen, dem Zurückstrahlen der jetzt noch bildhaft ausgeübten Wahrnehmungstätigkeit im Gedächtnis. Das Gedächtnis ist nur gesteigerte Antipathie. Sie könnten kein Gedächtnis haben, wenn Sie zu Ihren Vorstellungen so große Sympathie hätten, daß Sie sie «verschlucken» würden; Sie haben Gedächtnis nur dadurch, daß Sie eine Art Ekel haben vor den Vorstellungen, sie zurückwerfen – und dadurch sie präsent machen. Das ist ihre Realität.

Wenn Sie diese ganze Prozedur durchgemacht haben, wenn Sie bildhaft vorgestellt haben, dies zurückgeworfen haben im Gedächtnis und das Bildhafte festhalten, dann entsteht der Begriff. Auf diese Weise haben Sie die eine Seite der Seelentätigkeit, die Antipathie, die zusammenhängt mit unserem vorgeburtlichen Leben.

Jetzt nehmen wir die andere Seite, die des Wollens, was Keimhaftes, Nachtodliches in uns ist. Das Wollen lebt in uns, weil wir mit ihm Sympathie haben, weil wir mit diesem Keim, der nach dem Tode sich erst entwickelt, Sympathie haben. Ebenso wie das Vorstellen auf Antipathie beruht, so beruht das Wollen auf Sympathie. Wird nun die Sympathie genügend stark – wie es bei der Vorstellung war, die durch Antipathie zum Gedächtnis wird –, dann entsteht aus Sympathie die Phantasie. Genau ebenso wie aus der Antipathie das Gedächtnis entsteht, so entsteht aus Sympathie die Phantasie. Und bekommen Sie die Phantasie genügend stark, was beim gewöhnlichen Leben nur unbewußt geschieht, wird sie so stark, daß sie wieder Ihren ganzen Menschen durchdringt bis in die Sinne, dann bekommen Sie die gewöhnlichen Imaginationen, durch die Sie die äußeren Dinge vorstellen. Wie der Begriff aus dem Gedächtnis, so geht aus der Phantasie die Imagination hervor, welche die sinnlichen Anschauungen liefert. Die gehen aus dem Willen hervor.

Es ist der große Irrtum, dem sich die Menschen hingeben, daß sie fortwährend in der Psychologie erzählen: Wir schauen die Dinge an, dann abstrahieren wir und bekommen so die Vorstellung. Das ist nicht der Fall. Daß wir zum Beispiel die Kreide weiß empfinden, das ist hervorgegangen aus der Anwendung des Willens, der über die Sympathie und Phantasie zur Imagination wird. Wenn wir uns dagegen einen Begriff bilden, so hat dieser einen ganz anderen Ursprung, denn der Begriff geht aus dem Gedächtnis hervor.

Damit habe ich Ihnen das Seelische geschildert. Sie können unmöglich das Menschenwesen erfassen, wenn Sie nicht den Unterschied ergreifen zwischen dem sympathischen und antipathischen Element im Menschen. Diese, das sympathische und das antipathische Element, kommen zum Ausdruck an sich – wie ich es geschildert habe – in der Seelenwelt nach dem Tode. Dort herrscht unverhüllt Sympathie und Antipathie.

Ich habe Ihnen den seelischen Menschen geschildert. Der ist verbunden auf dem physischen Plan mit dem leiblichen Menschen. Alles Seelische drückt sich aus, offenbart sich im Leiblichen, so daß sich auf der einen Seite alles das im Leiblichen offenbart, was sich ausdrückt in Antipathie, Gedächtnis und Begriff. Das ist gebunden an die Leibesorganisation der Nerven. Indem die Nervenorganisationen gebildet werden im Leibe, wirkt darin für den menschlichen Leib alles Vorgeburtliche. Das seelisch Vorgeburtliche wirkt durch Antipathie, Gedächtnis und Begriff herein in den menschlichen Leib und schafft sich die Nerven. Das ist der richtige Begriff der Nerven. Alles Reden von einer Unterscheidung der Nerven in sensitive und motorische ist, wie ich Ihnen schon öfter auseinandergesetzt habe, nur ein Unsinn.[35]

Und ebenso wirkt Wollen, Sympathie, Phantasie und Imagination in gewisser Beziehung wieder aus dem Menschen heraus. Das ist an das Keimhafte gebunden, das muß im Keimhaften bleiben, darf daher eigentlich nie zu einem wirklichen Abschluß kommen, sondern muß im Entstehen schon wieder vergehen. Es muß im Keime bleiben, es darf der Keim in der Entwicklung nicht zu weit gehen; daher muß es im Entstehen vergehen. Hier kommen wir zu etwas sehr Wichtigem im Menschen. Sie müssen den ganzen Menschen verstehen lernen: geistig, seelisch und leiblich. Nun wird im Menschen fortwährend etwas gebildet, das immer die Tendenz hat, geistig zu werden. Aber weil man es in großer Liebe, allerdings in egoistischer Liebe, im Leibe festhalten will, kann es nie geistig werden; es zerrinnt in seiner Leiblichkeit. Wir haben etwas in uns, was materiell ist, aber aus dem materiellen

			Blut
Erkennen	↓	Wollen	↑
Antipathie	↓	Sympathie	↑
Gedächtnis	↓	Phantasie	↑
Begriff	↓	Imagination	↑
	Nerv		

Zustand fortwährend in einen geistigen Zustand übergehen will. Wir lassen es nicht geistig werden; daher vernichten wir es in dem Moment, wo es geistig werden will. Es ist das Blut – das Gegenteil der Nerven.

Das Blut ist wirklich ein «ganz besonderer Saft». Denn es ist derjenige Saft, welcher, wenn wir ihn aus dem menschlichen Leibe entfernen könnten – was innerhalb der irdischen Bedingungen nicht geht –, so daß er noch Blut bliebe und durch die anderen physischen Agenzien nicht vernichtet würde, dann als Geist aufwirbeln würde. Damit nicht das Blut als Geist aufwirbele, damit wir es so lange, als wir auf der Erde sind, bis zum Tode in uns behalten können, deshalb muß es vernichtet werden. Daher haben wir immerwährend in uns: Bildung des Blutes – Vernichtung des Blutes, Bildung des Blutes – Vernichtung des Blutes und so weiter durch Einatmung und Ausatmung.

Wir haben einen polarischen Prozeß in uns. Wir haben diejenigen Prozesse in uns, die längs des Blutes, der Blutbahnen laufen, die fortwährend die Tendenz haben, unser Dasein ins Geistige hinauszuleiten. Von motorischen Nerven so zu reden, wie dies üblich geworden ist, ist ein Unsinn, weil die motorischen Nerven eigentlich die Blutbahnen wären. Im Gegensatz zum Blut sind alle Nerven so veranlagt, daß sie fortwährend im Absterben, im Materiellwerden begriffen sind. Was längs der Nervenbahnen liegt, das ist eigentlich ausgeschiedene Materie; der Nerv ist eigentlich abgesonderte Materie. Das Blut will immer geistiger werden, der Nerv immer materieller; darin besteht der polarische Gegensatz.

Wir werden in den späteren Vorträgen diese hiermit gegebenen Grundprinzipien weiter verfolgen und werden sehen, wie ihre Verfolgung uns wirklich das geben kann, was uns auch in bezug auf die hygienische Gestaltung des Unterrichts dienlich sein wird, damit wir das Kind zur seelischen und leiblichen Gesundheit heranerziehen und nicht zur geistigen und seelischen Dekadenz. Es wird deshalb so viel mißerzogen, weil so vieles nicht erkannt wird. So sehr die Physiologie glaubt, etwas zu haben, indem sie von sensitiven und motorischen Nerven spricht, so hat sie darin doch nur ein Spiel mit Worten. Von motorischen Nerven wird gesprochen, weil die Tatsache besteht, daß der Mensch nicht gehen kann, wenn gewisse Nerven beschädigt sind, zum Beispiel die, welche nach den Beinen gehen. Man sagt, er könne das nicht, weil er die Nerven gelähmt hat, die als «motorische» die Beine in Bewegung setzen. In Wahrheit ist es so, daß man in einem solchen Fall nicht gehen kann, weil man die eigenen Beine nicht wahrnehmen kann. Dieses Zeitalter, in dem wir leben, hat sich eben notwendigerweise in eine Summe von Irrtümern verstricken müssen, damit wir wieder die Möglichkeit haben, uns aus diesen Irrtümern herauszuwinden, selbständig als Menschen zu werden.

Nun merken Sie schon an dem, was ich jetzt hier entwickelt habe, daß eigentlich das Menschenwesen nur begriffen werden kann im Zusammenhange mit dem Kosmischen. Denn indem wir vorstellen, haben wir das Kosmische in uns. Wir waren im Kosmischen, ehe wir geboren wurden, und unser damaliges Erleben spiegelt sich jetzt in uns; und wir werden wieder im Kosmischen sein, wenn wir die Todespforte durchschritten haben werden, und unser künftiges Leben drückt sich keimhaft aus in dem, was in unserem Willen waltet. Was in uns unbewußt waltet, das waltet sehr bewußt für das höhere Erkennen im Kosmos.

Wir haben allerdings selbst in der leiblichen Offenbarung einen dreifachen Ausdruck dieser Sympathie und Antipathie. Gewissermaßen drei Herde haben wir, wo Sympathie und Antipathie ineinanderspielen. Zunächst haben wir in unserem Kopf einen solchen Herd, im Zusammenwirken von Blut und Nerven, wodurch das Gedächtnis entsteht. Überall, wo die Nerventätigkeit unterbrochen ist, überall, wo ein Sprung ist, da ist ein solcher Herd, wo Sympathie und Antipathie ineinanderspielen. Ein weiterer solcher Sprung findet sich im Rückenmark, zum Beispiel wenn ein Nerv nach dem hinteren Stachel des Rückenwirbels hingeht, ein anderer Nerv von dem vorderen Stachel ausgeht. Dann ist wieder ein solcher Sprung in den Ganglienhäufchen, die in die sympathischen Nerven eingebettet sind. Wir sind gar nicht so unkomplizierte Wesen, wie es scheinen mag. An drei Stellen unseres Organismus, im Kopf, in der Brust und im Unterleib spielt das hinein, da sind Grenzen, an denen Antipathie und Sympathie sich begegnen. Es ist mit Wahrnehmen und Wollen nicht so, daß sich etwas umleitet von einem sensitiven Nerven zu einem motorischen, sondern ein gerader Strom springt über von einem Nerven auf den anderen, und dadurch wird in uns das Seelische berührt: in Gehirn und Rückenmark. An diesen Stellen, wo die Nerven unterbrochen sind, sind wir eingeschaltet mit unserer Sympathie und Antipathie in das Leibliche; und dann sind wir wieder eingeschaltet, wo die Ganglienhäufchen sich entwickeln im sympathischen Nervensystem.

Wir sind mit unserem Erleben in den Kosmos eingeschaltet. Ebenso wie wir Tätigkeiten entwickeln, die im Kosmos weiter zu verfolgen sind, so entwickelt wieder mit uns der Kosmos fortwährend Tätigkeiten, denn er entwickelt fortwährend die Tätigkeit von Antipathie und Sympathie. Wenn wir uns als Menschen betrachten, so sind wir wieder selbst ein Ergebnis von Sympathien und Antipathien des Kosmos. Wir entwickeln Antipathie von uns aus: der Kosmos entwickelt mit uns Antipathie; wir entwickeln Sympathie: der Kosmos entwickelt mit uns Sympathie.

Nun sind wir ja als Menschen, indem wir uns äußerlich offenbaren, deutlich gegliedert in das Kopfsystem, in das Brustsystem und in das eigentliche Leibessystem mit den Gliedmaßen. Nun bitte ich aber zu berücksichtigen, daß diese Einteilung in gegliederte Systeme sehr leicht angefochten werden kann, weil die Menschen, wenn sie heute systematisieren, die einzelnen Glieder hübsch nebeneinander haben wollen. Wenn man also sagt: Man unterscheidet am Menschen ein Kopfsystem, ein

Brustsystem und ein Unterleibssystem mit den Gliedmaßen, dann muß nach Ansicht der Menschen jedes System eine strenge Grenze haben. Die Menschen wollen Linien ziehen, wenn sie einteilen, und das kann man nicht, wenn man von Realitäten spricht. Wir sind im Kopf hauptsächlich Kopf, aber der ganze Mensch ist Kopf, nur ist das andere nicht hauptsächlich Kopf. Denn wie wir im Kopfe die eigentlichen Sinneswerkzeuge haben, so haben wir über den ganzen Leib ausgebildet zum Beispiel den Tastsinn und den Wärmesinn; indem wir daher Wärme empfinden, sind wir ganz Kopf. Wir sind nur im Kopfe hauptsächlich Kopf, sonst sind wir «nebenbei» Kopf. So gehen also die Teile ineinander, und wir haben es nicht so bequem mit den Gliedern, wie es die Pedanten haben möchten. Der Kopf setzt sich also fort; er ist nur im Kopfe besonders ausgebildet. Ebenso ist es mit der Brust. Brust ist die eigentliche Brust, aber nur hauptsächlich, denn der ganze Mensch ist wiederum Brust. Also auch der Kopf ist etwas Brust und auch der Unterleib mit den Gliedmaßen. Die Glieder gehen also ineinander über. Und ebenso ist es mit dem Unterleib. Daß der Kopf Unterleib ist, haben einige Physiologen bemerkt, denn die sehr feine Ausbildung des Kopf-Nervensystems liegt eigentlich nicht in dem, was unser Stolz ist, im Gehirn, in der äußeren Hirnrinde, sondern die liegt unter der äußeren Hirnrinde. Ja, der kunstvollere Bau, die äußere Hirnrinde, ist gewissermaßen schon eine Rückbildung; da ist der komplizierte Bau schon in Rückbildung begriffen; es ist vielmehr schon ein Ernährungssystem im Gehirnmantel vorliegend. So daß der Mensch, wenn man das so vergleichsweise ausdrücken will, sich auf seinen Gehirnmantel gar nichts Besonderes einzubilden braucht; der ist ein Zurückgehen des komplizierten Gehirns in ein mehr ernährendes Gehirn. Wir haben den Gehirnmantel mit dazu, daß die Nerven, die mit dem Erkennen zusammenhängen, ordentlich mit Nahrung versorgt werden. Und daß wir das über das tierische Gehirn hinausgehende bessere Gehirn haben, das ist nur aus dem Grunde, weil wir die Gehirnnerven besser ernähren. Nur dadurch haben wir die Möglichkeit, unser höheres Erkennen zu entfalten, daß wir die Gehirnnerven besser ernähren, als die Tiere es können. Aber mit dem eigentlichen Erkennen hat das Gehirn und das Nervensystem überhaupt nichts zu tun, sondern nur mit dem Ausdruck des Erkennens im physischen Organismus.

Nun fragt es sich: Warum haben wir den Gegensatz zwischen Kopfsystem – lassen wir zunächst das mittlere System unberücksichtigt – und dem polarischen Gliedmaßensystem mit dem Unterleibssystem? Wir haben ihn, weil das Kopfsystem in einem bestimmten Zeitpunkte «ausgeatmet» wird durch den Kosmos. Der Mensch hat durch die Antipathie des Kosmos seine Hauptesbildung. Wenn dem Kosmos sozusagen gegenüber dem, was der Mensch in sich trägt, so stark «ekelt», daß er es ausstößt, so entsteht dieses Abbild. Im Kopfe trägt wirklich der Mensch das Abbild des Kosmos in sich. Das rund geformte menschliche Haupt ist ein solches Abbild. Durch eine Antipathie des Kosmos schafft der Kosmos ein Abbild von sich außerhalb seiner. Das ist unser Haupt. Wir können uns unseres Hauptes als eines Organs zu unserer Freiheit deshalb bedienen, weil der Kosmos dieses Haupt zuerst von sich ausgestoßen hat. Wir betrachten das Haupt nicht richtig, wenn wir es etwa in demselben Sinne intensiv eingegliedert denken in den Kosmos wie unser Gliedmaßensystem, mit dem die Sexualsphäre ja zusammengehört. Unser Gliedmaßensystem ist in den Kosmos eingegliedert, und der Kosmos zieht es an, hat mit ihm Sympathie, wie er dem Haupt gegenüber Antipathie hat. Im Haupte begegnet unsere Antipathie der Antipathie des Kosmos, die stoßen dort zusammen. Da, in dem Aufeinanderprallen unserer Antipathien mit denen des Kosmos, entstehen unsere Wahrnehmungen. Alles Innenleben, das auf der anderen Seite des Menschen entsteht, rührt her von dem liebevollen sympathischen Umschlingen unseres Gliedmaßensystems durch den Kosmos.

So drückt sich in der menschlichen Leibesgestalt aus, wie der Mensch auch seelisch aus dem Kosmos heraus gebildet ist und was er in seiner Trennung wiederum aufnimmt aus dem Kosmos heraus. Sie werden daher auf Grundlage solcher Betrachtungen leichter einsehen, daß ein großer Unterschied ist zwischen der Willensbildung und der Vorstellungsbildung. Wirken Sie besonders auf die Vorstellungsbildung, wirken Sie einseitig auf die Vorstellungsbildung, so weisen Sie eigentlich den ganzen Menschen auf das Vorgeburtliche zurück, und Sie werden ihm schaden, wenn Sie ihn rationalistisch erziehen, weil Sie dann seinen Willen einspannen in das, was er eigentlich schon absolviert hat: in das Vorgeburtliche. Sie dürfen nicht zu viel abstrakte Begriffe in das einmischen, was Sie in der Erziehung an das Kind heranbringen. Sie müssen mehr Bilder darin einmischen. Warum? Das können Sie an unserer Zusammenstellung ablesen. Bilder sind Imaginationen, gehen durch die Phantasie und Sympathie. Begriffe, abstrakte Begriffe, sind Abstraktionen, gehen durch das Gedächtnis und durch die Antipathie, kommen vom vorgeburtlichen Leben. Wenn Sie also beim Kinde viele Abstraktionen anwenden, werden Sie fördern, daß das Kind sich besonders intensiv verlegen muß auf den Prozeß des Kohlensäurewerdens, Kohlensäurebildens im Blute, auf den Prozeß der Leibesverhärtung, des Absterbens. Wenn Sie dem Kinde möglichst viele Imaginationen beibringen, wenn Sie es möglichst so ausbilden, daß Sie in Bildern zu ihm sprechen, dann legen Sie in das Kind den Keim zum fortwährenden Sauerstoffbewahren, zum fortwährenden Werden, weil

Sie es auf die Zukunft, auf das Nachtodliche hinweisen. Wir nehmen gewissermaßen, indem wir erziehen, die Tätigkeiten, die vor der Geburt mit uns Menschen ausgeübt werden, wieder auf. Wir müssen uns heute gestehen: Vorstellen ist eine Bildtätigkeit, die herrührt von dem, was wir vor der Geburt oder Empfängnis erlebt haben. Da ist mit uns von den geistigen Mächten so verfahren worden, daß Bildtätigkeit in uns gelegt wurde, die in uns nachwirkt noch nach der Geburt. Indem wir den Kindern Bilder überliefern, fangen wir im Erziehen damit an, diese kosmische Tätigkeit wieder aufzunehmen. Wir verpflanzen in sie Bilder, die zu Keimen werden können, weil wir sie hineinlegen in eine Leibestätigkeit. Wir müssen daher, indem wir uns als Pädagogen die Fähigkeit aneignen, in Bildern zu wirken, das fortwährende Gefühl haben: du wirkst auf den ganzen Menschen, eine Resonanz des ganzen Menschen ist da, wenn du in Bildern wirkst.

Dieses in das eigene Gefühl aufnehmen, daß man in aller Erziehung eine Art Fortsetzung der vorgeburtlichen übersinnlichen Tätigkeit bewirkt, dies gibt allem Erziehen die nötige Weihe, und ohne diese Weihe kann man überhaupt nicht erziehen.

So haben wir uns zwei Begriffssysteme angeeignet: Erkennen, Antipathie, Gedächtnis, Begriff – Wollen, Sympathie, Phantasie, Imagination; zwei Systeme, die uns dann im speziellen Anwenden für alles dienen können, was wir praktisch auszuüben haben in unserer pädagogischen Tätigkeit. Davon wollen wir dann morgen weitersprechen.

Zum Vortrag vom 30. Oktober 1921 in Dornach

Der folgende Vortrag ist ein Vortrag aus dem Zyklus *Die Gestaltung des Menschen als Ergebnis kosmischer Wirkungen,* vor Mitgliedern der Anthroposophischen Gesellschaft im Herbst 1921 in Dornach gehalten. Für unseren Zusammenhang ist dieser Vortrag besonders bedeutungsvoll, weil Rudolf Steiner darin den Gesichtspunkt von Vorstellung und Bild, Wille und Keim aus der *Allgemeinen Menschenkunde* aufgreift und von den makrokosmischen Urbildern der dreigliedrigen Menschenorganisation weiterführt zur mikrokosmischen Dreigliederung der Seele.

Die Dreigliederung der Seele

Dornach, 30. Oktober 1921

Wir haben versucht, den Menschen zu betrachten, zusammenhängend mit dem Universum nach seiner Form und nach seinem Leben. Wir haben gesehen, wie der Mensch gewissermaßen nach dem Kopfende und nach dem Gliedmaßenende in verschiedener Weise zugeordnet ist dem Universum. Alle diese Dinge gelten natürlich im wesentlichen für den Zeitraum der menschlichen Entwicklung, in dem wir stehen, der nachatlantischen Zeit, und Sie müssen sich ja klar darüber sein, daß eben das, was gesagt werden kann über Welterscheinungen, immer nur für gewisse Epochen gilt, weil ja die Welt in Entwicklung ist und sich in den aufeinanderfolgenden Stadien ihrer Entwicklung radikal verändert.

Wir haben gesehen, wie der Mensch sich in bezug auf die Form gewissermaßen herausreißt aus seinem Zugeordnetsein dem Tierkreise, also gegenüber dem tierischen Kopf, der im Tierkreis drinnen liegt, herausgehoben ist, gewissermaßen um einen rechten Winkel gedreht ist. Dieser Teil des Menschen, dieses Kopfende des Menschen ist ja erfüllt von einem Lebenswesen, das gewissermaßen zu der unorganischen, zu der leblosen Natur hinneigt. Es ist mehr oder weniger an diesem Ende des Menschen untergehendes, ersterbendes Leben.[36] Also wir haben dieses Ende des Menschen so vor uns, daß sowohl die Form wie das Leben selbst nach dieser Seite hin sich aus dem Zusammenhange mit dem Kosmos herausreißt; daß es dadurch, daß es sich herausreißt, sich gewissermaßen in eine Art von Erstarrung, in eine Art von beginnender Leblosigkeit bringt.

Nun ist das, was wir so als Menschen an uns tragen, ja im wesentlichen das Ergebnis der vergangenen Entwicklung. Sie brauchen nur zunächst an das Individuelle des Menschen zu denken, und Sie werden sich erinnern, wie ich wiederholt auseinandergesetzt habe, daß das Haupt des Menschen eine Metamorphose des anderen Menschen ist aus dem früheren Lebenslaufe, daß also das Haupt hinweist auf die Vergangenheit, während ja, wie wir betonen mußten, der Gliedmaßenmensch hinweist auf die Zukunft.[37]

Auch sonst weist uns ja gerade dieses Hauptesende des Menschen auf die kosmischen Weiten der Vergangenheit zurück. Wir wissen ja, daß das Haupt der vorzügliche Träger der Sinnesorgane ist. Wir wissen aber, daß die Sinnesorgane ihre erste Anlage während der alten Saturnzeit erfahren haben. Die ausgebildeten Sinne – es kommen ja immer auch wiederum Sinnesbildungen nach während der Sonnen- und Mondenzeit –, aber die ausgebildetsten Sinne gehen also in die frühesten Zeiten der kosmischen Erdenentwicklung zurück. Alles also am menschlichen Haupte weist auf die Vergangenheit zurück, und in einer gewissen Beziehung kann man sagen: Indem sich während des Erdendaseins das Mineralreich ausgebildet hat, nimmt das Haupt des Menschen als die älteste Bildung am stärksten an dieser Mineralisierung des Menschen teil. Und indem der Mensch sich noch außerdem aus dem Kosmos herausreißt, konserviert er in einer gewissen Beziehung während seines Lebens zwischen Geburt und Tod diese erstens nicht mehr mit dem Kosmos zusammenhängende Form, zweitens das ersterbende, sich mineralisierende Leben. So daß man sagen kann: Hätte der Mensch sich bewahrt seine tierische Bildung, das heißt mit anderen Worten, wäre sein Haupt in der Tierkreisrichtung drinnen geblieben, wäre in ihm jenes wuchtigere Leben, das im tierischen Haupte drinnen ist, dann würde der

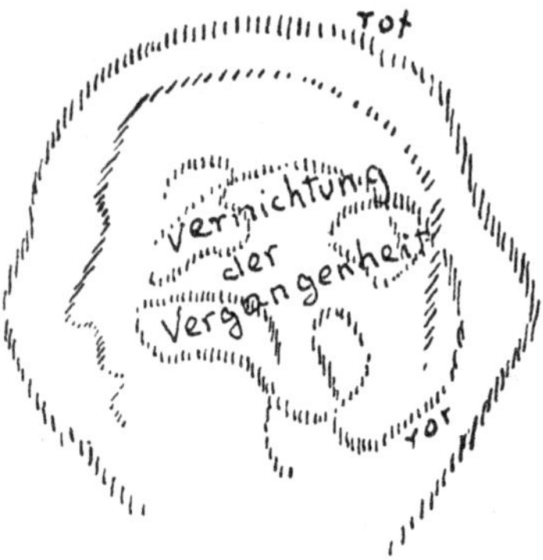

Mensch dadurch in seinem Haupte ganz ein Ergebnis seiner Vorzeit sein. Er würde gewissermaßen in seinem Haupte etwas an sich tragen, dem man unmittelbar ansehen würde, wie es sich ergibt aus der ganzen vergangenen kosmischen Entwicklung. Dadurch aber, daß der Mensch das, was er da erhält als Ergebnis der vorhergehenden kosmischen Entwicklung, herausreißt, dadurch zerstört er, vernichtet er in einer gewissen Weise seine kosmische Vergangenheit.

Und das ist etwas außerordentlich Wichtiges, daß wir durch diejenigen Zusammenhänge, die wir gestern und vorgestern vor unsere Seele geführt haben, erkennen, wie der Mensch in seiner Hauptesbildung im Grunde genommen seine kosmische Vergangenheit vernichtet. Es ist so, daß der Mensch innerhalb seines Hauptes in der Tat noch hinausgeht über den eigentlichen Mineralisierungsprozeß zu einer Art außerordentlich feinen Verteilung der Materie. Es durchdringen ja selbstverständlich die organischen Gebilde auch das Haupt. Dadurch ist eingebettet in das Organische diese eigentlich noch über die mineralische Stufe hinausgehende Zerstäubung des materiellen Lebens.

Wenn man in richtiger Weise das Haupt des Menschen ins

Auge faßt, so muß man sagen: Es ist dieses Haupt der Herd eines die Materie als solche vernichtenden Prozesses. Das Materielle wird vernichtet, und dadurch gerade wird das Haupt als solches der Träger des besonderen seelischen Lebens. Man kann nur sagen: der Träger des besonderen seelischen Lebens, denn gerade mit Bezug auf die menschliche Hauptesbildung ist die materialistische Anschauung durchaus falsch, so wie sie gewöhnlich auftritt. Indem durch die Anwesenheit des menschlichen Hauptes im Organismus der Mensch der Träger des Gedankenlebens wird, des Vorstellungslebens, beruht dieses ganze Vorstellungsleben darauf, daß eigentlich das materielle Leben zerstäubt. Dadurch aber, daß das materielle Leben zerstäubt, findet ein merkwürdiger Prozeß statt, den ich Ihnen durch ein Bild vor die Seele führen möchte.

Denken Sie sich einmal – wie gesagt, es ist ein Bild, aber es wird Ihnen den sehr subtilen Vorgang, mit dem wir es da zu tun haben, doch etwas vor die Seele rücken –, denken Sie sich einmal ein Gemälde, meinetwegen die Raffaelsche Madonna. Wir haben natürlich, sonst würde das Gemälde in der physischen Welt nicht vorhanden sein können, das, was wir auf der Tafel haben, materiell. Nun denken Sie sich aber, das Materielle der Sixtinischen Madonna würde ganz zerstäubt werden, zu Staub zerfallen, und es würde doch ein feines ätherisches Gewebe bleiben können. Also die Sixtinische Madonna würde materiell zerstäuben, aber alles das, was in dieser Materie gemalt ist, auch mit seiner Farbentingierung, das würde ätherisch verbleiben, und jemand, der das ätherisch wahrnehmen könnte, würde, trotzdem das Materielle jede Bedeutung verliert, er würde wahrnehmen können, was als ätherisches Gebilde zurückbleibt.

So ist der Denkvorgang, so ist der Vorgang in der Gedankenbildung. Wenn Sie sich bewußt werden im gewöhnlichen Bewußtsein eines Gedankens, einer Vorstellung, so beruht dieses Bewußtwerden der Vorstellung, des Gedankens darauf, daß durch das Herausgehen aus dem ganzen Kosmos, wie wir das gestern und vorgestern gesehen haben, das Materielle jede Bedeutung verliert, der Mensch fortwährend genötigt ist, sein Haupt gewissermaßen neu zu beleben, weil alle Einzelheiten des Hauptes fortwährend im Zerfall, im Ersterben sind. Und während dieses Ersterbens hebt sich das Ätherische des Hauptes heraus (siehe Zeichnung Seite 120, rot außen), und dieses Herausheben des Ätherischen des Hauptes bedeutet das Fassen von Gedanken. Indem gewissermaßen abstäubt das Materielle und das Ätherische bleibt, wird sich der Mensch bewußt seiner Vorstellung.

Erinnern Sie sich, daß ich gesagt habe: In den Sinnen ist schon mehr oder weniger etwas wie ein physikalischer Apparat vorhanden. Das Auge ist ein physikalischer Apparat, ist eben nur von dem Ätherleib des Menschen durchwebt. Da ist es schon so, wie ich es jetzt beschreibe für das übrige Haupt, für das Nervengewebe. So daß wir folgendes sagen können – ich bitte Sie, diesen Satz, den ich jetzt aussprechen werde, recht genau ins Auge zu fassen: In den Sinnen, also namentlich in den Hauptessinnen, ist abgesondertes ätherisches Wesen während der Wahrnehmung webend. – Aber insofern wir in den Sinnen leben, haben wir eine Art freien ätherischen Prozesses, der sich abspielt in der Sinnensphäre.

Nehmen Sie das Auge. Es ist ein physikalischer Apparat, aber es ist durchzogen von dem Ätherischen. Und in diesem Durchziehen eines Unorganischen, eines solchen, welches fortwährend zerfallen will, das eigentlich ein Mechanisches, man möchte sagen, ein Untermechanisches darstellt, in dem lebt frei das ätherische Wesen. So ist es für die Sinnesregion.

Für die Nervenregion, die ja die Fortsetzung der Sinnesregion nach innen ist, ist es so, daß zwar die Nervenregion inniger verbunden hat den Ätherleib mit der Materie, aber fortwährend will unser gesamtes Nervenleben Sinnesleben werden. Also stellen Sie sich vor: Sie sehen, sagen wir, irgendeine farbige Fläche. Da haben Sie zunächst die Sinneswahrnehmung. Da ist es so, daß der Ätherleib frei webt. Indem Sie jetzt absehen von der Sinneswahrnehmung und sich dem Nervenleben überlassen, wird das ganze Nervenwesen Sinneswesen: da ist die Vorstellung in Ihrem Bewußtsein anwesend. Man möchte sagen: Insofern der Mensch Nervenmensch ist, wird er in der Vorstellung durch und durch Sinneswesen.

Dann kommt die Reaktion. Die Sinne, sie sind nach dem Physikalischen hin orientiert. Die vertragen ein fortwährendes Aufnehmen. Der Organismus der Nerven, der nimmt auf in sich, was ihm die Sinne darbieten. Er gestaltet sich um zum Sinneswesen. Aber damit ertötet er sich. Er würde ganz Auge oder ganz Ohr oder so etwas werden. Damit er das nicht wird, durchdringt ihn wiederum das Vitalprinzip, das Lebensprinzip aus dem übrigen Organismus. Der Mensch läßt gewissermaßen die Vorstellung hinschwinden. So daß wir sagen können: Nach dem Kopfende hin vernichtet der Mensch seine Vergangenheit. Dadurch wird er als Nerven-Sinnes-Mensch der Träger von Bildern, hat er ein Bild-Erleben; ein Bild-Erleben, das im Ätherischen webt.

Sie sehen, man kann, wenn man geisteswissenschaftlich-anthroposophisch vorgeht, dieses Gedankenleben, wie es in Bewußtsein urständet, durchaus beschreiben. Und es ist notwendig, daß man zur Anthroposophie greift, um dieses Leben der Gedanken im Bewußtsein zu beschreiben.

Wir können also sagen: Indem der Mensch das Kopfende der Form nach entwickelt, entwickelt er es in dem Sinne, daß er für die heutige Zeit ausgesetzt ist den Einwirkungen jener Kräfte, die sich im Kosmos entwickeln, wenn die Sonne im Zeichen der Fische, des Widders, des Stiers und so weiter steht; aber der Mensch hebt seinen Kopf der Form nach heraus. Dadurch wird er nicht tierischer Kopf, sondern er wendet sich, dieser Mensch, man möchte sagen, in die Menschenvertikale, während das Tier im Tierkreis stehenbleibt.

Wenn wir das Leben betrachten, so können wir sagen: Nach dem Kopfende zu entwickelt sich das Leben unter der Einwirkung der äußeren Planeten, des Saturn und Jupiter, wie wir gestern gesehen haben. Aber der Mensch hebt heraus dieses sein Leben, und folgendes geschieht: Würden sie durch die Sonne niemals bedeckt – erinnern Sie sich an das, was ich gestern auseinandergesetzt habe in bezug auf Saturn und Jupiter[38] –, dann würde das ganze Nervenleben immer mehr Sinnesleben werden. Der Mensch würde durchaus die Augenempfindung haben, aber sie würde sich ins Nervenleben fortsetzen; er würde die Gehörempfindung haben, sie würde sich ins Nervenleben fortsetzen – es würde im Nervenleben chaotisch-unorganisch durcheinanderschießen das Sinnesleben der zwölf Sinne. Dadurch, daß nun diese äußersten Planeten bedeckt werden, dadurch wird das Nervenleben aus dem Sinnesleben herausgerissen, und der Mensch ist in der Lage, eben sich so zu verhalten, wie ich gesagt habe, daß er im Vorstellungsleben bewußt willkürlich wirkt, daß er gewissermaßen Sinn wird, sich wiederum entsinnt, indem er die Vorstellungen willkürlich unterdrücken kann und so weiter.

So daß wir sagen können: In den Sinnen ist abgesondertes ätherisches Wesen während der Wahrnehmung webend. In dem Nervenorganismus ist dem Leibe verbundenes, abgeschwächtes Sinnenleben webend. – Das Ganze bekommt einen Bildcharakter, weil das, was bewirken würde, daß man es nicht mit einem Bildcharakter zu tun hätte, sondern mit einem materiellen Charakter, vernichtet wird durch das Herausgehen des Menschen in die Menschenvertikale, während das Tier im Tierkreise drinnen bleibt. Das Tier hat eben nur Traumvorstellungen, nicht Bildvorstellungen, wie sie der Mensch hat. Und Traumvorstellungen sind etwas, was hervorsprießt aus dem Vitalprinzip des Organismus, während die Bildvorstellungen rein herausgehoben sind ins freie ätherische Leben, das nicht mehr mit dem physischen Leib verbunden ist. Es muß durchaus betont werden, daß durch die Organisation des Menschen, durch das Herausheben seines Kopfendes aus den Tierkreisbildern und aus dem Planetenweben, daß dadurch im Menschen ein freies ätherisches Leben nach dem Kopfende hin entsteht; daß dieses freie ätherische Leben in dem Kopf dann erst von dem astralischen Leib durchzogen ist, von dem Ich durchzogen ist, die dadurch teilnehmen an dem Gedanken- und Vorstellungsweben des ätherischen Leibes.

Dieses kann uns schon zeigen, wie man das Seelische dann erfaßt, wenn man weiß, wodurch eben das Gedankenleben im Menschen ein Seelisches ist, das heißt, nicht teilnimmt an dem materiellen Leben.

Gehen wir nun weiter. Wir haben gezeigt – wir wollen den anderen Pol betrachten –, wie der Mensch nach der anderen Seite hin sich der Form und dem Leben nach entwickelt. Wir haben gesehen, vorgestern,[39] wie der Mensch seine äußere Tätigkeit als Gliedmaßenmensch entwickelt. Ich habe Ihnen gezeigt, wie der Mensch – und wir mußten dazu noch zu den griechischen Zuständen zurückblicken – als Jäger, als Tierzüchter, als Ackerbauer, als die Meere befahrender Handelsmann sich betätigt. In dieser menschlichen Betätigung verharrt der Mensch dann aber dadurch, daß er sich entzieht der Einwirkung der entsprechenden Fixstern-Tierkreisbilder. Das Tier bleibt durchaus unter der Einwirkung des Schützen, des Steinbocks, des Wassermanns, der Fische. Dadurch bilden sich die Tiere in ihrer Form so aus, daß sie sich hinordnen auf das Irdische, bilden sich so aus, wie sie sind. Studiert man den Tierkreis, so kann man erkennen, warum die Tiere in einer gewissen Weise ihr Gliedmaßensystem ausgebildet haben. Der Mensch bildet sein Gliedmaßensystem so aus, daß er es hinordnet auf das Irdische, wenn diese Tierkreisbilder eben unter dem Irdischen sind, wenn die Erde für einige Zeit dort im Tierkreis auf der nördlichen Hemisphäre ist. Es sind dadurch auch geographisch die Erdteile in verschiedener Weise bewohnbar. Der Mensch kann aber, was er an einem Orte ausbildet, auf einen anderen übertragen. Das, was hier entwickelt wird, muß natürlich für die älteren Zeiten gelten; für die heutigen vermischen sich die verschiedenen Menschenformen auf der Erde, und man hat, wenn man heute Geographie studiert, nicht mehr ein reines Bild von dem, was der Mensch im Zusammenhange mit dem Makrokosmos ist. Der Mensch reißt sich also da auf eine andere Art heraus aus der Tierkreislinie. Er bringt sich gewissermaßen nach der anderen Seite hin in die Menschenvertikale, in die Menschensenkrechte. Und während er voll ausgesetzt bleibt sowohl der Form nach den Tierkreisbildern wie auch den äußeren Planeten in bezug auf sein Hauptesende, entzieht er sich sowohl der planetarischen Einwirkung wie auch der Tierkreiseinwirkung, indem er auf der Erde steht und sich die andere Seite zudecken läßt von der Erde. Saturn und Jupiter wirken auf den Menschen, indem sie ihr Licht auf die Erde herabstrahlen. Der Mensch, der in seinem Hauptesende ein Bildesleben hat, empfängt auch die Bilder dieser Sternwelten, ebenso wie er die Bilder der planetarischen Bewegungen empfängt, indem er sein Lebenswesen nach dem Hauptesende zu entwickelt. Er entwickelt da ein Bildleben und nimmt auch vom Kosmos, vom Makrokosmos die Bilder auf.

Von der anderen Seite nimmt er die Bilder nicht auf. Daher entstehen jene Formen, die ich vorgestern gezeigt habe, die

die Gliedmaßen sind, die entgegengesetzten Formen von den Hauptesformen. Und er entwickelt aber auch Tätigkeiten, die sich entziehen dem makrokosmischen Einfluß, die diesen makrokosmischen Einfluß nicht herankommen lassen.

Nun ist es so, daß, wenn wir sagen können, daß der Mensch seinem Kopfende nach seine Vergangenheit vernichtet, so ist das Entgegengesetzte der Fall nach dem Gliedmaßenende hin. Würde der Mensch auf einer durchsichtigen Erde stehen, so daß auch von der anderen Seite Tierkreis und Planetenbewegung auf ihn wirken könnten, dann würde er erstens nicht selbständige, freie Taten entfalten können. Er würde unter dem Einflusse des Planetarischen und des Fixsternlebens stehen. Nur dadurch, daß ihm die Erde dieses Planetarische und Fixsternleben zudeckt, kommt er zu der freien Entfaltung seiner Tätigkeit. Aber er würde außerdem, wenn er ihm voll ausgesetzt wäre gerade mit seiner besonderen Lebenszeit, mit seinem sich immer wiederholenden Erdenleben, in seinem Gliedmaßensystem ein verholzendes Leben, ein sich stark verhärtetes Leben entwickeln. Er würde ja die Materie nicht zerstäuben können, sondern die organische Materie würde vor der Ausreifung verhornen. Der Mensch würde eigentlich nur Gliedmaßen haben, die in ganz anderer Weise noch wie die Hufe der Pferde oder Rinder verhornt wären bis weit an den Leib heran. Der Mensch ist dieser Verhornung dadurch entzogen, daß er sich heraushebt aus dem Tierkreise.

Dadurch aber findet der entgegengesetzte Prozeß statt wie nach dem Hauptesende. Nach dem Hauptesende wird die Vergangenheit vernichtet, die Materie zerstäubt. Nach dem Gliedmaßenende entwickelt sich der Mensch so, daß er die Materie nicht zur vollen kosmischen Reife gelangen läßt. Sie bleibt zurück. Er hält sie zurück. Wir haben nur dadurch Finger, wir haben nur dadurch Zehen, daß wir unsere Gliedmaßen nicht auswachsen lassen. Würden wir sie auswachsen lassen, so wären sie nicht nur mit Nägeln besetzt, sondern sie wären ganz versteift verhornt. Wir halten sie also auf einer früheren Stufe zurück. Dadurch, daß wir unsere Gliedmaßen so zurückhalten, dadurch können wir in ihnen den Willen entwickeln, der dann die Anlage ist für die folgenden Erdenleben. Würden wir den Menschen als Gliedmaßenmenschen ausreifen lassen, dann würde mit unserem einen Erdenleben das Leben abschließen. Wir bewahren das, was in die Zukunft hinübergeht, dadurch, daß wir unseren Gliedmaßenmenschen nicht voll ausreifen lassen. Es ist also hier das Gegenteil der Fall: Während nach dem Gedankenende hin das seelische Leben ein Bildleben wird, bleibt in der Tat, wenn ich mich grob ausdrücken darf, nach dem Gliedmaßenende hin das Leben fleischlich materiell, organisch materiell jung, möchte ich sagen. Es wird nicht alt, es verhornt nicht, es bleibt jung. Dadurch, daß es jung bleibt, kann dann das Materielle abfallen, und das Bild des Jungen geht hinüber durch den Tod in das folgende Erdenleben. Da drinnen kann sich der Wille dann entwickeln. Da ist das Willensende. So daß wir sagen können: Das Willensende des Menschen ist nicht zu Ende gekommene organische Bildung. Können wir hier (am Kopfende) vom Bild sprechen, so müssen wir da von etwas anderem sprechen. Was ist denn eine nicht zu Ende gekommene organische Bildung? Ein Keim. Denn der Keim kann sich weiter entwickeln. Während wir am Kopfende etwas haben wie eine Austernschale, wie etwas, was als Materie sich abgesondert hat und reine Materie ist, haben wir nach dem Gliedmaßenende etwas wie Keime. Hier (oben) können wir sagen: Wir erleben seelisch das reine Ätherische, das Bild. Hier (unten) erleben wir nicht das Bild, sondern wir erleben keimendes Leben. (Siehe Darstellung Seite 132.) Hier erleben wir Verbundensein mit der Materie. Deshalb können wir auch unsere Gliedmaßen bewegen, weil wir mit der Materie verbunden sind. Am Kopf kann der Mensch nicht viel bewegen, höchstens insofern seine Sinne zu Gliedmaßen umgebildet sind und der Mensch auch am Kopf Gliedmaßenmensch ist. Es durchdringt sich ja alles, jedes einzelne Glied durchdringt die anderen. In gewissem Sinne sind die Augen auch Hand, insofern sie sich bewegen können. Aber nicht vieles ist beweglich am Kopf, der Kopf ist zumeist unbeweglich, und der willkürlichen Bewegung sind vor allen Dingen, sagen wir, die Gehirnlappen und dergleichen entzogen. Aber auch am Außenhaupte ist wenig beweglich, und es ist schon eine Seltenheit, wenn der Mensch gewisse Ohrmuskeln bewegen kann; er kann damit schon außerordentlich brillieren.

Dieses Erleben in der Materie läßt das Bewußtsein nicht aufkommen. Dadurch aber sind wir in der Lage, den Willen eben zu entwickeln. So daß wir hier (oben) die Materie vernichten, hier (unten) aber behalten wir, wenn die Materie von uns abfällt im Tode, Keime zurück als Kraft für die nächsten Erdenleben.

Was dazwischen liegt, wir haben es gestern bezeichnet auf der einen Seite als das Atmungswesen, wenn wir auf das Leben sehen, oder das Zirkulationswesen. Wir haben dann gesehen, wie das zugeteilt ist als Form demjenigen, was da liegt zwischen den oberen Tierkreisbildern und den unteren Tierkreisbildern.

Wenn Sie also für die heutige Zeit den Fixsternhimmel sich in folgender Weise repräsentiert denken: Widder, Stier, Zwillinge, Krebs, Löwe, Jungfrau, Waage, Skorpion, Schütze, Steinbock, Wassermann, Fische – dann würden wir diese vier Tierkreisbilder (Fische, Widder, Stier, Zwillinge, siehe Zeichnung) dem Haupte zuzuteilen haben, und unter ihrer Einwirkung wird das Haupt im Sinne derjenigen Planetenbewegungen, die über der Erde sind, mit einem ersterbenden Leben ausgerüstet. So daß das Haupt ein Bild-Erleben hat, ein Vorstellungserleben als Seelisches. Die

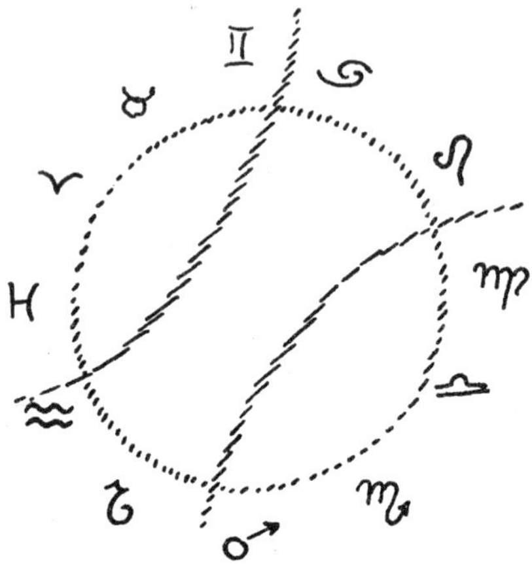

anderen vier entgegengesetzten Zeichen für das Heutige – für das Griechische wäre es etwas anders – wären dann Jungfrau, Waage, Skorpion, Schütze. Und wir hätten dann für den rhythmischen Menschen das, was dazwischen liegt, wie wir vom planetarischen Leben den Mars und den Merkur als die Zwischenlage haben, die dazwischenliegenden Planeten haben. Da, können wir sagen, ist der Mensch so, daß er zwischen dem Bilde und dem Keime drinnen hin und her pendelt. Das Atmungs-Blut-Leben zeigt Ihnen ja das, ich möchte sagen, wie in einem äußeren Bilde wunderbar. Der Mensch nimmt den belebenden Sauerstoff auf, der mit seinem Gliedmaßenorganismus, mit allem Beweglichen in ihm verbunden ist. Er verbindet den Sauerstoff mit dem Kohlenstoff. Der Kohlenstoff wirkt zuerst anregend als das Ertötende auf das Nerven-Sinnes-Leben, dann wird er ausgestoßen als das Ersterbende. Da haben wir fortwährend schon materiell das äußerste Leben im Sauerstoff, den äußersten Tod im Kohlenstoff: Ersterben – Beleben, Ersterben – Beleben. Es schwingt das Leben zwischen Ersterben und Beleben hin und her.

Seelisch ist das aber so, daß wir innerlich etwas erleben, was auf der einen Seite, wie noch das Gedankenleben, rein ätherisch ist; aber der Ätherleib erfaßt gewisse Gebilde, Drüsengebilde. Diese Drüsen sondern Materie ab. Es ist das, was körperlich so vor sich geht, daß der Ätherleib auf die Drüsen wirkt. Die Drüsen verbinden sich nicht so wie etwa die Muskeln – die dann vorzugsweise dem Gliedmaßenorganismus angehören – mit dem ätherischen Leben, sondern indem das Ätherleben die Drüsen ergreift, sondert die Drüse Materie ab. Es ist also ein nicht vollständiges Zusammenschmelzen des ätherischen Lebens mit dem materiellen Leben. Es ist der Übergang. Es ist ein Ergreifen der Materie, aber zugleich ein Sich-Wehren der Materie, ein Absondern der Materie. Wenn Sie den Muskel studieren, den Knochen studieren, was zum Gliedmaßensystem gehört, dann haben Sie das so, daß die Materie streng – am meisten beim Knochen – ergriffen wird von dem Ätherleib des Menschen. Da zerstäubt nichts, da bleibt alles frisch-lebendig. Da wird die Materie unmittelbar ergriffen von dem Ätherleib des Menschen. Im Haupte wird nichts ergriffen von der Materie, sondern indem das Haupt sich entwickelt, zerstäubt die Materie. Das freie ätherische Weben entwickelt sich als Gedankenleben. Indem der Ätherleib die Drüsen ergreift, verbindet er sich zwar mit den Drüsen, aber die leiden ihn nicht; der Muskel leidet ihn. Der Muskel nimmt den Ätherleib auf. Die Drüse leidet ihn nicht; sie sondert sogleich Materie ab, treibt den Äther gleich wieder heraus. Das ist seelisch, das Gefühlsleben.

So daß wir jetzt wirklich beschreiben können, wie das Gedankenleben vor sich geht. Das Gedankenleben geht so vor sich, daß die Materie nicht in Anspruch genommen wird, daß es nur bis zu dem Ätherischen herankommt und das Bewußtsein in diesem Ätherischen lebt. Das Gefühlsleben geht so vor sich, daß der Ätherleib das Drüsenleben ergreift, aber

Bild Vorstellung

Gefühlsleben

Keim Wille

das Drüsenleben leidet ihn nicht. Während aber der Ätherleib in das Drüsenleben hinein verschwindet, bevor die eigentliche Absonderung sich geltend macht, da hat der Mensch seinen Ätherleib nicht, da verschwindet ihm sein Ätherleib in die Drüsen hinein. Er erlebt sich daher nur in seinem Ich und in seinem astralischen Leib. Und so ist es beim Gefühl.

Vorstellung:	Ätherleib, Astralleib, Ich
Gefühlswesen:	Astralleib, Ich
Willensleben:	Ich

Wenn wir also die Vorstellungen des Gedankenlebens haben: abgestoßen wird da das Leben des physischen Leibes, der Mensch erlebt sich im Ätherleib, im astralischen Leib, im Ich – im menschlichen Haupt ist das Ich, das durchwebt den astralischen Leib, das durchwebt den Ätherleib, stößt das Physische aus; dadurch erlebt das Ich mit Hilfe des astralischen Leibes im Ätherleib die Gedanken, das Denken.

Das Gefühlswesen: Da wird dem Menschen der Ätherleib genommen, indem der Ätherleib die Drüse ergreift; so lange, bis die Drüse voll abgesondert hat, ist nun der Ätherleib dem Menschen entzogen. Er steckt drinnen im physischen Leib. Da hat der Mensch zu seinem inneren bewußten Erleben nur den

Astralleib und das Ich. Das erlebt er gefühlsmäßig-traumhaft, weil er ja untertaucht in den physischen Leib.

Nun kommen wir zum Willensleben. Da ist es wirklich so, daß der Mensch mit seinem ätherischen Leibe ganz untertaucht in die organische Materie. Aber im wachenden Zustand nimmt der ätherische Leib den astralischen Leib mit. Dadurch ist ja der Mensch imstande, die Bewegung auszuführen. Er nimmt den astralischen Leib mit in die Materie hinein. Da ist auch der astralische Leib dem Menschen entzogen, und der Mensch erlebt im Bewußtsein nur das Ich.

Sie sehen, wir finden einen vollständigen Zusammenhang zwischen dem seelischen Leben und dem leiblichen Leben. Wir müssen nur aus anthroposophischer Erkenntnis heraus uns klar sein, wie Ich, astralischer Leib, Ätherleib teilnehmen an dem physischen Leib, dann merken wir den Unterschied zwischen dem seelischen Gedankenleben, dem seelischen Gefühlsleben, dem seelischen Willensleben und finden, daß das seelische Gedankenleben im ersterbenden Organismusteil ist, der sich aus der oberen Fixsternwelt und der oberen planetarischen Welt herausgerissen hat, das Vergangene zerstäubt und dadurch zum Bild-Erleben wird. Wir finden, daß in der mittleren Region, im rhythmischen Menschen, der Mensch auf der einen Seite miterleben kann das Vergangene, deshalb auch den Makrokosmos, der sich aus der Vergangenheit heraus ja gebildet hat; aber dadurch, daß ein fortwährendes Rhythmisches stattfindet, entweder ein rhythmisches Verbinden des Sauerstoffs mit dem Kohlenstoff oder aber ein Ergreifen der Drüsen und Absondern der Drüsen, reagiert der Mensch darauf. In dem Ergriffenwerden und Ergreifen des makrokosmischen Lebens des Menschen, in der Absonderung reagiert der Mikrokosmos, der einzelne Mensch, darauf. Der Mensch lebt im Rhythmus nicht nur innerlich; er lebt im Rhythmus mit der Welt, er öffnet sich der Welt, nimmt sie in sich zurück. Der Mensch nimmt die Welt in sich herein, ist halb ein individuelles Wesen und pendelt rhythmisch hin und her zwischen Makrokosmos und Mikrokosmos. Das ist das Leben und Weben im Gefühl. Und man kann sogar ganz genau sehen, wie das Materiell-Physische des Organismus mit dem Seelisch-Geistigen zusammenwirkt. Im Willensleben ist es so, daß das Materiell-Physische am meisten ergriffen wird, daß da der Mensch am meisten bloß Mikrokosmos ist, daß er sich völlig entzieht in seiner Tätigkeit der makrokosmischen Tätigkeit.

Lebt er auf der nördlichen Halbkugel, so entzieht er sich eben in unserer Weise den übrigen Fixsternen und übrigen Planeten; auf der südlichen Halbkugel in ähnlicher Weise, das Ganze dreht sich ja herum, und auf diese Weise ist der Mensch als Gliedmaßenmensch, indem er als solcher lebt zwischen Geburt und Tod, ganz Mikrokosmos, hat eine Welt für sich, die deshalb sich selber auch in eine Zukunft hinübertragen kann. Jetzt entwickelt er das jüngste Glied des Seelenlebens, den Willen, der noch ganz der Stütze des physischen Leibes bedarf, der nur das Ich zu sich selber kommen läßt, während astralischer Leib und Ätherleib in dem physischen Leib untergehen.

Niemand wird das Seelenleben begreifen, der es nicht in einer solchen Weise begreifen kann, daß er unterscheiden kann zwischen Ich, astralischem Leib und ätherischem Leib; denn niemals wird irgend jemandem begreiflich erscheinen können das Gedankenleben, das Gefühlsleben oder das Willensleben, ohne daß die Sache so innerlich konkret erfaßt wird. Weist man diese Erfassung in der heutigen Zeit zurück, was kommt dann zustande?

Dann kommt das zustande, daß die offiziellen Vertreter sich hinstellen und den Leuten erzählen: Eigentlich kann man über das Seelische nichts wissen, aber dennoch, man muß aus gewissen Erscheinungen annehmen, daß es so ein Seelenartiges, ein «Psychoïd» gibt. Man stellt sich dann hin und erklärt, wie der Descartes und der Spinoza[40] sich bemüht haben, darauf zu kommen, wie die Wechselwirkung ist, aber man bleibt bei dem Abstrakten stehen: auf der einen Seite der Körper, auf der anderen Seite die Seele. Da kommt man niemals hinein, weil im Gedankenleben die Seele mit dem Leib anders zusammenwirkt als im Gefühlsleben und als im Willensleben und weil man dieses Zusammenwirken nicht verstehen kann, wenn man das ganze Seelenleben einfach durcheinanderwirft und von einem «Psychoïd»[41] spricht, statt daß man sich einläßt auf diese Konfiguration, auf diese Konkretisierung des Lebens in Ich, astralischen Leib und Ätherleib. Es ist heute ein furchtbares, möchte man sagen, Ablehnen der Wahrheit vorhanden, dafür aber dann ein bloßes Stammeln und ein Bekämpfen teilweise des Fechnerismus,[42] auf der anderen Seite ein Reden von «Psychoïd». Das ist gerade so, wie wenn einer verzichten würde, den Menschen anzuschauen und vom «Anthropoïd» reden würde, weil er vermeiden möchte, vom Anthropos zu reden. Im Grunde genommen ist solche Wissenschaft eben nicht Anthroposophie, sondern Anthropoïd-Sophie, Psychoïdologie.

Wenn man wirklich eingeht auf das seelisch-geistige Leben, dann kann man in allen Einzelheiten hinweisen auf das, was die Leute «Wechselwirkung» und so weiter nennen. Man bekommt dann tatsächliche Vorstellungen von den Dingen, und man muß auch nicht bloß, ich möchte sagen, anatomisch so hübsch hinlegen, was man aus der Leber herausschneidet und was man aus dem Gehirn herausschneidet und es als abstrakte Gewebe nebeneinanderlegen, sondern man muß wissen, wie der Mensch am Kopfende in anderer Weise sich zu dem ganzen Makrokosmos verhält als am Gliedmaßenende. Am Kopfende zerstäubt er ihn, da vernichtet er die Vergangenheit. Am Gliedmaßenende läßt er seine Wachstumstendenz nicht zu Ende kommen, er bleibt Keim.

Am schrecklichsten ist es, wenn mit Ausschluß einer wirklichkeitsgemäßen Anschauung die Leute dann herumspekulieren über das Wesen des Leibes sowohl wie über das Wesen des Geistig-Seelischen und dann im Grunde genommen in altabgebrauchten Worten reden, die sie zu «oïden» machen, und eigentlich das, um was es sich handelt, gar nicht ergreifen. Es gibt Leute, die heute gar nicht einmal mehr eine Ahnung davon haben, wie man vom Worte zu einem Begriff kommt. So zum Beispiel werden jetzt in Deutschland überall in den freireligiösen Gemeinden und in den monistischen Gemeinden, die eigentlich beide Vereinigungen sind, die da leben von dem Abwaschwasser der materialistischen Naturwissenschaft der sechziger und siebziger Jahre des 19. Jahrhunderts, da werden überall Vorträge veranstaltet von einem Menschen, Arthur Drews[43] heißt er, der eigentlich so konstituiert ist: Er hat einmal Hartmannsche Philosophie studiert – er tänzelte ja immer in seinen Jugendjahren um Hartmann[44] herum –, aber von dieser Hartmannschen Philosophie im Grunde genommen nur die Worte aufgenommen. Diese Worte sind in seinem Kopfe wie das Spiel von automatischen Dingen, da rollt es herum, und er hat keine Ahnung davon, wie man von dem Worte zu irgendeinem Begriff kommt. Und mit diesen aus der Hartmannschen Philosophie in seinem Kopfe automatenhaft herumwirbelnden Worten kritisiert er die Anthroposophie.

Das sind die Früchte der gegenwärtigen Zivilisation, die Früchte der gegenwärtigen Bildung, die es durchaus ablehnen will, sich wirklich einzulassen darauf, wie man eine Einsicht bekommen kann in den Zusammenhang des Menschen mit dem Kosmos, so daß man des Menschen Form und des Menschen Leben aus dem Kosmos heraus beschreibt und auch begreift, wie das besondere Herausreißen des Menschen aus dem Kosmos eben bewirkt, daß er auf der einen Seite in einem ersterbenden Leben das bildhafte Vorstellungs-Seelenwesen entwickeln kann, auf der anderen Seite in einem keimhaft bleibenden Leben das willensartige Element des Seelischen entwickeln kann.

Diese Dinge klingen ja eigentlich denjenigen, die heute offiziell Wissenschaft treiben, als etwas, was sie nicht verstehen können. Man sollte eigentlich darauf verzichten, daß diejenigen, die einmal in der offiziellen Wissenschaft ein bestimmtes Alter erreicht haben, in der Regel – ich sage natürlich: in der Regel – sich noch hineinfinden können in so etwas, denn sie haben ja alle Begriffe und damit alle Wirklichkeit aus ihrem Wortkaleidoskop im Grunde genommen verloren. Denn solche Vorträge über Psychoïde sind für den, der die Wirklichkeit durchschaut, im Grunde genommen nichts anderes als Wortkaleidoskope; was da über Descartes, über Spinoza und so weiter bis zu Fechner herauf auseinandergesetzt wird, das hat eigentlich keinen inneren Zusammenhang, das sind Wortkaleidoskope. Denn was diesen Wortfetzen, die da kaleidoskopartig durcheinanderwurlen, -wellen, was denen einen inneren Sinn geben könnte, das ist eben die Einsicht in Ich, astralischen Leib, Ätherleib und so weiter. Es tut einem ja fast leid, daß man über die Gegenwart so sprechen muß; aber es muß eben gerade da, wo es sich um das sogenannte Geistesleben handelt, über diese Gegenwart so gesprochen werden. Die Philosophen haben sich nicht mehr zurechtgefunden, weil sie schon vor einigen Dezennien aus den Worten die Begriffe verloren haben. Jetzt ist man darauf gekommen, daß man an die philosophischen Lehrkanzeln Naturgelehrte im heutigen Stil beruft. Die müssen dann Philosophie tradieren. Bei Mach[45] hat es angefangen, und einer der hauptsächlichsten Repräsentanten dieser Sorte ist heute der

Driesch.[46] Weil die Philosophen allen Inhalt ihres Kopfes schon verloren haben, die Naturforscher wenigstens noch die äußere Sinnesbeobachtung haben, hat man die Naturforscher an die philosophischen Lehrkanzeln berufen. Über Philosophie reden sie ja natürlich noch inhaltsloser als die Philosophen. Die Philosophen haben wenigstens noch die Worte gehabt. Aber eine merkwürdige Entwicklung hat sich schon zugetragen. Man hat es erlebt, daß zunächst die noch inhaltsvolle Philosophie von der ersten Hälfte des 19. Jahrhunderts vollständig verduftet ist in den Worthelden, sagen wir von der Sorte eines Kuno Fischer.[47] Aber in der Kuno-Fischer-Zeit haben noch Philosophen an den Lehrkanzeln gelehrt. Innerer Gehalt war in dieser Philosophie nicht mehr.

Aber was eben notwendig ist, das ist durchaus, daß wir diesen Zusammenhang durchschauen, daß wir uns darüber klar sind, daß wenigstens einige Menschen in der Welt dasein müssen, die all das Geflunker von den Psychoïden durchschauen und die wissen, wie stark wir in der Dekadenz drinnenstecken gerade in bezug auf unsere gelehrte Bildung. Man kann nicht stark genug dieses wissen; und ich glaube, es ist gut, wenn Sie sich vertiefen in das, was ich versuchte, in diesen drei Vorträgen vor Ihre Seele hinzustellen, nämlich wie der Mensch auf der einen Seite durch seine äußere Form, durch sein Leben, anzuknüpfen schien an das Universum, aber sich von dem Universum nach beiden Seiten hin lossagt, um nur als rhythmischer Mensch im Rhythmus des Universums aufzugehen; lossagt, um auf der einen Seite das Gedankenleben als Bildleben, also in Freiheit von der Materie zu entwickeln, nach der anderen Seite hin das Willensleben so zu entwickeln, daß er die Materie im Keime erhält, so daß sie nicht schon die starre Form, die ihr von dem Makrokosmos aufgezwungen werden kann, annimmt, damit der Mensch an diesem Ende sich noch beweglich erhält und von der Erde zum

Jupiter-, Venus-, und Vulkandasein hinüber sich entwickle, damit der Mensch in beweglicher Form sich erhalte, um sich hinüberzuentwickeln.

Wenn Sie dieses zusammenhalten, dann werden Sie sehen, wie tatsächlich das, was in der Anthroposophie als Erkenntnis auftritt, ergreifen will erstens das Wahrheitsgefühl des Menschen, zweitens das ästhetische Gefühl, wenn Sie studieren den Menschen als Form, so wie sich die Form herausergibt aus dem Makrokosmos, und drittens auch nach der Richtung des Guten und des religiösen Lebens. Es wird Ihnen gerade aus diesen drei Vorträgen hervorgehen können, mit welcher tiefen Berechtigung oftmals hier in Kursen und sonst ausgesprochen worden ist, daß gesucht werden muß eine Synthese, eine Vereinigung, eine Harmonie von Religion, Kunst und Wissenschaft. Aber eine Vereinigung von Religion, Kunst und Wissenschaft erlangt man nicht, ohne daß man sich aufschwingt zu einer wirklichen Kosmologie, welche uns klarlegt, was der Mensch nach Form und Leben ist.

Was wir weiter brauchen, ist eine Freiheitslehre in bezug auf das Seelische, welche uns darlegt, was der Mensch ist dadurch, daß er sich losreißt von dem Makrokosmos nach seinen zwei Enden hin, nach seinen zwei Polen hin. Und auf der anderen Seite braucht man die Erkenntnis dessen, was der Mensch in Freiheit entwickelt nach der Weltenzukunft, nach dem, was die Erde im Makrokosmos ablösen wird. Das entwickelt dann tief religiöse Empfindungen, Gefühle.

Damit der Mensch zu einem wirklichen Aufstieg unserer Kultur kommt, braucht er erstens eine Kosmologie, welche den Menschen selbst umfaßt, die den Menschen nicht, wie unsere heutige Kosmologie, links liegen läßt. Man braucht eine Freiheitslehre, und man braucht eine Ethik, welche imstande ist zu zeigen, wie das in ihr veranlagte Gute der Keim zu Welten ist. Man braucht eine Ethik, die Realität in sich enthält, nicht bloße abstrakte Werte, sondern Werte, die in sich die Kraft haben, sich zu realisieren. Kosmologie, Freiheitslehre, Ethik sind dasjenige, was der Mensch braucht zum Aufstieg.

Zu den Vorträgen vom 1., 3. und 4. November 1910 in Berlin

1909, anläßlich der Generalversammlung der Theosophischen Gesellschaft, deren Generalsekretär Rudolf Steiner damals war, hielt Rudolf Steiner vier Vorträge unter dem Titel «Anthroposophie». Während sich die Theosophie den übersinnlichen Welten zuwandte, wurde mit diesen Vorträgen, deren Titel programmatisch war, das Fundament für eine neue Richtung gelegt: die neue Geisteswissenschaft, die Rudolf Steiner hier entwickelte, wandte sich auch den Gegenständen der sinnlichen Welt zu, den Naturreichen und zu allererst dem Menschen. Damit war der erste Schritt zu einer Durchgeistigung der Naturwissenschaften getan. Der Ansatzpunkt von 1909, in einem Buch von 1910 und in den späteren Jahren weitergeführt, war eine neue Sinneslehre.[48]

Diese Richtung von der Theosophie zur Anthroposophie wurde von Rudolf Steiner in den Vorträgen zur Generalversammlung 1910 (1. – 4. November) fortgesetzt. Es sind die «Psychosophie»-Vorträge, in denen eine Durchgeistigung der Seelenwissenschaft – wie 1909 der Naturwissenschaft – begründet wurde, als die wissenschaftliche Psychologie sich seit einigen Jahren anschickte, eine Naturwissenschaft zu werden. Von den vier Vorträgen werden im folgenden drei abgedruckt. Der zweite Vortrag wird hier weggelassen. Er enthält eine Reihe von seelischen Beobachtungen, z.B. über die Ich-Empfindung, über das Vorstellungsleben, über die Wirkungen des Nicht-Verstehens und das Wesen der Langeweile.

Diese «Psychosophie»-Vorträge beginnen mit Rezitationen von Dichtungen Goethes und Hegels. Dem ersten Vortrag wurde die Rezitation des Gedichtes von Goethe «Der ewige Jude» vorangestellt, das wir nicht wiedergeben, weil es erst im hier weggelassenen zweiten Vortrag aufgegriffen wird. Rudolf Steiner begründet dieses Stil-Element seiner «Psychosophie»-Vorträge zu Beginn des Vortrags mit folgenden Worten: «Im Laufe der Vorträge dieser Abende wird es notwendig sein, daß von mir Bezug genommen wird auf diese oder jene Beispiele, die sich am besten geben lassen aus einzelnen Dichtungen. Und damit Sie im Laufe dieser vier Vorträge einiges von dem, worauf es als Illustration ankommen wird, vor sich haben können, wird an einzelnen Abenden eine kurze Rezitation gewisser Dichtungen stattfinden, die mir dann Gelegenheit geben werden, an ihnen manches ebenso ideell zu illustrieren, wie ich Kleinigkeiten auf der Tafel zu illustrieren oder zu markieren haben werde. Es ist durchaus ein psychosophisches Interesse, worum es sich handeln wird bei der Illustration dieser Vorträge durch das, was uns diese Rezitationen zu Gehör bringen können.»

Die leibliche, seelische und geistige Seite des Seelenlebens

Berlin, 1. November 1910

Im vorigen Jahr – gelegentlich unserer Generalversammlung – nannte ich eine Reihe von Vorträgen solche zur Anthroposophie. In diesem Jahr soll eine Reihe von Vorträgen, die von einem ähnlichen Gesichtspunkte aus gehalten sein werden, mit dem Titel Psychosophie belegt werden. Und wenn sich einmal Gelegenheit dazu finden sollte, so wird gleichsam als ein drittes Kapitel zu den Vorträgen über Anthroposophie und Psychosophie eine Vortragsreihe über Pneumatosophie folgen. Dadurch werden sich diese drei Vortragsreihen zusammenschließen zu einer Brücke, die hinaufführen kann von der Welt, in der wir unmittelbar leben, zu den Welten, die von einem höheren Gesichtspunkte aus in der Theosophie betrachtet werden.

Psychosophie soll sein eine Betrachtung der menschlichen Seele, die zunächst von dem ausgeht, was diese Seele hier in der physischen Welt erleben kann, und die dann aufsteigt zu höheren Gebieten, um zu zeigen, daß dasjenige, was uns hier in der physischen Welt als für jeden beobachtbares Seelenleben entgegentritt, doch hinaufführt zu Ausblicken, aus denen uns gleichsam entgegenkommen wird das Licht der Theosophie. Mancherlei wird uns an diesen Abenden beschäftigen. Wir werden heute ausgehen von scheinbar recht Einfachem, werden an uns vorüberziehen lassen alle diejenigen Erscheinungen des Seelenlebens, die man bezeichnen kann mit den Worten Aufmerksamkeit, Gedächtnis, dann Erscheinungen wie etwa diejenigen, welche uns in den Leidenschaften und Affekten entgegentreten, dann Erscheinungen, die wir schon in das

Gebiet des Wahren, Schönen und Guten rechnen. Erscheinungen werden uns entgegentreten, die fördernd im gesundheitlichen Sinne oder schädigend als Krankheiten eingreifen in das menschliche Leben. Wirkliche seelische Ursachen von Krankheitserscheinungen werden uns entgegentreten. Dadurch werden wir hart die Grenze zu berühren haben, wo sich das Seelische herabsenkt in das leibliche Leben, und werden die Wechselbeziehungen zu studieren haben zwischen Wohl und Wehe des Leibes und der Tätigkeit, der Arbeiten im inneren Leben der Seele. Dann werden wir uns zu erheben haben zu den hohen Idealen der Menschheit und werden das, was diese hohen Ideale der Menschheit sein können für das menschliche Seelenleben, zu betrachten haben. Wir werden Erscheinungen zu betrachten haben, die im alltäglichen Leben eine Rolle spielen wie, sagen wir, das, was den Menschen die Zeit verkürzt, und werden sehen, wie dieses letztere wiederum einwirkt auf das Seelenleben und sich in merkwürdiger Verkettung innerhalb desselben zeigt. Wir werden zu betrachten haben die ganz merkwürdige Wirkung der Langeweile. Und vieles könnte noch angeführt werden, was wir sowohl seiner Erscheinung nach betrachten werden, wie auch danach, welche Heil- und Hilfsmittel es gibt, um das zu korrigieren, was uns als krankhafte Erscheinung des Seelenlebens entgegentritt, wie zum Beispiel eine schlechte Denkkraft, ein schlechtes Gedächtnis oder dergleichen. Sie werden sich auch denken können, daß wir, um vom Seelenleben zu sprechen, notwendigerweise Gebiete berühren müssen, die an anderes angrenzen. Und der Theosoph hat ja in einer gewissen Weise geläufige Vorstellungen, wenn es sich darum handelt, das Seelenleben des Menschen mit anderem in Beziehung zu bringen.

Sie kennen alle die Gliederung der menschlichen Natur, die durch die Geisteswissenschaft vorgenommen wird in Leib,

Seele und Geist. Schon dadurch werden Sie sich sagen können: Das Seelenleben des Menschen muß sich auf der einen Seite berühren mit dem leiblichen, auf der anderen Seite aber sich hinaufwenden zu dem geistigen Leben. Haben wir uns mit dem mehr Leiblichen in der Anthroposophie beschäftigt, so werden wir uns mit dem seelischen Leben zu beschäftigen haben in der Psychosophie, und wir werden aufsteigen zu dem geistigen Leben in der Pneumatosophie.

Was ist nun das Seelenleben, wenn wir es jetzt innerhalb seiner beiden Grenzen, die wir eben angedeutet haben, für sich betrachten wollen? Was wir gewohnt sind, die Außenwelt zu nennen, was wir gewohnt sind, sozusagen vor uns und um uns in der Welt als hingestellt zu betrachten, das rechnen wir nicht zu unserem Seelenleben. Ein Mineral, eine Pflanze, ein Tier, die Luft, die Wolken, die Berge und Flüsse und so weiter, die um uns herum sind, gleichgültig, was wir selber vielleicht aus unserem Geiste heraus dazugeben, wenn wir sie vorstellen, alles, was so um uns ist und was wir als Außenwelt bezeichnen, rechnen wir nicht zu unserem Seelenleben. Die Rose, der wir begegnen, rechnen wir nicht zu unserem Seelenleben, wenn wir uns auf dem physischen Plan recht verstehen. Wenn wir aber der Rose entgegentreten und sie uns erfreut, wenn beim Anblick der Rose in unserer Seele etwas aufglänzt wie Wohlgefallen, so rechnen wir diese Tatsache wohl zu unserem Seelenleben. Wenn wir einem Menschen begegnen und ihn ansehen, uns eine Vorstellung von ihm machen, was für Haare, was für ein Gesicht er hat, wie sein Gesichtsausdruck ist und so weiter, so rechnen wir das nicht zu unserem seelischen Leben. Wenn wir aber Interesse für ihn gewinnen, wenn er uns sympathisch oder antipathisch ist, wenn wir in Liebe seiner gedenken müssen, so rechnen wir diese Erlebnisse der Sympathie oder Antipathie, der Liebe, des Interesses zum seelischen Erleben.

Sie wissen, ich liebe Definitionen nicht, sondern ich versuche zu charakterisieren; daher möchte ich Ihnen auch nicht eine Definition des seelischen Lebens geben. Damit ist wenig getan. Ich möchte charakterisieren, wo die Dinge liegen, die man zum seelischen Leben rechnen kann.

Nehmen wir aber etwas anderes. Nehmen wir einmal an, wir sehen einen Menschen handeln. Wir beobachten seine Tat und finden, daß wir zu dieser Tat sagen müssen: Das ist eine gute Tat; das ist eine Tat, welche gebilligt werden kann von einem gewissen moralischen Gesichtspunkt aus. – Dann haben wir ein solches seelisches Erlebnis, das sich dadurch ausdrückt, daß wir sagen: Diese Tat war eine gute! – dann haben wir in einem solchen Erlebnis noch etwas anderes als das schon jetzt Charakterisierte. Da kommt es uns vor allen Dingen nicht so sehr darauf an zu beschreiben, wie die Tat geschieht, wie die einzelnen Maßregeln zu bezeichnen sind, aus denen sie besteht; da kommt es aber auch nicht darauf an, ob wir das lieben oder hassen, was in dieser Tat liegt, sondern da spielen höhere Interessen mit. Wenn wir diese Tat gut nennen, so wissen wir, daß es gar nicht von uns abhängen sollte, ob wir diese Tat gut oder nicht gut nennen. Dennoch müssen wir dieses Urteil in der Seele fällen, wenn wir ein Bewußtsein davon haben wollen, wie diese Tat ist. Aber nichts in der Außenwelt kann uns sagen, daß die Tat gut ist. Das Urteil: Diese Tat ist gut – muß in uns aufsteigen, muß heraufglänzen aus dem eigenen Erleben. Aber wenn das Urteil berechtigt sein soll, muß es unabhängig von unserem eigenen Erleben sein. In allen solchen Seelenerlebnissen, wo etwas mitspielt, das, um in unser Bewußtsein zu kommen, innerlich erlebt werden muß, was aber eine von unserem Bewußtsein unabhängige Bedeutung hat, so daß es etwas ist, wobei es nicht darauf ankommt, ob wir das Urteil nun fällen oder nicht, in allen solchen Vorgängen spricht im menschlichen

Seelenleben der Geist mit. Und so schon könnten wir sagen: Wir haben in diesen drei Fällen, wo wir uns vergegenwärtigt haben, wie wir etwas als Außenwelt betrachten, wie wir etwas als rein inneres Erlebnis betrachten, als das Interesse an einem Menschen, das Wohlgefallen, das wir an einer Rose nehmen, und als drittes das innere Erlebnis, wo wir ein Urteil fällen, das von unserem Seelenleben unabhängig sein muß, wenn es gelten soll, wir haben in diesen drei Fällen charakterisiert, was wir nennen können das Verhältnis der Seele gegenüber der Außenwelt. Die Außenwelt muß sich von außen der Seele ankündigen durch das Leibliche; das seelische Erleben ist ein rein innerliches; der Geist aber kündigt sich wiederum im Innern der Seele an, wie wir sehen an diesen Beispielen, die wir eben angeführt haben.

So also handelt es sich darum, daß wir streng festhalten, daß dieses Seelenleben auf und ab wogt in inneren Tatsachen, und es wird sich zunächst darum handeln, jetzt irgend etwas zu finden, was uns auch innerlich gewissermaßen den Charakter des seelischen Erlebens angibt. Wir haben bis jetzt dieses seelische Erleben nach außen hin begrenzt, haben gezeigt, wo es angrenzt an anderes. Nun aber wollen wir einmal sehen, wie wir dieses Seelenleben im Inneren charakterisieren können. Mit anderen Worten: Was müssen wir denn für Vorstellungen anwenden, wenn wir von der Seele des Menschen sprechen, so daß wir in diesen Vorstellungen klar zum Ausdruck bringen, wir meinen nichts anderes als Seelisches? – Wir müssen uns Vorstellungen verschaffen, die uns die reine Natur des Seelischen, wie es sich darlebt auf dem physischen Plan, charakterisieren.

Was ist der Grundzug, der Grundcharakter des seelischen Erlebens? In einer zweifachen Weise läßt sich dieser Grundcharakter des seelischen Erlebens zunächst angeben. Zwei Vorstellungen können wir gewinnen, die wir nur auf das seelische

Erleben anwenden können, und zwar zunächst nur auf das seelische Erleben des Menschen und auf gar nichts anderes, wenn wir genau mit Bezug auf die physischen Verhältnisse des Menschen sprechen. Meine Aufgabe wird es also sein, in exakter Weise die inneren Phänomene, die inneren Erscheinungen des Seelenlebens genau bis an die Grenze, bis wohin dieses seelische Leben reicht, wie es im Innern wogt, zu charakterisieren, die Charakterzüge anzugeben.

Es gibt zwei Vorstellungen für das, was inneres seelisches Erleben sozusagen repräsentiert. Stoßen Sie sich nicht daran, daß wir es heute zu tun haben werden mit dem Zusammentragen von Vorstellungen. Sie werden in den nächsten Tagen schon sehen, daß uns dieses genaue Fassen von Vorstellungen eine sehr große Hilfe sein wird, um Erscheinungen begreifen zu lernen, die uns allen naheliegen, und um solche Hinweise für unser Seelenleben zu gewinnen, die im täglichen Seelenleben für das gesunde wie für das kranke Seelenleben von großer Wichtigkeit sind.

Eine Vorstellung, durch die wir das Seelenleben charakterisieren können, ist das Urteilen. Urteilen ist die eine Tätigkeit des Seelenlebens. Und die Summe der andern Erlebnisse des Seelenlebens erschöpft sich in dem, was man nennen kann die inneren Erlebnisse von Liebe und Haß. Wenn diese Worte im richtigen Sinne verstanden werden, umspannen sie innerlich, und zwar bis an seine Grenzen hin, das gesamte innere Seelenleben. Und wir werden sehen, wie fruchtbar die beiden Vorstellungen, das Urteilen und die Betrachtung der Erscheinungen von Liebe und Haß, für uns sein werden. Alles Seelische ist entweder ein Urteilen oder aber es ist ein Leben in Liebe und Haß. Im Grunde genommen gibt es nur in diesen zwei Vorstellungen das, was wirklich seelisch ist; alles andere bezeichnet etwas, was schon in das Seelische etwas hineinträgt, entweder aus dem Äußeren durch das Leibliche oder aus einem Grunde, den wir noch kennenlernen werden, aus dem sogenannten Inneren, aus dem Geistigen. Urteilen auf der einen Seite, Liebe und Haß auf der andern Seite sind diejenigen – ob wir es nun so oder so nennen – Kräfte oder meinetwillen Tätigkeiten, die dem Seelenleben ganz allein gehören.

Wenn wir uns nun in der rechten Art verständigen wollen über die Rolle, welche diese beiden Tätigkeiten haben, so müssen wir uns zunächst eine deutliche Vorstellung vom Urteilen machen, und dann müssen wir sehen, welche Bedeutung Urteilen sowohl wie Liebe und Haß innerhalb des seelischen Lebens haben. Ich meine jetzt nichts Logisches; eine logische Betrachtung wäre etwas ganz anderes. Ich spreche nicht von dem Charakter des Urteils, nicht von den Gesetzen des Urteils; ich spreche nicht von einem logischen, sondern vom psychosophischen Standpunkte aus, von dem Standpunkte, der die innere Seelentätigkeit des Urteilens, den seelischen Vorgang des Urteilens ins Auge faßt. Alles also, was Sie durch die Logik erfahren können über das Urteil, ist zunächst ausgeschlossen. Ich spreche nicht vom Urteil, sondern vom Urteilen, von der Tätigkeit des Urteilens. Das ist ein Zeitwort: das Urteilen.

Wenn Sie veranlaßt werden – und wir wollen jetzt weniger Rücksicht darauf nehmen, welche Veranlassung etwa vorliegt –, sich zu gestehen: «Die Rose ist rot», so haben Sie geurteilt. Dann liegt die Tätigkeit des Urteilens vor. «Die Rose ist rot», «Der Mensch ist gut», «Die Sixtinische Madonna ist schön», «Der Kirchturm ist hoch»: indem Sie dies im inneren Seelenleben als Tätigkeiten vollziehen, ist es Urteilen.

Nun betrachten wir die Erlebnisse von Liebe und Haß. Wer sich ein wenig bemüht, den Blick nach innen zu wenden, der wird finden, daß er an der Außenwelt nicht so vorübergeht, daß seine Seele von den meisten Erscheinungen sozusagen unberührt bleibt. Denken Sie, Sie fahren durch eine Landschaft. Sie sehen nicht nur das Grün der Berge, die Gipfel von Wolken bedeckt, Sie sehen nicht nur die Flüsse, die durch die Täler strömen, sondern Sie erleben in Ihrer Seele Entzücken über die Landschaft. Das, was da zugrunde liegt, ist nichts anderes, als daß Sie das Erlebnis lieben, um das es sich handelt. Und wenn sich auch diese Liebe in Ihren Seelenerlebnissen verbirgt, so ist dies doch etwas, was den Menschen im bewußten wachen Leben vom Morgen bis zum Abend fast gegenüber allen Dingen begleitet. Wenn Sie jemanden auf der Straße sehen, der eine schlimme Tat begeht, so daß Sie davon abgestoßen werden, so ist das nur, wenn man so sagen will, ein kaschiertes, ein verborgenes Auftreten des inneren Seelenerlebnisses des Hasses. Wenn Sie eine Blume auf dem Felde treffen, die übel riecht, und sich von ihr abwenden, so ist das nur ein etwas verändertes Erlebnis des Hasses, das nicht gleich zu Tage tritt. Liebe und Haß begleiten das Seelenleben fortwährend. Urteilen ist ebenso etwas, was das Seelenleben nach der einen Seite hin fortdauernd begleitet. Fortdauernd urteilen Sie, während Sie seelisch leben, fortwährend haben Sie die Erlebnisse von Liebe und Haß.

Man kann nun noch genauer die Erscheinungen des inneren Seelenlebens kennenlernen, wenn man etwas am Urteilen ins Auge faßt, was wichtig ist für das Urteilen. Im Seelenleben hat nämlich jedes Urteilen eine Wirkung; und darauf kommt es an für das Begreifen des Seelenlebens, daß das Urteilen eine Wirkung hat. Wenn Sie das Urteil bilden: «Die Rose ist rot», wenn Sie einen Menschen eine gute Tat vollbringen sehen und das Urteil bilden: «Der Mensch ist gut», dann tragen Sie ein Ergebnis in Ihrer Seele weiter fort. Dieses Ergebnis kann man in beiden Fällen in folgender Art charakterisieren. Man kann sagen: Wenn Sie das Urteil gefällt haben «Die Rose ist rot», so geht dann mit Ihnen durch das weitere Seelenleben etwas mit als die Vorstellung der roten Rose. – Das Urteil: «Die Rose ist rot», verwandelt sich im weiteren Seelenleben in die Vorstellung von der roten Rose, und mit dieser Vorstellung leben Sie nun weiter als seelisches Wesen. Jedes Urteil spitzt sich zu im seelischen Erleben zu einer Vorstellung. Es ist also das Urteilen gleichsam etwas, was zusammengetragen wird, zusammenstrebt aus zwei Tendenzen: «Die Rose» ist das eine, «rot» ist das andere; dann wird dies beides eines: «die rote Rose.» Das fließt zusammen in eine Vorstellung, und dieses eine nehmen Sie mit durch das weitere Seelenleben. Wenn wir die beiden Erlebnisse «rot» und «Rose» als zwei Strömungen zeichnen wollen, so müssen wir sagen: Sie fließen zuletzt zusammen, und was wir als Urteilen haben, spitzt sich immer zu in die Vorstellung.

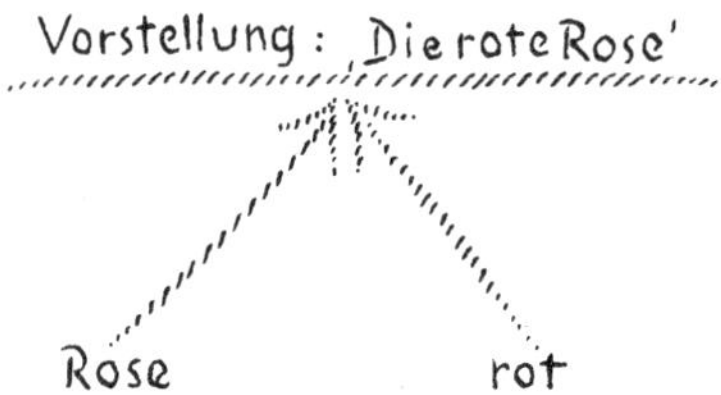

Man versteht nicht das Seelenleben, und auch die Beziehungen des Seelenlebens zu den höheren Welten, die wir in den nächsten Tagen zu betrachten haben, versteht man nicht ganz genau, wenn man sich nicht vor die Seele schreibt, daß sich in der Tat Urteilen immer zuspitzt zur Vorstellung.

Anders müssen wir fragen bei den Phänomenen, den Erscheinungen der Liebe und des Hasses. Da können wir nicht fragen: Wohin spitzen sie sich zu? – sondern wir müssen eine andere Frage aufwerfen, wenn wir sie verstehen wollen: Woher kommen sie? Woher stammen sie? – Beim Urteilen kommt es auf das Wohin an, darauf: Wohin bewegt es sich? – Bei den

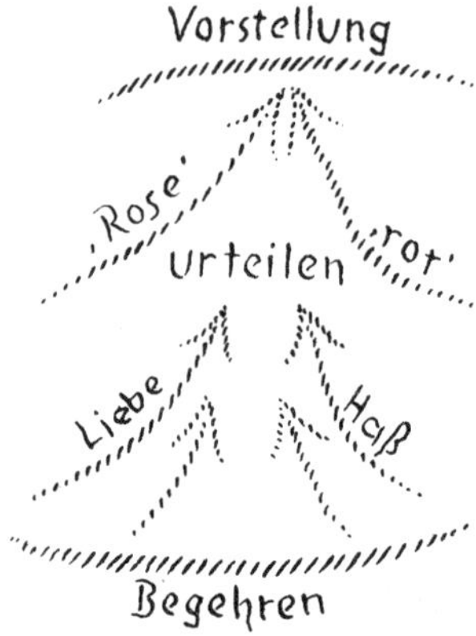

Phänomenen von Liebe und Haß kommt es darauf an: Woher kommen sie? – Und wir werden immer eines finden innerhalb des seelischen Lebens selber, woher Liebe und Haß kommen, etwas nämlich, was gleichsam von der andern Seite in das Seelenleben hereinbricht. Alles Lieben und Hassen führt zuletzt, wenn man es als Seelenerlebnisse betrachtet, auf das zurück, was man innerhalb dieses seelischen Lebens das Begehren, ein Begehren nennen kann. Legen wir also an die andere Seite des Seelenlebens das Begehren (siehe Zeichnung), so können wir sagen: Hinter dem, was in unserer Seele als Liebe und Haß auftritt, steht immer das Begehren und strahlt sich hinein in unser Seelenleben. So daß wir sagen können: Wir haben gleichsam eine Seite unseres Seelenlebens, die wir noch kennenlernen werden, von der fließt herein in das Seelenleben das Begehren. – Und wenn wir jetzt in unsere Seele hineinschauen, was wird da aus dem Begehren? Liebe oder Haß! Dann schauen wir weiter in unsere Seele hinein, finden die Tätigkeit des Urteilens und fragen uns: Wohin führt diese Tätigkeit auf der andern Seite? Und wir finden: Das Urteilen führt zur Vorstellung.

Begehren ist etwas, an dem Sie leicht erkennen können, daß

es immer so betrachtet werden muß, wie wenn es aufsteigen würde aus dem inneren Seelenleben. Von einer Begierde können Sie nicht so sprechen, als ob sie irgendwie durch diesen oder jenen äußeren Anlaß verursacht wäre; denn möglicherweise kennen Sie diesen äußeren Anlaß gar nicht. Das aber wissen Sie gewiß, daß sie, gleichgültig woher sie stammt, im Seelenleben auftaucht, und Sie können verfolgen, wie, sobald die Begierde aufgetaucht ist, als Ergebnis sich innerhalb des Seelenlebens Liebe und Haß einstellt. Ebenso können Sie sich sagen: Urteilen müssen Sie in der Seele: «Die Rose ist rot.» Wenn Sie aber dann das Urteil haben, zur Vorstellung zugespitzt, «die rote Rose», so muß diese Vorstellung «die rote Rose», wenn sie einen Wert für Sie haben soll, eine äußere Gültigkeit, eine äußere Bedeutung haben. So taucht gleichsam aus für den Geistesforscher bekannten Gründen, für uns heute, so dürfen wir sagen, zunächst unbekannten Gründen, das Begehren in der Seele auf und lebt sich aus in den Phänomenen von Liebe und Haß. So fühlt sich die Seele in sich selbst veranlaßt, aus dem Quellborn ihres eigenen Wesens die Tätigkeit des Urteilens fließen zu lassen und spitzt die Urteile zu Vorstellungen mit dem Bewußtsein, daß, wenn das Urteilen in einer gewissen Weise vollzogen ist, die Vorstellung eine gültige sein kann.

Es wird Ihnen sonderbar vorkommen, daß ich – nicht allein mit wenigen Worten, sondern vielleicht mit vielen Worten diese elementaren Begriffe des Seelenlebens auseinandersetze, und Sie könnten leicht glauben, daß man auch kürzer über solche Dinge hinweggehen könnte. Was ich jetzt sage, sage ich gleichsam als eine Anmerkung unter den Zeilen. Man könnte vielleicht über diese Dinge kürzer hinweggehen. Aber weil sie nicht beachtet werden, auch in dem weitesten Umkreise unseres heutigen wissenschaftlichen Lebens einfach nicht beachtet werden, deshalb werden in bezug auf sie Fehler über Fehler gemacht. Und gleichsam als Anmerkung unter den Zeilen möchte ich auf einen solchen Kapitalfehler hinweisen, weil die, welche ihn machen, sich keine klare Vorstellung von dem bilden, was wir jetzt kennengelernt haben und noch kennenlernen werden, und weil die, die diesen Fehler machen, weitgehende Konsequenzen ziehen in bezug auf eine gewisse Tatsache, die ganz falsch aufgefaßt wird.

Sie können in vielen physiologischen Büchern nachlesen: Wenn wir irgendwie die Hand oder das Bein bewegen, so komme das daher, weil wir innerhalb unseres Organismus nicht nur solche Nerven haben, die zum Beispiel von den Sinnesorganen zum Gehirn hingehen und gleichsam die Botschaften der Sinnesorgane von den Sinnesorganen zum Gehirn oder auch zum Rückenmark hinleiten; sondern überall wird die Sache so dargestellt, als ob diesen Nerven andere gegenüberstünden – selbstverständlich stehen sie ihnen auf dem physischen Plan gegenüber –, die man, im Gegensatz zu den Empfindungs- oder Wahrnehmungsnerven, die Bewegungsnerven nennt. Und man sagt nun: Wenn ich einen Gegenstand sehe, so wird die Botschaft dieses Gegenstandes durch den Nerv, der von dem Sinnesorgan zum Gehirn führt, also zunächst zu diesem Zentralorgan geführt, und dann wird der Reiz, der dort ausgeübt wird, gleichsam übertragen auf einen andern Nerv, der wiederum vom Gehirn zum Muskel geht, und dieser Nerv spornt dann den Muskel an, in Bewegung zu geraten. So unterscheidet man Empfindungsnerven und Bewegungsnerven.

Nun ist vor der Geisteswissenschaft diese Sache gar nicht so. Was da Bewegungsnerv genannt wird, ist als physisches Gebilde wirklich vorhanden, aber nicht um die Bewegung zu erregen, sondern um die Bewegung selber wahrzunehmen, um die Bewegung zu kontrollieren, um ein Bewußtsein von der eigenen Bewegung zu haben. Geradeso wie wir die Nerven haben, mit denen wir einen äußeren Farbeindruck empfangen, so haben wir auch Nerven, die es uns ermöglichen, das, was wir tun, zu kontrollieren, um es dem Bewußtsein zu überliefern. Das ist ein Kapitalfehler, der im weitesten Umkreise heute grassiert und der die ganze Physiologie, wie sie heute getrieben wird, und auch die ganze Psychologie verdorben hat. Das nehmen Sie wie eine Anmerkung unter den Zeilen.[49]

Nun handelt es sich darum, daß wir uns klar werden darüber: Welche Rolle im Seelenleben spielen denn nun die beiden Elemente, die wir in demselben gefunden haben, das Urteilen und die Phänomene von Liebe und Haß? Sie spielen eine ungeheuer große Rolle. Es setzt sich nämlich nichts Geringeres als das ganze Seelenleben aus verschiedenen Kombinationen dieser beiden Elemente zusammen. Nun würde man aber dieses Seelenleben falsch beurteilen, wenn man nicht darauf Rücksicht nehmen wollte, daß überall in dasselbe an seinen Grenzen fortwährend anderes, was im strengen Sinne zunächst nicht zum Seelenleben zu zählen ist, hereinspielt. Da fällt uns zunächst gewiß ein, was sozusagen überall in unserem alltäglichen Seelenleben anzutreffen ist und wovon wir schon im vorigen Jahre bei den Vorträgen über Anthroposophie gesprochen haben: daß unser Seelenleben sich aufbaut auf Grund dessen, was wir die Sinnesempfindungen nennen, die verschiedenen Erlebnisse zum Beispiel des Gehörorganes in den Tönen, des Gesichtsorganes in den Farben, des Geschmacksorganes, des Geruchsorganes und so weiter. Was wir da an den äußeren Dingen erleben durch unsere Sinnesorgane, das nehmen wir in einer gewissen Weise in unsere Seele herein, und es lebt in unserer Seele weiter. Wenn wir dies, was wir so in unsere Seele hereinnehmen, ins Auge fassen, können wir davon sprechen, daß wir tatsächlich mit diesem Seelenleben an eine Grenze gehen, nämlich bis an die Grenze der Sinnesorgane. Gleichsam Wächter haben wir ausgestellt in unseren Sinnesorganen, und was uns diese Wächter künden von der Umwelt, das nehmen wir dann in unser Seelenleben auf und tragen es weiter. Wie verhält sich denn nun eigentlich innerhalb des Seelenlebens das, was uns da die Sinneserlebnisse geben? Was stellt das innerhalb des Seelenlebens dar, was wir durch das Ohr als Ton, durch das Auge als Farbe, durch den Geschmackssinn als Geschmack und so weiter wahrnehmen und dann in uns weitertragen? Was stellt das für das Seelenleben dar?

Nun sehen Sie, die Betrachtung dieser Sinneserlebnisse wird gewöhnlich in einer recht einseitigen Weise gepflogen, und man macht sich dabei nicht klar, daß dasjenige, was uns da an der Grenze unseres Seelenlebens entgegentritt, sich aus zwei Faktoren, aus zwei Elementen zusammensetzt. Das eine ist nämlich das, was wir unmittelbar erleben müssen an der Außenwelt: das ist die Wahrnehmung. Einen Farbeindruck, einen Toneindruck können Sie nur haben, wenn Sie die entsprechenden Sinnesorgane der Außenwelt aussetzen, wenn Sie der Außenwelt gegenüberstehen. Und Sie haben den Farb- oder Toneindruck so lange, als Sie mit dem äußeren Gegenstande in Zusammenhang sind. Der Eindruck von außen, die Wechselwirkung zwischen außen und innen hört sofort auf, wenn Sie sich mit dem Auge von dem Gegenstand abwenden oder wenn Sie mit dem Ohr so weit weggehen, daß Sie den Gegenstand nicht mehr hören können. Was beweist Ihnen diese Tatsache?

Wenn Sie diese Tatsache zusammenhalten mit der andern, daß Sie etwas mitgenommen haben von diesen Erlebnissen der Außenwelt, was Sie weitertragen, was Sie nachher wissen – Sie wissen, was es für ein Ton war, den Sie gehört haben, was es für eine Farbe war, die Sie gesehen haben, wenn Sie die Farbe nicht mehr sehen, den Ton nicht mehr hören –, was ist dann damit eigentlich gegeben? Etwas ist damit gegeben, was sich ganz in

Ihrem Inneren abspielt, was ganz zu Ihrem Seelenleben gehört, was durchaus innerlich sich abspielen muß; denn wenn es zur Außenwelt gehörte, könnten Sie es nicht mittragen. Sie können die Empfindung eines Farbeindruckes, den Sie empfangen haben, indem Sie das Auge auf die Farbe gerichtet haben, nur dann in Ihrer Seele weitertragen, wenn sie drinnen ist in der Seele, wenn sie inneres Erlebnis der Seele ist, so daß es in der Seele bleibt. Also Sie müssen unterscheiden, was sich abgespielt hat zwischen der Seele und der Außenwelt als die Sinneswahrnehmung, und das, was Sie loslösen von der Wechselwirkung mit der Außenwelt und in der Seele weitertragen. Sie müssen streng unterscheiden zwischen diesen beiden Dingen, und es ist gut, auf solchen Gebieten streng zu unterscheiden. Nehmen Sie es nicht als Pedanterie, was ich sage; es soll eine Grundlage geschaffen werden für das Folgende. Was Sie erleben, solange Sie den Gegenstand vor sich haben, können Sie für den weiteren Gebrauch genau unterscheiden von dem, wovon es unterschieden werden soll, wenn Sie das, was Sie erleben an dem Ding, die Sinneswahrnehmung nennen, und das, was Sie in der Seele weitertragen, die Empfindung; so daß Sie also unterscheiden zwischen Farbwahrnehmung und Farbempfindung. Die Farbwahrnehmung müssen Sie lassen, wenn Sie sich abwenden, die Farbempfindung tragen Sie weiter. Man macht im gewöhnlichen Leben nicht so strenge Unterscheidungen, und es ist auch nicht notwendig. Aber für unsere vier Vorträge müssen wir uns schon solche Vorstellungen schaffen, die uns dann weiterhelfen können.

Nun tragen wir also in unserer Seele die Empfindungen herum. Sind nun vielleicht diese Empfindungen, die wir an den äußeren Gegenständen gewinnen, ein ganz neues Element des Seelenlebens gegenüber dem Urteilen und den Phänomenen von Liebe und Haß? Wenn das der Fall wäre, so müßten Sie sagen: Ja, du hast etwas nicht genannt, was auch im inneren Seelenleben ist: die Empfindungen der Sinne, die Empfindungen, die durch die Sinne gewonnen werden. – So ist es aber nicht. Diese Empfindungen sind kein besonderes Element des Seelenlebens. Denn Sie müssen unterscheiden in der Empfindung ihren Inhalt – so bei der Farbempfindung die Farbe, wenn Sie zum Beispiel «Rot» empfunden haben – von etwas anderem. Wenn das «Rot» inneres Seelenerlebnis wäre, würde Ihnen die ganze Farbwahrnehmung des Roten nichts helfen. Der Inhalt, die Farbe, ist durchaus nicht inneres Seelenerlebnis. Was sich Ihnen gegenübergestellt hat, der Gegenstand, ist rot; nicht aus Ihrer Seele ist diese Qualität, diese Eigenschaft «rot» entsprungen. Aus Ihrer Seele ist etwas ganz anderes entsprungen, nämlich das, was Sie getan haben, um etwas mittragen zu können, eine Tätigkeit, die Sie verübt haben, während das Rot vor Ihnen stand. Und diese Tätigkeit, die sich da vollzogen hat, ist inneres Seelenerleben und ist in Wirklichkeit nichts anderes als eine Zusammenfügung von denjenigen Elementen des Seelenlebens, die ich Ihnen heute als die zwei Grundelemente genannt habe. Da müssen wir aber genau darauf eingehen: Was geschieht, wenn wir uns einer Farbe, zum Beispiel Rot, gegenüberstellen und dann in unserem inneren Seelenerleben den Eindruck Rot weitertragen?

Wenn das wahr ist, was ich Ihnen gesagt habe, daß in unserem Seelenleben die zwei Elemente sind, Liebe und Haß, die auf ein Begehren zurückweisen, und Urteilen, das zu Vorstellungen sich zuspitzt, so müßte auch, wenn wir uns einem Sinneserlebnis entgegenstellen und Sinnesempfindungen feststellen wollen, nur etwas in Betracht kommen, was seelisch ist, was mit diesen beiden Elementen des Seelenlebens zusammenhängt. Denken Sie sich, Sie stellen sich vor einen Farbeindruck hin und haben ein Sinneserlebnis der Farbe. Was wird als Tätigkeit aus dem seelischen Erleben heraus entspringen können, wenn Sie diesem Sinneserlebnis gegenüberstehen, wenn Sie zum Beispiel Rot vor sich haben? Liebe oder Haß, und andererseits wird Urteilen auch hier aus der Seele entspringen.

Stellen wir es uns graphisch dar (siehe Zeichnung oben). Nehmen Sie an, hier sei die Grenze der Seele gegenüber der Außenwelt. Der horizontale Strich trennt dabei das Gebiet des Seelischen, das Untere, von dem Gebiet der Außenwelt, dem Oberen. Wenn es wahr ist, was ich gesagt habe, so muß, wenn an der Grenze zwischen der Seele und der Außenwelt ein Ding einen Eindruck auf ein Sinnesorgan macht – angenommen, bei c spiele sich ein Farbeindruck ab –, aus dem Innern der Seele entgegenkommen Urteilen und die Phänomene von Liebe und Haß. Denn sonst kann nichts aus der Seele herausströmen als diese Phänomene. Dann kann also, indem wir vor der Farbe Rot stehen, diesem Sinneserlebnis nichts anderes entgegenströmen als das, was in der Seele ist: Urteilen und die Phänomene von Liebe und Haß.

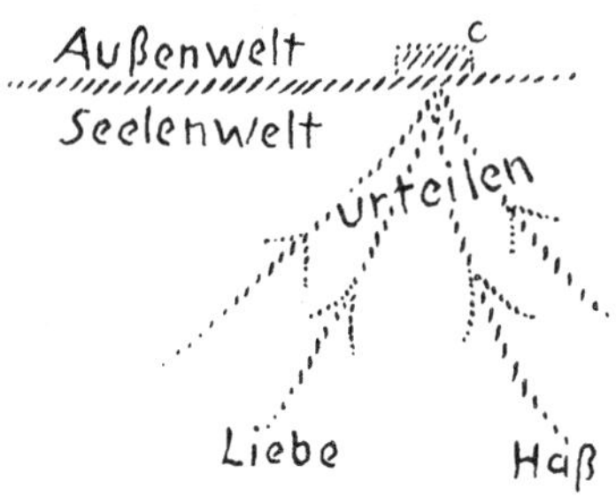

Aber jetzt merken Sie einen wichtigen Unterschied, der bestehen kann zwischen Urteilen und Urteilen und zwischen Begehren und Begehren. Nehmen Sie einmal an: Während Sie träumen oder irgendwo sitzen und vielleicht in Langeweile auf einen

Eisenbahnzug warten oder dergleichen, taucht auf in Ihrem Seelenleben aus der Erinnerung heraus die Vorstellung einer unangenehmen Tatsache, die Sie erlebt haben. Und neben dieser Tatsache tritt etwas anderes in Ihrem Seelenleben auf: was Ihnen alles an Widrigem widerfahren ist durch diese Tatsache durch lange Zeiten hindurch. Da können Sie sozusagen empfinden, wie sich diese zwei Vorstellungen, die da auftauchen, neuerdings zusammensetzen zu einer intensiven Vorstellung von dem Eindrucke von dem unliebsamen Ereignisse. Da vollzieht sich ein Urteilen, und das bleibt rein innerhalb des seelischen Erlebens. Nichts von der Außenwelt ist dabei hinzugekommen. Aber mitgespielt haben auch Liebe und Haß, indem die Vorstellung heraufgezogen ist aus der Seele und sich gleichsam aus dem inneren Seelenleben heraus Liebe und Haß an sie angegliedert haben. Und wiederum gelangt dabei nichts nach außen. Während Sie so ruhig sitzen und das alles in Ihrem Seelenleben vor sich gegangen ist, kann jemand dabeistehen, und in alledem, was der andere sehen kann, ist nichts enthalten von dem, was in der Seele da sich abspielt. Die ganze Umgebung ist gleichgültig, die ganze Außenwelt hat keine Bedeutung für das, was da in der Seele durchlebt wird von Liebe und Haß und vom Urteilen.

Wenn wir eine solche innere Tatsache vollziehen, wie ich sie eben erzählt habe, wo Liebe und Haß Urteilen hervorrufen, bleiben wir gleichsam in dem Meer des Seelenlebens darinnen. Das können wir kurz graphisch in folgender Weise darstellen (siehe Zeichnung). Innerhalb der Grenzen der Seele sei a die erste Vorstellung, die auftaucht, b die zweite; beide gruppieren sich zusammen zu einer neuen Vorstellung x, zu dem Urteile, und dabei kommen Liebe und Haß irgendwie in Betracht. Aber das geht nicht bis an die Grenzen der Seele, das bleibt rein innerhalb des seelischen Erlebens.

Ganz anders ist es nun, wenn es sich um ein Sinneserlebnis

handelt. Taucht ein Sinneserlebnis auf, so müssen wir bis an die Grenze der Seele gehen, müssen an die Außenwelt herantreten. Da ist es so, wie wenn die Ströme unseres Seelenlebens hinfließen würden und unmittelbar aufgehalten werden durch die Außenwelt. Was wird da aufgehalten? Das Begehren, oder Liebe und Haß können wir auch sagen, fließen hin bis zur Grenze, und die Urteilsfähigkeit fließt auch hin. Beide werden an der Grenze gehemmt, und die Folge davon ist, daß das Begehren stillestehen muß und daß das Urteilen stillestehen muß. Urteilen ist schon da und ebenso das Begehren, aber die Seele nimmt sie nicht wahr. Aber indem Begehren und Urteilen hinfließen bis an die Grenze des Seelenlebens und da gehemmt werden, bildet sich die Sinnesempfindung. Die Sinnesempfindung ist nichts anderes als auch etwas, was zusammengeflossen ist aus einem inneren unbewußt bleibenden Urteilen und einem unbewußt bleibenden Phänomene von Liebe und Haß, die hinausstreben, die aber nach außen hin gehemmt, festgehalten werden. Das, was wirklich in der Seele als eine Sinnesempfindung weitergetragen wird, entsteht auf diese Weise. Daher können wir also sagen – und wir werden alle diese Dinge in den nächsten Tagen ja bis zur Evidenz genau betrachten und auch noch klarer machen: Es wogt innerhalb des Meeres des Seelenlebens, substantiell möchte man sagen, seelisch substantiell dasjenige, was mit Liebe und Haß, was mit Urteilen bezeichnet werden darf. Wenn das Urteilen sich innerhalb des Seelenlebens selber zur Vorstellung zuspitzt, dann merkt das Seelenleben diese Zuspitzung, die ganze Tätigkeit des Urteilens, und sieht zuletzt die Vorstellung als Ergebnis. Läßt die Seele aber denselben Strom bis an die Grenze fließen, so daß er an der Grenze aufschlägt, so wird sie gezwungen, stillestehen zu lassen den Strom des Begehrens und den Strom des Urteilens, und das Ganze, dieses Zusammenfließen von Begehren und Urteilen, ergibt sich in der Empfindung. Empfindung ist im strengen Sinne das Zusammenfließen von Urteilen und Begehren innerhalb des Seelenlebens.

Wenn wir den alltäglichen Umfang unseres Seelenlebens in Betracht ziehen und namentlich das ins Auge fassen, was diesem unserem Seelenleben reichlichen Inhalt gibt, so sind es eben gerade diese Sinneserlebnisse. Denn Sie werden sich leicht durch eine innere Selbstschau überzeugen können, daß das, was Sie innerlich erleben, im Grunde genommen in weitaus den meisten Fällen das ist, was Sie aus Sinneserlebnissen mitgenommen haben. Und wenn Sie sich Vorstellungen über etwas Höheres machen wollen, Vorstellungen von dem, was nicht sinnlich erlebt werden kann, so werden Sie bemerken, daß es Ihnen auch ganz gut tut im Seelenleben, wenn Sie versuchen sich zu versinnlichen, was nicht sinnlich ist, das heißt, es sich bildlich vorzustellen durch irgendwelche Dinge, die – wenn auch noch so leise – Farb- oder Tonempfindungen sind. Die Sprache selbst könnte Sie lehren, in wie weitem Umfange aus der Seele heraus das Bedürfnis immer wieder und wieder entsteht, in dieser Weise auch das Höhere so auszudrücken, daß es versinnlicht wird in Sinnesempfindungen. Gewöhnlich haben die Menschen gar kein Bewußtsein davon, daß dies der Fall ist, weil bei den Versinnlichungen, welche vielfach die des alltäglichen Lebens sind, die Bildartigkeit, die Sinnbildlichkeit eine sehr schattenhafte und nebulose ist. Und die Menschen glauben, sie haben etwas anderes als Bilder von Sinnesempfindungen zusammenkombiniert, aber das ist nicht der Fall. Versuchen Sie einmal, unsinnlich ein Dreieck sich vorzustellen, ein Dreieck, das aber auch keine Farben hat, das also in gar nichts an eine Sinnesempfindung irgendwie anknüpft! Sie werden sehen, wie schwierig das ist und wie die meisten Menschen überhaupt unfähig sind, wenn sie sich zum Beispiel eine Vorstellung von einem Dreieck bilden wollen, es sich unsinnlich vorzustellen. Sie können das nur tun, wenn Sie sich die Sache versinnlichen. Wenn man sich ein Dreieck vorstellen will, muß man immer versinnlichen, man muß eine sinnliche Vorstellung an den Begriff des Dreiecks knüpfen. Das liegt schon ganz in unserer Sprache. Sie können bemerken, wie man bei jeder Gelegenheit durch die Sprache notwendigerweise gezwungen ist zu versinnlichen. Ich habe zum Beispiel den Satz ausgesprochen: Eine sinnliche Vorstellung muß geknüpft werden an den Begriff des Dreiecks – «Knüpfen», was ist das für eine sinnliche Vorstellung? Etwas zusammenknüpfen! In den Worten selbst liegt es schon, daß überall versinnlicht wird. So also können wir sagen: Im weitesten Umfange besteht das Seelenleben des Menschen aus dem, was als Sinnesempfindungen an der Außenwelt gewonnen wird.

Nur eine einzige Vorstellung hat der Mensch, die ihn sozusagen so begleitet, daß sie immer wieder und wiederum unter seinen inneren seelischen Erlebnissen auftritt, die er aber nicht direkt unter die äußeren Sinneserlebnisse stellen kann, trotzdem er sie mit den äußeren Sinneserlebnissen fortwährend verknüpfen muß. Und diese einzige Vorstellung ist die, die hier oft genannt worden ist: die Vorstellung des Ich. Wenn wir den reinen Tatbestand, den seelischen Tatbestand ins Auge fassen, so können wir sagen: Der Mensch lebt eigentlich zum großen Teil in einer Welt von Sinnesempfindungen, und innerhalb dieser Welt von Sinnesempfindungen taucht auf, ab und zu immer wieder sich hervordrängend, die Vorstellung des Ich. Dahinter liegt ein gewisses Bewußtsein, aber, nicht wahr, wenn Sie Ihr seelisches Leben prüfen, werden Sie leicht darauf kommen können, daß dieses Ich nicht immer als Vorstellung da ist. Sie stellen nicht immerfort nur Ich vor, sondern auch anderes: Rot, Grün, Blau, zusammenknüpfend und auflösend und so weiter, aber nicht immerfort das Ich. Trotzdem aber wissen Sie, daß Sie in dem Ich etwas vorstellen, was sozusagen bei jedem Sinneserlebnis dabei sein muß; denn Sie wissen, daß Sie es den Sinnesempfindungen entgegenstemmen in dem Begehren, in dem Urteilen. Und was wir seelisches Erleben nennen können, ist in einem gewissen Sinne auch Ich-Erleben. Tonerleben, Farberleben ist in einem gewissen Sinne auch Ich-Erleben. Aber niemals kann an der Außenwelt nur die Vorstellung des Ich entzündet werden. Sie tritt immer auf zwischen den Vorstellungen, die Sie an den Sinneserlebnissen gewonnen haben. Aber sie kann nicht von der Außenwelt hineinkommen wie Rot oder Grün, wie dieser oder jener Ton. Sie steigt aus dem Meere des Seelenlebens auf und gesellt sich gleichsam als eine Vorstellung zu allen andern Vorstellungen hinzu. Aus diesem Meere des Seelenlebens tauchen aber auch alle die andern Vorstellungen auf, die veranlaßt werden durch die äußeren Eindrücke, aber nur dann, wenn äußere Eindrücke da sind. Die Ich-Vorstellung taucht aber auf, ohne daß ein äußerer Eindruck da sein muß. In dieser Tatsache ist zunächst der einzige Unterschied gegeben zwischen der Ich-Vorstellung, der Ich-Empfindung könnten wir auch sagen, und den Vorstellungen und Empfindungen, die sich an die Sinneserlebnisse knüpfen.

Nun können wir also sagen: Da tritt uns die bedeutsame Tatsache entgegen, daß mitten in unserem Seelenleben eine Vorstellung auftaucht, welche sich zu den zunächst von außen veranlaßten Vorstellungen hinzugesellt. Eine merkwürdige, bedeutsame Tatsache. Wie haben wir sie uns zu erklären?

Nun, sehen Sie, es gibt unter den gegenwärtigen Philosophen und Psychologen schon einige, auch außerhalb der geisteswissenschaftlichen Bewegung, die auf die Wichtigkeit der Ich-Vorstellung hinweisen, auf die ja immer wieder und wiederum durch unseren Herrn Dr. Unger[50] in seinen erkenntnistheoretischen Betrachtungen in so eindringlicher Weise aufmerksam gemacht wird. Aber das Merkwürdige ist, daß die Betreffenden selbst da, wo sie es gut meinen, furchtbar über das Ziel hinausschießen. Ich will als Beispiel dafür herausgreifen den französischen Philosophen Bergson,[51] bei dem Sie an unzähligen Stellen lesen können über die Ich-Vorstellung und bei dem Sie immer wieder eines betont finden. Es fällt solchen Leuten auf das ganz Bedeutungsvolle, das Auszeichnende der Ich-Vorstellung. Und daraus schließen sie dann, daß die Ich-Vorstellung, weil sie wie aus unbekannten Tiefen der Seele heraus, nicht durch einen äußeren Anlaß, auftaucht, ein Dauerndes darstelle oder auf ein Dauerndes hinweise, und sie begründen das damit, wie zum Beispiel Bergson, daß sie sagen: Das Ich unterscheidet sich von allen Erlebnissen der Sinne und allen andern Seelenerlebnissen dadurch, daß es gleichsam drinnensteckt in seinem Erleben, also eigentlich drinnen ist in sich selber und darum seine wahre Gestalt erlebt. Wenn aber das Ich in seiner Vorstellung seine wahre Gestalt erlebe, so sei damit etwas Dauerndes gegeben, nicht bloß etwas Vorübergehendes. – Das ist etwas, was Sie heute, hervorgerufen durch das Bedeutungsvolle der Ich-Vorstellung, als ein Ergebnis mancher Philosophie und Psychologie, auch außerhalb der Geisteswissenschaft, finden können.

Nun liegt dem aber, ich möchte sagen, etwas sehr Fatales zugrunde. Und die Tatsache, die derartigen Ausführungen entgegengehalten werden muß, ist für eine solche Folgerung, wie sie Bergson zieht, wirklich fatal. Nehmen wir an, die Ich-Vorstellung ergebe etwas, worinnen man das eigentliche Menschenwesen habe, also etwas, wo die Seele innerhalb dieses Selbst ist. Nehmen wir an, die Ich-Vorstellung ergebe das. Dann könnte und müßte die berechtigte Frage aufgeworfen werden: Wie steht es jetzt in der Nacht, im Schlafe? Da ist der Mensch nicht in der Ich-Vorstellung drinnen, da hört diese Ich-Vorstellung vollständig auf! – Also alle Begriffe, die man sich bildet von dem Drinnensein in dem Ich aus der Ich-Vorstellung heraus, gelten nur für das wache Leben, denn die Ich-Vorstellung hört auf mit dem Einschlafen. Da ist sie fort, und am Morgen tritt sie wieder neu auf. Sie ist also durchaus nichts Dauerndes! Wenn die Ich-Vorstellung selber etwas beweisen sollte für die Dauer des Ich, so müßte sie als Vorstellung nach dem Einschlafen da sein. Das ist sie aber nicht. Aus der bloßen Ich-Vorstellung ist es also unmöglich, ein Zeugnis zu schöpfen für die Dauer oder die Unsterblichkeit des Ich. Weil sie in der Nacht nicht da ist, könnte jemand ganz berechtigt schließen: Also wird sie auch nach dem Tode nicht sein! – Sie kann fehlen. Sie ist durchaus nicht etwas Unvergängliches, denn sie vergeht jeden Tag. So müssen wir auf der einen Seite festhalten das ganz auszeichnend Bedeutungsvolle der Ich-Vorstellung, die durch nichts Äußeres veranlaßt ist, in der das Ich wirklich sich drinnen fühlt, die aber zu gleicher Zeit in einem gewissen andern Sinne wiederum nichts für das Ich beweist, weil diese Vorstellung in der Nacht nicht da ist.

So also haben wir heute sozusagen das Ergebnis zu verzeichnen, auf dem wir dann weiterbauen wollen von morgen ab: daß in dem auf und ab wogenden Meere unseres Seelenlebens vorhanden sind Urteilen und die Phänomene von Liebe und Haß, aus denen das Seelenleben im Grunde genommen besteht; daß an der Grenze der Seele mit der Außenwelt die Sinnesempfindungen auftreten als ein für uns nicht bewußtes Zusammenfließen von Begehren und Urteilen; daß hereingenommen werden in unser Seelenleben die Sinneserlebnisse und daß innerhalb der Sinneserlebnisse, nicht hervorgerufen durch Äußeres, die Ich-Vorstellung auftaucht; daß diese Ich-Vorstellung aber mit allen Sinneserlebnissen, insofern sie seelische Erlebnisse werden, ein Schicksal teilt: denn Ton- und Farbeindrücke und die andern Sinneserlebnisse sinken in der Nacht ebenso hinunter in das Dunkel des Unbewußten wie die Ich-Vorstellung auch. Wir werden uns nun fragen müssen: Woher kommt aber nun das Auszeichnende der Ich-Vorstellung? Und wie steht die Ich-Vorstellung mit dem im Zusammenhang, was wir die Elemente der Seele genannt haben, mit dem Urteilen und mit den Phänomenen von Liebe und Haß?

Mit dieser Frage nach dem Verhältnis der Ich-Vorstellung, des eigentlichen Seelenzentrums, zu dem übrigen Seelenleben, mit dieser Frage will ich heute schließen. An diesem Punkt werden wir morgen anknüpfen.

Seelenkräfte zwischen Vorstellen und Begehren

Berlin, 3. November 1910

Wir werden diesen Vortrag wiederum beginnen mit der Rezitation einer Dichtung, die dienen soll zur Illustration einiger Dinge, die ich heute und morgen werde auszuführen haben. Diesmal soll es sich gewissermaßen handeln um eine Dichtung eines Nicht-Dichters, die gegenüber der andern Geistesbetätigung der betreffenden Persönlichkeit erscheint wie ein gelegentlicher Abfall aus dieser Geistesbetätigung. Wir haben es also mit einer Seelenoffenbarung zu tun, die gewissermaßen nicht aus dem allerinnersten Impuls dieser Seele hervorgegangen ist. Und gerade an dieser Tatsache wird es uns dann möglich sein, innerhalb dieser Vorträge manches zum Thema Gehörige besonders gut zu beobachten. Die Dichtung ist von dem deutschen Philosophen Hegel[52] und behandelt sein Verhältnis zu gewissen Einweihungsgeheimnissen der Menschheit.

ELEUSIS
An Hölderlin

Um mich, in mir wohnt Ruhe. Der geschäft'gen Menschen
Nie müde Sorge schläft. Sie geben Freiheit
Und Muße mir. Dank dir, du meine
Befreierin, o Nacht! – Mit weißem Nebelflor
Umzieht der Mond die ungewissen Grenzen
Der fernen Hügel. Freundlich blinkt

Der helle Streif des Sees herüber.
Des Tags langweil'gen Lärmen fernt Erinnerung,
Als lägen Jahre zwischen ihm und jetzt.
Dein Bild, Geliebter, tritt vor mich,
Und der entfloh'nen Tage Lust. Doch bald weicht sie
Des Wiedersehens süßern Hoffnungen.
Schon malt sich mir der langersehnten, feurigen
Umarmung Szene; dann der Fragen, des geheimem,
Des wechselseitigen Ausspähens Szene,
Was hier an Haltung, Ausdruck, Sinnesart am Freund
Sich seit der Zeit geändert; – der Gewißheit Wonne,
Des alten Bundes Treue, fester, reifer noch zu finden,
Des Bundes, den kein Eid besiegelte:
Der freien Wahrheit nur zu leben,
Frieden mit der Satzung,
Die Meinung und Empfindung regelt, nie, nie einzugehn!
Nun unterhandelt mit der trägern Wirklichkeit der Sinn,
Der über Berge, Flüsse leicht mich zu dir trug.
Doch ihren Zwist verkündet bald ein Seufzer und mit ihm
Entflieht der süßen Phantasien Traum.

Mein Aug' erhebt sich zu des ew'gen Himmels Wölbung,
Zu dir, o glänzendes Gestirn der Nacht!
Und aller Wünsche, aller Hoffnungen
Vergessen strömt aus deiner Ewigkeit herab.
Der Sinn verliert sich in dem Anschau'n,
Was mein ich nannte, schwindet.
Ich gebe mich dem Unermeßlichen dahin.
Ich bin in ihm, bin alles, bin nur es.
Dem wiederkehrenden Gedanken fremdet,
Ihm graut vor dem Unendlichen, und staunend faßt
Er dieses Anschau'ns Tiefe nicht.

Dem Sinne nähert Phantasie das Ewige,
Vermählt es mit Gestalt. – Willkommen, ihr,
Erhab'ne Geister, hohe Schatten,
Von deren Stirne die Vollendung strahlt!
Erschrecket nicht. Ich fühl', es ist auch meine Heimat,
Der Glanz, der Ernst, der euch umfließt.

Ha! Sprängen jetzt die Pforten deines Heiligtums,
O Ceres, die du in Eleusis throntest!
Begeist'rungstrunken fühlt' ich jetzt
Die Schauer deiner Nähe,
Verstände deine Offenbarungen,
Ich deutete der Bilder hohen Sinn, vernähme
Die Hymnen bei der Götter Mahle,
Die hohen Sprüche ihres Rats.

Doch deine Hallen sind verstummt, o Göttin!
Geflohen ist der Götter Kreis in den Olymp
Zurück von den entheiligten Altären,
Gefloh'n von der entweihten Menschheit Grab
Der Unschuld Genius, der her sie zauberte.
Die Weisheit deiner Priester schweigt.
Kein Ton der heil'gen Weih'n
Hat sich zu uns gerettet, und vergebens sucht
Der Forscher Neugier mehr, als Liebe
Zur Weisheit. Sie besitzen die Sucher und verachten dich.
Um sie zu meistern, graben sie nach Worten,
In die dein hoher Sinn gepräget wär'.
Vergebens! Etwa Staub und Asche nur erhaschen sie,
Worein dein Leben ihnen ewig nimmer wiederkehrt.
Doch unter Moder und Entseeltem auch gefielen sich
Die Ewigtoten, die Genügsamen! – Umsonst, es blieb

Kein Zeichen deiner Feste, keines Bildes Spur.
Dem Sohn der Weihe war der hohen Lehren Fülle,
Des unaussprechlichen Gefühles Tiefe viel zu heilig,
Als daß er trock'ne Zeichen ihrer würdigte.
Schon der Gedanke faßt die Seele nicht,
Die, außer Zeit und Raum in Ahnung der Unendlichkeit
Versunken, sich vergißt und wieder zum Bewußtsein nun
Erwacht. Wer gar davon zu andern sprechen wollte,
Spräch' er mit Engelzungen, fühlt der Worte Armut.
Ihm graut, das Heilige so klein gedacht,
Durch sie so klein gemacht zu haben, daß die Red' ihm Sünde deucht,
Und daß er bebend sich den Mund verschließt.
Was der Geweihte sich so selbst verbot, verbot ein weises
Gesetz den ärmern Geistern, das nicht kund zu tun,
Was sie in heil'ger Nacht gesehn, gehört, gefühlt,
Daß nicht den Bessern selbst auch ihres Unfugs Lärm
In seiner Andacht stört', ihr hohler Wörterkram
Ihn auf das Heil'ge selbst erzürnen machte, dieses nicht
So in den Kot getreten würde, daß man dem
Gedächtnis gar es anvertraute, daß es nicht
Zum Spielzeug und zur Ware des Sophisten,
Die er obolenweis verkaufte,
Zu des beredten Heuchlers Mantel, oder gar
Zur Rute schon des frohen Knaben, und so leer
Am Ende würde, daß es nur im Widerhall
Von fremden Zungen seines Lebens Wurzel hätte.
Es trugen geizig deine Söhne, Göttin,
Nicht deine Ehr' auf Gaß' und Markt, verwahrten sie
Im innern Heiligtum der Brust.
Drum lebtest du auf ihrem Munde nicht.
Ihr Leben ehrte dich. In ihren Taten lebst du noch.

Auch diese Nacht vernahm ich, heil'ge Gottheit, Dich.
Dich offenbart oft mir auch deiner Kinder Leben,
Dich ahn' ich oft als Seele ihrer Taten!
Du bist der hohe Sinn, der treue Glauben,
Der einer Gottheit, wenn auch alles untergeht, nicht wankt.

Wenn wir an die Behauptung der beiden letzten Vorträge denken, daß das Seelenleben, wenn wir es überblicken, uns bis an seine Grenzen hin im wesentlichen seine beiden Elemente zeige, das Urteilen und die Erlebnisse von Liebe und Haß, die mit dem Begehren zusammenhängen, so könnte es scheinen, als ob mit dieser Behauptung gerade das Allerwichtigste des Seelenlebens außer acht gelassen wäre, wodurch sich die Seele so recht in ihrer Innerlichkeit erlebt: das Gefühl, das Fühlen. So könnte es jemandem beikommen zu sagen, es sei in diesen Vorträgen das Seelenleben gerade durch das charakterisiert worden, was ihm gewissermaßen nicht eigentümlich ist, und es sei zunächst keine Rücksicht auf das genommen worden, was im Seelenleben hin und her, auf und ab wogt als Gefühl und ihm seinen jeweiligen Charakter gibt.

Wir werden nun sehen, daß wir allerdings das Dramatische des Seelenlebens, das wir gestern versuchten hervorzuheben, werden verstehen können, wenn wir uns dem Gefühle dadurch nähern, daß wir von den beiden charakterisierten Elementen des Seelenlebens ausgehen. Da müssen wir zunächst wieder bei einfachen Tatsachen des Seelenlebens beginnen. Und die einfachsten Tatsachen des Seelenlebens wurden ja schon öfter genannt. Es sind die durch die Tore unserer Sinne gewonnenen Sinneserlebnisse, die hereindringen in unser Seelenleben und in demselben dann weiter ihr Dasein haben. Vergleichen Sie einmal diese Tatsache, daß sozusagen das Seelenleben seine Wogen hinschlägt bis zu den Toren der Sinne und von diesen Toren der Sinne zurücknimmt in sich selber die Erlebnisse der Sinneswahrnehmungen, die dann selbständig weiterleben innerhalb des Seelenlebens, vergleichen Sie diese Tatsache mit der anderen, daß alles, was sich zusammenfassen läßt in den Erlebnissen von Liebe und Haß, die aus den Begehrungen kommen, aufsteigt wie aus dem inneren Seelenleben selber. Wie aus einem Mittelpunkt des Seelenlebens steigen zunächst für die bloße Seelenbeobachtung die Begehrungen auf, und diese Begehrungen sind es ja, die, selbst für eine oberflächliche Betrachtung, in der Seele zu den Erlebnissen von Liebe und Haß führen. Aber wir würden fehlgehen, wenn wir die Begehrungen etwa selber zunächst in der Seele suchen wollten. Für die Seelenbeobachtungen sind diese Begehrungen nicht in der Seele selbst zu suchen. Da würden sie nicht gefunden werden können. Wenn Sie nur eine allseitige Seelenbeobachtung dagegen nehmen, so werden Sie finden, wenn Sie Ihr Seelenleben betrachten, wie die Begehrungen aufsteigen gegenüber der Außenwelt und wie nun in der Seele selber hervorquellen Liebe und Haß, die Ausdrücke des Begehrens. So können wir sagen, daß weitaus der größte Umfang der seelischen Erlebnisse, soweit es sich um Vorstellungen handelt, gewonnen wird an den Grenzen des Seelenlebens durch die Tore der Sinne. Dasjenige dagegen, was im Seelischen sich als Begehren auslebt, als Liebe und Haß, das steigt aus dem Mittelpunkt der Seele auf.

Nun werden wir uns am besten verständigen können, wenn wir in eine Art graphisches Bild bringen, was wir so als eine Tatsache erkennen. Da werden wir dieses Seelenleben, das von uns in seiner Innerlichkeit zunächst betrachtet werden soll, gut charakterisieren können, wenn wir es als das Innere eines Kreises betrachten, das uns den Inhalt unseres vielgestaltigen Seelenlebens repräsentieren soll. Denken wir uns nun die

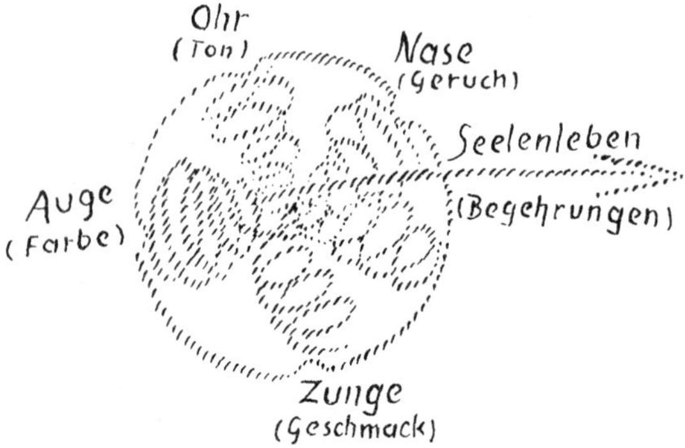

Sinnesorgane wirklich wie Tore, als die wir sie auch zu betrachten haben. Das können Sie auch aus den Vorträgen über Anthroposophie entnehmen. Jetzt genügt es, daß wir sie als Tore, wie Öffnungen nach der Außenwelt hin betrachten. Wenn wir nun das Innere des Seelenlebens graphisch darstellen wollten, könnten wir nichts Besseres tun, als aus dem Mittelpunkt dieses Seelenlebens wie hervorquellen zu lassen allseitig in das Seelenleben hinein die Flut der Begehrungen, die sich ausleben in den Phänomenen von Liebe und Haß. So würden wir gleichsam unsere Seele ganz angefüllt haben mit Begehrungen und würden bis zu den Toren der Sinne die Flut der Begehrungen hinbrandend finden.

Was wird nun da zustande kommen, wo ein Sinneserlebnis eintritt, zum Beispiel das des Tones durch das Gehörorgan oder das der Farbe durch das Gesichtsorgan? Die Außenwelt lassen wir zunächst in bezug auf ihren Inhalt unberücksichtigt und sagen: Nehmen wir auf der einen Seite den Moment, in dem die sinnliche Wahrnehmung geschieht, dieser Wechselverkehr der Seele mit der Außenwelt. Versetzen wir uns lebendig in diesen Augenblick, wo die Seele, innerlich es erlebend, durch das Tor des Sinnesorganes an der Außenwelt unmittelbar das Farb-

oder Tonerlebnis hat. Jetzt denken Sie sich abgewendet von dem Sinneserlebnis, und denken Sie sich einmal, daß die Seele nun weiter in der Zeit lebt und sich als Erinnerungsvorstellung das mitnimmt und behält, was sie sich gleichsam erobert hat an dem Sinneserlebnis. Das trägt also die Seele jetzt weiter.

Wir haben gesagt, wir müssen unterscheiden zwischen dem, was die Seele da weiterträgt als Erinnerungsvorstellung der Sinneswahrnehmung und zwischen der Sinneswahrnehmung selber; denn wenn man nicht ordentlich unterscheidet, kommt nicht Wahrheit heraus, sondern Schopenhauerianismus.[53] Daher müssen wir unterscheiden das in der Seele als Erinnerungsvorstellung fortdauernde Erleben und das in der Tätigkeit der Sinneswahrnehmung entstehende Erleben. Was ist geschehen in dem Augenblick, da die Seele durch das Tor der Sinneswahrnehmung ausgesetzt war der Außenwelt?

Wie die Erfahrung unmittelbar ergibt, ist ja wirklich unsere Seele innerlich lebend in dem Flutenmeer der Begehrungen, der Phänomene von Liebe und Haß, in dem Umfange, wie ich es gestern und vorgestern charakterisiert habe. Und indem die Seele ihre eigenen Wogen bis zu den Toren der Sinne hinschlagen läßt, schlägt eben an das Tor der Sinne das Begehren an, und dieses Begehren berührt sich tatsächlich in dem Augenblick des Sinneserlebnisses mit der Außenwelt. Dieses Begehren ist es, das gleichsam von der andern Seite her einen Siegelabdruck erhält. Nehmen Sie ein Petschaft, auf dem der Name Müller steht, und drücken Sie es in Siegellack ab, dann bleibt der Name Müller in dem Siegellack zurück. Was ist in dem Siegelabdruck zurückgeblieben? Eine Prägung, durch das Petschaft verursacht. Sie können nicht sagen, was da hineingedrückt ist, stimme nicht überein mit dem, was die äußere Welt bewirkt hat! Das wäre wieder nicht unbefangene Beobachtung, sondern Kantianismus.[54] Insofern Sie bloß auf das äußere

Materielle sehen wollen, ist es schon Kantianismus. Wenn Sie aber auf das sehen, worauf es ankommt, auf den Namen Müller in diesem Fall, und nicht auf das Messing, so müssen Sie sagen: In dem, was sich da entgegengestellt hat dem Sinneserlebnis, hat sich von außen eine Prägung hineingedrückt, ein Abdruck gebildet. Der wird mitgenommen. Geradeso wie Sie nicht das Petschaft mitnehmen, so nehmen Sie auch die Farbe oder den Ton nicht mit, aber Sie nehmen mit, was in der Seele als Prägung entstanden ist. Was man Begehren, was man die Phänomene von Liebe und Haß nennen kann, das kommt den Sinneserlebnissen entgegen.

Kann man es denn so nennen? Ist denn wirklich, selbst bei dem bloßen Sinneserlebnis, etwas zu spüren von einem Phänomen von Liebe und Haß? Gibt es etwas im unmittelbaren Sinneserlebnis, was wirklich wie eine Art von Begehren nach außen sich hindrängen muß? Wenn da nichts, was einem Begehren ähnlich oder gleichartig wäre, hindrängen würde zu dem Sinneserlebnis, so bekämen Sie es nicht mit im weiteren Seelenleben; dann bildete sich keine Erinnerungsvorstellung. Es gibt aber eine Tatsache dafür, daß Begehren anschlägt nach außen, ob Sie nun Tonwahrnehmungen, Farbwahrnehmungen, Geruchswahrnehmungen oder dergleichen haben, und diese Tatsache ist die Tatsache der Aufmerksamkeit. Ein Sinneserlebnis, auf das wir nur hinstieren, macht natürlich dann auch einen Eindruck auf uns nach den Gesetzen, die bestehen zwischen der Außenwelt und dem Sinnesorgan, aber der Eindruck, auf den Sie nur hinstieren, trägt sich nicht im Seelenleben weiter fort. Sie müssen ihm von innen entgegenkommen mit der Kraft der Aufmerksamkeit. Und je größer die Aufmerksamkeit ist, desto leichter trägt die Seele die Sinneserlebnisse als Erinnerungsvorstellungen im weiteren Leben mit. So steht die Seele mit der Außenwelt so im Zusammenhang, daß gleichsam diese

Seele das, was sie im Innern ist, substantiell, bis an die äußersten Grenzen ihres Wesens schlagen läßt, und das zeigt sich an den äußersten Grenzen ihres Wesens noch in der Tatsache der Aufmerksamkeit.

Das andere, was zum Seelenleben gehört, das Urteilen, wird gerade beim unmittelbaren Sinneserlebnis ausgeschaltet. Da macht sich das Begehren, das Hingebende und Exponierende der Seele gegenüber den äußeren Eindrücken allein geltend. Ein Sinneseindruck ist gerade dadurch charakterisiert, daß die Aufmerksamkeit bei ihm so hingeordnet ist, daß die Urteilsfällung als solche ausgeschaltet wird. Wenn sich die Seele dem Rot oder irgendeinem Ton exponiert, lebt in diesem Exponieren nur Begehren, und die andere Seelentätigkeit, das Urteilen, wird in diesem Falle ausgeschaltet, unterdrückt. Nur muß man sich klar sein, daß man da ganz genau die Grenze ziehen muß, wenn man genau und nicht phantastisch betrachten will. Wenn Sie zum Beispiel eine rote Farbe gesehen haben und sagen: «Rot ist» – so haben Sie schon geurteilt; nur wenn Sie beim Farbeindruck stehenbleiben, haben Sie es mit einer bloßen Korrespondenz der Seele mit der Außenwelt zu tun. Was entsteht nun bei der Wechselwirkung des Begehrungselementes mit der Außenwelt?

Wir haben ja, weil wir genau vorstellen wollen, unterschieden zwischen Sinneswahrnehmung und Sinnesempfindung und haben die Sinneswahrnehmung das Erlebnis genannt, das beim Exponieren den äußeren Eindrücken gegenüber durchgemacht wird, was erlebt wird während des Eindruckes, die Sinnesempfindung aber dasjenige, was dableibt, was die Seele mitträgt. Daher können wir sagen: In dem, was wir mittragen, haben wir eine Modifikation des Begehrens. Die Aufmerksamkeit zeigt uns, daß Begehren da ist, und was bleibt, das entpuppt sich als Sinnesempfindung. Was in unserer Seele weiterlebt, ist daher modifiziertes Begehren als Empfindung. Wir tragen in der Tat das Wesen unserer eigenen Seele auch mit den Sinnesvorstellungen, mit den Sinnesempfindungen mit. Durch das, was da wogt und brandet durch unser ganzes Seelenwesen, durch die Begehrenskraft in uns, entsteht die Sinnesempfindung.

Die Sinnesempfindung, haben wir gesehen, entsteht an der Grenze zwischen Seelenleben und Außenwelt, bei dem Tor der Sinne. Nehmen wir aber einmal an, die Begehrungskraft in uns ginge nicht bis an die Grenze des Seelenlebens, sie bliebe innerhalb desselben. Wenn wir von einem Sinneserlebnis sprechen, würden wir sagen, es dringe die Begehrungskraft bis an die Oberfläche der Seele. Denken wir uns aber nun, es würde sich eine Begehrung vorschieben, würde aber nicht bis an die Grenze des Seelenlebens kommen, sondern sie stumpfe sich gleichsam innerhalb des Seelenwesens ab, bliebe innerhalb desselben und griffe nicht vor bis zum Tore eines Sinnes. Was wäre in diesem Falle geschehen? Wir haben gesehen: Wenn die Begehrung vorstößt und genötigt ist, sich zurückzuziehen, so entsteht die Empfindung, die Sinnesempfindung. Die Sinnesempfindung entsteht nur dann, wenn das Zurückziehen durch einen Gegenschlag von außen bewirkt wird, also durch das, was der Sinn macht. Innere Empfindung entsteht, wenn das Begehren nicht durch eine direkte Berührung mit der Außenwelt in sich zurückgeschoben wird, sondern innerhalb der Seele – ein Stück vor der Grenze irgendwie – zurückgeschlagen wird. Da entsteht die innere Empfindung, und diese ist das Gefühl. Gefühle sind daher für die Seelenbeobachtung modifiziertes Begehren. Gefühle sind gleichsam solche stehenbleibende, in sich selber sich zurückschlagende Begehrungen, die nicht hinbrandend sind bis an die Grenze des Seelenlebens, sondern die innerhalb des Seelenlebens leben. So können wir sagen: Auch in den Gefühlen haben wir im wesentlichen dasjenige

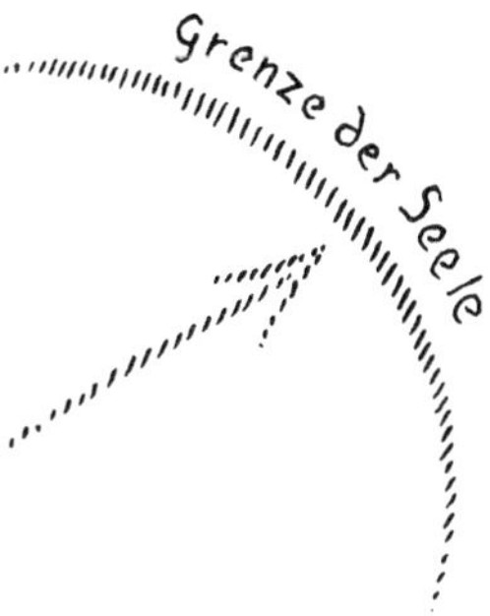

Begehren, das nicht bis zur Grenze der Seele geht, wird Gefühl.

seelensubstantiell enthalten, was wir Begehren nennen. Wenn dies der Fall ist, sind Gefühle als solche nicht irgendwie etwas Neues im Seelenleben, wenn wir dessen Elemente betrachten, sondern Gefühle sind dann substantiell, real innerhalb des Seelenlebens selber sich abspielende Begehrungsvorgänge. (Siehe Zeichnung.)

Diese Dinge, die wir jetzt gewonnen haben, wollen wir einmal festhalten und nun die beiden Elemente des Seelenlebens, Urteilen und die Erlebnisse von Liebe und Haß, die aus den Begehrungen stammen, einmal nach einer gewissen Seite hin charakterisieren. Wir können nämlich sagen: Alles, was als Urteilstätigkeit – und darauf kommt es ja an – sich in der Seele vollzieht, endet in einem gewissen Moment; aber auch was sich als Begehrung abspielt, endet in einem gewissen Moment. – Die Urteilstätigkeit der Seele endet da, wo die Entscheidung zustande gekommen ist, wo wir sozusagen das Urteil abgeschlossen haben in einer Vorstellung, die wir dann als eine wahre mit uns weitertragen. Und fragen wir nach dem Ende der Begehrung, so finden wir die Befriedigung. So daß tatsächlich jede Begehrung in unserer Seele sozusagen nach Befriedigung strebt und jede Urteilstätigkeit nach Entscheidung. Wenn wir also gleichsam in unser Seelenleben hineinschauen, finden wir auf der einen Seite Urteilstätigkeit. Solange sie noch nicht zum Abschluß gekommen ist, drängt sie im Seelenleben auf Entscheidung. Und auf der andern Seite finden wir Begehrungen. Solange sie nicht ihre Befriedigung gefunden haben, drängen sie im lebendigen Seelenleben nach der Befriedigung. So können wir jetzt sagen: Weil unser Seelenleben aus den Elementen Urteilen und Begehren besteht, deshalb sind die wichtigsten Tatsachen des Seelenlebens, die wir fortdauernd in jeder Seele finden müssen, weil jede Seele fortwährend diese Elemente in sich enthält, das Hinströmen der Seele zu Entscheidungen und zu Befriedigungen. Wenn wir also ein Seelenleben in seinem hinfließenden Strom betrachten würden, würden wir es gewissermaßen erfüllt finden vom Streben zu Entscheidungen und vom Streben zu Befriedigungen. Das ist auch in der Tat der Fall.

Wenn Sie nun das Gefühlsleben des Menschen nach gewissen Seiten hin betrachten, werden Sie die Ursprünge einer großen Mannigfaltigkeit von Gefühlen leicht finden können, wenn Sie bedenken, daß das im Seelenleben etwas herbeiführen muß, wenn fortwährend Strebungen nach Befriedigungen und nach Entscheidungen fortströmen. Betrachten Sie innerhalb des Gefühlslebens solche Erscheinungen, welche zum Beispiel fallen unter den Begriff der Ungeduld, unter den Begriff der Hoffnung, der Sehnsucht, des Zweifels, ja auch vielleicht der Verzweiflung, so haben Sie Anhaltspunkte, um etwas Reales, geistig Greifbares mit diesen Worten zu verbinden, wenn Sie sich sagen: Alles dies – Ungeduld, Hoffnung, Sehnsucht, Zweifel, Verzweiflung – sind verschiedene Arten, wie in der Seele der fortfließende Strom sich äußert in dem Streben nach Entscheidungen der Urteilskräfte oder nach Befriedigungen der Begehrungskräfte. Versuchen Sie dies einmal real in dem Gefühl der Ungeduld zu fassen. Da werden Sie es lebendig spüren können, wie in der Ungeduld das Streben nach einer Befriedigung lebt. Da können Sie es fassen, wie in dem Gefühl der Ungeduld etwas lebt, was man nennen kann ein in dem Strom der Seele fortfließendes Begehren. Und das kann erst einen Abschluß finden, wenn es in die Befriedigung ausläuft. Urteilskräfte werden dabei kaum entfaltet. Oder nehmen Sie das Gefühl der Hoffnung. In der Hoffnung werden Sie leicht erkennen können den fortlaufenden Strom des Begehrens, aber jenes Begehrens, das auf der andern Seite durchsetzt ist von dem andern Element des Seelenlebens, von dem, was wir genannt haben das Bewegen der Urteilskräfte nach der Entscheidung hin. Wer sich das Gefühl der Hoffnung analysiert, wird darin leicht diese zwei Elemente fließen sehen: das Begehren, das durchtränkt ist von dem Streben der Urteilstätigkeit nach der Entscheidung. Und weil gerade in diesem Gefühl diese zwei Elemente sich so das Gleichgewicht halten für das Seelenleben, sich absolut die Waage halten wie zwei gleiche Gewichte in den zwei Waageschalen, darum hat das Gefühl der Hoffnung das in sich Abgeschlossene. Es ist genau so viel Begehren nach Befriedigung da wie Aussicht auf günstige Entscheidung.

Nehmen Sie an, ein anderes Gefühl würde dadurch entstehen, daß ein Begehren da ist, das nach Erfüllung drängt; dieses Begehren wäre aber von einer Urteilstätigkeit durchsetzt in der Seele, die durch ihre eigene Stärke und Kraft keine Entscheidung herbeiführen könnte. Die Urteilstätigkeit wäre nicht fähig, eine Entscheidung herbeizuführen. Das Begehren aber verbinde sich mit einer solchen Urteilstätigkeit, die keine Entscheidung herbeiführen kann. Da haben Sie das Gefühl des Zweifels.

So könnten wir im weiten Umkreis der Gefühle finden, daß zusammenspielen in merkwürdiger Weise Urteilstätigkeit und

Begehrungen. Und wenn jemand die beiden Elemente in einem Gefühl noch nicht gefunden hat, so muß er weiter suchen. Er kann ganz sicher sein, daß er noch nicht weit genug gesucht hat.

Wenn wir die Bedeutung der Urteilstätigkeit für das Seelenleben als das eine Element nehmen, müssen wir sagen: Die Urteilstätigkeit schließt ab in einer Vorstellung, und die Vorstellung hat nur dann im Leben eine Bedeutung, wenn sie eine wahre ist. Wahrheit hat ihren Grund in sich selber. Die Seele für sich selbst kann nicht entscheiden über die Wahrheit. Das muß jeder empfinden, wenn er das Seelenleben in seiner eigentümlichen Art vergleicht mit dem, was zuletzt in der Wahrheit von ihm erobert werden soll. Man braucht sich nur folgendes zu überlegen: Was wir für das Seelenleben Urteilen nennen, ist etwas, was auch, mit einem andern Ausdruck, Überlegung genannt werden kann, und die Überlegung führt zuletzt zu dem, was wir uns als Urteil aus der Vorstellung bilden. Aber nicht dadurch, daß wir überlegen, wird die Entscheidung, das Urteil, richtig, sondern es wird richtig aus ganz andern, aus sachlichen Gründen, die herausgehoben sind aus der Willkür des Seelenlebens, so daß das Urteil, wonach die Seele in der Entscheidung strebt, außerhalb des Seelenelementes zustande kommt.

Fragen wir nach dem andern Element, das wie aus unbekannten Untergründen aus dem Mittelpunkt der Seele hereinquillt und sich im Seelenleben nach allen Seiten ausbreitet, fragen wir nach dem Ursprung des Begehrens, so finden wir es zunächst nicht im Seelenleben, sondern außerhalb desselben, so daß Begehrungen und Entscheidungen von außen hereinreichen in unser Seelenleben. Aber innerhalb des Seelenlebens spielt sich nun das ab, was das Ende der Begehrungen ist: die Befriedigung. Und innerhalb des Seelenlebens spielt sich gegenüber der Wahrheit, die ihren Grund außen hat, der Kampf um die

Wahrheit, der Kampf bis zur Entscheidung ab. So sind wir in unserem Urteilen sozusagen Kämpfer, und so sind wir innerhalb unseres Seelenlebens gegenüber unseren Begehrungen Genießer. Und es ist wichtig zu unterscheiden, daß vom Urteilen nur der Anfang dem Seelenleben angehörig ist; die Entscheidung führt uns über das Seelenleben hinaus. Beim Begehren ist es umgekehrt; da fällt nicht der Anfang, sondern das Ende, die Befriedigung, in das Seelenleben herein.

Prüfen wir einmal genauer, was da in das Seelenleben hereinfällt als die Befriedigung, und halten wir es zusammen mit dem, was wir vorhin gesagt haben: die Empfindung sei im Grunde genommen ein Hinbranden des Begehrens bis an die Grenze des Seelenlebens, und das Gefühl sei etwas, was in der Mitte bleibe, wo das Begehren sich gleichsam in sich selber zurückstumpft. Was wird also an der Stelle sein, wo das Seelenleben in sich selber die Befriedigung, das Ende des Begehrens erlebt? Da wird das Gefühl sein. Daher können wir sagen: Wenn innerhalb des Seelenbinnenlebens das Begehren sein Ende erreicht in der Befriedigung, dann entsteht das Gefühl.

Das ist aber doch nur die eine Art von Gefühlen, wo das Begehren sein Ende erreicht inmitten des Seelenbinnenlebens. Eine andere Art von Gefühlen entsteht auf eine noch andere Art, nämlich dadurch, daß in der Tat in den Untergründen des Seelenlebens Beziehungen bestehen zwischen dem seelischen Innenleben, gleichsam dem seelischen Binnenleben, und der Außenwelt. Das drückt sich darin aus, daß sich unsere Begehrungen auf äußere Gegenstände richten. Aber sie reichen deshalb nicht überall – wie bei den Sinneswahrnehmungen – bis an die äußeren Gegenstände heran. Wenn wir die Farbe erkennen, reicht das Begehren bis an die Außenwelt heran. Aber aus dem Begehren kann sich auch ein Gefühl entwickeln innerhalb des Seelenlebens, das doch einen Bezug hat zu einem äußeren

Gegenstande. Das Begehren kann sich jedem Gegenstande gegenüber entwickeln, auch wenn es inmitten der Seele stehenbleibt. Es hat da doch einen Bezug zu dem Gegenstande wie in einer Fernwirkung, ähnlich wie eine Magnetnadel sich einstellt auf den Pol, ohne ihn zu erreichen. Daraus sehen wir: Begehrungen können sich im Seelenbinnenleben abschließen, auch wenn sie mit der Außenwelt in einer Beziehung stehen; so daß die Außenwelt auch mit dem Seelenleben ein Verhältnis hat, das nicht bis an die Grenze dieses Seelenlebens heranprallt. Dann können diejenigen Gefühle entstehen, wo das Begehren dem Gegenstande gegenüber aufrecht bleibt und wo es fortbesteht gegenüber dem Gegenstande, auch wenn dieser nicht in der Lage ist, das Begehren zu befriedigen. Nehmen wir an, eine Seele naht sich einem Gegenstande, ein Begehren wird gegenüber dem Gegenstande erregt, der Gegenstand ist aber nicht in der Lage, dieses Begehren zu befriedigen: dann bleibt das Begehren aufrecht in der Seele und erlebt nicht die Befriedigung.

Betrachten Sie einmal diese Erscheinung ganz genau und vergleichen Sie sie mit einem Begehren, das innerhalb des Seelenlebens sein Ende erreicht. Es ist ein beträchtlicher Unterschied zwischen diesen zwei Begehrungen, wovon die eine in der Seele zu Ende gekommen ist, die andere nicht. Ein Begehrung, die in der Befriedigung geendet hat, die vom Seelenleben so weitergetragen wird, daß sie gleichsam neutralisiert ist, wirkt innerhalb des Seelenlebens so, daß alles, was mit dem Seelenleben zusammenhängt, einen gesundenden Einfluß erhält. Durch diejenige Begehrung aber, die unbefriedigt bleibt und nun in der Seele weitergetragen wird, weil sie der Gegenstand nicht befriedigen konnte, erhält die Seele, nachdem der Gegenstand weg ist, einen lebendigen Bezug – sozusagen zu nichts. Und die Folge ist, daß die Seele lebt in einer unbefriedigten Begierde als in einer nicht in der Realität begründeten inneren Tatsache. Dieses Faktum allein genügt, daß das Seelenleben auf das, womit es zusammenhängt, nämlich auf das Geist- und Leibesleben, durch die unbefriedigten Begierden einen ungünstigen Einfluß, einen krankmachenden Einfluß ausübt. Gefühle, die sich an befriedigte Begierden anschließen, sind daher für die unmittelbare Seelenbeobachtung sehr wohl zu unterscheiden von denjenigen, welche sozusagen von stehenbleibenden Begierden sich bilden. Wenn die Dinge grob auftreten, sind sie ja leicht zu unterscheiden. Wenn sie aber feiner auftreten, glaubt der Mensch gewöhnlich nicht, daß er es mit dem zu tun hat, womit er es nun doch zu tun hat.

Nehmen Sie an, ein Mensch steht einem Gegenstande gegenüber. Er geht davon weg. Da kommt es jetzt nicht auf ein Begehren an, das bis zum Gegenstande gekommen ist, sondern auf ein Begehren, das bis zum seelischen Binnenleben gekommen ist. Er kann also weggehen und sagt nachher, der Gegenstand habe ihn befriedigt, oder er sagt, der Gegenstand habe ihn nicht befriedigt. Wenn er es auch anders ausdrückt, so ist es doch dasselbe, zum Beispiel wenn er sagt, es habe ihm gefallen oder nicht gefallen. Da liegt doch in dem einen Falle, wenn auch noch so versteckt, ein Begehren vor, das seine Befriedigung gefunden hat, oder, beim Mißfallen, liegt eine Begehrung vor, die als Begehrung aufrecht geblieben ist.

Nur eine einzige Art von Gefühlen gibt es zunächst – und das ist etwas tief Bezeichnendes für das Seelenleben –, die in einer etwas andern Art sich ausnehmen im Seelenleben. Sie werden leicht einsehen, daß Gefühle – also entweder solche Begehrungen, die ihr Ende gefunden haben, oder solche, die es nicht gefunden haben – sich nicht nur anlehnen können an äußere Gegenstände, sondern auch an innere Seelenerlebnisse. So kann sich das Gefühl, das wir bezeichnen müssen als eine unbefriedigte Begierde, anlehnen an eine Empfindung, die vielleicht etwas ins Gedächtnis zurückbringt, das wir längst hinter uns haben. Also in uns selbst finden wir Anlässe für unsere Gefühle, für befriedigte oder nicht befriedigte Begehrungen. Unterscheiden wir einmal in uns die Erregung von Begehrungen durch äußere Gegenstände und die Erregung von Begehrungen durch uns selber, durch unser eigenes Seelenleben. Es gibt zum Beispiel noch andere, gar sehr hervortretende innere Erlebnisse, die uns zeigen können, wie wir durch unser Innenleben stehengebliebene Begierden haben, die nicht bis zum Endziel gekommen sind.

Stellen Sie sich vor, Sie denken nach über eine Sache. Ihre Urteilskraft ist zu schwach, Sie kommen in Ihrem Nachdenken zu keinem Ende und müssen ohne Entscheidung schließen. Da stehen Sie Ihrem Seelenleben, Ihren eigenen Begehrungen gegenüber mit einem Unbefriedigtsein. Da haben Sie ein Schmerzerlebnis an Ihrem Gefühl des Unbefriedigtseins. Nur eine einzige Art von Gefühlen gibt es, wo wir weder mit dem Urteilen zur Entscheidung kommen noch das Begehren in der Befriedigung endet und wo doch kein Schmerzgefühl entsteht. Es sind Gefühle, wo wir weder einem äußeren Gegenstande mit unseren Begehrungen unmittelbar gegenüberstehen noch auch unseren inneren Erlebnissen unmittelbar. Bei den gewöhnlichen Sinneserlebnissen des Alltags stehen wir mit unseren Begehrungen dem Gegenstande unmittelbar gegenüber, aber wir urteilen dabei nicht. Sobald das Urteilen beginnt, sind wir über das Sinneserlebnis schon hinausgegangen. Nehmen wir an, wir tragen das Urteilen wie auch das Begehren bis an die Grenze des Seelenlebens, wo der Sinneseindruck aus der Außenwelt unmittelbar an uns heranbrandet; wir entwickelten also ein Begehren, das wir, indem es durch den Gegenstand erregt wird, ganz durchdringen bis an die Grenze, aber nun bis an die genaue Grenze des Eindruckes hin mit Urteilskraft, mit

Urteilsfähigkeit. Dann wird ein eigentümliches Gefühl entstehen, das sozusagen zusammengesetzt ist in einer ganz merkwürdigen Art. Das können wir uns am besten in folgender Weise klarmachen.

A

Wir lassen (angedeutet in den Querlinien) unser Begehren hinfließen bis an die Grenze unseres Seelenlebens, zum Beispiel bis zum Auge hin. Wir strengen unser Seelenleben in bezug auf die Begehrungen an, lassen es hinfließen – insofern es ein Begehrungsvermögen ist – bis an die Tore des Sinneserlebnisses, A. Wir strengen aber auch unsere Urteilskraft an und lassen sie ebenso bis zum äußeren Eindruck hinströmen (angedeutet in den Längslinien). Dann hätten wir ein Symbol für das eben angedeutete, in ganz einzigartiger Art zusammengesetzte Gefühl.

Den Unterschied zwischen diesen beiden Strömungen, die da bis zum äußeren Eindruck hingehen, werden wir recht würdigen, wenn wir ins Auge fassen, was bereits gesagt worden ist. Wenn wir Urteilskraft entwickeln, so liegt die Spitze der Tätigkeit der Seele nicht in der Seele, sondern außerhalb derselben. Denn über Wahrheit entscheidet nicht die Seele. Wahrheit überwältigt das Begehren. Das Begehren muß kapitulieren vor der Wahrheit. Und wenn wir in unserer Seele etwas durch unsere Urteilskraft entscheiden sollen, was im eminentesten Sinne wahr sein soll, so müssen wir in unsere Seele eben etwas hereinnehmen, was der Seele fremd ist. Wir können also sagen: Die Linien von unten nach oben, die die Kräfte der Urteilsfähigkeit darstellen sollen, gehen aus uns heraus, umfassen etwas Äußeres. Unser Seelenleben kann aber als das Leben der Begehrungen überhaupt nicht weiter als bis an die Grenze kommen. Dort wird es entweder in sich zurückgeschleudert, oder es nimmt sich vorher selber in sich zurück, bleibt auf sich selber beschränkt. Es fühlt sich unser Begehren überwältigt, wenn das Urteil in der Seele abschließt mit der Entscheidung der Wahrheit. Aber wir nehmen in unserem Beispiel ja gerade an, daß bis zum Eindruck hin sowohl das Begehren fließe wie auch das Urteilen und daß die beiden Ströme sich gegenüber dem Eindruck vollständig decken. Und da sehen wir dann: Es fließt nicht unser Begehren aus und bringt uns sozusagen ein Fremdes zurück in der Wahrheit, sondern da geht unser Begehren fort und bringt uns das Urteil zurück, das bis an die Grenze des Seelenlebens gegangen ist. Da wogt das Begehren bis an die Grenze der Seele, kehrt da gleichsam um und kehrt mit dem Urteil in sich selber zurück. Aber was für Urteile können wir da nur zurückbringen? Nur ästhetische Urteile, die irgendwie zusammenhängen mit Kunst und Schönheit. Das kann nur bei der Kunstbetrachtung vorliegen, daß sozusagen unser eigenes Seelenleben just bis an die Grenze seiner Wirksamkeit geht und da unmittelbar an dem Objekt der Außenwelt kehrtmacht und mit dem Urteil in sich selber zurückkehrt. Sie können das zunächst sonderbar finden, aber die eigene Seelenbeobachtung könnte es Ihnen bestätigen.

Nehmen Sie einmal an, Sie stehen vor der Sixtinischen Madonna oder der Venus von Milo oder vor irgendeinem Kunstwerke, das im wahren Sinne wirklich ein Kunstwerk ist. Können Sie sagen, daß der Gegenstand in diesem Falle Ihr Begehren erregt? Ja, er erregt es; aber nicht durch sich selber. Wenn der Gegenstand durch sich selber das Begehren erregen würde, was ja möglich ist, so würde es nicht abhängen von einer gewissen Entwicklung der Seele, ob überhaupt das Begehren erregt wird. Es ist durchaus denkbar, daß Sie etwa vor der Venus von Milo stehen und gar kein inneres Bewegen dem Kunstwerke gegenüber verspüren. Gewiß, das kann bei andern Objekten auch sein. Aber wenn das bei andern Objekten vorkommt, dann entsteht diesen andern Objekten gegenüber die gewöhnliche Gleichgültigkeit. Diese Gleichgültigkeit entsteht auch bei denjenigen, die keine entsprechende Seelentätigkeit der Venus von Milo entgegenbringen. Diejenigen aber, die ein entsprechendes Seelenleben dem Kunstwerke entgegenbringen, lassen den Strom des Begehrens bis an die Grenze fließen, und dann kommt ihnen etwas zurück. Den andern kommt nichts zurück. Es kommt aber nicht ein Begehren zurück. Es kommt auch gar kein Begehren zurück, das nach dem Objekt zurückdrängt, sondern es kommt das Begehren zurück, was sich in einem Urteil ausspricht: Dies ist schön. – Da setzen sich in der Seele Begehrungskräfte und Urteilskräfte mit sich selber auseinander. Und der Mensch kann sich dabei an der Außenwelt nur dann befriedigen, wenn die Außenwelt nur die Erregerin ist seiner eigenen inneren Seelentätigkeit. Geradesoviel kann der Mensch an der Venus von Milo erleben, als er selber in der Seele schon hat, und geradesoviel wird ihm zurückkehren, als er nach außen strömen läßt an dem unmittelbaren Eindruck. Daher gehört zum Genießen des Schönen die unmittelbare Gegenwart des Kunstwerkes, weil in der Tat die Seelensubstanz streben muß bis an die Grenze des Seelenlebens. Und jede Erinnerung an das Kunstwerk gibt im Grunde genommen etwas anderes als ein ästhetisches Urteil. Das ästhetische Urteil entsteht unter dem unmittelbaren Eindruck des Kunstwerkes, wo bis an die Grenze die Wogen des Seelenlebens gehen, willig bis an die Grenze gehen, und als ästhetische Urteile wieder zurückkommen.

So haben wir in der Wahrheit etwas, wovor, gewissermaßen als vor einem dem Seelenleben Äußeren, die Begehrung kapituliert, und so haben wir in dem Schönen etwas, wo die Begehrung unmittelbar zusammenfällt mit dem Urteilen, wo die Entscheidung selber herbeigerufen wird durch die freiwillig sich an den Grenzen des Seelenlebens abschließende Begehrung, die als Urteil zurückkommt. Daher breitet das innere Seelenerlebnis im Schönen eine so unendliche warme Befriedigung innerhalb der Seele aus. Und es ist das höchste Gleichmaß der Seelenkräfte im Grunde genommen vorhanden, wenn die Begehrung brandet bis an die Grenze des Seelenlebens und nun nicht in sich wieder zurückkehrt als bloßes Begehren, sondern als ein Urteil, was der Seele nun ist wie eine Sache der Außenwelt. Daher gibt es auch nicht leicht etwas, wo eine Bedingung für ein gesundes Seelenleben so stark entwickelt werden kann als in der Hingabe an das Schöne. Wenn wir streben nach den denkerischen Früchten der Seele, arbeiten wir im Grunde genommen innerhalb der Seele mit einem Material, vor dem das Begehrungsvermögen fortwährend kapitulieren muß. Dieses Begehrungsvermögen wird ja gewiß vor der Majestät der Wahrheit kapitulieren müssen; aber das ist nicht möglich ohne eine Beeinträchtigung der Seelengesundheit und desjenigen, was mit dem Seelenleben zusammenhängt. Ein sozusagen fortdauerndes Streben auf dem denkerischen Gebiet, wobei fortdauernd Begehrungen kapitulieren müssen, das ist etwas, was in einer gewissen Beziehung den Menschen doch leiblich und seelisch ausdörren wird. Bei denjenigen Urteilen dagegen, die zu gleicher Zeit ein gleiches Maß von befriedigten Begehrungen mit zurückbringen in unser Seelenleben, ist es so, daß die Begierden als solche mit dem Urteil sich am meisten ausgleichen.

Nun mißverstehen Sie mich nicht. Es soll mit alledem nicht gesagt sein, daß etwa der Mensch gut tue, wenn er fortwährend im Genuß des Schönen schwelgen würde und der Wahrheit gegenüber geltend machen würde, daß sie ungesund sei. Damit gäbe es eine leichte Entschuldigung für ein faules Wahrheitsstreben, wenn jemand anführen wollte: Sie haben gesagt, Denken ist ungesund und in Schönheit schwelgen ist gesund; also tue ich das letztere! – Das ist nicht etwas, was eintreten sollte, sondern es sollte sich als Folge für die Seele folgendes ergeben. Weil Wahrheit in bezug auf den Fortgang der menschlichen Kultur wie auch des einzelnen menschlichen Lebens eine Pflicht ist, so ist der Mensch gegenüber dem Wahrheitsstreben gezwungen, sein Begierdenleben zurückzudrängen. Weil die Entscheidung über die Wahrheit nicht bei ihm selbst liegt, zwingt uns die Wahrheit, das Begierdenleben in uns selber zurückzudrängen. Und das müssen wir auch ruhig tun innerhalb des Wahrheitsstrebens. Daher ist das Wahrheitsstreben im Grunde genommen dasjenige, was unser Selbstgefühl am allermeisten in das richtige Maß zurückdrängt. Wenn wir an uns selbst erleben, wie unser Wahrheitsstreben fortdauernd seine Grenze findet an der eigenen Urteilsfähigkeit und objektiv die Sachlage betrachten, dann können wir ganz zufrieden sein. Wahrheitsstreben macht uns immer bescheidener und bescheidener. Aber wenn der Mensch es immer so machte, wenn er immer bloß so weiterlebte, daß er auf diese Weise immer bescheidener und bescheidener würde, so würde er schließlich bei seiner eigenen Auflösung ankommen; es würde ihm etwas fehlen, was zur Erfüllung des Seelenlebens notwendig ist: das Spüren, das Empfinden des eigenen Innern. Der Mensch darf sich nicht entselbsten, indem er sich bloß dem hingibt, vor dem das innere Gewoge seines Begierdenlebens kapitulieren muß. Und hier tritt nun das Wirken des ästhetischen Urteils ein. Das Leben des ästhetischen Urteils ist so, daß der Mensch das, was er an die Grenze der Seele hinbringt, auch zurückbringt. Das ist ein solches Leben, wo der Mensch das darf, was er in der Wahrheit soll. Was man in der Wahrheit soll, das ist: absolut unselbstisch, unegoistisch die Entscheidung sich herbeiführen lassen. Anders geht das Wahrheitsstreben nicht. Wie ist es aber in der Schönheit? Da ist es etwas anders. Da geben wir uns auch ganz hin, lassen, fast wie bei der Sinnesempfindung, das innere Seelengewoge bis an seine Grenze fließen. Was kommt uns dann aber zurück? Was uns von außen gar nicht gegeben werden kann, was von außen gar nicht entschieden werden kann: wir selbst kommen uns wieder zurück. Wir haben uns hingegeben und werden uns zurückgegeben. Das ist das Eigentümliche des ästhetischen Urteils, daß es das Moment des Selbstlosen wie die Wahrheit in sich enthält und zugleich das Geltendmachen des menschlichen Selbstsinnes, dessen, was wir gestern und vorgestern den «inneren Herrn» genannt haben. Wie ein freies Geschenk werden wir uns selbst zurückgegeben im ästhetischen Urteil.

Sie sehen: Ich muß insbesondere in diesen Vorträgen Ihnen etwas geben, was am wenigsten zu Definitionen und so weiter führen kann. Ich habe mich ja öfters gegen das Definieren ausgesprochen. Und ich werde deshalb auch nicht sagen: Dies ist ein Gefühl und so weiter, sondern ich werde versuchen zu charakterisieren, indem wir einfach den Umfang des Seelenlebens abstecken, indem wir uns einfach ergehen in dem Umfang des Seelenlebens.

Bei den Vorträgen über Anthroposophie im vorigen Jahr haben wir ja gesehen, daß nach unten die Leiblichkeit an das Seelenleben angrenzt, und an der Grenze des Leiblichen und des Seelischen haben wir den Menschen zu erfassen versucht und abzuleiten versucht, was mit der äußeren Leibesgestalt zusammenhängt. Wenn Sie sich das zurückrufen, werden Sie eine Grundlage bekommen für manches, was in diesen Vorträgen zu sagen ist und worauf eigentlich diese psychosophischen Vorträge sich zuletzt zuspitzen. Sie sollen ja zuletzt auch Lebensregeln, Lebensweisheit bieten. Dazu mußten wir in den früheren Vorträgen eine breite Grundlage erst schaffen.

Durch die heutigen Charakterisierungen haben wir vielleicht einen Hinweis darauf gewonnen, daß im inneren Seelenleben dasjenige wogt, was wir begehren. Nun haben wir gestern gesagt, daß gewisse auch gefühlsartige Erlebnisse wie die Urteile in einer gewissen Beziehung abhängen von dem, was unsere Vorstellungen in uns selber für ein eigenes Leben führen. Wir haben gestern damit geschlossen, daß wir gesagt haben: Unsere Vorstellungen, die wir uns in der Vergangenheit angeeignet haben, werden lebendig, sind wie Blasen in unserem Seelenleben, indem sie wieder ein eigenes Seelenleben, ein eigenes Begehrungsleben führen. – Was sie für ein Leben führen, davon hängt in einem gewissen Momente unseres Daseins für uns vieles ab. Was wir gestern charakterisieren konnten als Langeweile oder als sonst den Menschen schädigende oder nützende Seelenereignisse, das macht es aus, ob der Mensch glücklich oder unglücklich in einem gewissen Moment ist. Also, wie unsere Vorstellungen, die wir uns früher angeeignet haben, sich als selbständige Wesenheiten benehmen, davon hängt unser gegenwärtiges Seelenempfinden ab.

Da entsteht dann die Frage: Wie müssen wir uns verhalten, wenn wir das Seelenleben betrachten gerade mit Bezug darauf, daß wir zum Beispiel gewissen Vorstellungen gegenüber, die wir in unser gegenwärtiges Seelenleben hereinbekommen sollen, in einer gewissen Weise machtlos sind? Andere Vorstellungen gehen leichter in unser Seelenleben herein. Und Sie wissen, wieviel davon abhängt, ob wir in dieser Beziehung mächtig oder machtlos sind, leicht oder schwer die Vorstellungen hervorbringen, ob wir imstande sind, sie aus der Erinnerung leicht oder schwer heraufzuholen. Wo wir uns erinnern an eine bestimmte Sache, da müssen wir fragen: Welche Vorstellungen sind es, die sich leichter ergeben, und welche sind es, die sich schwerer ergeben? – Denn das kann im Leben außerordentlich wichtig sein. Können wir von vornherein etwas tun bei der Aufnahme von Vorstellungen, so daß wir ihnen etwas mitgeben, wodurch sie sich uns leichter wieder ergeben? Ja, wir können ihnen etwas mitgeben. Und schon allein die Betrachtung dieser Tatsache würde für viele Menschen unendlich nützlich sein, denn es würden sich viele Menschen ihr äußeres Leben und ihr Seelenleben ungeheuer erleichtern, wenn sie beachten würden, wodurch eine Vorstellung leichter erinnert werden kann, wodurch man das Leichter-erinnert-Werden fördern kann. Wenn Sie die Seelenbeobachtung allseitig pflegen, kann sie Ihnen zeigen, daß Sie der Vorstellung etwas mitgeben müssen, wenn sie leichter in die Erinnerung kommen soll. Wir haben als Elemente des Seelenlebens gefunden Begehren und Urteilen. Da das Seelenleben aus diesen zwei Elementen besteht, werden wir auch nur innerhalb dieser beiden Elemente das finden können, was wir einer Vorstellung mitgeben müssen, wenn sie leichter erinnert werden soll. Was können wir einer Vorstellung von unserem Begehren mitgeben? Wir können der Vorstellung eben nur Begehren mitgeben. Wie tun wir denn das? Dadurch, daß wir im Momente, wo wir die Vorstellung aufnehmen, möglichst viel von unseren eigenen Begehrungen auf sie übertragen. Das ist ein guter Paß für unser Seelenleben, wenn wir der Vorstellung einen Teil unseres Begehrens abgeben. Das können wir nur dadurch tun, daß wir die betreffende Vorstellung mit Liebe aufnehmen, mit Liebe durchdringen. Je liebevoller wir eine Vorstellung aufnehmen – und das kann noch in einer andern Weise ausgedrückt werden: je mehr Interesse wir einer Vorstellung zuwenden, je mehr wir uns beim Aufnehmen einer Vorstellung selbst verlieren mit unserem Egoismus, desto besser wird sie in der Erinnerung bleiben. Wer sich nicht gegenüber einer Vorstellung verlieren kann, dem gegenüber wird sie nicht leicht im Gedächtnis bleiben. Wir werden im weiteren Verlauf der Vorträge auch noch Anhaltspunkte gewinnen, wie wir eine Vorstellung umgeben können mit einer Atmosphäre von Liebe.

Das andere, was wir einer Vorstellung mitgeben können, ist das, was wir in der Seele an Urteilskraft haben. Das heißt mit andern Worten: Eine jede Vorstellung wird leichter erinnert werden können, wenn sie durch urteilende Seelenkraft aufgenommen worden ist, als wenn sie nur einfach eingeprägt worden ist. Also, wenn Sie einer Vorstellung gegenüber, die Sie in Ihr Seelengefüge aufnehmen, urteilen und sie aufnehmen, indem Sie sie umfassen, umspannen mit dem Urteil, geben Sie ihr wieder etwas mit, was die Erinnerung an sie fördert. So geben Sie ihr etwas mit wie eine Atmosphäre. Und es hängt von dem Menschen selber ab, wie er seine Vorstellungen zubereitet, ob sie leichter oder schwieriger wieder auftreten. Wir werden sehen, daß die Art, wie wir eine Vorstellung mit Liebe oder Urteilskraft umgeben, etwas außerordentlich Wichtiges ist für unser Seelenleben.

Das ist die eine Frage für morgen. Das andere ist das, daß unser Seelenleben in einer fortlaufenden Beziehung steht zu dem Ich-Zentrum. Und wenn wir den Weg gehen, den wir heute mit einer gewissen Schwierigkeit hingestellt haben, so werden wir morgen die Möglichkeit finden, die beiden Richtungen, die

Richtung des Gedächtnisses und die Richtung des Ich-Erlebnisses, zusammenzuführen.

Es könnte manchen wundern, daß alle Gefühle im Menschen im Grunde genommen Begehrungen sein sollen. Und es könnte namentlich denjenigen wundern, welcher weiß, daß mit dem höheren Seelenleben, mit dem Seelenleben, das durch eine esoterische Entwicklung angestrebt wird, gerade verbunden ist, das Begehren in einer gewissen Weise zu überwinden. Wenn man jedoch sagt: das Begehren überwinden –, so ist das gegenüber der Seelenkunde ein nicht genauer Ausdruck; denn das Begehren entspringt nicht in der Seele selbst, es wogt herein aus unbekannten Tiefen. Was ist es, was da in die Seele hereinwogt? Wofür ist es ein Ausdruck? Wir können es vorläufig abstrakt – morgen werden wir es konkret fassen – auffassen als das, was auf einem höheren Gebiet dem Begehren entspricht und aus des Menschen ureigenstem Wesen hervorgeht als der Wille. Und wenn wir das Begehren zum Zwecke einer höheren Entwicklung bekämpfen, so bekämpfen wir nicht den Willen, der einer Begehrung zugrunde liegt, sondern nur die einzelnen Modifikationen, die einzelnen Gegenstände des Begehrens. Dadurch machen wir den Willen rein, und dann wirkt der Wille in uns rein. Und ein solcher Wille, der frei geworden ist von den Gegenständen, der gegenstandslos ist, stellt gerade in einer gewissen Beziehung ein Höchstes in uns dar. Sie dürfen dabei nicht an den «Willen zum Dasein» denken – das wäre kein gegenstandsloser Wille –, sondern Sie müssen denken an Willen mit einem Inhalt des Begehrens, der sich an keinen Gegenstand wendet. Wille ist nur dann rein und frei, wenn er zunächst nicht modifiziert ist zu einem bestimmten Begehren, wenn er also hinwegführt von einem bestimmten Begehren.

So können wir selbst noch bis in unser Gefühlsleben hereinwogen sehen das Willensleben. Wenn das der Fall ist, so müßte

Wille, der in sich zurückgeht.

man daran so recht studieren können, daß Wille und Gefühl etwas Verwandtes haben. Man kann ja allerlei phantastische Definitionen für Wille und Gefühl geben, und so könnte zum Beispiel jemand sagen: Wille muß hinführen zu einem Gegenstande, muß in Tat übergehen. – Aber mit solchen Definitionen ist der Wirklichkeit gegenüber gar nichts getan, und wir werden sehen, daß sie gewöhnlich ganz und gar unberechtigt sind und daß der Mensch, der solche Definitionen abgibt, gut daran tun würde, wenn er sich dem Genius der Sprache hingeben würde, der gescheiter ist als die persönliche Menschenseele. So hat die Sprache zum Beispiel ein geniales Wort für dasjenige innere Erlebnis, wo der Wille unmittelbar Gefühl wird. Denken Sie, der Wille würde bis zu einer Grenze gehen, sich darin in sich selber abstumpfen, und der Mensch würde das in sich selber sich abstumpfende Willensstreben von innen beschauen, gleichsam den Willen in sich zurückgehen lassen und dann beschauen (siehe Zeichnung). Das würde eintreten, wenn der Mensch einem andern Wesen gegenüberträte und das innere Gewoge des Willens bis zu einem Punkte gehen würde und dann zurückgehalten würde. Das ist ganz gewiß ein tiefes Gefühl des Unbefriedigtseins des Willens. Da erfindet die Sprache für diesen Willen, der ganz gewiß nicht zur Tat wird, denn er geht in sich zurück, ein geniales Wort. Da erfindet sie das Wort «Widerwille», und das ist für jeden ganz deutlich kein Wille; so daß dieser Wille, wenn er sich selbst erkennt, für das Gefühl der Wille ist, der sich in sich selbst zurückzieht. Und die Sprache hat für diese Selbstanschauung des Willens das Wort «Widerwille» und drückt damit ein Gefühl aus. Daran können wir sehen, wie unsinnig die Definition wäre, daß Wille der Ausgangspunkt zur Tat wäre. Und innerhalb des Willens wogt dann der modifizierte Wille, das Begehren; und je nachdem er sich so oder so auslebt, zeigen sich die verschiedenen Seelengebilde.

Vom Wesen des Bewußtseins. Das Entstehen des Urteils und der Ich-Vorstellung

Berlin, 4. November 1910

Auch heute wird vor dem Vortrag eine kurze Dichtung zur Rezitation gebracht werden, und zwar wieder von dem jungen Goethe.[55]

POETISCHE GEDANKEN ÜBER DIE HÖLLENFAHRT JESU CHRISTI

Welch ungewöhnliches Getümmel!
Ein Jauchzen tönet durch die Himmel.
Ein großes Heer zieht herrlich fort.
Gefolgt von tausend Millionen
Steigt Gottes Sohn von seinen Thronen
Und eilt an jenen finstern Ort.
Er eilt, umgeben von Gewittern;
Als Richter kommt Er und als Held.
Er geht, und alle Sterne zittern,
Die Sonne bebt. Es bebt die Welt.

Ich seh' Ihn auf dem Siegeswagen,
Von Feuerrädern fortgetragen,
Den, der für uns am Kreuze starb.

Er zeigt den Sieg auch jenen Fernen,
Weit von der Welt, weit von den Sternen,
Den Sieg, den Er für uns erwarb.
Er kommt, die Hölle zu zerstören,
Die schon sein Tod darnieder schlug;
Sie soll von Ihm ihr Urteil hören.
Hört! Jetzt erfüllet sich der Fluch.

Die Hölle sieht den Sieger kommen,
Sie fühlt sich ihre Macht genommen.
Sie bebt und scheut Sein Angesicht.
Sie kennet Seines Donners Schrecken.
Sie sucht umsonst sich zu verstecken.
Sie sucht zu fliehn und kann es nicht.
Sie eilt vergebens, sich zu retten
Und sich dem Richter zu entziehn,
Der Zorn des Herrn, gleich ehrnen Ketten,
Hält ihren Fuß, sie kann nicht fliehn.

Hier lieget der zertretne Drache,
Er liegt und fühlt des Höchsten Rache,
Er fühlet sie und knirscht vor Wut.
Er fühlt der ganzen Hölle Qualen,
Er ächzt und heult bei tausend Malen:
Vernichte mich, o heiße Glut!
Da liegt er in dem Flammen-Meere,
Ihn foltern ewig Angst und Pein.
Er flucht, daß ihn die Qual verzehre,
Und hört, die Qual soll ewig sein.

Auch hier sind jene großen Scharen,
Die mit ihm gleichen Lasters waren,

Doch lange nicht so bös als er.
Hier liegt die ungezählte Menge,
In schwarzem schröcklichen Gedränge,
Im Feuer-Orkan um ihn her.
Er sieht, wie sie den Richter scheuen,
Er sieht, wie sie der Sturm zerfrißt,
Er sieht's und kann sich doch nicht freuen,
Weil seine Pein noch größer ist.

Des Menschen Sohn steigt im Triumphe
Hinab zum schwarzen Höllen-Sumpfe
Und zeigt dort seine Herrlichkeit.
Die Hölle kann den Glanz nicht tragen,
Seit ihren ersten Schöpfungstagen
Beherrschte sie die Dunkelheit.
Sie lag entfernt von allem Lichte,
Erfüllt von Qual im Chaos hier.
Den Strahl von Seinem Angesichte
Verwandte Gott auf stets von ihr.

Jetzt siehet sie in ihren Grenzen
Die Herrlichkeit des Sohnes glänzen,
Die fürchterliche Majestät.
Sie sieht mit Donnern Ihn umgeben,
Sie sieht, daß alle Felsen beben,
Wie Gott im Grimme vor ihr steht.
Sie sieht's, Er kommet, sie zu richten,
Sie fühlt den Schmerzen, der sie plagt;
Sie wünscht umsonst, sich zu vernichten.
Auch dieser Trost bleibt ihr versagt.
Nun denkt sie an ihr altes Glücke,
Voll Pein an jene Zeit zurücke,

Da dieser Glanz ihr Lust gebar;
Da noch ihr Herz im Stand der Tugend,
Ihr froher Geist in frischer Jugend
Und stets voll neuer Wonne war.
Sie denkt mit Wut an ihr Verbrechen,
Wie sie die Menschen kühn betrog.
Sie dachte sich an Gott zu rächen,
Jetzt fühlt sie, was es nach sich zog.

Gott ward ein Mensch. Er kam auf Erden.
Auch dieser soll mein Opfer werden,
Sprach Satanas und freute sich.
Er suchte Christum zu verderben,
Der Welten Schöpfer sollte sterben.
Doch weh dir, Satan, ewiglich!
Du glaubtest Ihn zu überwinden,
Du freutest dich bei Seiner Not.
Doch siegreich kommt Er, dich zu binden.
Wo ist dein Stachel hin, o Tod?

Sprich, Hölle! Sprich, wo ist dein Siegen?
Sieh nur, wie deine Mächte liegen.
Erkennst du bald des Höchsten Macht?
Sieh, Satan! Sieh dein Reich zerstöret.
Von tausendfacher Qual beschweret
Liegst du in ewig finstrer Nacht.
Da liegst du wie vom Blitz getroffen.
Kein Schein vom Glück erfreuet dich.
Es ist umsonst. Du darfst nichts hoffen,
Messias starb allein für mich!
Es steigt ein Heulen durch die Lüfte,
Schnell wanken jene schwarzen Grüfte,

Als Christus Sich der Hölle zeigt.
Sie knirscht aus Wut; doch ihrem Wüten
Kann unser großer Held gebieten;
Er winkt, die ganze Hölle schweigt.
Der Donner rollt vor seiner Stimme.
Die hohe Siegesfahne weht,
Selbst Engel zittern vor dem Grimme,
Wenn Christus zum Gerichte geht.

Jetzt spricht Er; Donner ist Sein Sprechen,
Er spricht, und alle Felsen brechen.
Sein Atem ist dem Feuer gleich.
So spricht Er: Zittert, ihr Verruchte!
Der, der in Eden euch verfluchte,
Kommt und zerstöret euer Reich.
Seht auf! Ihr waret Meine Kinder,
Ihr habt euch wider Mich empört.
Ihr fielt und wurdet freche Sünder,
Ihr habt den Lohn, der euch gehört,

Ihr wurdet Meine größten Feinde,
Verführtet Meine liebsten Freunde.
Die Menschen fielen so wie ihr.
Ihr wolltet ewig sie verderben.
Des Todes sollten alle sterben.
Doch, heulet! Ich erwarb sie Mir.
Für sie bin Ich herabgegangen,
Ich litt, Ich bat, Ich starb für sie.
Ihr sollt nicht euren Zweck erlangen.
Wer an Mich glaubt, der stirbet nie.

Hier lieget ihr in ew'gen Ketten,
Nichts kann euch aus dem Pfuhl erretten,
Nicht Reue, nicht Verwegenheit.
Da liegt, krümmt euch in Schwefel-Flammen!
Ihr eiltet, euch selbst zu verdammen,
Da liegt und klagt in Ewigkeit!
Auch ihr, so Ich Mir auserkoren,
Auch ihr verscherztet Meine Huld;
Auch ihr seid ewiglich verloren.
Ihr murret? Gebt Mir keine Schuld.

Ihr solltet ewig mit Mir leben,
Euch ward hierzu Mein Wort gegeben,
Ihr sündigtet und folgtet nicht.
Ihr lebtet in dem Sünden-Schlafe.
Nun quält euch die gerechte Strafe,
Ihr fühlt Mein schreckliches Gericht. –
So sprach Er, und ein furchtbar Wetter
Geht von Ihm aus. Die Blitze glühn.
Der Donner faßt die Übertreter
Und stürzt sie in den Abgrund hin.

Der Gott-Mensch schließt der Höllen Pforten,
Er schwingt Sich aus den dunklen Orten
In Seine Herrlichkeit zurück.
Er sitzet an des Vaters Seiten,
Er will noch immer für uns streiten.
Er will's! O Freunde! Welches Glück!
Der Engel feierliche Chöre,
Die jauchzen vor dem großen Gott,
Daß es die ganze Schöpfung höre:
Groß ist der Herr Gott Zebaoth!

Es wird einiges beitragen können zu einem intimeren Verständnisse dessen, was gestern gesagt worden ist und was noch heute gesagt werden wird, wenn wir einen Vergleich zu ziehen versuchen zwischen der gestern vorgetragenen Dichtung Hegels und der Dichtung des jungen Goethe, die wir soeben gehört haben. Dieser Vergleich wird aus dem Grunde gut sein, weil uns durch ihn zum Bewußtsein kommen kann die Verschiedenartigkeit der Seelen derjenigen, von denen die beiden Gedichte herrühren. Versuchen wir uns einmal zu vergegenwärtigen, wie gewaltig verschieden die beiden Dichtungen sind, die gestern und die heute vorgetragene. Durch die Kürze der Zeit ist es ja geboten, daß gewisse Dinge mehr oder weniger nur angedeutet werden können. Allein ich denke, es wird möglich sein, daß wir uns verständigen.

Wir haben gestern gehört die Dichtung eines Philosophen, eines Menschen, der es im Reiche des reinen Gedankens zu einer ungeheuren Höhe gebracht hat. Und wir haben gesehen, daß in dieser Dichtung «Eleusis» gewissermaßen der Gedanke selber in der Seele Hegels schöpferisch geworden ist. Wenn Sie sich nun vergegenwärtigen, wie die gestrige Dichtung auf Sie gewirkt hat, so werden Sie sich sagen können: Man fühlt gewaltige Gedanken, die da ringen mit den größten Fragen der Menschheit ebenso wie mit den großen Fragen der Zeiten, die anknüpfen an die sogenannten Mysterien. Man fühlt, daß jemand den Gedanken eingebohrt hat in diese großen Weltengeheimnisse, aber man fühlt eine gewisse Ungelenkigkeit in der dichterischen Behandlung. Man fühlt sozusagen an dieser Dichtung heraus, daß sie etwas ist, was nicht in der Hauptmission derjenigen Persönlichkeit liegt, von der sie herrührt. Es ist ein Ringen mit der dichterischen Form, und man sieht es der Dichtung an, daß sich der Gedanke nur schwer hat zu der Form heranringen können, durch welche die dichterische Form überhaupt erst möglich wird. Man sieht es der Dichtung an, daß derjenigen Persönlichkeit, von der sie herrührt, nicht viele Dichtungen im Leben möglich gewesen wären.

Vergleichen wir damit die Dichtung, die wir eben gehört haben, aber an der Hand eines bestimmten Umstandes. Ich habe Ihnen vor dem ersten Vortrage vorlesen lassen eine Jugenddichtung Goethes, die zu diesem Zwecke umgeändert worden war, und an der uns so recht hat anschaulich werden können, wie zwei Seelen in Goethes Brust lebten, zwei Seelenmächte, zwei Seelenkräfte, und wir sahen, was in dieser Dichtung – würdig auch dessen, was in dem alten Goethe als sein Wesenskern gelebt hat – dennoch in gewaltigen Bildern vor den Menschen hintritt. Aber wir sehen an der Dichtung des jungen Goethe, daß eine ganz andere Seelenkraft zunächst wirkt in Goethe als etwa in Hegel. Überall ist es in Goethe das, was wir nennen können: es fließen ihm die vollsaftigen Bilder zu. Und wie bilderinhaltvoll ist nun auch die Dichtung, die jetzt eben als ein Gedicht des jungen Goethe vor uns hingetreten ist! Das also lag schon in seinen Anlagen, daß ihm zuflossen vollsaftige, inhaltvolle Bilder. Und wo die Größe des Gegenstandes ihn überwältigt, da werden wir gewahr, wie das, was sich in der ersten Dichtung ihm noch störend in den Weg gestellt hat, zurückgedrängt wird durch ein mächtiges Seelenleben, das sich in vollsaftigen Bildern auslebt.

Wir sehen gewissermaßen ein Dreifaches an den vorgetragenen Dichtungen. Wir sehen, wie in Hegel der Gedanke wirkt, der es mehr oder weniger zu Bildern nur dadurch bringt, daß er ein ungeheures Ringen durchmacht. Wir sehen es der Blässe der Bilder noch an, wie stark das Ringen nach ihnen war. Wir sehen es den Dichtungen des jungen Goethe an, wie sie in vollsaftigen Bildern dahinrollen. Und wir sehen, wie diese vollsaftigen Bilder in der Dichtung Goethes, wo er die Sage vom «Ewigen

Juden»[56] behandelte, in einer gewissen Weise so beeinträchtigt werden konnten – weil jene zwei Seelen in ihm kämpften –, daß er sie gar nicht hat zu Ende führen können. Sie ist ja nur Fragment geblieben. Da werden wir auf eine Vielgestaltigkeit des Seelenlebens hingewiesen. Halten wir uns das einmal vor Augen, wie eine Seelenkraft, die wir in gewissem Sinne gedankenhaft nennen können, wie bei Hegel, sich nur schwer hineinbohrt in jene Seelenkraft, die bei Goethe die größte ist, und wie diese Seelenkraft in der Seele Goethes selber wiederum sich in ein Entgegengesetztes hineinbohrt.

Und nun wollen wir in unseren psychosophischen Betrachtungen fortfahren. Erinnern wir uns, daß innerhalb unseres Seelenlebens wirken Urteile und die Erlebnisse von Liebe und Haß, die aus dem Begehrungsvermögen stammen. Wir können auch noch in anderer Weise, als wir es gestern getan haben, zusammentragen, was in unserer Seele einerseits lebt als urteilende Kraft, indem wir uns erinnern, daß uns diese Urteilskraft da entgegentritt, wo wir von der Verstandesfähigkeit der Seele reden, von der Fähigkeit, die Wahrheiten der Welt zu verstehen, und wenn wir andererseits daran denken, daß uns eine ganz andere Seelenkraft entgegentritt, wenn wir davon sprechen: eine Seele ist in der oder jener Weise an der Außenwelt interessiert. – Je nachdem die Erlebnisse von Liebe und Haß wirken, ist eine Seele an der Außenwelt interessiert. Aber diese Phänomene von Liebe und Haß selbst haben nichts zu tun mit der Denkfähigkeit, mit der Intelligenz. Urteilsfähigkeit und Interessiertheit sind zwei in der Seele verschieden wirksame Kräfte. Das zeigt schon eine einfache Beobachtung. Wer glaubt, daß das Wollen noch etwas Besonderes in der Seele sei, der kann sehen, wenn er in seine Seele blickt, daß er in ihr nur begegnet dem Interesse an dem Gewollten. Kurz, außer Interesse durch Liebe und Haß und Urteilsfähigkeit, die sich äußert in dem Urteilen, außer diesen beiden Gebieten werden Sie im Binnenleben der Seele nichts finden. Damit haben Sie das Seelenleben in bezug auf seinen Inhalt erschöpft. Aber eines lassen Sie dabei vollständig unberücksichtigt, was zum Wichtigsten gehört, was uns sogleich am Seelenleben entgegentritt, nämlich das Bewußtsein. Zum Seelenleben gehört Bewußtsein. Das heißt, wenn wir den Inhalt des Seelenlebens nach allen Seiten zu durchforschen trachten, treten uns entgegen Urteilsfähigkeit und Interesse; wenn wir aber auf die innere Eigentümlickeit, auf die Artung des Seelenlebens sehen, so müssen wir sagen: Wir dürfen nur insofern die Erlebnisse von Liebe und Haß und die Urteilsfähigkeit zum Seelenleben rechnen, als wir sie mit dem Wort «Bewußtsein» belegen. Wir müssen uns daher fragen: Was ist denn Bewußtsein? Das werde ich Ihnen nun wieder nicht definieren, sondern ich werde es charakterisieren.

Wenn Sie mit Hilfe dessen, was wir schon betrachtet haben, an das menschliche Bewußtsein herantreten, werden Sie gerade über den fortfließenden Strom der Vorstellungen, die Sie aufgenommen haben, sagen: Es zeigt sich in der Seele, daß die Bewußtheit doch nicht zusammenfällt mit dem Seelenleben. Denn wir haben ja gesehen, daß ein gewisser Unterschied ist zwischen dem Seelenleben überhaupt und der Bewußtheit. Eine Vorstellung, die wir vor Tagen, Wochen oder Jahren einmal aufgenommen haben, lebt in uns weiter, denn wir können uns ihrer erinnern. Aber wenn wir uns ihrer in diesem Augenblick nicht erinnern, sondern vielleicht erst nach zwei Tagen, so hat diese Vorstellung zwar weitergelebt, aber sie war in diesem Augenblick nicht bewußt, das heißt, sie war in unserer Seele, aber nicht im Bewußtsein.

Also der Strom des Seelenlebens fließt dahin, und das Bewußtsein ist wieder etwas anderes noch als der fortfließende Strom des Seelenlebens. Kurz, wir müssen sagen: Wenn wir die

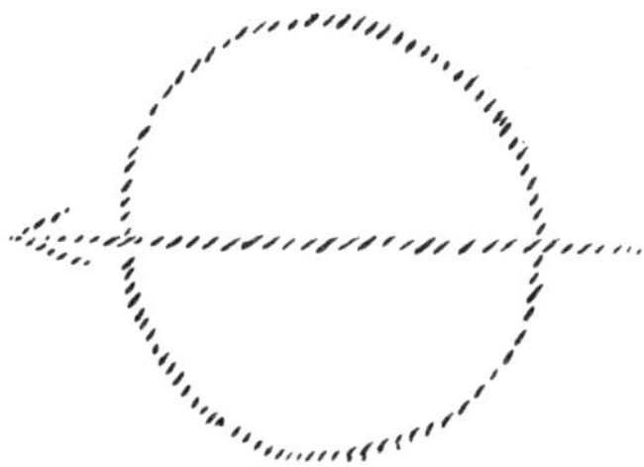

Vorstellungen, an die wir uns einmal wieder erinnern können, bezeichnen mit einem Strom, der – die Seele als Kreis gedacht – in der Richtung des Pfeiles geht (siehe Zeichnung), dann kann dieser Strom in sich enthalten alle Vorstellungen, die sozusagen in unserer Seele fließen von der Vergangenheit in die Zukunft hinein; aber wenn sie bewußt werden sollen, müssen sie aus der Art, wie sie unbewußt in der Seele leben, erst durch ein Streben heraufgeholt werden ins Bewußtsein. Bewußtheit ist also etwas, was zur Seele gehört. Aber Bewußtheit gehört nicht so zum Seelenleben, daß alles, was in der Seele ist, in das Bewußtsein hereinfallen müßte. Es fließt der Strom des Vorstellungslebens weiter, und das Bewußtsein beleuchtet nur in einem gewissen Momente einen gewissen Teil unseres Seelenlebens.

Weil wir nun doch auch mit andern Leuten zu tun haben und auf Einwendungen gefaßt sein müssen, so muß folgendes wie in Parenthese gesagt werden. Es könnte jemand jetzt einwenden: Was du den fortfließenden Strom der Vorstellungen nennst, ist nichts weiter als die Seelen- oder Gehirndisposition, die einmal hergestellt worden ist und dann bleibt; und es braucht dann nichts weiter zu erfolgen, als daß die Gehirndisposition in einem gewissen Momente vom Bewußtsein erleuchtet würde. – Das wäre dann der Fall, wenn es nicht notwendig wäre, daß gleich nach dem Wahrnehmen etwas losgelöst würde von der Wahrnehmung, damit dieselbe weitergetragen werden kann.

Wenn wirklich von der Wahrnehmung schon die Disposition geschaffen wäre zur Erinnerung, brauchte nicht erst etwas losgelöst werden von dem ganzen Prozeß und die Wahrnehmung in eine Vorstellung umgeändert zu werden. Die Wahrnehmung entwickelt sich am äußeren Gegenstande, die Vorstellung aber nicht. Die Vorstellung ist eine Antwort von innen heraus. Wir haben also in uns dasjenige, was erlebt worden ist an der Welt und was mit dem Strom der Zeit weiterfließt von der Vergangenheit in die Zukunft, aber doch nicht immer mit dem Bewußtsein zusammenfällt, sondern erst von dem Bewußtsein beleuchtet werden muß, wenn es erinnert werden soll.

Wie geschieht es nun, daß auf den fortfließenden Strom der Vorstellung in unserer Seele Licht geworfen werden kann, so daß Teile davon sichtbar werden können in der Erinnerung oder sonstwie? Eine Tatsache des gewöhnlichen Seelenlebens, wie es sich auf dem physischen Plan abspielt, kann uns darauf führen, wie das geschieht. Das ist folgende Tatsache, die ja in der äußeren Psychologie überhaupt nicht berücksichtigt wird, weil man da nicht mit den Tatsachen, sondern mit den Vorurteilen arbeitet. Wir aber wollen unbefangen mit den Tatsachen arbeiten.

Unter den Gefühlen des Menschen gibt es mancherlei Arten. Ich will nur auf einige aufmerksam machen, die wir gestern schon genannt haben, und auf einige andere, auf Gefühle zum Beispiel, welche sich aussprechen in der Sehnsucht, in der Ungeduld, in der Hoffnung, im Zweifel; ich will Sie verweisen auf solche Gefühle, wie Angst und Furcht sind. Was sagen uns denn alle derartigen Gefühle? Wenn wir sie wirklich prüfen, haben sie alle etwas merkwürdig Gemeinsames: sie beziehen sich alle auf die Zukunft, sie beziehen sich auf das, was eintreten kann oder von uns als eintretend gewünscht wird. Der Mensch also lebt in seiner Seele so, daß ihn in seinen Gefühlen nicht nur die Gegenwart, sondern auch die Zukunft interessiert. Und sogar recht lebhaft interessiert ihn die Zukunft! Sie können weitergehen: Sie können die Tatsache, daß Gefühle in uns leben, die sich auf die Zukunft beziehen, mit einer andern vergleichen. Versuchen Sie in Ihren Erinnerungen wachzurufen irgend etwas, was Sie in Ihrer Jugend oder vielleicht auch erst vor kurzer Zeit erlebt haben als Freude oder als Schmerz. Versuchen Sie einmal, nur ein klein wenig zu vergleichen, was in Ihren Gefühlen lebt von der Vergangenheit herein von einem überstandenen Schmerz oder auch von einer erlebten Freude, und wie unendlich blaß die Erinnerung an solche Dinge nur wieder aufgefrischt werden kann. Wenn sie etwas hinterlassen haben, wenn sie auf unsere Gesundheit oder sonstwie eingewirkt haben, da machen sie sich geltend, da drängen sie sich in das Bewußtsein herein. Da ist es aber die Gegenwart! Was wir aber in der Vergangenheit erfahren haben in bezug auf unser Gefühlsleben, das verblaßt, je mehr wir uns davon entfernen. Und nun denken Sie, wie es bei den ausgesprochenen Begehrungen ist. Wenn Sie etwas begehren, was Ihnen in der Zukunft beschert werden soll, da versuchen Sie einmal das Rumoren in der Seele so recht zu beobachten. Ich möchte aber wissen, wieviele Leute darüber jammern, daß ihnen dieses oder jenes vor zehn Jahren nicht zugekommen ist, wenn es sich nicht etwa in die Gegenwart fortgesetzt hat und einen gegenwärtigen Mangel bewirkt. Da ist ein gewaltiger Unterschied zwischen unserem Interesseleben, insofern wir der Zukunft entgegenschauen und insofern wir nach der Vergangenheit den Blick richten. So weit Sie sich auch umsehen, wenn Sie alles zu Rate ziehen, gibt es nur eine Erklärung für die Ihnen eben charakterisierte Tatsache. Die Tatsache ist ja offenbar; Erklärungen aber gibt es nur die eine einzige: daß das, was wir begehren, überhaupt nicht in derselben Richtung fließt wie der dahinfließende Strom der Vorstellungen, sondern daß es

diesem Strom entgegenkommt. Sie werden einen ungeheuren Lichtblitz auf Ihr ganzes Seelenleben werfen können, wenn Sie das eine Einzige nur voraussetzen: daß alles, was Begehrungen, Wünsche, Interessiertsein, was die Phänomene von Liebe und Haß sind, einen Strom darstellen im Seelenleben, der gar nicht fließt von der Vergangenheit in die Zukunft, sondern der uns entgegenkommt von der Zukunft, der von der Zukunft in die Vergangenheit fließt (siehe Zeichnung, D–C). Mit einem Male wird die ganze Summe der Seelenerlebnisse klar! Ich brauchte Tage, um das weiter auszuführen, und kann daher jetzt nur folgendes sagen.

Wenn Sie voraussetzen, daß der Strom der Phänomene von Liebe und Haß, von Begehrungen und so weiter Ihnen entgegenkommt aus der Zukunft und sich begegnet mit dem Strom der Vorstellungen, den wir vorhin charakterisiert haben, was ist dann im Moment unser Seelenleben? Es ist nichts anderes als die Begegnung eines Stromes aus der Vergangenheit in die Zukunft und eines Stromes, der aus der Zukunft in die Vergangenheit fließt. Und wenn der gegenwärtige Augenblick in unserem Seelenleben eine solche Begegnung ist, dann werden Sie leicht begreifen, daß diese zwei Ströme in der Seele selber zusammenkommen, sozusagen übereinanderschlagen. Dieses Übereinanderschlagen ist das Bewußtsein. Es gibt keine andere Erklärung für das Bewußtsein, als die eben gegebene. So nimmt also unsere Seele teil an allem, was aus der Vergangenheit weiterfließt in die Zukunft, und an allem, was uns aus der Zukunft entgegenkommt. Wenn Sie also in irgendeinem Moment in Ihr Seelenleben schauen, können Sie sagen: Da ist etwas wie eine Durchdringung von dem, was aus der Vergangenheit in die Zukunft fließt, mit dem, was aus der Zukunft in die Vergangenheit fließt und sich dem ersteren entgegenstemmt als Begehrungen, als Interessiertheit, als Wünsche und so weiter. Zweierlei durchdringt sich.

Wir wollen, weil das ganz deutlich zu unterscheiden ist, diesen Strömungen im Seelenleben zwei Namen geben. Wenn ich jetzt so vor einem Publikum sprechen würde, als ob es gar keine geisteswissenschaftliche Bewegung gäbe, so würde ich möglichst sonderbare Namen wählen, welche die zwei Strömungen bezeichnen sollen. Aber es kommt ja nicht auf die Namen an. Ich möchte in diesem Augenblick Namen wählen, in denen Sie wiedererkennen, was Sie schon von anderer Seite her kennengelernt haben, so daß Sie es jetzt von zwei Seiten betrachten können: einmal von der Seite des reinen Empirikers, der Ihnen die Seelenphänomene schildert, wie sie sich auf dem physischen Plan abspielen, und der daher Namen wählen kann für etwas, was er konstatiert hat, so wie er will; und dann können Sie es betrachten von der Seite der okkulten Forschung. Betrachten wir zunächst diese Seite. Namen sind da ganz gleichgültig, aber ich möchte doch solche Namen wählen, wie sie derjenige wählt, der vom Standpunkte der Hellsichtigkeit die Dinge anschaut und sie daher wirklich ineinanderfließen sieht, Namen aus der Geisteswissenschaft, durch welche Sie in der Psychosophie wiedererkennen werden, was Sie in der Geisteswissenschaft gelernt haben. Bezeichnen wir daher den Strom, der die für den Moment unbewußten Vorstellungen birgt, der aus der Vergangenheit kommt und in die Zukunft fließt, als den Ätherleib, und den andern Strom, der von der Zukunft in die Vergangenheit geht, der sich mit dem ersteren staut und zum Schnitt bringt, als den Astralleib. Und was ist das Bewußtsein? Das sich gegenseitige Treffen des Astralleibes und des Ätherleibes.

Versuchen Sie einmal die Probe zu machen: Alles, was Sie aus den Forschungen des hellsichtigen Bewußtseins gelernt haben über den Ätherleib, versuchen Sie es anzuwenden auf das hier Gesagte. Sie werden es schon wiedererkennen. Und versuchen Sie alles, was Sie über den Astralleib gelernt haben, mit dem zu vergleichen, was hier gesagt worden ist: Sie werden auch damit zurecht kommen und Ihre Wahrheiten von dort wiedererkennen. Sie brauchen sich nur die Frage vorzulegen: Was ist es, was da die Stauung hervorbringt, was den Durchschnitt hervorbringt? – Daß sich da etwas staut, das liegt daran, daß sich die beiden Ströme im physischen menschlichen Leben begegnen. Nehmen Sie an, der physische menschliche Leib sei weggenommen und der Ätherleib sei auch weggenommen. Das ist aber der Fall nach dem Tode, wo die von der Vergangenheit in die Zukunft gehende Strömung nicht mehr da ist. Dann hat die von der Zukunft in die Vergangenheit drängende Strömung, das heißt, der Astralleib, freien Lauf und macht sich nun nach dem Tode unmittelbar geltend. Und die Folge ist, daß das Leben in Kamaloka rückwärts verläuft, wie es Ihnen erzählt worden ist.

So sehen Sie, daß wir auf psychosophischem Gebiet wiederfinden, was wir auf geisteswissenschaftlichem Gebiet gelernt haben. Ich möchte allerdings, daß Sie dabei noch eines bemerken: daß es in der Tat manchmal ein recht weiter Weg ist von dem Wissen der geisteswissenschaftlichen Wahrheiten aus Mitteilungen hellseherischer Forschung heraus zu dem, was auf dem physischen Plan wirklich erfahren werden kann, denn dies muß erst in Ordnung gebracht werden. Wenn es aber in Ordnung gebracht ist, dann werden Sie überall finden, daß die

Forschungen des hellsichtigen Bewußtseins sich durch die Beobachtungen des physischen Plans überall rechtfertigen lassen.

Jetzt aber betrachten wir eine andere Erscheinung unseres Seelenlebens, eine solche Erscheinung, die gewöhnlich bezeichnet wird durch Worte wie «Überraschung», «Erstaunen» gegenüber irgendeiner Sache. Wann können wir von einer Sache, die uns begegnet, überrascht sein? Nur dann, wenn wir in dem Augenblick, wo sie an uns herantritt, nicht in der Lage sind, sogleich zu urteilen, wo sozusagen auf unser Seelenleben ein Eindruck gemacht wird und wir also nicht gleich mit unserem Urteil der Sache gewachsen sind. Im Augenblick, wo wir mit dem Urteil der Sache gewachsen sind, hört das Erstaunen, hört die Überraschung auf. Und was uns so begegnet, daß wir gleich der Sache gewachsen sind, das bringt uns überhaupt nicht zur Überraschung, zum Erstaunen. So also können wir sagen: Wenn uns eine Erscheinung so gegenübertritt, daß wir überrascht sind, vielleicht sogar Furcht empfinden – denn auch da werden wir das Gefühl so charakterisieren können, daß wir mit unserem Urteil der uns entgegentretenden Erscheinung nicht gewachsen sind –, wo also die Erscheinung auf unser Seelenleben einen bewußten Eindruck macht, ohne daß unser Urteil sogleich eintreten kann, da drängt sich die Zukunft in unser Seelenleben hinein. Da tritt unser Gefühl, unser Interesse in Kraft, aber unser Urteil kann nicht sogleich heran. Daraus müssen wir uns sagen, daß in der Tat unsere Interessiertheit, unsere Gefühle und unser Begehrungsleben nicht die Richtung haben können, die von der Vergangenheit in die Zukunft geht, denn da würde unmittelbar aus derselben Richtung her das Urteil fließen können. Also muß das Urteil noch etwas anderes sein als die Interessiertheit. Das haben wir schon aus der gewöhnlichen Beobachtung heraus gewonnen. Aber dieses Urteil kann auch nicht zusammenfließen, kann auch nicht ein und dasselbe sein mit dem aus der Vergangenheit in die Zukunft fließenden Strom des Seelenlebens. Wenn das der Fall wäre, müßte in jedem Augenblick das Urteil sich decken mit dem Strom der Vorstellungen. Es müßte in jedem Augenblick, wo wir urteilen, unser ganzes Seelenleben tätig sein. Es müßte in jedem Augenblick fertig sein mit den Vorstellungen. Das Urteilen ist aber etwas Bewußtes. Denken Sie aber, wie weit Sie entfernt sind in dem Augenblick, wo Sie urteilen, von dem Gegenwärtig-Haben aller Ihrer Vorstellungen, die Sie haben könnten! Das Urteilen fällt ins Bewußtsein herein, ist aber nicht imstande, den fortfließenden Strom des Seelenlebens aufzufangen. Es stehen Ihnen nicht immer alle Ihre Vorstellungen zu Gebote. Also mit dem fortfließenden Strom des Seelenlebens kann unser Urteilen nicht zusammenfallen. Es kann aber auch nicht zusammenfallen mit dem von der Zukunft in die Vergangenheit gehenden Strom, weil sonst solche Gefühle, wie Furcht, Überraschung, Staunen, nicht möglich sein würden. Daraus folgt, daß mit keiner dieser Richtungen zusammenfällt, was wir Urteilen nennen.

Halten wir das fest und betrachten wir jetzt einmal den fortfließenden Strom des Ätherleibes, der von der Vergangenheit in die Zukunft sich bewegt. Er zeigt als sein Eigentümlichstes, daß er sowohl unbewußt fortfließen kann in der Seele wie auch bewußt werden kann. Fassen wir nun ins Auge, wodurch unbewußte, in der Seele fortfließende Vorstellungen bewußt werden können. Darüber müssen wir uns klar sein: vorhanden sind diese Vorstellungen fortwährend. Aber was geschieht in dem Moment, wo sie bewußt werden? Betrachten wir einmal den Moment, wo, in einer höchst eigenartigen Weise, uns entschwundene Vorstellungen bewußt werden. Ich will Ihnen einen solchen Moment vor die Seele rufen. Sie gehen durch eine Bildergalerie; Sie sehen ein Bild, schauen es an. In diesem

Augenblick taucht in Ihnen dasselbe Bild auf: Sie haben es nämlich schon gesehen. Nehmen wir das an. Was hat da die Erinnerung hervorgerufen? Sie ist hervorgerufen worden durch den Eindruck des neuen Bildes. Der Eindruck des neuen Bildes war es also, der Ihnen, wenn ich so sagen darf, in die Seelensichtbarkeit hereingezaubert hat die alte Vorstellung von dem Bilde, die in Ihnen fortgelebt hatte. Wenn das neue Bild nicht gekommen wäre, würde sie nicht aufgetreten sein.

Diesen Vorgang können wir uns überhaupt nur verdeutlichen, wenn Sie sich folgendes klarmachen. Was ist geschehen, indem Sie das neue Bild gesehen haben? Ihr Ich ist willens, dem Bilde entgegenzutreten. Es tritt in Wechselverkehr mit dem Bilde durch die Sinne. Und dieser Umstand, daß Ihr Ich einen neuen Eindruck hat, etwas Neues in sich hereinnimmt, der wirkt merkwürdigerweise auf etwas in dem fortfließenden Strom des Seelenlebens derartig, daß dieses nun auch sichtbar wird. Versuchen wir ein Bild zu gewinnen, um diesen Vorgang zu charakterisieren. Denken Sie einmal an alle die Gegenstände, die, wenn Sie in einer Richtung stehen, hinter Ihnen sind. Sie sehen sie nicht, weil sie hinter Ihnen sind. Sie können sie nur sehen, wenn Sie sich einen Spiegel vorhalten; dann sehen Sie im Spiegel die Gegenstände, welche hinter Ihnen sind. Daraus können Sie schon schließen, daß etwas Ähnliches der Fall sein muß mit den Vorstellungen, die in der Seele unbewußt fortleben. Wenn der neue Eindruck kommt, stellt er sich so in das Seelenleben herein, daß der alte Eindruck seelisch sichtbar wird. Wenn Sie sich nun vorstellen, daß das Ich im Seelenleben etwas ist, was vor den alten Vorstellungen steht, die unbewußt sind, und der Moment des Erinnerns dadurch charakterisiert ist, daß diese Vorstellungen durch einen inneren Seelenvorgang veranlaßt werden, sozusagen sich zu spiegeln, dadurch, daß eine Ursache für die Spiegelung geschaffen wird, dann haben

Sie den Vorgang des Erinnerns, des Bewußtwerdens der alten Vorstellungen.

Und wo ist denn der Grund, daß eine solche Spiegelung entsteht? Sie können ihn leicht finden, wenn Sie nur nachdenken wollen. Sie gewinnen eine Anschauung über den Grund, daß eine solche Spiegelung entsteht, wenn Sie sich an etwas erinnern, was ich sogar schon neulich im öffentlichen Vortrage über «Leben und Tod»[57] gesagt habe: daß als eine höchst wichtige Tatsache im Seelenleben zu beobachten ist, daß die rückwärtslaufende Erinnerung des Seelenlebens bei einem bestimmten Punkt aufhört. Von diesem Punkte rückwärts erinnert sich der Mensch nicht mehr. Bei diesem Punkte fängt dann im Menschen die Erinnerung an. Mit andern Worten: Welche Vorstellungen werden überhaupt im gewöhnlichen physischen Leben des Menschen erinnert? Nur diejenigen, bei denen das Ich dabeigewesen ist, die wirklich das Ich hereingenommen hat. Denn ich habe schon darauf aufmerksam gemacht: Ungefähr so weit zurück, als die Erinnerung an die früheren Ereignisse zurückreicht, liegt auch der Moment, wo das Kind überhaupt fähig geworden ist, die Ich-Vorstellung, das Ich-Bewußtsein zu entwickeln. Nur diejenigen Vorstellungen, die so aufgenommen worden sind, daß das Ich tätig dabei war, daß eine aktive Kraft dabei war, indem das Ich sich als bewußtes Ich gefühlt hat, nur diese Vorstellungen werden im gewöhnlichen Menschenleben überhaupt erinnert, können nur erinnert werden. Was macht denn also dieses Ich, indem es sozusagen geboren wird, sagen wir im zweiten oder dritten Jahre des kindlichen Lebens? Früher hat es sozusagen unbewußt die Eindrücke aufgenommen, war nicht selbst dabei. Dann fängt es an, als Ich-Bewußtsein sich wirklich zu entwickeln, und mit diesem Ich-Bewußtsein beginnt dann das Kind alle Vorstellungen zu verknüpfen, die es von außen hereinnimmt. Das ist der Moment, wo das menschliche Ich beginnt, sich vor seine Vorstellungen zu stellen und diese hinter sich zu setzen. Sie können das fast handgreiflich erfassen: Vorher war das Ich sozusagen in seinem ganzen Vorstellungsleben darinnen; dann tritt es heraus und stellt sich so, daß es nunmehr frei der Zukunft entgegengeht und sozusagen gewappnet ist, alles das, was aus der Zukunft herankommt, aufzunehmen, aber hinter sich stellt die vergangenen Vorstellungen.

Wenn wir das, was wir jetzt gesagt haben, festhalten, was muß denn dann geschehen in dem Moment, wo das Ich anfängt, alle Vorstellungen sozusagen in sich hereinzunehmen, wo das Ich bewußt wird? Da muß das Ich sich verbinden mit dem fortfließenden Strom, mit dem, was wir den Ätherleib genannt haben. Und in der Tat, in dem Moment, wo das Kind anfängt, sein Ich-Bewußtsein zu entwickeln, da hat der Strom des Seelenlebens einen Eigeneindruck auf den Ätherleib gemacht. Dadurch entsteht aber auch die Ich-Vorstellung. Denn bedenken Sie einmal, daß die Ich-Vorstellung Ihnen niemals von außen gegeben werden kann. Alle andern Vorstellungen, die sich auf die physische Welt beziehen, sind Ihnen von außen gegeben. Die Ich-Vorstellung, schon die Ich-Wahrnehmung, kann Ihnen niemals von außen zufließen. Das wird Ihnen erst erklärlich, wenn Sie sich jetzt vorstellen, daß das Kind, bevor es die Ich-Vorstellung hat, unfähig ist, den eigenen Ätherleib zu verspüren; in dem Augenblick, wo es anfängt, das Ich-Bewußtsein zu entwickeln, verspürt es seinen Ätherleib, und es spiegelt zurück in das Ich das Wesen des eigenen Ätherleibes. Da hat es den «Spiegel». Während also alle andern Vorstellungen, die sich auf physischen Raum und auf das Leben im physischen Raum beziehen, durch den physischen Leib des Menschen aufgenommen werden, nämlich durch die Sinnesorgane, entsteht überhaupt das Ich-Bewußtsein dadurch, daß das Ich den Ätherleib ausfüllt und sich gleichsam an seinen Innenwänden spiegelt. Das ist das Wesentliche des Ich-Bewußtseins, daß es der nach innen sich spiegelnde Ätherleib ist.

Durch was kann das Ich denn nur veranlaßt werden, sich so im Innern zu spiegeln? Dadurch allein kann es dazu veranlaßt werden, daß der Ätherleib einen gewissen inneren Abschluß verlangt. Wir sahen ja, daß dem Ätherleib entgegenkommt der Astralleib. Es ist also sozusagen das Ich, welches den Ätherleib ausfüllt und sich dieses Ätherleibes als solchem, wie durch innere Spiegelung, bewußt wird.

Aber eines hat diese Ich-Vorstellung, dieses Ich-Bewußtsein: es wird mächtig ergriffen von aller Interessiertheit und von allen Begehrungen. Denn die setzen sich gehörig fest in dem Ich. Aber trotzdem sich die Interessiertheit, die Begehrungen so in dem Ich festsetzen – was wir als die verschiedenen Egoismen bezeichnen –, müssen wir sagen: Diese Ich-Wahrnehmung hat wieder etwas sehr Eigentümliches. Sie hat in gewisser Beziehung doch wieder etwas Unabhängiges von den Begehrungen. Es gibt nämlich eine gewisse Forderung in der Menschenseele, die sie sich selbst stellt und die ja sehr leicht für die Seele selber beglaubigt werden kann. Es wird sich jede Seele sagen: Durch das bloße Begehren kann ich unmöglich mein Ich hervorrufen. Wenn ich noch so sehr mein Ich wünsche: dadurch ist es nicht da, daß ich es wünsche. – Ebensowenig wie das Ich etwa nur besteht aus dem fortfließenden Strom der Vorstellungen, ebensowenig besteht es aus dem andern Strom, der aus der Zukunft in die Vergangenheit geht, dem Strom der Begehrungen. Es ist ein von beiden Strömen grundverschiedenes Element, das aber beide Ströme in sich aufnimmt.

Das können wir uns graphisch darstellen – und die graphische Darstellung entspricht in diesem Falle vollständig dem Tatbestand –, indem wir den Strom des Ich senkrecht auf den

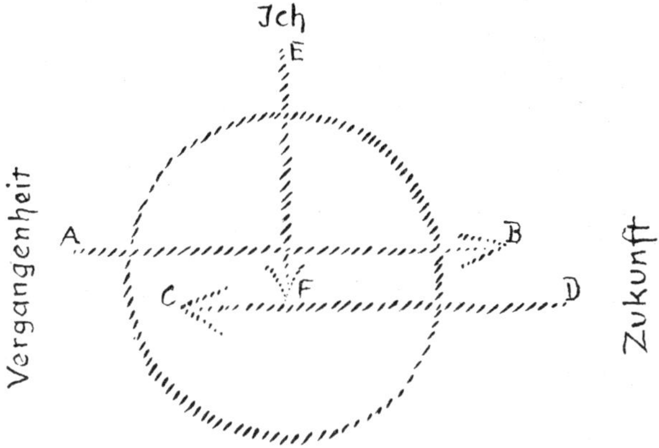

Strom der Zeit fassen. So muß man es nämlich tun, wenn man alle Seelenerscheinungen richtig in Betracht zieht. Sie kommen zurecht mit den Seelenerscheinungen, wenn Sie außer den beiden Strömen – dem aus der Vergangenheit in die Zukunft und dem aus der Zukunft in die Vergangenheit – noch eine solche Strömung in der menschlichen Seele annehmen, welche senkrecht auf den beiden andern steht. Das ist die, welche dem menschlichen Ich-Einschlag selber entspricht.

Nun ist aber mit dem Ich etwas verbunden, was Sie auch wieder durch eine bloße Beobachtung des Seelenlebens leicht finden können, nämlich die Urteilsfähigkeit. Mit dem Ich schlägt die Urteilsfähigkeit herein. Sie können das an einer solchen Erscheinung wie der Überraschung ganz leicht jetzt begreifen. Wenn das Ich – seitlich allerdings – wirkt, kann ein Ereignis an Sie herantreten, das Ihnen entgegenbringen wird eine Fülle von Interessiertheit. Aber wenn nicht seitlich zugleich einschlagen kann die urteilende Tätigkeit des Ich, dann ist es unmöglich, daß sich das Ereignis mit dem Urteil begegnet. Aber was geschieht denn, wenn das Ich seitlich einschlägt? Wir haben gesehen, es ist die

Ich-Wahrnehmung wie eine innere Spiegelung in der Seele. Die Spiegelung müßte so geschehen, daß das Ich förmlich die Vorstellungen hinter sich hätte, die da unbewußt fließen. Das würde dann der Fall sein, wenn die Ich-Strömung so einströmte, daß sie tatsächlich in ihrem eigenen Einströmen die Richtung hat, die ich mit dem Pfeil E – F bezeichnet habe, im Leben aber die Richtung hätte, die ich mit dem Pfeil G – H bezeichne, nämlich der Zukunft entgegen. Nun nehmen Sie an, das Ich wäre, sofern es in den Ätherleib eingeschlagen hat, selber ein Spiegel geworden. Die Sache stimmt in ganz auffälliger Weise. Wenn das Ich die Vorstellungen, die unbewußt weiterfließen, hinter sich hat, was hat es denn dann vor sich, wenn es nach der Zukunft schaut, wie es ja die Natur des Ich ist, der Zukunft entgegenzuleben? Was müßte da sein?

Denken Sie sich: Sie stehen vor einem Spiegel und sehen hinein. Wenn auf der Rückseite des Spiegels kein Spiegelbelag ist, sehen Sie überhaupt nichts; dann sehen Sie in die unendliche Ferne hinein. Das ist zunächst der Blick des Menschen in die Zukunft. So sieht der Mensch in der Tat in den Strom hinein, der von der Zukunft hereinkommt. Der fließt seelisch auf ihn zu: er sieht nichts. Wann nur sieht er etwas? Wenn er dadrinnen – im Spiegel – etwas sieht von der Vergangenheit. Dann sieht er natürlich nicht die Zukunft, sondern die Vergangenheit! Sie sehen nicht die Gegenstände, welche vor Ihnen sind, wenn Sie in den Spiegel schauen, sondern die, welche hinter Ihnen sind. Wenn das Ich in dem Augenblick, wo das Kind zum Selbstbewußtsein kommt, das dadurch entsteht, daß das Ich einschlägt in den Ätherleib, sich innerlich spiegelt, so bedeutet alles seelische Leben von da ab ein Mitspiegeln der Erlebnisse, ein Mitspiegeln der Eindrücke. Daher können Sie sich an nichts erinnern, bevor sich das Ich zum Spiegelapparat gemacht hat. Die allerersten Kindheitseindrücke bleiben außer der Erinnerung.

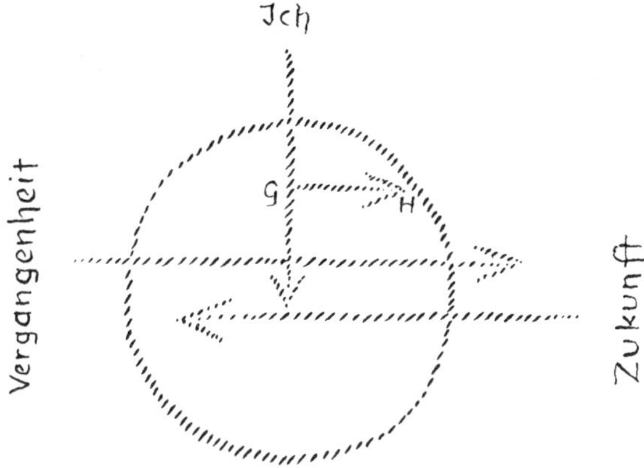

Das Wesentliche ist nämlich, daß das menschliche Ich, insofern es in den Ätherleib hineinschlägt, das heißt, aufnimmt die Vorstellungen aus der Vergangenheit, dadurch selber zu einem Seelen-Spiegelungsapparat wird. Und für alles, was es von da ab hereinnimmt in seinen Spiegelungsapparat, ist es zugänglich. Was muß denn also geschehen, damit nun das Ich sozusagen Vergangenes wirklich widerspiegeln kann?

Man könnte sagen: Wenn Sie einen äußeren Eindruck haben, wie ich ihn vorhin geschildert habe – wenn Sie ein Bild neuerdings sehen, das sie schon gesehen haben –, so wird dadurch die Spiegelung bewirkt in bezug auf die alte Seelenvorstellung, die früher unbewußt war; die wird dadurch von der andern Seite so in ihrer Strahlung zurückgehalten, daß sie in den inneren Seelenspiegel hereinfällt. Wenn aber kein neuer Eindruck, keine Wiederholung irgendeines alten Eindruckes geschieht, so muß das Ich selbst herbeiziehen, was als Spiegelung auftreten soll; da muß es von der andern Seite wirken und Ersatz schaffen für das, was sonst der äußere Eindruck bewirkt hat. Was ist denn aber dieses Ich zunächst, wie es sich im physischen menschlichen Leben auslebt? Es ist die innere Erfüllung des Ätherleibes. Also es muß innerlich diesen Ätherleib, damit es sich an seinen Innenwänden spiegeln kann, zum Spiegeln gebracht haben. Das kann nur dadurch geschehen, daß der Ätherleib wirklich abgeschlossen wird. Für die äußeren Sinneseindrücke wird er abgeschlossen, indem Sie im physischen Leibe sind, denn dadurch sind Sie mit Augen, Ohren und so weiter umgeben, und was innerhalb des Ätherleibes lebt, kann dadurch zurückgeworfen werden. Für das aber, dessen Sie sich frei erinnern sollen, müssen Sie eine andere Kraft haben, denn wenn der Ätherleib spiegeln soll, muß er einen Spiegelbelag haben. Diesen Spiegelbelag geben für die neuen Eindrücke die Sinnesorgane, das heißt der physische Leib. Wenn aber der physische Leib nicht wirkt, wie das bei einer freien Erinnerung ist, wenn wir keine neuen Eindrücke zur Auffrischung haben, so muß der Belag von der andern Seite hergenommen werden. Das kann nur dadurch geschehen, daß wir das, was entgegenschlägt dem Ich, wir könnten sagen, seitlich entgegenschlägt dem Ich, als eine Hauptkraft verwenden, indem wir das Begehren heranziehen, den uns entgegenkommenden Strom hereinschieben und ihn zum Spiegelbelag machen. Das heißt, nur durch eine entsprechende Stärkung unseres Astralleibes können wir bewirken, daß wir die Strebenskräfte, die Begehrungskräfte entwickeln können, die uns fähig machen, eine Vorstellung, die sich weigert zur Spiegelung zu kommen, in die Erinnerung heraufzurufen. Nur dadurch, daß wir unser Ich, wie es sich in der physischen Welt auslebt, stärker machen, sind wir allein imstande, diesen Strom, der sonst nicht von uns ergriffen wird, der von der Zukunft kommt, tatsächlich hereinzuziehen und ihn zum Spiegelbelag zu machen. Also nur durch eine Stärkung unseres Ich, nur durch den Umstand, daß wir das Ich zum Meister des Astralleibes, des Stromes aus der

Zukunft machen, können wir das Ich zur Erinnerungsfähigkeit bringen von Vorstellungen, die sich nicht spiegeln wollen, die sich weigern, sich uns zu ergeben. Es ist da ein Kampf, den wir kämpfen mit den unbewußten Vorstellungen. Das Ich ist nicht stark genug, sie herbeizuholen, und da müssen wir eine Anleihe machen bei dem, was uns entgegenkommt.

Um das zu verdeutlichen, will ich ein Beispiel nehmen aus der Lebenspraxis, um zu zeigen, wodurch es geschehen kann, daß Sie tatsächlich eine Stärkung Ihres Ich herbeiführen. Gewöhnlich erleben Sie die Lebensereignisse so, daß Sie einfach dem fortlaufenden Strom des Erlebens folgen. Wenn eine Glocke tönt, einmal, ein zweites, ein drittes Mal anschlägt, so hören Sie zuerst den ersten, dann den zweiten und dann den dritten Ton. Dann sind Sie aber fertig. Wenn Sie ein Drama anhören, hören Sie die einzelnen Teile hintereinander; dann sind Sie fertig. Das heißt, Sie leben in dem Ätherleib mit dem fortlaufenden Strom. Nehmen wir aber an, Sie betreiben es systematisch, den umgekehrten Strom sich anzueignen, Sie gewöhnten sich daran, Dinge, die Sie sonst nur in der einen Richtung verfolgen, auch umgekehrt zu verfolgen. Zum Beispiel, Sie nehmen sich vor, einige Ereignisse des Tages in umgekehrter Reihenfolge zu erinnern. Wenn Sie so das Tagesleben rückwärts betrachten, dann folgen Sie nicht dem gewöhnlichen Ich-Strom, der dadurch zustande kommt, daß das Ich im Ätherleib lebt, sondern Sie folgen dann dem entgegengesetzten Strom, dem Strom des Astralleibes. Wenn Sie zum Beispiel das Vaterunser, statt, wie Sie gewohnt sind, es vorwärts zu beten, es jetzt rückwärts beten, dann folgen Sie einem dem gewöhnlichen Strom der Ereignisse entgegengesetzten Strom. Das ist nicht der gewöhnliche Strom, der dadurch zustande kommt, daß das Ich den Ätherleib ausfüllt. Und die Folge ist, daß Sie Ihrem Ich dadurch eine Kraftzufuhr bereiten aus dem astralischen Strom heraus. Dann tritt in der Tat eine Erinnerungsfähigkeit ein in gewaltigem Maße. Ich selbst habe in meiner Erziehertätigkeit bei meinen Schülern dahin gewirkt, damit sie eine Stärkung des Gedächtnisses für später haben sollten, daß sie gewisse Dinge, die man sonst nur in einer Richtung lernt, auch in der umgekehrten Richtung lernten und immer wieder und wieder üben mußten. So wird die Härteskala der Mineralien gewöhnlich in der folgenden Reihenfolge gelernt: 1. Talk, 2. Steinsalz, 3. Kalkspat, 4. Flußspat, 5. Apatit, 6. Orthoklas oder Kalifeldspat, 7. Quarz, 8. Topas, 9. Korund, 10. Diamant. Da habe ich nun die Schüler neben dieser Aufzählung auch immer wieder die umgekehrte Reihenfolge üben lassen: Diamant, Korund, Topas, Quarz, Orthoklas, Apatit, Flußspat, Kalkspat, Steinsalz, Talk. Das ist eine außerordentlich gute Übung – besonders wenn sie zu guter Zeit im Kindheitsalter vorgenommen wird – für die Stärkung der Gedächtniskraft.

Eine andere Übung gibt es dafür noch, eine Übung, die wieder mit alledem zusammenhängt, was wir in den verflossenen Tagen und auch heute betrachtet haben, und die besteht in folgendem. Nehmen wir an, jemand leide an auffallendem Gedächtnisschwund, und er gibt sich die Mühe, irgendeine Beschäftigung, die er in der Jugend vorgenommen hat, mit voller Hingabe wieder vorzunehmen. Denken Sie, der Betreffende stände jetzt im siebenundvierzigsten Lebensjahr und er habe sich mit fünfzehn Jahren besonders befaßt mit einem Buche, das ihm damals sehr große Freude gemacht hat, und er nimmt dieses Buch jetzt wieder vor und versucht es von neuem durchzugehen. Wenn Sie in einem solchen Falle dieselben Tatsachen wieder vor die Seele rufen, kommt Ihnen der neue Strom entgegen, und Sie stärken sich aus dem astralischen Strom, der Ihnen aus der Zukunft entgegenkommt. Wenn das ausgeführt wird von einem Menschen, wenn er zum Beispiel als ein Greis wieder an Beschäftigungen geht, die er zwischen dem siebenten und vierzehnten Jahre getrieben hat, dann ist das eine ganz besondere Hilfe zur Aufbesserung des Gedächtnisses.

Diese Dinge können Ihnen also zeigen, daß tatsächlich unser Ich sich stärken muß aus dem dem Strom des Ätherleibes entgegenkommenden astralischen Strom, wenn es die Erinnerungsfähigkeit fördern will. Das alles sind außerordentlich wichtige Dinge für die Lebenspraxis. Und wenn zum Beispiel beim Unterricht mehr Aufmerksamkeit auf solche Dinge verwendet würde, so könnte man dadurch ungeheuer segensreich wirken. So könnte man zum Beispiel segensreich wirken, wenn man die aufeinanderfolgenden Schulklassen in einer siebenklassigen Schule so einteilen würde, daß man sozusagen eine Mittelklasse einrichtete, die gewissermaßen für sich dann bestünde, und daß dann in der fünften Klasse – verändert – sich das wiederholen würde, was in der dritten durchgenommen worden ist, und ebenso in der sechsten Klasse sich wiederholen würde, was in der zweiten, und in der siebenten, was in der ersten Klasse behandelt worden ist. Das würde eine vorzügliche Stärkung des Gedächtnisses bedeuten, und die Menschen würden schon sehen, wenn sie dies in die Praxis einführten, wie segensreich sich diese Dinge auswirken würden, einfach aus dem Grunde, weil sie den Gesetzen des wirklichen Lebens entstammen.

Daraus sehen wir zugleich, daß der Mensch in seiner Ich-Vorstellung, in seinem Ich-Bewußtsein überhaupt etwas hat, was erst entsteht. Es entsteht ja erst im kindlichen Alter. Und wir haben auch hingewiesen darauf, wodurch es entsteht: nämlich dadurch, daß sich der Ätherleib nach innen spiegelt. Kein Wunder daher – für denjenigen, der die Geisteswissenschaft kennt, gewiß nicht, da er weiß, daß der Mensch in der Nacht außer dem physischen Leib und Ätherleib ist –, daß das Ich-Bewußtsein in der Nacht nicht da sein kann, weil sich das

Ich nicht im Ätherleibe spiegeln kann. Wir sind also gar nicht überrascht, wenn wir hören, daß die Ich-Vorstellung während des Schlafzustandes auch in die Unbewußtheit hinuntergehen muß, denn der Ätherleib ist der fortlaufende Strom der Zeit; er enthält die Vorstellungen, die erst von der andern Seite beleuchtet werden müssen, das heißt vom Astralleib. Dann kann das, was im Ätherleib sozusagen vorwärtsschwimmt, beleuchtet werden vom Seelenleben. Was der Mensch als Ich-Vorstellung hat, ist selbst nur im Ätherleibe; das ist selbst nur der gesamte Ätherleib von innen gesehen. Die Ich-Vorstellung ist selbst nur im Ätherleibe wirksam, nicht aber das Ich selber, denn – haben wir gesagt – das Ich ist die seitlich einfallende Urteilskraft. In dem Augenblick, wo Sie das Ich begreifen wollen, dürfen Sie nicht zum Ich-Bewußtsein gehen, sondern da müssen Sie zum Urteil gehen. Und merkwürdigerweise erklärt sich das Urteil ziemlich souverän gegenüber dem Ich-Bewußtsein. Wir haben ganz genau unterschieden zwischen dem, was vom Urteilen ergriffen ist, und dem, was noch nicht davon ergriffen ist. Wenn wir den Eindruck der roten Farbe haben, so ist noch kein Urteil gefällt vom Seelenleben. Da steht die Urteilsfähigkeit still. Es brandet von außen herein, was entscheidet über den Eindruck. In dem Augenblick, wo wir das einfachste Urteil fällen: «Rot ist», wenn wir dem Rot das Sein zuschreiben, findet schon eine Urteilsfällung des Seelenlebens statt. In dem Augenblick, wo wir Urteile fällen, regt sich das Ich. Wenn nun das Ich seine Urteile fällt auf Grund der Ergebnisse der äußeren Eindrücke, so kommen die äußeren Eindrücke ins Urteil herein, dann sind die äußeren Eindrücke Gegenstand des Urteilens, zum Beispiel «Rot ist». Was muß denn aber möglich sein, wenn das Ich eine Wesenheit ist, verschieden von allen Vorstellungen und auch von seiner eigenen Wahrnehmung? Wenn das Ich der Veranlasser ist der Ich-Wahrnehmung, was muß da sein? Dann muß eine Urteilsmöglichkeit sein. Unter den verschiedenen Urteilen in unserem Seelenleben muß es eines geben, dem gegenüber sich das Ich souverän fühlt, nicht angewiesen auf einen äußeren Eindruck. Das tritt in der Tat ein, wenn Sie das Urteil fällen: «Ich ist.» «Ich bin», ist ja nur ein anderer Ausdruck dafür. Da haben Sie das, was sonst im Ich lebt, was Sie aber noch nicht zum Bewußtsein gebracht haben, mit Urteilsfähigkeit ausgefüllt im «Ich ist» oder «Ich bin». Was vorher eine leere Blase war, die wie Schaum zerfließt, wenn das Seelenleben unbewußt wird, das haben Sie ausgefüllt mit Urteilskraft.

Wenn das so ist, wenn das Ich sich selber ausfüllt, was geschieht dann? Urteilen ist eine Seelentätigkeit. Seelentätigkeiten entstehen im Seelenbinnenleben, innerlich. Sie führen zu Vorstellungen. Im Bereiche dieser Vorstellungen taucht auch auf die Ich-Vorstellung. Aus der Ich-Vorstellung haben wir aber nichts über das Ich selbst lernen können. Aber eines zeigt sich jetzt: Nichts von äußeren Eindrücken kann uns zur Ich-Vorstellung bringen. Mit andern Worten: Die Ich-Vorstellung stammt nicht aus der physischen Welt. Da sie also nicht aus der physischen Welt stammt, sonst aber ganz den Charakter hat wie Vorstellungen, die aus der physischen Welt stammen, und da doch das Urteilen in der Seele, das eben zu den elementaren Inhalten des Seelenlebens gehört, auf das Ich angewendet wird, so muß das Ich von woanders her in das Seelenleben hereinkommen. Das heißt, wir haben damit zur Evidenz gezeigt, daß geradeso wie die Vorstellung «Rot» von der äußeren Welt in die Seele hereinkommt und vom Ich durch das Urteil umspannt wird, so von der andern Seite her etwas in die Seele hereinkommt, das vom Urteil umspannt wird. Nehmen wir den Eindruck «Rot» und umspannen ihn mit einem Urteil, so haben wir «Rot ist». Nehmen wir in ähnlicher Weise das Ich und sagen «Ich ist», so nehmen wir einen Eindruck aus derjenigen Außenwelt, die wir die geistige Welt nennen, auf und umspannen ihn mit einem Urteil. «Rot» als solches entspricht den Daseinsformen der physischen Welt. «Rot ist» ist ein Urteil und kann nur innerhalb des Seelenlebens zustande kommen. «Ich» ist eine Tatsache, wie «Rot» eine Tatsache ist, und es kann nur in das Seelenleben eintreten, das heißt, von einem Urteil umspannt werden, wenn das Urteil von der andern Seite der Seele entgegenkommt und das Ich umspannt mit dem Urteil und sagt «Ich bin» oder «Ich ist». «Ich ist» ist nur die Umkehrung des «Ich bin» nach der andern Seite. Der Sprachgenius ist eben sehr gescheit und drückt die Dinge sehr prägnant aus.

Wenn ich die vierte Richtung zeichne, von unten nach oben, so würde ich die dem Ich entgegengesetzt laufende Richtung als die Richtung der physischen Welt bezeichnen müssen (siehe Zeichnung, I – K). Darin hätten wir das, was dem physischen Leib entspricht. Die Eindrücke der physischen Welt gehen also, graphisch dargestellt, von unten nach oben und offenbaren sich in der Seele als Sinneseindrücke. Auf der einen Seite sind entgegengesetzt das Ich und seine physisch-leiblichen Sinnesorgane, auf der andern Seite stehen sich entgegen die Strömung des Ätherleibes und die des Astralleibes. Wenn nun das Ich aufstößt an das, was der physische Leib ist, wenn es gerade hinströmt gegen sein Auge, gegen sein Ohr, so bekommt es die Eindrücke der physischen Welt. Die werden in der Seele weitergebracht dadurch, daß die Seele ein Bewußtsein hat durch das Gegenströmen von astralischer und ätherischer Welt. Und aus dem ganzen Bilde können Sie sich klarmachen, daß man verhältnismäßig eine gute graphische Darstellung bekommt von dem Verhältnis der verschieden zusammenwirkenden Welten in der menschlichen Seele, wenn man sich sagt: Auf der einen Seite ist entgegengesetzt Ich und der physische Leib mit seinen Sinnesorganen; die stehen sich direkt gegenüber. Dann stehen sich

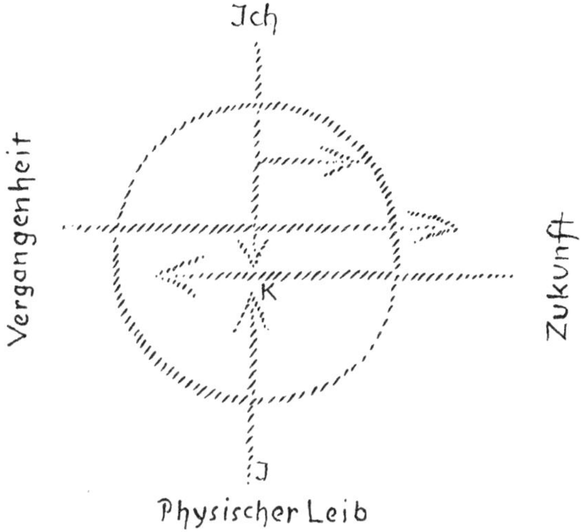

direkt gegenüber, indem sie gleichsam zu den beiden andern Strömungen einen rechten Winkel bilden, Ätherleib und Astralleib.

Nun kann ich Ihnen die Versicherung geben, daß sich Ihnen unzählige Rätsel der Seele lösen werden, wenn Sie dieses Schema zugrunde legen. Sie werden dann schon begreifen, daß in diesem Kreuz, das von einem Kreis durchzogen ist, ein sehr gutes Schema des Seelenlebens gegeben ist, wie es angrenzt an das Geistige nach oben, an das Physische nach unten, an das Ätherische nach links und an das Astralische nach rechts. Nur müssen Sie sich dabei zu der Vorstellung aufschwingen, daß der Strom der Zeit nicht nur etwas ruhig Dahinfließendes ist, sondern daß ihr etwas entgegenkommt, daß aber das Ich-Leben und das Sinnesleben nur begriffen werden können, wenn sie wieder im rechten Winkel auf die Zeitströmung auftreffend verstanden werden. Wenn Sie dies ins Auge fassen, werden Sie wohl verstehen, daß in unserer Seele wirklich recht verschiedene Kräfte sich treffen. Unsere Seele ist gewissermaßen der Schauplatz, auf dem sich Kräfte treffen der verschiedensten Richtungen.

Nehmen wir einmal an – da ja diese Kräfte gerade bei der Mannigfaltigkeit der Menschen sich auch in der mannigfaltigsten Weise geltend machen werden –, bei einem Menschen sei das urteilende Ich vorherrschend. Dann wird es seiner Seele außerordentlich schwer sein, die abstrakten Begriffe so vollsaftig zu machen, daß sie unmittelbar die Gefühle ansprechen. Daher werden wir erwarten können, daß bei einem Menschen, dessen Hauptgeschäft das Urteilen ist, sich nicht so leicht aus dem, was in seinen Worten liegt, Vollsaftiges ergeben wird, was zu unserem Gefühlsleben spricht. Ein Mensch dagegen, dessen Seelenleben so veranlagt ist, daß schon in seinen Anlagen reiches astralisches Leben fließt, reiche Interessen fließen, die entgegenströmen dem fortlaufenden Strom des physischen Lebens, der wird hereinbringen in das Leben die Anlagen für vollsaftige Begriffe. Der wird sozusagen nicht als ein Gedankenmensch auf den physischen Plan treten, sondern so, daß er zeigt, wie leicht es ihm wird, was er innerlich erlebt, in solche Worte zu kleiden, die zu unserem Interesse sprechen. Und da nun der Mensch in verschiedenen Inkarnationen lebt und sich mitbringt in seinen Anlagen die Dispositionen für den einen oder den andern Strom, so müssen Sie sich denken in die Goethe-Seele hereingebracht die Disposition für den aus der Zukunft entgegenkommenden Strom. Und wenn er sich dem überläßt, dann bringt er von vornherein die in der Zukunft liegenden Ideen als vollsaftige Begriffe in das Leben. Wenn er aber einmal dieses Element, was sein eigentliches Wesen ist, in Kampf treten läßt mit dem, was da unter der Schwelle des Bewußtseins die in seinem Ätherleib fortschwebenden Vorstellungen sind, kurz, was er aufgenommen hat aus der Umgebung, dann kommt etwas heraus, was nicht zusammenstimmt, so wie die beiden Dinge, welche wir als die nichtsnutzigen in dem Gedicht vom «Ewigen Juden» bezeichnet haben, und diejenigen, die wir davon herausgehoben haben. Und bei einem Menschen wie Hegel, der sich die Urteilsdisposition mitgebracht hat, ist es so, daß er ringt mit alledem, was jener Strom ihm entgegenströmen läßt, der von der Zukunft in die Vergangenheit fließt. In der Tat ist es so, daß sich der Mensch mit seinem Ich fortwährend so stellt, daß der fortlaufende Strom von der Vergangenheit in die Zukunft in jeder Gegenwart zugedeckt ist. Das Ich deckt ihn zu, und es läßt sich entgegenkommen den Strom des Begehrungsvermögens. Es sieht in die unendliche Zukunft hinein wie in einen Spiegel, der keinen Belag hat. Und in dem Augenblick, wo der Spiegel den Belag bekommt, werden die vergangenen Dinge sichtbar.

Ich konnte nur einiges in diesen Vorträgen aus dem unendlich reichen Gebiet der Psychosophie Ihnen vor die Seele stellen. Sie werden aber aus dem Gesagten, wenn Sie die Dinge wirken lassen, mancherlei Schlüsse ziehen können. Besonders wird Ihnen manches aufgehen, wenn Sie sich klarmachen, daß der von der Vergangenheit in die Zukunft fortlaufende Strom im Seelenleben, der Ätherleib, die unbewußten Vorstellungen enthält, die da sind, auch wenn sie nicht ins Bewußtsein hereintreten. Wenn Sie aber aus der Geisteswissenschaft wissen, daß der Ätherleib der Architekt des physischen Leibes ist, dann werden Sie sich sagen können: Wenn die Vorstellungen auch nicht im Bewußtsein sind, vorhanden sind sie doch; der Ätherleib trägt sie. Und solche im Ätherleib vorhandenen Vorstellungen können – gerade wenn sie nicht bewußt sind – eine rege Tätigkeit nach der andern Seite entwickeln. Und wer Leibes- und Seelenkenner ist, der weiß, wie unendlich zerstörend Vorstellungen sein können, die das Bewußtsein nicht heraufflocken kann aus dem unbewußten Seelenleben und die dennoch in dem unbewußten Seelenleben fortschwimmen mit dem ätherischen Strom. Sie entwickeln dann alle Kräfte in die Leiblichkeit hinein.

Es gibt eine diesbezügliche Tatsache im Leben. Denken Sie, der Mensch habe im zehnten bis zwölften Jahre seines Lebens etwas erfahren oder erlebt, was ganz und gar von ihm vergessen worden ist. Es kann nicht ins Bewußtsein heraufgerufen werden. Es wirkt aber doch im Ätherleib weiter und kann ihn krank machen. Da unten in der Unbewußtheit wirken gar manche Vorstellungen, die wirklich als Vorstellungen Krankheitsursachen sind. Wer das weiß, der weiß aber auch, daß es in einer gewissen Weise eine Hilfe dafür gibt. Sie besteht darin, daß man diesen Vorstellungen ihre Kräfte nimmt, das heißt, daß man sie nach andern Richtungen hinleitet, indem man versucht, dem betreffenden Menschen, der selbst dazu nicht stark genug ist, Anhaltspunkte zu geben, daß seine Vorstellungen ihm ins Bewußtsein hinaufkommen können. Damit hat man recht viel bewirkt. Wenn man jemandem bei Vorstellungen, denen gegenüber er machtlos ist und die im Ätherleibe weiterwirken, dazu verhilft, daß sie ins Bewußtsein heraufkommen, so wirkt man ungeheuer gesundend im Leben.

Vielleicht sagen jetzt einige von Ihnen: Das versucht man auch schon! Es gibt sogar schon eine Schule, die Freudsche[58] Psychiaterschule, die sich damit befaßt, Vorstellungen von dem früher Getanen und Erlebten heraufzurufen in das Bewußtsein. – Aber ich kann diese Schule nicht auffassen als irgend etwas, was mit dem zusammenhängt, was ich jetzt gesagt habe, weil diese Schule gerade dort dieses Mittel versucht, wo es nicht wirksam ist: nämlich gerade für die Vorstellungsmassen des sexuellen Lebens gilt es nicht. Bei allem übrigen gilt es. Und gerade mit Vorliebe wird dieses Mittel auf die Vorstellungen des sexuellen Lebens ausgedehnt. Aber da fruchtet es nicht. Und das muß ins Auge gefaßt werden. Also es handelt sich nicht darum, daß man unter dem Einfluß der materialistischen Vorstellungen hintappt auf etwas, worauf die Tatsachen schon stoßen, sondern daß man die Tatsachen ganz genau kennt.

So werden Sie vielleicht außer den einzelnen Bemerkungen, die Sie mit nach Hause tragen können, noch eines gewonnen haben. Wenn man gewissenhaft und mit Urteilskraft zu Werke geht in der Beobachtung des gewöhnlichen Lebens auf dem physischen Plan, so bietet sich durch solche Beobachtung überall das, was man Belege nennen kann für die Geisteswissenschaft. Und Sie werden gerade durch solche Vorträge eine gewisse Sicherheit gewinnen können für das, was Ihnen an Mitteilungen, die auf hellseherischer Forschung beruhen, zukommen kann. Hellseherische Forschung sucht allerdings nicht durch solche Dinge im physischen Leben die Tatsachen auf. Ich kann Ihnen die Versicherung geben, daß der Hellseher selbst oft überrascht ist, wenn er, nachdem er etwas auf dem hellseherischen Wege gefunden hat, darangeht, die Dinge im physischen Leben zu prüfen und dann eine wunderbare Harmonie findet. Umgekehrt würde vielleicht der Weg nicht gelungen sein. Wenn man versucht, bloß auf dem physischen Plan zu bleiben, gruppiert man die Dinge falsch; da bekommt man gar nicht die richtigen Gruppierungen heraus und schlägt fortwährend den Tatsachen ins Gesicht.

Also das Grundgefühl, das Sie haben gewinnen können, und das sein kann eine gewisse Sicherheit auch gegenüber den geisteswissenschaftlichen Forschungen, das ist etwas, was Sie mitnehmen können auch als Sicherheit für die psychosophische Forschung. Daher bemühe ich mich auch, Ihnen da, wo ich Ihnen erzähle aus höheren Welten, ab und zu mit Nüchternheit, mit Trockenheit zu kommen, entsprechend einer streng wissenschaftlichen Betrachtung des physischen Planes. Das entspricht der Pflicht: zu beobachten, daß der Mensch auf den physischen Plan gestellt ist, damit er den physischen Plan verstehen lernt. Unsere Zeit hat ein Zweifaches notwendig. Das eine ist, wirklich in entsagungsvollem Denken den physischen Plan zu studieren, auf den wir nicht umsonst durch die großen Weltgesetze gestellt sind. Auf der andern Seite sind wir heute schon in jenem Stadium, wo wir nicht mehr mit den gewöhnlichen Mitteln den physischen Plan bewältigen können, wenn uns nicht die okkulte Forschung zu Hilfe kommt. Mag heute noch so viel Scharfsinn aufgewendet werden von der gewöhnlichen Wissenschaft auf die Dinge: sie wird notwendig irren, wenn sie nicht zum Führer hat die okkulte Wissenschaft, die ihr die Richtung geben kann. Nachdem die Menschheit an der Wende des 15., 16., 17. Jahrhunderts an einem Punkt gestanden hat, wo die physische Forschung im heutigen Sinne geboren worden ist und daher das Hauptaugenmerk darauf gewendet werden konnte, sind wir heute schon wieder so weit, daß neben diese physische Forschung jetzt eine andere, die okkulte Forschung treten muß, die der physischen Forschung die Richtlinien geben kann. Damit aber, daß er dies nicht nur weiß, sondern es in seine Pflichten aufnimmt, erfüllt der Okkulist etwas, was unsere Zeit als ein Zweifaches in sich aufnehmen muß: ein Gefühl dafür, daß wir fest stehen sollen auf dem physischen Plan, nicht davor zurückscheuen, uns auch in entsagungsvoller Weise dem Denken hinzugeben, und gerade die physischen Tatsachen erfordern ein entsagungsvolles Denken. Ein Gefühl dafür hervorrufen sollen diese Vorträge, wo ich Ihnen mit Nüchternheit komme. Und ganz gewiß wird andererseits derjenige, der den Gedanken aufnimmt des Hereinspielens des astralischen Stromes von der Zukunft her, ungeheuer viel für das Leben gewinnen können.

Ich muß gestehen – ich könnte es Ihnen fast ad oculos beweisen, daß es so ist; ich habe die entsprechende Tatsache an einem andern Orte einmal erwähnt –, unter allen Psychologen der Gegenwart, die, ohne von Okkultismus etwas wissen zu wollen, mit einer feinen Schulung an die Seelenphänomene herangegangen sind und daher, wenn auch in schiefer Weise, für die allerelementarsten Dinge das Richtige auch gefühlt haben, von diesen ist eigentlich nur zu nennen der Name Franz Brentanos.[59] Franz Brentano hat sich an die psychologischen Probleme herangemacht in den sechziger, siebziger Jahren des 19. Jahrhunderts. Und obwohl eigentlich das, was in seiner Psychologie steht, ein scholastisches Spintisieren ist, so lebt doch darin etwas, was einem so vorkommt wie die ersten kindlichen Schritte, die wir jetzt weitergehen sollen. So ist zum Beispiel die Lehre vom Begehren und vom Fühlen und auch was er über das Urteilen sagt, schief; aber die Tendenz ist eine solche, die merkwürdig richtige Linien hätte nehmen können, wenn nicht eine absolute Ignoranz in bezug auf alle okkulten Einschläge dagewesen wäre. Da ist sozusagen der fähigste Psychologe auf den physischen Plan getreten. Er hat auch den ersten Band seiner *Psychologie* erscheinen lassen im Frühjahr 1874, mit dem Versprechen, daß im Herbst der zweite Band folgen werde. Aber dieser zweite Band ist bis heute noch nicht erschienen. Es gibt nur den ersten Band. Warum ist das? In den psychologischen Vorträgen können Sie sich die Antwort suchen: Franz Brentano mußte steckenbleiben, konnte überhaupt nicht weiter. Er hat in einer ganz netten Weise abgegrenzt, was die nächsten Abschnitte hätten bringen sollen. Er hat sogar einen Ausblick geben wollen von dem Ich aus auf das Geistesleben und von da in die Unsterblichkeit. Das ist alles abgesteckt. Aber er ist steckengeblieben! Denn es hätte ausgeführt werden müssen, indem von der andern Seite eingezogen wäre der Strom des okkulten Forschens, so daß beobachtet worden wäre der Strom der Seelenphänomene von der Seite der okkulten Forschung aus.

Da haben Sie den Tatsachenbeweis: Franz Brentano lebte als ein Kind unserer Zeit. Er fing an, die Tatsachen zu gruppieren, die Sie auf dem physischen Plan finden. Aber er blieb stecken, konnte nicht weiter. Er lebt heute als ein alter Herr in Florenz. So wird alles in unserer Zeit steckenbleiben müssen, wenn es auf die Wirklichkeit losgehen will. Selbstverständlich kann man Psychologien schreiben, wie zum Beispiel Lipps[60] und Wundt;[61] aber das sind alles vorgefaßte Begriffe und keine Vorgänge, welche im Seelenleben wirklich geschehen, sondern die nur existieren in den vorgefaßten Meinungen der betreffenden Autoren. Gerade da, wo sie auf das psychologische Gebiet gehen, da dreschen sie – es ist nicht so böse gemeint, es soll nur deutlich ausgedrückt sein – nur leeres Stroh, selbst in der Völkerpsychologie oder Sprachenpsychologie. Und so würden alle Wissenschaften steckenbleiben, wenn nicht das, was von der andern Seite kommt, ihnen entgegenkommt.

Fassen Sie daher von dieser Seite das Gefühl auf, daß Sie sich durch Ihre eigenen Interessen hineingestellt haben in eine Bewegung, wo zu verstehen gesucht wird, was so recht die Mission der Zeit ist, und daß Ihr Vertrauen, Ihr Wissen und Glauben wachsen kann, wenn Sie dies so als eine karmische Tatsache auffassen, daß Sie sich sagen: Mein Karma hat mich dazu geführt, teilzunehmen an einem Kreuzungspunkt einer Zeitenströmung, und ich muß gerade aus dieser Erkenntnis Mut, Kraft und Zuversicht gewinnen, um energisch mitzuarbeiten auf diesem Gebiet! Und fruchtbar muß diese Arbeit sein, weil sie von der Notwendigkeit des Menschheitsfortschrittes gefördert wird. Und wenn ich selber mitwirken kann, so werde ich selbst Gelegenheit nehmen, eine so selbstlose Arbeit jetzt oder in einem späteren Leben in der Zukunft zu wirken, welche der Weiterentwicklung der ganzen Menschheit dienen kann. – Und damit kommen wir zu dem größten Ideal, das derjenige fühlen kann, der an den Geist glaubt. Dieses Ideal fassen Sie nicht bloß als ein abstraktes Ideal auf, sondern gewinnen Sie es durch das immer wieder stetige Zurückkehren zu unserer geisteswissenschaftlichen Arbeit, wozu ja in unseren Versammlungen hinreichend Gelegenheit geboten ist. Und versuchen Sie, mitzunehmen das Gefühl der Zusammengehörigkeit zu dieser Arbeit. Habe ich etwas dazu getan, was dieses Gefühl Ihnen in die Seele geben kann, dann habe ich Ihnen den Gruß mitgegeben in die Heimat, denen, die sich jetzt an die einzelnen Orte ihrer Heimat zerstreuen. Nehmen Sie diesen Gruß mit als einen Ausfluß der Kraft des Zusammenhaltes, der bestehen soll zwischen allen Gliedern unserer geisteswissenschaftlichen Bewegung. Fühlen Sie dies, auch wenn wir nicht räumlich zusammen sind, und versuchen Sie, aus unserem räumlichen Zusammensein, wenn wir uns wieder in die Welt zerstreuen, Mut, Zuversicht und Energie zu schöpfen, so wie sie jetzt charakterisiert worden sind.

Zum Vortrag vom 14. März 1910 in München

Im letzten der «Psychosophie»-Vorträge hat Rudolf Steiner ein Schema des menschlichen Seelenlebens entworfen, aus dem wir reichliche Hinweise für eine differentielle Psychologie (Charakterpsychologie) in der Praxis entnehmen können. Bereits am 29. Oktober 1909 in Berlin (Öffentliche Vorträge im Berliner Architektenhaus) und noch einmal im Frühjahr 1910 in anderen Städten hielt Rudolf Steiner im Rahmen einer Vortragsreihe über Themen einer anthroposophisch-geisteswissenschaftlichen Seelenkunde den Vortrag über den «menschlichen Charakter».

Damit haben wir das Zentrum der Psychologie, den Charakter als Ergebnis der Ich-Tätigkeit in der Seele erreicht. Und indem wir von dem Innersten der menschlichen Seele wieder herausgeführt werden an die Peripherie der Leibesgestalt in Physiognomie, Mimik und Gestik als Ausdruck des individuellen Charakters, werden wir unausgesprochen auf ein Gesetz des menschlichen Ich hingewiesen, daß es Zentrum und Peripherie, Umkreis und Mitte zugleich ist.

Der menschliche Charakter

München, 14. März 1910

Es kann einen tiefen Eindruck auf die menschliche Seele machen, wenn man die Worte liest, die *Goethe* niedergeschrieben hat in Anknüpfung an die Betrachtung von *Schillers* Schädel. Diese Betrachtung konnte er anstellen, als er zugegen war beim Ausgraben von Schillers Leichnam, da dieser aus dem provisorischen Grab, in dem er war, in die weimarische Fürstengruft hinübergetragen werden sollte.

Da nahm Goethe Schillers Schädel in die Hand und glaubte an der Formung und Prägung dieses wunderbaren Gebildes das ganze Wesen von Schillers Geist wie in einem Abdruck wiederzuerkennen. Wie da das geistige Wesen sich ausdrückt in den Linien und Formen der Materie, das inspirierte Goethe zu den schönsten Worten:

> «Was kann der Mensch im Leben mehr gewinnen,
> Als daß sich Gott-Natur ihm offenbare,
> Wie sie das Feste läßt zu Geist verrinnen,
> Wie sie das Geist-Erzeugte fest bewahre!»

Wer eine solche Stimmung wie diejenige, die damals durch Goethes Seele zog, zu würdigen versteht, der wird leicht, von ihr ausgehend, seine Gedanken hinlenken können zu all jenen Erscheinungen im Leben, wo ein Inneres sich herausarbeitet, um sich in materieller Form, in plastischer Gestaltung, in Linien und sonstigem äußerlich zu offenbaren. Im eminentesten Sinn aber haben wir ein solches Prägen und Abdrücken, ein solches Offenbaren eines inneren Wesens in demjenigen vor uns, was wir den menschlichen Charakter nennen. In dem menschlichen Charakter drückt sich ja auf die mannigfaltigste Weise aus, was der Mensch immer wieder und wiederum darlebt; ein Einheitliches verstehen wir darunter, wenn wir von dem menschlichen Charakter sprechen. Ja, wir haben dabei das Gefühl, daß Charakter etwas ist, was sozusagen zum ganzen Wesen des Menschen notwendig gehört, und daß es sich uns als Fehler darstellt, wenn das, was der Mensch denkt, empfindet und tut, sich nicht in einer gewissen Weise zu einem Einklang vereinigen läßt. Von einem Bruch im menschlichen Wesen, von einem Bruch in seinem Charakter sprechen wir als von etwas wirklich Fehlerhaftem in seiner Natur. Wenn sich der Mensch im Privatleben mit diesem oder jenem Grundsatz und Ideal äußert und ein andermal im öffentlichen Leben in ganz entgegengesetzter oder wenigstens abweichender Weise, so sprechen wir davon, daß sein Wesen auseinanderfällt, daß sein Charakter einen Bruch hat. Und man ist sich bewußt, daß ein solcher Bruch den Menschen überhaupt im Leben in schwierige Lagen oder gar wohl in den Schiffbruch hineintreiben kann. Was eine solche Zerspaltung des menschlichen Wesens bedeutet, darauf wollte Goethe hinweisen in einem bemerkenswerten Spruch, den er seinem «Faust» einverleibt hat. Einen Spruch berühren wir da, der sehr häufig, sogar von Menschen, die da glauben zu wissen, was Goethe im Innersten wollte, falsch angeführt wird. Es ist gemeint der Spruch im Goetheschen *Faust:*

«Zwei Seelen wohnen, ach! in meiner Brust,
Die eine will sich von der andern trennen;
Die eine hält in derber Liebeslust
Sich an die Welt mit klammernden Organen;

Die andre hebt gewaltsam sich vom Dust
Zu den Gefilden hoher Ahnen.»

Diese Zweispaltung in der Seele wird sehr häufig so angeführt, als ob sie etwas Erstrebenswertes für den Menschen sei. Goethe charakterisiert sie durchaus nicht unbedingt als etwas Erstrebenswertes, sondern es zeigt sich an der Stelle ganz genau, daß er den Faust in jener Epoche sagen lassen will, wie unglückselig er sich fühlt unter dem Eindruck der zwei Triebe, von denen der eine nach idealen Höhen geht, der andere nach dem Irdischen herunterstrebt. Etwas Unbefriedigendes soll damit angedeutet werden. Gerade dasjenige, worüber Faust hinaus soll, das will Goethe damit charakterisieren. Wir dürfen diesen Zwiespalt nicht anführen als etwas Berechtigtes im menschlichen Charakter, sondern nur als etwas, was gerade durch den einheitlichen Charakter, der gewonnen werden soll, zu überwinden ist.

Wenn wir aber das Wesen des menschlichen Charakters vor unsere Seele treten lassen wollen, so müssen wir auch heute wieder berücksichtigen, was wir zur Charakteristik des Wesens der Andacht skizzierten. Wir haben wiederum zu berücksichtigen, daß dasjenige, was wir das eigentliche menschliche Seelenleben, das menschliche Innere nennen, nicht einfach ein Chaos von durcheinanderwogenden Empfindungen, Trieben, Vorstellungen, Leidenschaften, Idealen ist; sondern wir haben uns mit aller Klarheit zu sagen, daß diese menschliche Seele in drei voneinander gesonderte Glieder zerfällt; daß wir ganz genau unterscheiden können: das unterste Seelenglied, die Empfindungsseele; das mittlere Seelenglied, die Verstandes- oder Gemütsseele; und das höchste Seelenglied, die Bewußtseinsseele. Diese drei Glieder sind im menschlichen Seelenleben zu unterscheiden. Sie dürfen aber in dieser menschlichen Seele nicht auseinanderfallen. Die menschliche Seele muß eine Einheit sein. Was verbindet nun im Menschen diese drei Seelenglieder zu einer Einheit? Das ist eben dasjenige, was wir im eigentlichen Sinne das menschliche «Ich», den Träger des menschlichen Selbstbewußtseins nennen.

So erscheint uns denn dieses menschliche Seelenwesen so, daß wir es zerspalten müssen in seine drei Glieder – das unterste Seelenglied: die Empfindungsseele, das mittlere Seelenglied: die Verstandesseele oder Gemütsseele, und das höchste Seelenglied: die Bewußtseinsseele –, und es erscheint uns das Ich gleichsam als das Tätige, als der Akteur, der innerhalb unseres Seelenwesens auf den drei Seelengliedern spielt, wie ein Mensch spielt auf den Saiten seines Instruments. Und jene Harmonie oder Disharmonie, welche das Ich hervorbringt aus dem Zusammenspiel der drei Seelenglieder, ist das, was dem menschlichen Charakter zugrunde liegt.

Das Ich ist wirklich etwas wie ein innerer Musiker, der bald die Empfindungsseele, bald die Verstandesseele oder Gemütsseele, bald die Bewußtseinsseele mit einem kräftigen Schlag in Tätigkeit versetzt; aber zusammenklingend erweisen sich die Wirkungen dieser drei Seelenglieder wie eine Harmonie oder Disharmonie, die sich vom Menschen aus offenbaren und als die eigentliche Grundlage seines Charakters erscheinen. Freilich, so haben wir den Charakter nur ganz abstrakt bezeichnet, denn wenn wir ihn verstehen wollen, wie er im Menschen eigentlich auftritt, dann müssen wir etwas tiefer noch eingehen auf das ganze menschliche Leben und Wesen; wir müssen zeigen, wie sich dieses harmonische und disharmonische Spiel des Ichs auf den Seelengliedern in der ganzen menschlichen Persönlichkeit, wie sie vor uns steht, ausprägt, wie sie nach außen sich offenbart.

Dieses Menschenleben – das haben wir schon öfter betont – tritt uns ja so vor Augen, daß es alltäglich wechselt zwischen den Zuständen des Wachens und den Zuständen des Schlafens. Wenn der Mensch des Abends einschläft, so sinken in ein unbestimmtes Dunkel hinunter seine Empfindungen, seine Lust, sein Leid, seine Freude, sein Schmerz, alle Triebe, Begierden und Leidenschaften, alle Vorstellungen und Wahrnehmungen, Ideen und Ideale; und das eigentliche Innere geht über in einen Zustand des Unbewußtseins oder des Unterbewußtseins.

Was ist da geschehen?

Nun, was da geschehen ist beim Einschlafen, das wird uns klar, wenn wir uns an etwas erinnern, was schon auseinandergesetzt worden ist: daß der Mensch ein kompliziertes Wesen ist für die Geisteswissenschaft, daß er sich überhaupt aus verschiedenen Gliedern bestehend darstellt. Was uns hierüber schon bekannt ist, muß heute wieder skizziert werden, damit wir das ganze Wesen des Charakters begreifen können, das da dem Menschen zugrunde liegt.

Alles das am Menschen, was uns gegenüber der äußeren Sinneswelt zutage tritt, was wir mit Augen sehen können, mit Händen greifen können, was die äußere Wissenschaft allein betrachten kann, das nennt Geisteswissenschaft den physischen Leib des Menschen. Das aber, was diesen physischen Leib des Menschen durchzieht und durchwebt, das, was diesen physischen Leib zwischen Geburt und Tod verhindert, ein Leichnam zu sein, seinen eigenen physischen und chemischen Kräften zu folgen, das nennen wir in der Geisteswissenschaft den Äther- oder Lebensleib. Im Grunde setzt sich der äußere Mensch aus dem physischen und Ätherleibe zusammen. Dann haben wir ein drittes Glied der menschlichen Wesenheit; das ist der Träger von alledem, was wir hinuntersinken sehen mit dem Einschlafen in ein unbestimmtes Dunkel. Dieses dritte Glied der menschlichen Wesenheit bezeichnen wir mit dem Ausdruck astralischer Leib. Dieser astralische Leib ist der Träger von Lust und Leid, Freude und Schmerz, von Trieben, Begierden und Leidenschaften, von alledem, was eben im Wachleben auf- und abwogt in der Seele. Und in diesem Astralleibe ist der eigentliche Mittelpunkt unseres Wesens: das Ich. Für unseren gewöhnlichen Menschen gliedert sich dieser Astraileib weiter, denn in ihm finden wir als Unterglieder gleichsam dasjenige, was Ihnen aufgezählt worden ist als die Seelenglieder: die Empfindungsseele, die Verstandesseele, die Bewußtseinsseele.

Wenn nun der Mensch des Abends einschläft, so bleiben im Bette liegen physischer Leib und Ätherleib; heraustritt der Astralleib mit all dem, was wir Empfindungsseele, Verstandes- oder Gemütsseele, Bewußtseinsseele nennen; heraustritt auch das Ich. Astralleib und Ich nun, in ihrer ganzen Wesenheit, sind während des Schlafzustandes in einer geistigen Welt. Warum kehrt der Mensch jede Nacht in diese geistige Welt ein? Warum muß er seinen physischen Leib und seinen Ätherleib jede Nacht zurücklassen? Das hat seinen guten Sinn für das menschliche Leben. Wir können diesen Sinn so recht vor unsere Seele stellen, wenn wir jetzt einmal die folgende Betrachtung anstellen: Die Geisteswissenschaft sagt uns, der Astralleib ist der Träger von Lust und Leid, von Freude und Schmerz, von Trieben, Begierden und Leidenschaften! Schön! Aber das sind ja gerade diejenigen Erlebnisse, die in ein unbestimmtes Dunkel hinuntersinken beim Einschlafen. Dennoch behauptet man, daß der Astralleib mit dem Ich in geistigen Welten ist – der eigentliche innere Mensch ist in einer geistigen Welt, ist mit dem Astralleib in einer geistigen Welt. – Aber Triebe und Leidenschaften, alles dasjenige, was eigentlich im Astralleib sitzt, das gerade schwindet doch sozusagen in ein unbestimmtes Dunkel während der Nacht hinab. Ist das nicht ein Widerspruch?

Nun, der Widerspruch ist bloß scheinbar. In der Tat ist

der Astralleib der Träger von Lust und Leid, von Freude und Schmerz, von allen auf- und abwogenden inneren Seelenerlebnisses des Tages; aber er kann sie nicht durch sich selber, so wie der Mensch heute ist, wahrnehmen.

Damit dieser Astralleib und das Ich wahrnehmen können ihre eigenen Erlebnisse, sind sie darauf angewiesen, daß sich diese inneren Erlebnisse äußerlich spiegeln; und spiegeln können sie sich nur, wenn des Morgens beim Aufwachen das Ich mit dem Astralleib untertaucht in den Äther- und physischen Leib. Da wirkt für alles das, was der Mensch innerlich erlebt, für alle Lust und alles Leid, für Freude und Schmerz und so weiter der physische, aber namentlich der Ätherleib wie ein Spiegel, der zurückwirft, was wir im Innern erleben. Wie wir uns selber in einem Spiegel sehen, so sehen wir dasjenige, was wir im Astralleib erleben, aus dem Spiegel unseres physischen und unseres Ätherleibes; aber wir dürfen nicht glauben, daß dieses Seelenleben, das vom Morgen bis zum Abend sich vor unserer Seele abspielt, zu seinem Zustandekommen keine Arbeit erfordert. Des Menschen Inneres, das Ich und der Astralleib, alles dasjenige, was Bewußtseinsseele, Verstandesseele, Empfindungsseele ist, das muß arbeiten mit seinen Kräften an dem physischen Leib und an dem Ätherleib, muß sozusagen durch seine Wechselwirkung auf diese beiden Leiber des Menschen das auf- und abwogende Leben des Tages erst erzeugen.

Während dieses Erlebens des Tages werden nun gewisse Kräfte verbraucht. In dieser Wechselwirkung des menschlichen Innern mit dem Äußern des Menschen werden fortwährend Seelenkräfte verbraucht. Das drückt sich dadurch aus, daß der Mensch am Abend sich ermüdet fühlt, das heißt, nicht imstande ist, aus dem Innern heraus jene Kräfte zu finden, die ihm möglich machen, in das Getriebe von Äther- und physischem Leibe einzugreifen. Wenn des Abends der Mensch in der Ermüdung fühlt, wie dasjenige zuerst erlahmt, was am meisten von seinem Geist in die Materie hineinspielt, wenn er sich ohnmächtig des Sprechens fühlt, wenn Gesicht, Geruch, Geschmack und zuletzt das Gehör, der geistigste der Sinne, nach und nach dahinschwinden, weil der Mensch nicht aus dem Innern heraus die Kräfte entfalten kann, dann zeigt uns das, wie die Kräfte während des Tageslebens verbraucht sind.

Woher stammen nun die Kräfte, welche da vom Morgen bis zum Abend verbraucht werden? Diese Kräfte stammen aus dem Nachtleben, aus dem Schlafzustand. Während des Lebens, das die Seele vom Einschlafen bis zum Aufwachen führt, saugt sie sich gleichsam voll mit jenen Kräften, die sie braucht, um das ganze Tagesleben vor uns hinzaubern zu können. Im Tagesleben kann sie ihre Kräfte entwickeln, aber sie kann aus ihm nicht die Kräfte ziehen, die sie zum Aufbau braucht. – Es ist selbstverständlich, daß die verschiedenen Hypothesen, die über den Ersatz der im Tage verbrauchten Kräfte von der äußeren Wissenschaft gegeben werden, auch der Geisteswissenschaft bekannt sind, aber darauf brauchen wir jetzt nicht einzugehen. – So also können wir sagen: Wenn die Seele aus dem Schlafzustand heraus und in den Wachzustand übergeht, bringt sie sich aus dem Lande, das gleichsam ihre geistige Heimat ist, die Kräfte mit, die sie den ganzen Tag über verwenden muß zum Aufbau jenes Seelenlebens, das sie vor uns hinzaubert. So wissen wir also, was die Seele sich mitbringt aus der geistigen Welt heraus, wenn sie des Morgens aufwacht.

Fragen wir uns jetzt das andere: Trägt die Seele nichts am Abend, wenn sie einschläft, in die geistige Welt hinein?

Was bringt sich die Seele des Abends in den Zustand, den wir Schlaf nennen, aus dem Wachzustand mit hinein?

Wenn wir das einmal durchdringen wollen, was sich die Seele aus der äußeren Welt der physischen Wirklichkeit, in der sie von Erlebnis zu Erlebnis geht während des Wachens, hineinbringt in das geistige Wesen des Schlafes, dann müssen wir uns vor allen Dingen an dasjenige halten, was wir die persönliche Entwicklung des Menschen zwischen Geburt und Tod nennen. Diese Entwicklung des Menschen tritt uns ja darin entgegen, daß uns der Mensch in einem späteren Lebenszustand reifer, mehr durchdrungen von Lebenserfahrung und Lebensweisheit erscheint, daß er in einem späteren Lebensalter gewisse Fähigkeiten und Kräfte sich erworben hat, die er in früherem Lebensalter nicht hatte.

Daß der Mensch aus der Außenwelt etwas in sich hineinnimmt und es umgestaltet in seinem Innern, davon können wir uns schon überzeugen, wenn wir folgendes überlegen: Zwischen 1770 und 1815 haben sich gewisse Ereignisse abgespielt, die für die Weltentwicklung von großer Bedeutung waren. Die verschiedensten Menschen haben diese Ereignisse mitgemacht. Es gab nun solche Menschen, die sie mitgemacht haben, an denen aber diese Ereignisse stumm vorbeigegangen waren; andere hat es gegeben, auf welche diese Ereignisse so gewirkt haben, daß sie sich mit Lebenserfahrung, mit Lebensweisheit erfüllt haben, so daß sie auf eine höhere Stufe ihres Seelenlebens hinaufgestiegen sind.

Was ist da eigentlich geschehen?

Das zeigt sich uns am besten an einem einfachen Ereignis des menschlichen Lebens. Nehmen wir die Entwicklung des Menschen in bezug auf das Schreibenkönnen. Was ist eigentlich geschehen, damit wir imstande sind, in einem bestimmten Augenblick unseres Lebens die Feder ansetzen und unsere Gedanken durch die Schrift ausdrücken zu können? Da mußte früher mancherlei geschehen. Eine ganze Reihe von Erlebnissen mußte gemacht werden, vom ersten Versuch an, die Feder in die Hand zu nehmen, den ersten Strich zu machen, bis zu all den Bemühungen, die zuletzt dahin führten, daß wir diese Kunst auch wirklich verstanden. Wenn wir uns erinnern, was sich da alles abspielen mußte, durch Monate und Jahre hindurch, wenn wir uns erinnern an alles, was wir durchgemacht haben dabei, vielleicht an Strafen, Verweisen und dergleichen, um endlich umzuwandeln eine Reihe von Erlebnissen in die Fähigkeit des Schreibenkönnens, dann müssen wir sagen: es sind Erlebnisse umgegossen, umgeschmolzen worden, so daß sie gleichsam wie in einer Essenz erscheinen im späteren Leben in dem, was wir die Fähigkeit des Schreibenkönnens nennen.

Geisteswissenschaft zeigt, wie das geschieht, wie eine Reihe von Erlebnissen zusammenrinnt, gleichsam gerinnt in eine Fähigkeit. Das aber könnte niemals geschehen, wenn der Mensch nicht immer und immer wieder durch den Schlaf durchgehen könnte. Derjenige, der das Leben beobachtet, der wird wissen, was sich schon im Alltag zeigt: Wenn wir uns bemühen, dies oder jenes uns einzuprägen, dann erfährt das Einprägen und Behalten eine wesentliche Förderung, wenn wir wieder darüber schlafen können; dann wird es unser Eigentum. Und so ist es im ganzen menschlichen Leben.

Dasjenige, was wir an Erlebnissen durchmachen, muß sich vereinigen mit unserer Seele; es muß von dieser verarbeitet werden; es muß zur Gerinnung gebracht werden, um in Fähigkeit umgebildet werden zu können.

Diesen ganzen Prozeß vollzieht die Seele während des Schlafzustandes. Die Tageserlebnisse, die sich ausbreiten in der Zeit, die rinnen zusammen während des nächtlichen Schlafes und gießen sich um in dasjenige, was wir geronnene Erlebnisse, menschliche Fähigkeiten nennen. So zeigt sich uns, was wir des Abends mitnehmen aus den äußeren Erlebnissen, nämlich dasjenige, was dann umgewandelt wird und umgewoben zu unseren Fähigkeiten. So steigert sich unser Leben dadurch, daß die Erlebnisse des Tages umgegossen werden während der Nacht in Fähigkeiten, in Kräfte.

Das heutige Zeitbewußtsein hat von diesen Dingen nicht viel Ahnung; aber es war nicht immer so, es gab Zeiten, in denen man aus einem alten Hellsehertum heraus über diese Dinge wohl Bescheid wußte. Da soll nur ein Beispiel angeführt werden, wo ein Dichter in einer höchst merkwürdigen Weise bildlich zeigt, wie er sich dieser Umwandlung bewußt war. Der alte Dichter Homer, der mit Recht auch ein Seher genannt wird, schildert uns in seiner *Odyssee*, wie Penelope in der Abwesenheit ihres Gatten von einer Anzahl von Freiern bestürmt wird und wie sie ihnen verspricht, sich erst dann zu entscheiden, wenn sie ein Gewebe fertiggebracht hätte. Sie löste aber in der Nacht immer wieder auf, was sie bei Tag gewoben hatte. Wenn ein Dichter darstellen will, wie eine Reihe von Erlebnissen, die wir am Tage haben, eine Reihe von Erlebnissen, wie es diejenigen der Penelope mit den Freiem waren, sich nicht zu irgendeiner Fähigkeit umbilden sollen und nicht zusammenrinnen sollen zu der Fähigkeit des Entschlusses, dann muß er darstellen, wie das, was die Tageserlebnisse weben, des Nachts wieder aufgedröselt werden muß, denn sonst würde es sich unweigerlich umgestalten zur Fähigkeit des Entscheidens. Solche Dinge können demjenigen, der nur vom heutigen Bewußtsein erfüllt ist, wie eine Haarspalterei erscheinen, und er kann glauben, daß man in die Dichter etwas hineinträgt; aber die Großen unter den Menschen waren wirklich nur diejenigen, die aus den großen Weltgeheimnissen heraus gearbeitet haben, und man hat, wenn man heute schön von Ursprünglichkeit und ähnlichem redet, keine Ahnung davon, aus welchen Tiefen die wirklich großen Kunstleistungen der Welt gekommen sind.

Also wir sehen, wie sich die äußeren Erlebnisse, die wir hineinnehmen in den Schlafzustand der Seele, umgießen in

Fähigkeiten und Kräfte und wie die menschliche Seele dadurch vorrückt in dem Leben zwischen Geburt und Tod, wie sie etwas hineinbringt in die geistige Welt, um es wiederum herauszubringen zu einer Steigerung der menschlichen Seele. Wenn wir aber dann diese Entwickelung zwischen der Geburt und dem Tode betrachten, dann müssen wir sagen: Oh, es ist dem Menschen eine gewisse enge Grenze gesetzt in bezug auf diese Entwicklung. Diese Grenze tritt uns dann besonders vor die Seele, wenn wir uns überlegen, daß wir zwar an unseren Seelenfähigkeiten arbeiten und sie steigern können, daß wir sie umgestalten können und in einer späteren Epoche des Lebens mit einer vollkommeneren Seele existieren als in einer früheren Epoche, aber daß hier eine Grenze der Entwicklung ist. Man kann gewisse Fähigkeiten im Menschen entwickeln, aber alles das nicht, was nur dadurch vorwärts schreiten könnte, daß wir das Organ des physischen und des Ätherleibes umgestalteten. Diese sind mit ihren bestimmten Anlagen von der Geburt an vorhanden; wir finden sie vor. Wir können uns zum Beispiel nur dann ein gewisses Musikverständnis aneignen, wenn wir von vornherein die Anlage zu einem musikalischen Gehör haben. Das ist ein krasser Fall, an dem sich zeigt, daß die Umwandlung scheitern kann und daß sich die Erlebnisse zwar mit unserer Seele vereinigen können, wir aber darauf verzichten müssen, sie uns einzuverleiben. Wenn wir solche Grenzen finden an unserem Leibesleben, dann müssen wir verzichten, zwischen Geburt und Tod diese Erlebnisse in unser Leibesleben hineinzuverweben. Weil das so ist, so müssen wir, wenn wir das menschliche Leben von einem höheren Standpunkt aus betrachten, die Möglichkeit, diesen Leib zersprengen, ablegen zu können, geradezu als etwas ungeheuer Heilsames, als etwas ungeheuer Bedeutsames für unser gesamtes menschliches Leben betrachten. Daran scheitert unsere Umwandlungsfähigkeit für den menschlichen Leib, daß wir diesen Ätherleib und physischen Leib jeden Morgen wieder vorfinden. Im Tode erst legen wir ihn ab. Wir schreiten durch die Pforte des Todes in eine geistige Welt hinein. Da, in dieser geistigen Welt, wo wir jetzt nicht mehr einen physischen und Ätherleib als Hindernis vorfinden, da können wir innerhalb der geistigen Substantialitäten alles dasjenige ausbilden, was wir erleben konnten zwischen Geburt und Tod, dem gegenüber wir aber resignieren mußten, weil wir an Grenzen stießen. – Wenn wir aus der geistigen Welt wiederum in ein neues Leben treten, dann erst können wir diese Kräfte, die wir dem geistigen Urbilde einverwoben haben, eintreten lassen in ein Dasein, das wir uns jetzt plastisch gestalten können in dem zunächst weichen Menschenleib. Nun erst können wir mit unserem Wesen verweben dasjenige, was wir uns im vorhergehenden Leben zwar aneignen, nicht aber auch hineintragen konnten in unser Wesen. So ist die Steigerung des Lebens möglich durch den Tod, weil wir dasjenige, was wir uns in einem Leben als Frucht der Erlebnisse nicht einverleiben konnten, nun im nächsten Leben uns einverweben können. Dasjenige, was das eigentliche menschliche Innere ist, was am Menschen durch die Leiber sich zum Dasein arbeitet, das tritt durch die Pforte des Todes von einem Leben zum anderen. Der Mensch hat nun nicht bloß die Möglichkeit, gewissermaßen zu arbeiten im Gröberen an seiner plastischen Leiblichkeit, damit er in diese plastische Leiblichkeit hineinprägt dasjenige, was er vorher nicht hineinprägen konnte, sondern er hat auch die Möglichkeit, gewisse feinere Früchte der vorhergehenden Leben in sein ganzes Wesen einzuprägen.

Wenn wir einen Menschen durch die Geburt ins Dasein treten sehen, so können wir sagen: So wie das Ich und der Astralleib mit Empfindungsseele, Verstandes- oder Gemütsseele und Bewußtseinsseele durch die Geburt ins Dasein treten, so sind sie nicht bestimmungslos, sondern ihnen sind bestimmte Eigenschaften, bestimmte Merkmale eigen, die sie sich aus vorhergehenden Leben mitgebracht haben. Im Gröberen arbeitet der Mensch in das Plastische seines Leibes schon vor der Geburt alles das hinein, was er vorher als Früchte erhalten hat; aber im Feineren arbeitet der Mensch – und das zeichnet ihn dem Tiere gegenüber aus – auch nach der Geburt während seiner ganzen Kindheit und Jugendzeit, er arbeitet in die feinere Gliederung seiner äußeren und auch inneren Natur alles das hinein, was das Ich sich an Bestimmungsmerkmalen, an Bestimmungsgründen aus seinem vorhergehenden Leben mitgebracht hat. Und daß da das Ich hineinarbeitet und wie das Ich da arbeitet aus dem Wesen des Menschen heraus, sich in dem ausprägend, was es darlebt in der Welt, das ist es, was als der Charakter des Menschen hereintritt in diese Welt. Dieses Ich des Menschen arbeitet ja zwischen der Geburt und dem Tode, indem es auf dem Instrumente der Seele, der Empfindungs-, der Verstandes- und der Bewußtseinsseele erklingen läßt, was es sich erarbeitet hat. Aber es arbeitet nicht so in dieser Seele, daß das Ich etwa als ein Äußerliches dem gegenüberstünde, was als Triebe, Begierden und Leidenschaften in der Empfindungsseele lebt, nein, das Ich eignet sich selber, wie zu seinem inneren Wesen gehörig, die Triebe, Begierden und Leidenschaften an: das Ich ist eins mit ihnen, ist auch eins mit seinen Erkenntnissen und mit seinem Wissen in der Bewußtseinsseele.

Daher nimmt sich der Mensch dasjenige, was er sich in diesen Seelengliedern an Harmonie und Disharmonie erarbeitet, durch die Pforte des Todes mit und arbeitet es in dem neuen Leben in die menschliche Äußerlichkeit hinein. Es prägt sich so das menschliche Ich mit dem, was es aus einem vorhergehenden Leben her geworden ist, in einem neuen Leben aus. Deshalb erscheint uns der Charakter zwar als etwas Bestimmtes, als etwas Angeborenes, aber doch wiederum als etwas, was sich nach und nach im Leben erst herausentwickelt.

Das Tier ist seinem Charakter nach von allem Anfange an durch die Geburt bestimmt, ist voll ausgeprägt; es kann nicht plastisch arbeiten an seinem Äußeren; der Mensch aber hat gerade diesen Vorzug, daß er bei seiner Geburt auftritt, ohne einen bestimmten Charakter nach außen zu zeigen, daß er aber in demjenigen, was in den tiefen Untergründen seines Wesens schlummert, was von früheren Leben her in dieses Dasein hereingeraten ist, Kräfte hat, die sich in dieses unbestimmte Äußere hineinarbeiten und so den Charakter allmählich formen, insoweit er durch das vorige Leben bestimmt ist.

So sehen wir, wie der Mensch in gewisser Beziehung einen angeborenen Charakter hat, der aber im Laufe des Lebens erst nach und nach sich auslebt. Wenn wir dies ins Auge fassen, so werden wir verstehen können, daß selbst große Persönlichkeiten sich irren konnten in bezug auf die Beurteilung des menschlichen Charakters. Es gibt Philosophen, die behaupten, der menschliche Charakter könne sich nicht ändern, er sei als ein ganz Bestimmtes im Innern vorhanden. Das ist aber nicht richtig, nur insofern ist es zutreffend, als uns dasjenige, was von vorhergehenden Leben stammt, wie ein angeborener Charakter entgegentritt. Das ist es also, was als menschliches Zentrum aus dem Innern des menschlichen Wesens sich herausarbeitet und allen einzelnen Gliedern des Menschen das gemeinsame Siegel aufprägt, den gemeinsamen Charakter verleiht. Dieser Charakter geht sozusagen in das Seelische selbst hinein, er geht hinein auch in die äußeren Leibesglieder. Wir sehen das Innere sich gleichsam so nach außen ergießen, daß es alles nach sich in gewisser Weise formt, und wir empfinden, wie dieses innere Zentrum die einzelnen Glieder des Menschen zusammenhält. Bis in das äußere Leibliche hinein empfinden wir etwas, was uns als Abdruck der inneren Wesenheit in dem Äußeren des Menschen erscheinen kann.

Das, was man gewöhnlich theoretisch nicht gehörig beachtet, das hat einmal ein Künstler ganz wunderbar zur Darstellung gebracht. Er zeigt die menschliche Natur in dem Augenblick, wo das menschliche Ich, das zusammenhaltend allen Gliedern einen Mittelpunkt bildet, eine Einheit gibt, für sie verlorengeht. Er zeigt, wie dann die einzelnen Wesensglieder, ein jedes sich selbst folgend, das eine die Richtung dahin und das andere dorthin nimmt. Es gibt ein großes berühmtes Kunstwerk, das uns gerade diesen Augenblick der menschlichen Wesenheit festhält, wo der Mensch desjenigen verlustig wird, was seinem Charakter zugrunde liegt, was dem *ganzen* Menschenwesen angehört. Es ist hier gemeint ein Kunstwerk, das vielfach mißverstanden worden ist. Glauben Sie nicht, daß hier eine billige Kritik angelegt werden soll an Geistern, deren Wirken von mir im höchsten Sinne Verehrung entgegengebracht wird; aber gerade darin zeigt sich die Schwierigkeit des menschlichen Weges zur Wahrheit, daß gewissen Erscheinungen gegenüber, gerade aus einem ungeheuren Wahrheitstrieb heraus, selbst große Geister irren.

Einer der größten deutschen Kunstkenner, Winckelmann,[62] mußte aus den ganzen Voraussetzungen seines Wesens heraus irren gegenüber jenem Kunstwerk, welches unter dem Namen Laokoon bekannt ist. Diese Winckelmannsche Erklärung des Laokoon bewundert man vielfach. Man ist sich klar darüber in vielen Kreisen, daß man Besseres gar nicht sagen kann, als was Winckelmann gesagt hat über die Gestalt des Laokoon, jenes Priesters von Troja, der inmitten seiner beiden Söhne, von Schlangen umwunden, zu Tode gepreßt wird. Winckelmann, der in schöner Begeisterung dem Kunstwerk gegenüberstand, sagte: man sähe hier den Priester Laokoon, der in jeder Form, die sich in seinem Leibe darstellt, edel und groß einen unendlichen Schmerz zum Ausdruck bringt, vor allen Dingen den Vaterschmerz. Er steht zwischen den Söhnen; die Schlangen umwinden die Leiber. Der Vater – so meint Winckelmann – merkt den Schmerz seiner Söhne, und in seinem Vateremp-finden erfühlt er jenes Ungeheuere, das den Unterleib einzieht und das Ganze des Schmerzes herauspreßt. Wir könnten die Gestalt des Laokoon aus dem verstehen, daß er sich selbst vergißt, indem er von unendlichem Mitleid für die Söhne seines Blutes entbrennt.

Es ist eine schöne Erklärung, die Winckelmann von diesem Schmerz des Laokoon gegeben hat, aber derjenige, der Gewissen hat und immer wieder und wieder, weil er gerade Winckelmann als große Persönlichkeit verehrt, den Laokoon ansieht, der muß sich zuletzt sagen: Winckelmann muß hier geirrt haben, denn es ist ganz unmöglich, daß in der Gruppe der Moment gegeben ist, der aus dem Mitleid hervorgeht. Der Kopf ist so gerichtet, daß der Vater seine Söhne gar nicht sieht. Es ist ganz falsch dargestellt, wie Winckelmann die Gruppe ansah. Wenn wir die Gruppe ansehen und ein unmittelbares Empfinden haben, dann werden wir uns klar darüber, daß wir in der Laokoon-Gruppe den ganz bestimmten Moment gegeben haben, wo durch die Umringelung der Schlangen dasjenige, was wir das menschliche Ich nennen, aus dem Leibe des Laokoon heraus ist, wo die einzelnen des Ichs entblößten Triebe, ein jeder bis in das Körperliche hinein, ihren Weg gehen. So sehen wir, wie der Unterleib, der Kopf, jedes einzelne Glied seinen Weg geht und nicht in einen charaktervollen Einklang gebracht werden mit der äußeren Gestalt, weil das Ich eben entschwunden ist.

Ein solcher Moment, der uns im Äußerlich-Körperlichen zeigt, wie der Mensch den einheitlichen Charakter verliert, wenn das Ich schwindet, das als starker Mittelpunkt selbst die

Leibesglieder zusammenfügt, ein solcher Moment ist uns im Laokoon dargestellt. Und gerade, wenn wir so etwas wirken lassen auf unsere Seele, dann dringen wir bis in jenes Einheitliche vor, das sich uns als das Zusammenstimmende der Leibesglieder ausdrückt, das hineinprägt dasjenige, was wir den menschlichen Charakter nennen.

Nun aber müssen wir uns fragen: Wenn das richtig ist, daß der Mensch in gewisser Beziehung seinen Charakter angeboren hat – und das läßt sich nicht leugnen, denn jeder Blick ins Leben kann uns lehren, daß über eine bestimmte Grenze hinaus alles dasjenige, was der Mensch mitbringt, sich durch alle Mühe nicht verändern läßt –, wenn der Mensch auf der einen Seite den Charakter angeboren hat, ist es da doch möglich, daß der Mensch etwas tut, um den Charakter in gewisser Weise umzuformen?

Ja, insofern nämlich der Charakter dem Seelenleben angehört, insofern er demjenigen angehört, was, ohne daß wir eine Grenze finden an den äußeren Leibesgliedern, wenn wir des Morgens aufwachen, umgebildet werden kann am Zusammenstimmen der einzelnen Seelenglieder, an Verstärkung der Kräfte der Empfindungsseele, der Verstandes- oder Gemütsseele und der Bewußtseinsseele, insofern kann auch noch am Charakter fortgebildet werden durch das persönliche Leben zwischen Geburt und Tod.

Darüber etwas zu wissen ist besonders wichtig für die Erziehung. Wie es außerordentlich wichtig ist, die Unterschiede und die Wesenheit der menschlichen Temperamente zu kennen, wenn man ein richtiger Erzieher sein soll, so notwendig ist es, auch etwas über den menschlichen Charakter zu wissen und auch darüber etwas zu wissen, was der Mensch tun kann zwischen Geburt und Tod, um diesen Charakter umzuformen, der in gewisser Beziehung durch das vorhergehende Leben und seine Früchte bestimmt ist. Wenn wir das wissen wollen, dann müssen wir uns klar sein, daß der Mensch in seinem persönlichen Leben gewisse allgemein typische Entwicklungsepochen durchmacht. Sie finden die nötigen Anhaltspunkte für das, was jetzt skizzenhaft angedeutet wird, in meinem Schriftchen: *Die Erziehung des Kindes vom Gesichtspunkte der Geisteswissenschaft.* Der Mensch macht zunächst eine Epoche durch vom Momente seiner Geburt bis zu der Zeit, wo der Zahnwechsel um das siebente Jahr herum eintritt. Das ist die Epoche, wo vorzugsweise der physische Leib durch äußeren Einfluß ausgebildet werden kann. Von diesem siebenten Jahre an, von dem Zahnwechsel bis zum dreizehnten, vierzehnten, fünfzehnten Jahre, bis zur Geschlechtsreife, ist eine Epoche, wo vorzugsweise sein Ätherleib ausgebildet werden kann, das zweite Glied der menschlichen Wesenheit. Dann tritt der Mensch in eine dritte Epoche ein, wo vorzugsweise sein Astralleib, der niedrigere Astralleib, gebildet werden kann; und dann kommt, etwa vom einundzwanzigsten Jahre angefangen, das Lebensalter, wo der Mensch nun gleichsam wie eine selbständige, freie Wesenheit der Welt gegenübersteht und selber an der Ausbildung seiner Seele arbeitet. Da sind die Jahre von zwanzig bis achtundzwanzig wichtig für die Entwicklung der Kräfte der Empfindungsseele.

Die nächsten sieben Jahre etwa – das sind immer nur Durchschnittszahlen – bis zum fünfunddreißigsten Jahre sind besonders wichtig für die Entwicklung der Verstandes- oder Gemütsseele, die wir insbesondere dadurch zur Ausbildung bringen können, daß wir mit dem Leben in Wechselwirkung treten. Wer das Leben nicht beobachten will, der mag darin Unsinn sehen; wer aber das Leben mit offenen Augen betrachtet, der wird wissen, daß gewisse Wesensglieder des Menschen insbesondere in gewissen Epochen des Lebens ausgebildet werden können. In den ersten Zwanzigerjahren sind wir besonders imstande, durch

Wechselwirkung mit dem Leben unsere Begierden, Triebe, Leidenschaften und so weiter an den Eindrücken und Einflüssen der Außenwelt zu entfalten. Ein Werden an Kräften werden wir fühlen können durch entsprechende Wechselwirkung der Verstandesseele mit der Umwelt; und derjenige, der da weiß, was wirkliche Erkenntnis ist, der weiß auch, daß alles frühere Aneignen von Erkenntnissen nur Vorbereitung sein kann; daß jene Reife des Lebens, wo man wirklich überschauend sich Erkenntnisse aneignen kann, im Grunde genommen durchschnittlich erst mit dem fünfunddreißigsten Jahre eintritt. Solche Gesetze gibt es. Nur derjenige wird sie nicht beobachten, der überhaupt das menschliche Leben nicht beobachten will.

Wenn wir das ins Auge fassen, dann sehen wir, wie dieses menschliche Leben zwischen Geburt und Tod gegliedert ist. Daraus aber, daß das Ich so arbeitet, daß es die Seelenglieder abstimmt gegeneinander, daß es aber auch dasjenige, was es erarbeitet, gliedern muß nach Maßgabe der äußerlichen Leiblichkeit, daraus werden wir einsehen, wie wichtig es ist, als Erzieher zu wissen, daß bis zum siebenten Jahre der äußere physische Leib seine Entwicklung erfährt. Alles dasjenige, was auf den physischen Leib einwirken kann von der physischen Welt, was ihn mit Kraft und Stärke ausstattet, das kann nur in dieser ersten Epoche an den Menschen herangebracht werden. Nun besteht ein geheimnisvoller Zusammenhang zwischen dem physischen Leib und der Bewußtseinsseele, der bei genauer Beobachtung des Lebens gründlich hervorgehen kann.

Wenn nun das Ich stark werden soll, so daß es sich mit den Kräften der Bewußtseinsseele im späteren Leben, also erst nach dem fünfunddreißigsten Jahre, durchsetzen soll, wenn das Ich so arbeiten soll im Seelenleben, daß es durch die Durchdringung der Bewußtseinsseele herausgehen kann aus sich selber zu einem Wissen von der Welt, so darf es an dem physischen Leib keine Grenze finden, denn der physische Leib gerade kann dasjenige sein, was der Bewußtseinsseele und dem Ich die größten Hindernisse entgegensetzt, wenn dieses Ich nicht verschlossen bleiben will im Innern, sondern heraus will zu einem offenen Wechselverkehr mit der Welt. Da wir aber innerhalb gewisser Grenzen durch die Erziehung dem Kinde bis zum siebenten Jahr Kräfte zuführen können für den physischen Leib, so sehen wir hier einen merkwürdigen Lebenszusammenhang. Oh, es ist nicht gleichgültig für das spätere Leben des Menschen, was der Erzieher mit dem Kinde vornimmt! Nur diejenigen, die das Leben nicht zu beobachten verstehen, die wissen nichts von solchen Lebensgeheimnissen; wer aber vergleichen kann frühestes Kindesalter mit demjenigen, was vom fünfunddreißigsten Jahre an auftritt an freiem Wechselverkehr mit der Welt, der weiß, daß wir einem Menschen, der mit der Welt in offenen Verkehr treten soll, der auf die Welt eingehen und nicht verschlossen in sich selber ruhen soll, daß wir dem die größten Wohltaten erweisen können, wenn wir in entsprechender Weise in der ersten Epoche seines Lebens auf ihn wirken. Was wir da dem Kinde zuführen an Freuden des unmittelbaren physischen Lebens, an Liebe, die einströmt aus seiner Umgebung, das führt dem physischen Leibe Kräfte zu, das macht ihn bildungsfähig, das macht ihn gleichsam weich und plastisch.

Und so viel Freude und so viel Liebe und Glück wir dem Kinde in dieser ersten Lebensepoche zuführen, um so weniger Hindernisse und Hemmnisse hat der Mensch dann später, wenn er aus seiner Bewußtseinsseele heraus, durch die Arbeit des Ichs, das auf der Bewußtseinsseele wie auf einer Saite spielt, einen offenen, einen freien, mit der Welt in Wechselwirkung tretenden Charakter bilden soll. – Alles das, was wir an Unliebe, was wir an finsteren Lebensschicksalen, an Schmerz das Kind bis zum siebenten Lebensjahre ertragen lassen, verhärtet seinen physischen Leib, und das alles schafft dann Hindernisse für das spätere Lebensalter. Und in dem gekennzeichneten späteren Lebensalter tritt dann das auf, was man einen verschlossenen Charakter nennt, ein Charakter, der in seiner Seele sein ganzes Wesen versperrt und nicht zu einem freien offenen Verkehr mit all den Eindrücken der Außenwelt gelangen kann. So geheimnisvoll sind die Zusammenhänge im Leben.

Und wiederum gibt es Zusammenhänge zwischen dem Äther- oder Lebensleib und demjenigen, was in der zweiten Lebensepoche sich besonders ausbildet. Zwischen dem Ätherleib und der Verstandes- oder Gemütsseele besteht ein Zusammenhang. In der Verstandesseele ruhen die Kräfte, die durch das Spiel des Ichs auf dieser Seele ihr entlockt werden können. Das sind alle die Kräfte, die den Menschen zu einem Menschen der Initiative, des Mutes oder zu einem Menschen der Feigheit, der Unentschlossenheit, der Lässigkeit heranbilden. Je nachdem das Ich stärker ist oder schwächer, je nachdem lebt sich der Mensch als feiger oder mutvoller Charakter dar. Dann aber, wenn der Mensch die beste Gelegenheit hat, durch das Wechselverhältnis mit dem Leben diese Eigenschaft der Verstandes- oder Gemütsseele sich besonders einzuprägen, sie besonders zu einem festen Charakter zu machen, dann kann er Hemmnisse und Hindernisse finden an seinem Äther- oder Lebensleib. Bringen wir nun dem Äther- oder Lebensleib zwischen dem siebenten, dreizehnten, vierzehnten Jahre alles dasjenige bei, was ihn durchdringen kann mit solchen Kräften, an denen ihm im späteren Leben kein Widerstand erwächst – also gerade für die Jahre 28 bis 35 –, dann haben wir für die Erziehung dieses Menschen etwas getan, wofür er uns innig danken muß. Wenn wir einem Menschen die Möglichkeit geben, zwischen dem siebenten und dreizehnten Jahre neben uns so zu stehen, daß wir ihm eine Autorität sein können, daß wir ihm persönlich ein Wahrheitsträger sind, wenn in diesem Alter, für welches Autorität etwas besonders Heilsames ist, wir als Lehrer, als Eltern oder Erzieher neben dem jungen Menschen so stehen, daß dieser sich sagt: was sie uns darleben, das ist wahr, – dann steigern wir die Kräfte des Ätherleibes, und der Mensch wird dann im späteren Lebensalter, vom achtundzwanzigsten bis fünfunddreißigsten Jahre, am wenigsten Widerstand finden am Äther- oder Lebensleib; er wird dann, entsprechend der Anlage seines Ichs, zu einem mutvollen Menschen mit Initiative werden können. Wir können also durch diese geheimnisvollen Zusammenhänge des Lebens, wenn wir sie kennen, in ungeheuer heilsamer Weise auf den Menschen einwirken.

Es ist in unserer chaotischen Bildung verlorengegangen das Bewußtsein von solchen Zusammenhängen, die man früher instinktiv gekannt hat. Da kann man immer mit Wohlbehagen betrachten, was ältere Lehrer wie aus einem tiefen Instinkt oder aus Inspiration heraus über diese Dinge noch gewußt haben. Da muß man sagen: Die alte Rottecksche Weltgeschichte[63] mag heute da und dort überholt sein; wenn man aber mit Menschenverständnis diese alte Rottecksche Weltgeschichte in die Hand nimmt, die wir, als wir jung waren, in den Bibliotheken unserer Väter gefunden haben, denn da wurde sie gelesen, so findet man eine eigentümliche Darstellungsweise, eine Darstellungsweise, die zeigt, daß jener Badenser Lehrer, der in Freiburg Geschichte gelehrt hat, nicht nur trocken und nüchtern gelehrt hat. Wenn man nur das Vorwort liest zu dieser Rotteckschen Weltgeschichte, die ihrem Geist nach etwas Außerordentliches ist, dann hat man das Gefühl: Das ist ein Mensch, der spricht zu der Jugend aus dem Bewußtsein heraus: Du mußt dem Menschen in diesem Alter – zwischen vierzehn und einundzwanzig Jahren, wo der Astralleib zur Entwicklung kommt – die Kräfte zuführen, die aus schönen, großen Idealen hervorgehen. Überall sucht Rotteck herauszuholen, was den Menschen erfüllen kann mit der Größe der Ideen der Helden, mit Begeisterung für das, was Menschen gewollt, gelitten haben im Verlauf der Menschheitsentwicklung. Und solch ein Bewußtsein hat seine volle Berechtigung; denn dasjenige, was in den Astralleib in diesem Lebensalter, von vierzehn bis einundzwanzig Jahren, in solcher Art hineingegossen wird, das kommt unmittelbar nachher der Empfindungsseele zugute, wenn das Ich im freien Wechselspiel mit der Welt den Charakter erarbeiten will. In der Empfindungsseele wird eingeprägt, das heißt dem Charakter wird einverleibt dasjenige, was an hohen Idealen, an Begeisterung in die Seele geflossen ist. Das wird dem Ich selber einverleibt, das wird dem Charakter aufgeprägt.

So sehen wir, wie in der Tat dadurch, daß in einer gewissen Weise die menschlichen Hüllen, der physische Leib, der Äther- oder Lebensleib, der Astralleib noch plastisch sind, sie durch die Erziehung dieses oder jenes beigefügt erhalten können in der Jugend und es dadurch möglich machen, daß später der Mensch an seinem Charakter arbeitet. Wenn das Nötige nicht geschehen ist, dann wird es schwierig, am Charakter zu arbeiten; da sind dann die stärksten Mittel notwendig. Dann wird es notwendig, daß der Mensch sich ganz bewußt hingibt einer tief innerlichen meditativen Betrachtung gewisser Eigenschaften und Gefühle, die er bewußt einprägt in das Seelenerleben. Solch ein Mensch muß versuchen, die Kulturströmungen, die als Bekenntnisse zum Beispiel religiöser Art nicht nur wie Theorien sprechen wollen, inhaltlich zu erleben. Den großen Weltanschauungen, dem, was uns im späteren Leben noch mit unseren Begriffen und Empfindungen, mit unseren Ideen in die großen umfassenden Weltengeheimnisse hineinführt, dem müssen wir uns wieder und wiederum hingeben, nicht nur in einmaliger Betrachtung. Wenn wir uns in solche Weltgeheimnisse vertiefen können, uns ihnen immer wieder gerne hingeben, wenn sie uns eingeprägt werden in Gebeten, die wir tagtäglich wiederholen, dann können wir selbst noch im späteren Leben durch das Spiel des Ichs unseren Charakter umprägen.

Das erste dabei ist, daß der Mensch also dasjenige, was seinem Ich einverleibt ist, was sein Ich sich erobert, in seine Seelenglieder, in die Empfindungsseele, in die Verstandes- oder Gemütsseele und in die Bewußtseinsseele hineinprägt. Nun vermag der Mensch im allgemeinen nicht viel über die äußere Leiblichkeit. Wir haben gesehen, daß der Mensch eine Grenze hat an der äußeren Leiblichkeit, daß sie mit gewissen Anlagen ausgestattet ist; doch wenn wir genauer beobachten, so sehen wir, daß allerdings diese Grenze dennoch zuläßt, daß der Mensch auch zwischen Geburt und Tod an seiner äußeren Leiblichkeit arbeitet.

Wer wird nicht schon beobachtet haben, wie ein Mensch, der sich wirklich tieferen Erkenntnissen durch ein Jahrzehnt zum Beispiel hingibt – solchen Erkenntnissen, welche nicht graue Lehre bleiben, sondern die sich umgestalten in Lust und Leid, in Seligkeit und Schmerz, die im Grunde erst dadurch zu wirklicher Erkenntnis werden und sich mit dem Ich verweben –, wer wird nicht beobachtet haben, daß da selbst die Physiognomie, die Geste, das ganze Gehaben des Menschen sich umändert, wie das Arbeiten des Ichs sozusagen bis in die äußere Leiblichkeit hineingeht!

Aber viel ist es nicht, was da der Mensch durch das, was er sich im Leben zwischen Geburt und Tod erwirbt, in seine äußere Leiblichkeit einprägen kann. Das meiste von dem, was er sich so erwirbt, ist etwas, dem gegenüber er verzichten muß, das er sich aufbewahren muß für ein nächstes Leben. Dafür bringt der Mensch mancherlei aus früheren Leben mit und kann, wenn er sich die innere Fähigkeit dazu erwirbt, es steigern durch das, was er sich zwischen Geburt und Tod erarbeitet.

Und so sehen wir, wie der Mensch bis in die Leiblichkeit hinein arbeiten kann, wie der Charakter nicht bloß im inneren Seelenleben sich begrenzt, sondern herausdringt in die äußeren Leibesglieder. Dasjenige am Menschen, in dem sich das Äußerste seines innersten Charakters besonders ausprägt, das ist in erster Linie sein mimisches Spiel; ferner das, was wir nennen können seine Physiognomie, und drittens die plastische Bildung der Knochen seines Schädels, dasjenige, was uns in der Schädelkunde entgegentritt.

Wenn wir uns nun fragen: Wie kommt der Charakter des Menschen bis in der Äußerlichkeit, in seiner Geste, Physiognomie und Knochenbildung zum Ausdruck? – so haben wir dazu wiederum einen Anhaltspunkt durch jene geisteswissenschaftliche Vertiefung in die menschliche Wesenheit, die sagen kann: Das Ich arbeitet bildend zunächst an der Empfindungsseele, die alle Triebe, Begierden, Leidenschaften, kurz, alles das umschließt, was man innere Impulse des Willens nennen kann. Dasjenige, was das Ich auf dieser Saite des Seelenlebens spielt, das kommt dann im Äußeren, in der Geste zur Darstellung. Was in der Empfindungsseele als Charakter innerlich sich auslebt, offenbart sich nach außen in der Mimik, in der Geste, und wir können sagen, daß uns diese Geste vom Innern des Menschen gerade in bezug auf seinen Charakter viel verraten kann.

Wenn beim Menschen auch vorzugsweise aus seinem Charakterwesen heraus das Ich in der Empfindungsseele arbeitet, so spielt doch das, was das Ich gleichsam anschlägt auf der Saite der Empfindungsseele, in die anderen Seelenglieder hinein. Wenn das Ich vorzugsweise an der Empfindungsseele arbeitet, dann klingt besonders stark die Empfindungsseele, und es müssen mitklingen die anderen; das drückt sich aber in der Geste aus. Alles dasjenige, was sich im gröbsten Stile bloß in der Empfindungsseele ausprägt, kommt in der Geste zum Erscheinen im menschlichen Unterleib. Wer sich in Wohlbehagen auf den Bauch klopft, bei dem können wir genau sehen, wie er ganz mit seinem Charakter in der Empfindungsseele eingeschlossen lebt, wie wenig bei ihm zum Ausdruck kommt von dem, was seine Willensimpulse in den höheren Seelengliedern sind.

Wenn aber das Ich, das in der Empfindungsseele vorzugsweise lebt, doch aber das, was es an Trieben, Begierden, Willensentschlüssen in dieser Empfindungsseele auslebt, heraufschlägt in die Verstandesseele, dann kommt das in einer Geste zum Ausdruck, die sich auf dasjenige Organ des Menschen bezieht, das vorzugsweise der äußere Ausdruck ist für die Verstandes- oder Gemütsseele: hier in der Gegend des Herzens. Daher sehen wir bei denjenigen Menschen, die den sogenannten Brustton der Überzeugung haben, die aus ihren Empfindungen heraus zwar sprechen, aber imstande sind, diese Empfindungen doch umzuprägen in Worte und das auszudrücken: daß sie sich ans Herz schlagen. Nicht aus der Objektivität des Urteils heraus reden sie, sondern aus Leidenschaft. Wir können den leidenschaftlichen Charakter, der aber in die Verstandesseele heraufschlägt, wir können den Menschen, der zwar ganz in der Empfindungsseele lebt, der aber durch sein starkes Ich fähig ist, die Töne heraufschlagen zu lassen in die Verstandesseele, erkennen, wenn er sich besonders breit hinstellt.

Es gibt Volksredner, die den Daumen in die Westenlöcher hineinstecken und sich breit vor das Publikum hinstellen: das sind diejenigen, die aus der unmittelbaren Empfindungsseele heraus sprechen, die das, was sie egoistisch und ganz persönlich, nicht aus der Objektivität heraus empfinden, in Worte umprägen, aber jetzt mit der Geste – Daumen in den Westenlöchern – bekräftigen.

Diejenigen Menschen, welche bis in die Bewußtseinsseele heraufklingen lassen, was in ihrer Empfindungsseele vom Ich ausgeprägt und angeschlagen ist, das sind solche, die durch ihre Geste an dem Organ arbeiten, das insbesondere der äußerliche Ausdruck der Bewußtseinsseele ist. Solche Menschen zeigen es klar, wenn sie es besonders schwer haben, das, was sie innerlich fühlen, zu einer gewissen Entscheidung zu bringen; es erscheint uns wie ein äußerlicher Abdruck dieser Entscheidung, wenn der Mensch den Finger an die Nase legt, wenn er das insbesondere andeuten will, wie schwer es ihm wird, das aus den Tiefen der Bewußtseinsseele zu heben.

Und so können wir sehen, wie alles, was eigentlich in den Seelengliedern sich ausprägt als die charakterisierte Arbeit des Ichs, sich hinausergießt bis in die Geste.

Wir können aber sehen, wenn der Mensch vorzugsweise in der Verstandes- oder Gemütsseele lebt, was also schon näher dem menschlichen Innern liegt, was also am Menschen nicht von außen bestimmt ist, worunter er nicht sklavisch seufzt, was mehr sein Eigentum ist, wie das sich kundgibt im physiognomischen Ausdruck namentlich seines Gesichtes. Wenn das Ich die Saite der Verstandesseele anschlägt, diese aber hinunterklingt in die Empfindungsseele, wenn der Mensch zunächst zwar fähig ist, mit seinem Ich in der Verstandesseele zu leben, aber alles, was dann darinnen ist, sich hinunterdrückt in die Empfindungsseele; wenn sein Urteil ihn so durchdringt, daß er erglüht für sein Urteil, dann sehen wir, wie sich das ausdrückt in der zurücktretenden Stirn, in dem hervortretenden Kinn. Was eigentlich in der Verstandesseele erlebt wird und nur hinunterklingt in die Empfindungsseele, das drückt sich aus an den unteren Partien des Gesichts. Wenn der Mensch dasjenige entfaltet, was gerade die Verstandesseele entfalten kann, den Einklang zwischen dem Äußeren und dem Innern, wo der Mensch weder durch inneres Grübeln verschlossen, noch durch völliges Hingegebensein leer wird im Innern, wo ein schöner Einklang ist zwischen dem Äußern und Innern, wenn also vorzugsweise das Ich in seiner Charakterprägung in der Verstandesseele lebt, so drückt sich das in der Mittelpartie des Gesichts – dem äußeren Ausdruck für die Verstandes- oder Gemütsseele – aus.

Und hier können wir sehen, wie fruchtbar Geisteswissenschaft wird für die Kulturbetrachtung. Sie zeigt, daß die aufeinanderfolgenden Eigenschaften auch bei den aufeinanderfolgenden Völkern in der Weltentwicklung ganz besonders sich ausprägen. So war die Verstandes- oder Gemütsseele insbesondere im alten Griechentum ausgeprägt. Da war jener schöne Einklang zwischen dem Äußern und dem Innern da, da war vorhanden das, was man in der Geisteswissenschaft nennt den charaktervollen Ausdruck des Ichs in der Verstandes- oder Gemütsseele. Bei den Griechen tritt uns daher in der äußeren Gestaltung die griechische Nase in ihrer Vollendung entgegen. Wahr ist es, daß wir solche Dinge erst verstehen, wenn wir das Äußere, das in der Materie Geprägte begreifen aus den geistigen Untergründen heraus, aus denen es hervorgeht.

Und der physiognomische Ausdruck, der entsteht, wenn der Mensch das, was vorzugsweise in der Verstandes- oder Gemütsseele lebt, heraufbringt bis zum Wissen, wenn er es auslebt in der Bewußtseinsseele, der ergibt die hervortretende Stirne. In diesem physiognomischen Ausdruck liegt die Offenbarung der Verstandes- oder Gemütsseele; daher drückt sich dies in einer besonderen Stirnbildung aus, gleichsam in die Bewußtseinsseele hinaufströmend das, was das Ich in der Verstandesseele arbeitet.

Wenn aber der Mensch ganz besonders lebt mit seinem Ich, so daß er charaktervoll dasjenige, was das Wesen des Ichs ist, in seiner Bewußtseinsseele ausprägt, dann kann er zum Beispiel das, was das Ich anschlägt auf der Saite der Bewußtseinsseele, hinunterdrängen in die Verstandes- oder Gemütsseele und in die Empfindungsseele. Dieses letztere ist eine gewisse höhere Vollendung der menschlichen Entwicklung. Nur in unserer Bewußtseinsseele können wir durchdrungen werden von den hohen sittlichen Idealen, von den großen Erkenntnisüberblikken über die Welt.

Das alles muß in unserer Bewußtseinsseele leben. Dasjenige, was das Ich der Bewußtseinsseele an Kräften gibt, damit diese Erkenntnisse und einen Überblick über die Welt gewinnen kann, dasjenige, was das Ich der Bewußtseinsseele geben kann, damit in dieser leben können hohe sittliche Ideale, hohe ästhetische Anschauungen, das kann sich herunterdrücken und kann Enthusiasmus, Leidenschaft werden, das, was man nennen kann innere Wärme der Empfindungsseele. – Das tritt ein, wenn der Mensch erglühen kann für dasjenige, was er erkennt. Dann ist das Edelste, wozu sich der Mensch zunächst erheben kann, wiederum heruntergebracht bis in die Empfindungsseele. So erhöht der Mensch die Empfindungsseele, wenn er sie durchströmen läßt mit dem, was zuerst in der Bewußtseinsseele vorhanden ist. Allerdings, was wir so in der Bewußtseinsseele erleben, was als der Ideal-Charakter erscheinen kann durch die Arbeit des Ichs in der Bewußtseinsseele, das kann, weil unsere äußere Leiblichkeit durch die Anlagen, die wir bei der Geburt mitbringen, begrenzt ist, nicht hineingeprägt werden in die menschliche Leiblichkeit. Dem gegenüber müssen wir darauf verzichten, es in die Leiblichkeit hineinzuprägen; das kann ein Ausdruck werden eines edlen Seelencharakters, aber bis in einen Ausdruck der äußeren Leiblichkeit können wir es nimmermehr hineinbringen. Wir müssen es mitnehmen durch die Pforte des Todes, dann aber ist es die mächtigste Kraft für das nächste Leben.

Was wir durchfeuert haben in der Empfindungsseele mit jener Leidenschaft, die erglühen kann für hohe sittliche Ideale, was wir so in die Empfindungsseele gegossen haben und was wir mitnehmen können durch die Pforte des Todes, das können wir hinübertragen in das neue Leben, und da kann es die mächtigste plastische Kraft entwickeln. Wir sehen im neuen Leben in der Schädelbildung, in den verschiedenen Erhöhungen und Vertiefungen des Schädels zum Ausdruck kommen, was wir an hohen sittlichen Idealen uns erarbeitet haben. – So sehen wir herüberleben bis in die Knochen hinein dasjenige, was der Mensch aus sich gemacht hat; daher müssen wir auch erkennen, daß alles, was sich auf die Erkenntnis der eigentlichen Knochenbildung des Schädels bezieht, auf die Erkenntnis der Erhöhungen und Vertiefungen im Schädelbau, daß das schließen läßt auf den Charakter, daß das individuell ist. Es ist Hohn, wenn man glaubt, allgemeine Schemen, allgemeine typische Grundsätze aufstellen zu können für die Schädelkunde. Nein, so etwas gibt es nicht. Für jeden Menschen gibt es eine besondere Schädelkunde; denn dasjenige, was er als Schädel mitbringt, bringt er sich aus vorhergehenden Leben mit, und das muß man bei jedem Menschen erkennen. So gibt es hierfür keine allgemeine Wissenschaft. Nur Abstraktlinge, die alles auf Schemen bringen wollen, die können Schädelkunde im allgemeinen Sinn begründen; wer da weiß, was den Menschen bis in die Knochen hinein formt, wie das eben geschildert wurde, der wird nur von einer individuellen Erkenntnis am Knochenbau des Menschen sprechen können. Damit haben wir auch etwas in dieser Schädelbildung, was bei jedem Menschen anders ist und wofür wir den Grund nimmer im Einzelleben finden. In der Schädelbildung können wir greifen dasjenige, was man Wiederverkörperung nennt; denn in den Formen des menschlichen Schädels greifen wir, was der Mensch in früheren Leben aus sich gemacht hat. Da wird Reinkarnation oder Wiederverkörperung handgreiflich. Man muß nur erst wissen, wo man die Dinge in der Welt aufzugreifen hat.

So sehen wir, daß man dasjenige, was in einer gewissen Weise aus dem menschlichen Charakter herauswächst, bis in das härteste Gebilde hinein seinem Ursprung nach zu suchen hat, und wir sehen im menschlichen Charakter ein wunderbares Rätsel vor uns. Wir haben damit begonnen, diesen menschlichen Charakter zu schildern, wie das Ich ihn prägt in den Gebilden der Empfindungsseele, Verstandes- oder Gemütsseele und Bewußtseinsseele. Wir sahen dann, wie dasjenige, was das Ich in ihnen erarbeitet, sich in die äußere Leiblichkeit hineinprägt, bis in die Geste, in die Physiognomie, ja bis in die Knochen hinein. Und indem das Menschenwesen von der Geburt bis zum Tode und zu einer neuen Geburt geführt wird, sehen wir, wie das innere Wesen am Äußern arbeitet, im Menschen einen Charakter dem inneren Seelenleben aufprägend und auch dem, was das äußere Bild und Gleichnis für dieses Innere ist, dem äußeren Leib. Und so verstehen wir wohl, wie es uns tief ergreifen kann, wenn wir im Laokoon den äußeren Leibescharakter auseinanderfallen sehen in die einzelnen Glieder; wir sehen gleichsam das Verschwinden des Charakters, der zum Wesen des Menschen gehört, an der äußeren Geste an diesem Kunstwerk. Hier haben wir vor uns, was uns so recht das Herausarbeiten in die Materie erweist, und umgekehrt wiederum etwas, was uns zeigt, wie die Anlagen, die wir von früher mitgebracht haben, uns bestimmen, wie in der Tat für ein Leben lang die materielle Ausgestaltung für den Geist bestimmend ist, und wie der Geist, indem er das Leben zersprengt, in einem neuen Leben jenen Charakter zum Ausdruck bringen kann, den er als Frucht für das neue Leben erwirbt. Da kann uns eine Stimmung ergreifen, die anklingt an jene Stimmung Goethes, die er empfand, da er

Schillers Schädel in der Hand hielt und sagte: In den Formen dieses Schädels sehe ich materiell den Geist eingeprägt; charaktervoll eingeprägt, was mir entgegentönte in den Dichtungen Schillers, in den Worten der Freundschaft, die so oftmals zu mir geklungen haben; ja, hier sehe ich, wie Geist in der Materie arbeitete. Und wenn ich dieses Stück Materie betrachte, so zeigt es mir in seinen edlen Formen, wie frühere Leben dasjenige vorbereiteten, was mir in Schillers Geist so gewaltig entgegenleuchtete.

So lehrt uns diese Betrachtung als eigene Überzeugung den Ausspruch wiederholen, den Goethe der Betrachtung von Schillers Schädel gegenüber getan hat:

«Was kann der Mensch im Leben mehr gewinnen,
Als daß sich Gott-Natur ihm offenbare,
Wie sie das Feste läßt zu Geist verrinnen,
Wie sie das Geist-Erzeugte fest bewahre.»

Zu den Vorträgen vom 15. Juli und 30. September 1921, Dornach

Mit den beiden letzten Vorträgen unserer Auswahl, im Jahre 1921 in Dornach vor Mitgliedern der Anthroposophischen Gesellschaft gehalten, schließt sich der Kreis unserer Bausteine zu einer spirituellen Psychologie. Die Grundkräfte des Seelenlebens: Denken, Fühlen und Wollen werden in ihrem Zusammenhang mit den Zeitqualitäten Vergangenheit, Gegenwart und Zukunft geschildert. Wir können von dem achten Vortrag dieser Auswahl eine menschenkundliche Brücke schlagen zu diesem Gesichtspunkt in dem folgenden zehnten Vortrag, der hier noch eine Erweiterung durch die Berücksichtigung der höheren Erkenntnisschritte, die bereits in unserem ersten Vortrag angesprochen wurden, erfährt.

Der letzte Vortrag führt, unter der eindeutigen methodischen Voraussetzung, daß eine «eigentliche Erkenntnis» des Seelischen nicht durch ein normales gegenständliches, sondern nur durch ein imaginatives Erkennen möglich ist, zu den für eine Menschenerkenntnis bedeutsamsten Ergebnissen einer «okkulten Psychologie». Es wird der Weg von der Sinneswahrnehmung an der Peripherie des Leibes bis zur willentlichen, vom Ich durch den Leib in die Welt geführten Handlung beschrieben. Dabei wird die Brücke geschlagen von den Seelentätigkeiten Denken, Fühlen und Wollen zu den menschlichen Wesensgliedern, und das Verständnis öffnet sich für den Gedanken von der Prä- und Postexistenz des Menschen, für vergangenes und zukünftiges Karma.

Denken – Fühlen – Wollen

Dornach, 15. Juli 1921

Ich werde heute einige Wahrheiten zusammenfassen, die uns dann wiederum dienen werden, um in den nächsten Tagen weitere Ausführungen nach einer gewissen Richtung hin zu geben. Wenn wir unser seelisches Leben ins Auge fassen, so können wir sagen, daß nach dem einen Pol hin in diesem Seelenleben das gedankliche Element, das Denken liegt, nach dem anderen Pol hin das Willenselement, zwischen beiden das Gefühlselement, dasjenige, was wir im gewöhnlichen Leben das Fühlen, den Inhalt des Gemütes und so weiter nennen. Im wirklichen seelischen Leben, so wie es sich in uns abspielt in unserem Wachzustande, ist natürlich niemals einseitig bloß das Denken vorhanden oder der Wille, sondern sie sind immer in Verbindung miteinander, sie spielen ineinander. Nehmen wir an, wir verhalten uns im Leben ganz ruhig, so daß wir etwa sagen können, unser Wille sei nach außen hin nicht tätig. Wir müssen dann doch, wenn wir während einer solchen nach außen gerichteten Ruhe denken, uns klar sein darüber, daß Wille waltet in den Gedanken, die wir entfalten: indem wir einen Gedanken mit dem andern verbinden, waltet der Wille in diesem Denken. Also selbst wenn wir gewissermaßen scheinbar bloß kontemplativ sind, bloß denken, so waltet in uns wenigstens innerlich der Wille, und wenn wir uns nicht gerade tobsüchtig verhalten oder nachtwandeln, können wir ja nicht willentlich tätig sein, ohne unsere Willensimpulse von Gedanken durchströmen zu lassen. Gedanken durchziehen immer unsere Willensbetätigung, so daß wir also sagen können:

Auch der Wille ist niemals im Seelenleben abgesondert für sich vorhanden. Aber was so abgesondert für sich nicht vorhanden ist, das kann doch verschiedenen Ursprunges sein. Und so ist auch der eine Pol unseres Seelenlebens, das Denken, ganz andern Ursprunges als das Willensleben.

Schon wenn wir nur die alltäglichen Lebenserscheinungen betrachten, werden wir ja finden, wie das Denken eigentlich sich immer auf etwas bezieht, was da ist, was Voraussetzungen hat. Das Denken ist zumeist ein Nachdenken. Auch wenn wir vordenken, wenn wir also uns etwas vornehmen, das wir durch den Willen dann ausführen, so liegen ja einem solchen Vordenken Erfahrungen zugrunde, nach denen wir uns richten. Auch dieses Denken ist in gewisser Beziehung natürlich ein Nachdenken. Der Wille kann sich nicht richten auf dasjenige, was schon da ist. Da würde er ja selbstverständlich immer zu spät kommen. Der Wille kann sich einzig und allein richten auf das, was da kommen soll, auf das Zukünftige. Kurz, wenn Sie ein wenig über das Innere des Gedankens, des Denkens und über das Innere des Willens nachdenken, Sie werden finden, das Denken bezieht sich auch schon im gewöhnlichen Leben mehr auf die Vergangenheit, der Wille bezieht sich auf die Zukunft. Das Gemüt, das Fühlen, steht zwischen beiden. Wir begleiten mit Gefühl unsere Gedanken. Gedanken freuen uns, stoßen uns ab. Aus unserem Gefühl heraus führen wir unsere Willensimpulse ins Leben. Fühlen, der Gemütsinhalt, steht zwischen dem Denken und dem Wollen mitten drinnen.

Aber so wie es schon im gewöhnlichen Leben, wenn auch nur andeutungsweise der Fall ist, so steht es auch in der großen Welt. Und da müssen wir sagen: Dasjenige, was unsere Denkkraft ausmacht, was das ausmacht, daß wir denken können, daß die Möglichkeit des Gedankens in uns ist, das verdanken wir dem Leben vor unserer Geburt beziehungsweise vor unserer Empfängnis. Es ist im Grunde genommen in dem kleinen Kinde, das uns entgegentritt, schon im Keime all die Gedankenfähigkeit vorhanden, die der Mensch überhaupt in sich entwickelt. Das Kind verwendet die Gedanken nur – Sie wissen das aus Vorträgen, die ich schon gehalten habe – als Richtkräfte zum Aufbauen seines Leibes. Namentlich in den ersten sieben Lebensjahren, bis zum Zahnwechsel hin, verwendet das Kind die Gedankenkräfte zum Aufbau seines Leibes als Richtkräfte. Dann kommen sie immer mehr und mehr als eigentliche Gedankenkräfte heraus. Aber sie sind eben als Gedankenkräfte durchaus veranlagt im Menschen, wenn er das physische, das irdische Leben betritt.

Dasjenige, was als Willenskräfte sich entwickelt – eine unbefangene Beobachtung ergibt das ohne weiteres –, das ist beim Kinde eigentlich wenig mit dieser Gedankenkraft verbunden. Beobachten Sie nur das zappelnde, sich bewegende Kind in den ersten Lebenswochen, dann werden Sie sich schon sagen: Dieses Zappelnde, dieses chaotisch Sich-Bewegende, das ist von dem Kinde erst erworben dadurch, daß seine Seele und sein Geist von der physischen Außenwelt her mit physischer Leiblichkeit umkleidet worden sind. In dieser physischen Leiblichkeit, die wir erst nach und nach entwickeln seit der Konzeption und seit der Geburt, da liegt zunächst der Wille, und es besteht ja die Entwicklung des kindlichen Lebens darinnen, daß allmählich der Wille gewissermaßen eingefangen wird von den Denkkräften, die wir schon durch die Geburt ins physische Dasein mitbringen. Beobachten Sie nur, wie das Kind zunächst ganz sinnlos, wie es eben aus der Regsamkeit des physischen Leibes herauskommt, seine Glieder bewegt und wie nach und nach, ich möchte sagen, der Gedanke hineinschlägt in diese Bewegungen, so daß sie sinnvoll werden. Es ist also ein Hineinpressen, ein Hineinstoßen des Denkens in das Willensleben,

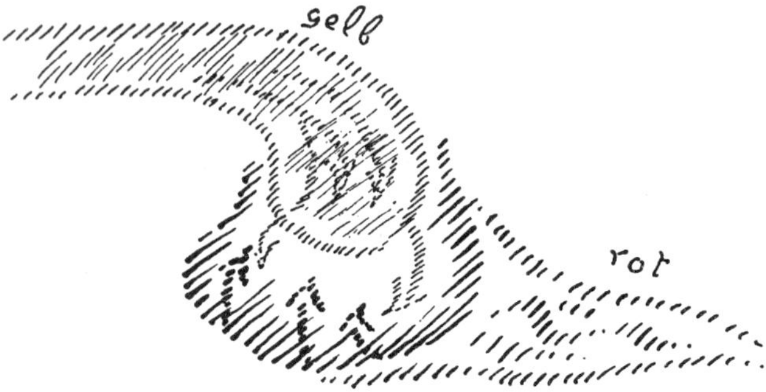

das ganz und gar in der Hülle, die den Menschen umgibt, lebt, wenn er geboren beziehungsweise wenn er empfangen wird. Es ist dieses Willensleben ganz und gar darinnen enthalten.

So daß wir schematisch etwa den Menschen so zeichnen können, daß wir sagen, er bringt sich sein Gedankenleben mit, indem er heruntersteigt aus der geistigen Welt. Ich will das schematisch so andeuten (siehe Zeichnung, gelb). Und er setzt das Willensleben an in der Leiblichkeit, die ihm durch die Eltern gegeben wird (rot). Dadrinnen sitzen die Willenskräfte, die sich chaotisch äußern. Und da drinnen sitzen die Gedankenkräfte (Pfeile), die zunächst als Richtkräfte dienen, um eben den Willen in seiner Leiblichkeit in der richtigen Weise zu durchgeistigen.

Diese Willenskräfte, sie nehmen wir dann wahr, wenn wir durch den Tod in die geistige Welt hinübergehen. Da sind sie aber im höchsten Maße geordnet. Da tragen wir sie hinüber durch die Todespforte in das geistige Leben. Die Gedankenkräfte, die wir mitbringen aus dem übersinnlichen Leben in das Erdenleben, die verlieren wir eigentlich im Verlauf des Erdenlebens.

Bei Menschenwesen, die früh sterben, ist es etwas anders, wir wollen jetzt zunächst vom normalen Menschenwesen sprechen.

Das normale Menschenwesen, das über die fünfziger Jahre alt wird, das hat eigentlich im Grunde genommen die wirklichen Gedankenkräfte, die aus dem früheren Leben mitgebracht werden, schon verloren und sich eben die Richtungskräfte des Willens bewahrt, die dann durch den Tod hinübergetragen werden in das Leben, das wir betreten, wenn wir durch des Todes Pforte gehen.

Man kann ja annehmen, daß jetzt in einem der Gedanke sitzt: Ja, wenn man also über fünfzig Jahre alt geworden ist, dann hat man sein Denken verloren! – In einem gewissen Sinne ist das sogar für die meisten Menschen, die sich heute für nichts Geistiges interessieren, durchaus der Fall. Ich möchte nur einmal, daß Sie wirklich darauf ausgehen zu registrieren, wieviel ursprüngliche, originelle Gedankenkräfte durch diejenigen Menschen heute hervorgebracht werden, die über fünfzig Jahre alt geworden sind? Es sind in der Regel die automatisch sich fortbewegenden Gedanken der früheren Jahre, die sich im Leibe abgedrückt haben, und der Leib bewegt sich dann automatisch fort. Er ist ja ein Bild des Gedankenlebens, und der Mensch, der rollt so nach dem Gesetz der Trägheit, nicht wahr, in dem alten Gedankentrott weiter fort. Man kann sich heute kaum vor diesem Fortlaufen im alten Gedankentrott anders bewahren, als daß man auch während des Lebens solche Gedanken aufnimmt, welche geistiger Natur sind, welche ähnlich sind den Gedankenkräften, in die wir versetzt waren vor unserer Geburt. So daß in der Tat immer mehr die Zeit heranrückt, wo die alten Leute bloße Automaten sein werden, wenn sie sich nicht bequemen, Gedankenkräfte aus der übersinnlichen Welt aufzunehmen. Natürlich, automatisch kann der Mensch sich weiter denkend betätigen, es kann so ausschauen, als ob er dächte. Aber es ist nur ein automatisches Fortbewegen der Organe, in die sich die Gedanken hineingelegt haben, hineinverwoben haben, wenn nicht der Mensch erfaßt wird von jenem jugendlichen Element, das da kommt, wenn wir Gedanken aus der Geisteswissenschaft aufnehmen. Dieses Aufnehmen von Gedanken aus der Geisteswissenschaft ist eben durchaus nicht irgendein Theoretisieren, sondern es greift schon ganz tief im menschlichen Leben ein.

Besondere Bedeutung aber gewinnt die Sache, wenn wir jetzt des Menschen Verhältnis zur umliegenden Natur ins Auge fassen. Ich verstehe jetzt unter Natur all das, was uns umgibt für unsere Sinne, dem wir also ausgesetzt sind vom Aufwachen bis zum Einschlafen. Das kann man in einer gewissen Weise in der folgenden Art betrachten. Man kann sich das einmal vor Augen führen – ich meine vor geistige Augen –, was man so sieht. Wir nennen es den Sinnesteppich. Ich will es schematisch so aufzeichnen. Hinter allem, was man sieht, hört, als Wärme wahrnimmt, die Farben in der Natur und so weiter – ich zeichne ein Auge als Schema für das, was da wahrgenommen wird –, hinter diesem Sinnesteppich ist etwas. Die Physiker oder die Menschen der gegenwärtigen Weltanschauung sagen: Dahinter sind Atome, und die wirbeln –, und nachher, nicht wahr, da wirbeln sie weiter, da ist gar kein Sinnesteppich; sondern irgendwie im Auge oder im Gehirn oder irgendwo oder auch nicht irgendwo, da rufen sie dann die Farben und die Töne und so weiter hervor. Nun stellen Sie sich aber, bitte, ganz unbefangen einmal vor, daß Sie anfangen zu denken über diesen Sinnesteppich. Wenn Sie anfangen zu denken und nicht von der Illusion ausgehen, Sie könnten dieses riesige Heer von Atomen konstatieren, das da von den Chemikern so in militärischer Denkweise angeordnet wird, sagen wir zum Beispiel, da steht Unteroffizier C, dann zwei Gemeine, C, O, O, und dann noch ein Gemeiner als H; nicht wahr, so haben wir das ja militärisch angeordnet: Äther, Atome und so weiter. Nun, wenn man, wie gesagt, sich dieser

Illusion nicht hingibt, sondern stehenbleibt bei der Wirklichkeit, dann weiß man: Der Sinnesteppich ist ausgebreitet, da draußen sind die Sinnesqualitäten, und das, was ich noch über dasjenige, was in den Sinnesqualitäten liegt, mit dem Bewußtsein umfasse, das sind eben Gedanken. Es ist in Wirklichkeit nichts hinter diesem Sinnesteppich als Gedanken (blau). Ich meine, hinter dem, was wir in der physischen Welt haben, ist nichts anderes da als Gedanken. Daß diese von Wesen getragen werden, darüber werden wir noch sprechen. Aber man kommt zu dem, was wir in unserem Bewußtsein haben, nur dahinter mit den Gedanken. Die Kraft aber zu denken, die haben wir aus unserem vorgeburtlichen Leben beziehungsweise aus dem Leben vor unserer Empfängnis. Warum ist es denn nun, daß wir durch diese Kraft hinter den Sinnesteppich kommen?

Versuchen Sie nur einmal, sich recht vertraut zu machen mit dem Gedanken, den ich eben angeschlagen habe, versuchen Sie sich die Frage ordentlich vorzulegen auf Grundlage dessen, was wir nun gerade wiederum angedeutet haben, was wir in vielen Zusammenhängen schon betrachtet haben. Warum ist es so, daß wir hinter den Sinnesteppich mit unseren Gedanken hinuntergelangen, wenn unsere Gedanken doch aus unserem vorgeburtlichen Leben stammen? Sehr einfach: weil dahinter dasjenige ist, was gar nicht in der Gegenwart ist, sondern was in der Vergangenheit ist, was der Vergangenheit angehört. Das, was unter dem Sinnesteppich ist, ist in der Tat ein Vergangenes, und wir sehen das nur richtig, wenn wir es als ein Vergangenes anerkennen. Die Vergangenheit wirkt herein in unsere Gegenwart, und aus der Vergangenheit heraus sprießt dasjenige, was uns in der Gegenwart erscheint. Stellen Sie sich eine Wiese vor, die beblumt ist. Sie sehen das Gras als grüne Decke, Sie sehen die blumige Ausschmückung der Wiese. Das ist Gegenwart, aber das wächst aus der Vergangenheit hervor. Und wenn Sie durch das hindurchdenken, dann haben Sie darunter nicht eine atomistische Gegenwart, dann haben Sie in Wirklichkeit darunter die Vergangenheit als verwandt mit dem, was von Ihnen selber aus der Vergangenheit herstammt.

Es ist interessant: Wenn wir über die Dinge nachzudenken beginnen, so enthüllt sich uns von der Welt gar nicht die Gegenwart, sondern es enthüllt sich die Vergangenheit. Was ist Gegenwart? Die Gegenwart hat gar keine logische Struktur. Der Sonnenstrahl fällt auf irgendeine Pflanze, er glänzt dort; im nächsten Augenblick, wenn die Richtung des Sonnenstrahls eine andere ist, glänzt es nach einer andern Richtung. Das Bild ändert sich in jedem Augenblick. Die Gegenwart ist eine solche, daß wir sie nicht umfassen können mit Mathematik, nicht mit der bloßen Gedankenstruktur. Was wir mit der bloßen Gedankenstruktur umfassen, ist Vergangenheit, die in der Gegenwart fortdauert.

Das ist etwas, was dem Menschen sich enthüllen kann als eine große, als eine bedeutsame Wahrheit: Denkst du, so denkst du im Grunde genommen nur die Vergangenheit; spinnst du Logisches, denkst du im Grunde genommen über dasjenige nach, was vergangen ist. – Wer diesen Gedanken erfaßt, der wird auch in dem Vergangenen keine Wunder mehr suchen. Denn indem sich das Vergangene in die Gegenwart hereinspinnt, muß es eben in der Gegenwart sein wie es als Vergangenes ist. Denken Sie, wenn Sie gestern Kirschen gegessen haben, so ist das eine vergangene Handlung; Sie können sie nicht ungeschehen machen, weil sie eine vergangene Handlung ist. Wenn aber die Kirschen die Gewohnheit hätten, bevor sie in Ihrem Munde verschwinden, zuerst ein Zeichen irgendwohin zu machen, so würde dieses Zeichen bleiben. Sie könnten an diesem Zeichen nichts ändern. Wenn da jede Kirsche, nachdem Sie gestern Kirschen gegessen haben, ihre Vergangenheit in Ihren Mund hineinregistriert hätte und nun einer kommen würde und fünf ausstreichen wollte, könnte er sie zwar ausstreichen, aber die Tatsache würde sich nicht ändern. Ebensowenig können Sie irgendein Wunder verrichten in bezug auf alles, was Naturerscheinungen sind, denn die sind alle Hereinragungen aus dem Vergangenen. Und alles, was wir mit Naturgesetzen umfassen können, ist schon vergangen, ist kein Gegenwärtiges mehr. Das Gegenwärtige können Sie nicht anders als durch Bilder erfassen, das ist ein Fluktuierendes. Wenn ein Körper hier aufleuchtet, so entsteht ja ein Schatten. Sie müssen gewissermaßen den Schatten sich richtig begrenzen lassen und so weiter. Sie können den Schatten konstruieren. Daß der Schatten wirklich entsteht, das kann nur durch die Hingabe an das Bild eruiert werden. So daß man sagen kann: Schon im gewöhnlichen Leben bezieht sich das Begrenzen, ich könnte auch sagen, das logische Denken, auf die Vergangenheit. Und die Imagination, die bezieht sich auf die Gegenwart. In bezug auf die Gegenwart hat der Mensch immer Imaginationen.

Denken Sie doch nur einmal, wenn Sie logisch leben wollten in der Gegenwart! Nicht wahr, logisch leben heißt, einen Begriff aus dem andern hervorholen, gesetzmäßig von einem Begriff zum andern übergehen. Nun, versetzen Sie sich nur einmal ins Leben. Sie sehen irgendein Ereignis: ist das nächste logisch darangegliedert? Können Sie das nächste Ereignis logisch aus dem vorhergehenden ableiten? Wenn Sie das Leben überblikken, ist es nicht in seinen Bildern ähnlich wie der Traum? Die Gegenwart ist ähnlich wie der Traum, und nur daß sich in die Gegenwart die Vergangenheit hineinmischt, das bewirkt, daß diese Gegenwart gesetzmäßig verläuft, logisch verläuft. Und wenn Sie irgend etwas Zukünftiges in der Gegenwart erahnen wollen, ja, wenn Sie nur irgend etwas denken wollen, was Sie in der Zukunft verrichten wollen, dann ist das ja zunächst ganz ungegenständlich bei Ihnen vorgegangen. Was Sie heute Abend erleben werden, steht nicht als Bild in Ihnen, sondern als etwas, was unbildlicher als ein Bild ist. Es steht höchstens als Inspiration in Ihnen. Die Inspiration bezieht sich auf die Zukunft.

Logisches Denken:	Vergangenheit	
Imagination:	Gegenwart	} Intuition
Inspiration:	Zukunft	

Wir können uns auch durch ein einfaches Schema klarmachen, um was es sich da handelt. Wenn der Mensch – ich will ihn hier durch dieses Auge charakterisiert haben (siehe Zeichnung Seite 285) – auf den Sinnesteppich hinblickt, so sieht er ihn in seinen sich verwandelnden Bildern, aber er kommt jetzt und bringt Gesetze in diese Bilder hinein. Er bildet sich eine Naturwissenschaft aus den wechselnden Bildern der Sinneswelt. Er bildet sich eine Fachwissenschaft. Aber denken Sie einmal nach, wie diese Naturwissenschaft ausgebildet wird. Man un-

tersucht, man untersucht denkend. Sie können unmöglich, wenn Sie eine Wissenschaft ausbilden wollen über das, was sich als Sinnesteppich ausbreitet, eine Wissenschaft, die in logischen Gedanken verläuft, diese logischen Gedanken aus der Außenwelt heraus gewinnen. Wenn das, was als Gedanken – und Naturgesetze sind ja auch Gedanken –, wenn das, was als Gesetze der Außenwelt erkannt wird, aus der Außenwelt selbst folgte, ja, dann wäre ja nicht notwendig, daß wir irgend etwas lernten über die Außenwelt, dann müßte derjenige, der zum Beispiel sich dieses Licht da ansieht, ganz genau die elektrischen Gesetze und so weiter wissen, wie der andere, der es gelernt hat! Ebensowenig weiß der Mensch, wenn er es nicht gelernt hat, irgend etwas, sagen wir über die Beziehung eines Kreisbogens zum Radius und so weiter. Da bringen wir die Gedanken, die wir in die Außenwelt hineintragen, aus unserem Inneren hervor.

Ja, es ist so: Dasjenige, was wir als Gedanken in die Außenwelt hineintragen, bringen wir aus unserem Inneren hervor. Wir sind zunächst dieser Mensch, der als Hauptesmensch konstruiert ist. Dieser sieht auf den Sinnesteppich hin. Im

Sinnesteppich drinnen ist dasjenige, was wir durch Gedanken erreichen (siehe Zeichnung, weiß), und zwischen diesem und zwischen dem, was wir in unserem eigenen Inneren haben, was wir nicht wahrnehmen, ist eine Verbindung, gewissermaßen eine unterirdische Verbindung. Daher kommt es, daß wir dasjenige, was wir in der Außenwelt nicht wahrnehmen, weil es in uns hineinragt, aus unserem Inneren in Form des Gedankenlebens hervorholen und in die Außenwelt hineinlegen. So ist es schon mit dem Zählen. Die Außenwelt zählt uns gar nichts vor; die Gesetze des Zählens liegen in unserem eigenen Inneren. Aber daß das stimmt, rührt davon her, daß zwischen diesen Anlagen, die da sind in der Außenwelt und unseren eigenen irdischen Gesetzen, ein unterirdischer Zusammenhang ist, ein unterkörperlicher Zusammenhang, und so holen wir die Zahl aus unserem Inneren heraus. Die paßt dann zu dem, was draußen ist. Aber der Weg ist nicht durch unsere Augen, nicht durch unsere Sinne, sondern der Weg ist durch unseren Organismus. Und dasjenige, was wir als Mensch ausbilden, das bilden wir als ganzer Mensch aus. Es ist nicht wahr, daß wir durch die Sinne irgendein Naturgesetz erfassen; wir erfassen es als ganzer Mensch.

Diese Dinge muß man in Erwägung ziehen, wenn man das Verhältnis des Menschen zur Umwelt in der richtigen Weise sich zu Gemüte führen will. Wir sind ja fortwährend in Imaginationen drinnen, und man brauchte nur unbefangen das Leben mit dem Traum zu vergleichen. Wenn der Traum abläuft, so läuft er gewiß sehr chaotisch ab, aber er ist dem Leben viel ähnlicher als das logische Denken. Nehmen wir einen extremen Fall. Wenn Sie – na, ich will sogar eine Unterhaltung unter vernünftigen Menschen der Gegenwart annehmen: Sie hören zu, reden selber mit. Denken Sie einmal nach, was da, sagen wir, im Laufe einer halben Stunde hintereinander geredet wird, ob mehr Zusammenhang darinnenliegt, wenn Sie es in einer Aufeinanderfolge betrachten, als im Traume ist, oder ob es ein solcher Zusammenhang ist wie im logischen Denken. Wenn Sie verlangen würden, daß sich da logisches Denken entwickelt, dann würden Sie wahrscheinlich zu großen Enttäuschungen kommen. Die gegenwärtige Welt tritt uns durchaus in Bildern entgegen, so daß wir eigentlich im Grunde genommen fortwährend träumen. Die Logik müssen wir ja erst hineinbringen. Die Logik entringen wir uns aus unserer Vorgeburtlichkeit; wir bringen sie erst in den Zusammenhang der Dinge hinein und treffen dadurch auch das Vergangene in den Dingen. Die Gegenwart umfassen wir mit Imaginationen.

Wenn wir dieses imaginative Leben, das uns in der sinnlichen Gegenwart fortwährend umgibt, betrachten, so können wir uns sagen: Es gibt sich uns dieses imaginative Leben. Wir tun nichts dazu. – Denken Sie nur einmal, wie Sie sich haben anstrengen müssen, um zu logischem Denken zu kommen! Das Leben zu genießen, das Leben zu betrachten, haben Sie sich gar nicht anzustrengen brauchen, das enthüllt seine Bilder von selbst vor Ihnen. Nun, da haben wir es eben gut im Leben in bezug auf das Bildervorstellen der gewöhnlichen Umwelt. Nichts anderes braucht man aber, als nun auch die Fähigkeit sich zu erwerben, so Bilder zu machen – aber jetzt durch eigene Tätigkeit, wie man es sonst im Denken tut – und Bilder zu erleben durch innere Anstrengung, wie es sonst beim Denken geschieht. Dann sieht man nicht nur die Gegenwart in Bildern, dann dehnt man das bildliche Vorstellen auch aus auf das Leben vor der Geburt oder vor der Empfängnis, dann sieht man vor die Geburt hin oder vor die Empfängnis. Und wenn man da in Bildern hineinschaut, dann bevölkert sich das Denken mit den Bildern, und dann wird das vorgeburtliche Leben Realität. Wir müssen uns nur durch Ausbildung derjenigen Fähigkeiten, von denen gesprochen wird in *Wie erlangt man Erkenntnisse der höheren Welten?*, angewöhnen können, in Bildern zu denken, ohne daß diese Bilder sich uns, wie das im gewöhnlichen Leben der Fall ist, von selber geben. Wenn wir dieses Bilderleben, in dem wir eigentlich immer drinnenstehen im gewöhnlichen Leben, zu einem Innenleben machen, dann schauen wir in die geistige Welt hinein, und dann erblicken wir allerdings die Art und Weise, wie unser Leben eigentlich verläuft.

Heute betrachtet man es ja ziemlich ausschließlich als geistig, wenn jemand – ich habe darüber öfter gesprochen – das materielle Leben richtig verachtet und sagt: Ich strebe zum Geist, Materie bleibt tief unter mir. – Das ist eine Schwäche, denn nur derjenige gelangt wirklich zu einem spirituellen Leben, der nicht die Materie unter sich zu lassen braucht, sondern der die Materie selbst in ihrer Wirksamkeit als Geist begreift, der alles Materielle als ein Geistiges und alles Geistige, auch in seiner Offenbarung als Materielles, erkennen kann. Das wird insbesondere bedeutsam, wenn wir auf Denken und Wollen hinblicken. Höchstens noch die Sprache, die ja einen geheimen Genius in sich enthält, die hat noch etwas von dem, was auf diesem Felde zur Erkenntnis führt.

Betrachten Sie das Wollen in seiner Grundlage im gewöhnlichen Leben: Sie wissen, es geht hervor aus dem Begehren; selbst das idealste Wollen geht aus dem Begehren hervor. Nun, nehmen Sie die gröbste Form des Begehrens. Die gröbste Form des Begehrens, welche ist sie? Der Hunger. Daher ist auch alles, was aus dem Begehren hervorgeht, im Grunde immer verwandt dem Hunger. Aus dem, was ich Ihnen heute andeuten will, können Sie ja entnehmen, daß das Denken der andere Pol ist, er wird sich daher wie das Entgegengesetzte zum Begehren verhalten. Wir können sagen: Wenn wir das Begehren dem Wollen zugrunde legen,

haben wir dem Denken die Sättigung zugrunde zu legen, die Gesättigtheit, nicht den Hunger.

Das entspricht eigentlich im tiefsten Sinne dem Tatbestand. Wenn Sie unsere Hauptesorganisation als Menschen nehmen und die andere Organisation, die daran hängt, so ist es in der Tat so: Wir nehmen wahr. Was heißt das, wir nehmen wahr? Wir nehmen wahr durch unsere Sinne. Indem wir wahrnehmen, wird eigentlich fortwährend etwas in uns abgetragen. Es geht etwas von außen in unser Inneres. Der Lichtstrahl, der in unser Auge dringt, der trägt eigentlich etwas ab. Es wird gewissermaßen in unsere eigene Materie ein Loch hineingebohrt (siehe Zeichnung.) Da war Materie, jetzt hat der Lichtstrahl ein Loch hineingebohrt, jetzt ist Hunger vorhanden. Dieser Hunger muß gesättigt werden, er wird aus dem Organismus, aus der vorhandenen Nahrung heraus gesättigt; das heißt, dieses Loch füllt sich aus mit der Nahrung, die in uns ist (rot). Jetzt haben wir gedacht, jetzt haben wir dasjenige, was wir wahrgenommen haben, gedacht: indem wir denken, füllen wir fortwährend die

Löcher, welche die Sinneswahrnehmungen in uns bilden, mit Sättigung aus, die aus unserem Organismus aufsteigt.

Es ist außerordentlich interessant zu beobachten, wenn wir die Kopforganisation ins Auge fassen, wie wir aus unserem übrigen Organismus heraus durch die Löcher, die da entstehen, durch Ohren und durch Augen, durch die Wärmeempfindungen, da sind überall Löcher, hineinlegen die Materie. Der Mensch füllt sich ganz aus, indem er denkt, indem er dasjenige, was da ausgelocht ist, ausfüllt (rot).

Und wenn wir wollen, so ist es ähnlich. Nur wirkt es dann nicht von außen herein, so daß wir ausgehöhlt werden, sondern da wirkt es von innen. Wenn wir wollen, entstehen überall in uns Höhlungen; die müssen wiederum mit Materie sich ausfüllen. So daß wir sagen können, wir bekommen negative Wirkungen, aushöhlende Wirkungen, sowohl von außen wie von innen und schieben fortwährend unsere Materie hinein.

Das sind die intimsten Wirkungen, diese aushöhlenden Wirkungen, die eigentlich in uns das ganze Erdensein vernichten. Denn indem wir den Lichtstrahl empfangen, indem wir den Ton hören, vernichten wir unser Erdendasein. Wir reagieren aber darauf, wir füllen das wiederum mit Erdendasein aus. Wir haben also ein Leben zwischen Vernichtung des Erdendaseins und Ausfüllen des Erdendaseins: luziferisch, ahrimanisch. Das Luziferische ist eigentlich fortwährend bestrebt, partiell aus uns ein Nichtmaterielles zu machen, uns ganz hinwegzuheben aus dem Erdendasein; Luzifer möchte nämlich, wenn er könnte, uns ganz vergeistigen, das heißt entmaterialisieren. Aber Ahriman ist sein Gegner; der wirkt so, daß fortwährend dasjenige, was Luzifer ausgräbt, wiederum ausgefüllt wird. Ahriman ist der fortwährende Ausfüller. Wenn Sie den Luzifer plastisch gestalten und den Ahriman plastisch machen, so könnten Sie ganz gut, wenn die Materie durcheinander durchginge, Ahri-

man immer hineindrängen in die Höhlung von Luzifer oder Luzifer drüberstülpen. Aber da innen auch Höhlungen sind, muß man auch hineinstülpen. Ahriman und Luzifer, das sind die beiden entgegengesetzten Kräfte, die im Menschen wirken. Er selbst ist die Gleichgewichtslage. Luzifer, mit fortwährendem Entmaterialisieren, ergibt fortwährend Materialisieren: Ahriman. Wenn wir wahrnehmen, das ist Luzifer. Wenn wir über das Wahrgenommene denken: Ahriman. Wenn wir die Idee bilden, dieses oder jenes sollen wir wollen: Luzifer. Wenn wir wirklich wollen auf der Erde: Ahriman. So stehen wir zwischen den beiden darinnen. Wir pendeln zwischen ihnen hin und her, und wir müssen uns schon klar sein: Wir sind als Menschen zwischen das Ahrimanische und das Luziferische in der intimsten Weise hineingestellt. Eigentlich lernt man den

Menschen nur kennen, wenn man diese zwei entgegengesetzten Pole an ihm in Betracht zieht.

Da haben Sie eine Betrachtungsweise, welche durchaus weder auf ein abstraktes Geistiges bloß geht – denn dieses abstrakte Geistige ist ja ein nebulos Mystisches – noch auf ein Materielles, sondern alles, was materielle Wirkung ist, ist zu gleicher Zeit geistig. Wir haben es überall mit Geistigem zu tun. Und wir durchschauen die Materie in ihrem Dasein, in ihrer Wirksamkeit, indem wir überall den Geist hineinschauen können.

Ich habe Ihnen gesagt: Die Imagination kommt uns in bezug auf die Gegenwart von selbst. Wenn wir die Imagination künstlich ausbilden, so schauen wir in die Vergangenheit hinein. Wenn wir die Inspiration ausbilden, schauen wir in die Zukunft hinein, so wie man in die Zukunft hinein rechnet, indem man etwa Sonnenfinsternisse oder Mondenfinsternisse berechnet, nicht in bezug auf die Einzelheiten, aber auf die großen Gesetzmäßigkeiten der Zukunft in einem höheren Grade. Und die Intuition faßt alle drei zusammen. Und der Intuition sind wir eigentlich fortwährend unterworfen, nur verschlafen wir das. Wenn wir schlafen, sind wir mit unserem Ich und mit unserem astralischen Leibe ganz in der Außenwelt drinnen; wir entfalten da jene intuitive Tätigkeit, die man sonst bewußt entfalten muß in der Intuition. Nur ist der Mensch in dieser gegenwärtigen Organisation zu schwach, um dann bewußt zu sein, wenn er intuitiert; aber er intuitiert in der Tat in der Nacht. So daß man sagen kann: Schlafend entwickelt der Mensch die Intuition, wachend entwickelt er – bis zu einem gewissen Grade natürlich – das logische Denken; zwischen beiden steht Inspiration und Imagination. Indem der Mensch aus dem Schlafe herüberkommt ins wachende Leben, gehen sein Ich und sein astralischer Leib in den physischen Leib und in den Ätherleib herein; dasjenige, was er sich da mitbringt, ist die Inspiration,

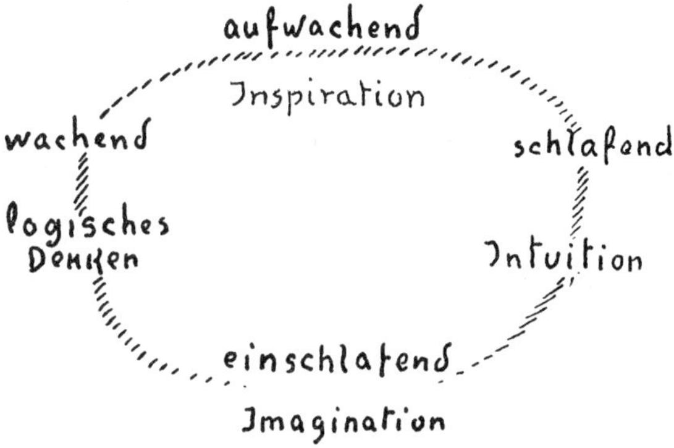

auf die ich Sie schon in den verflossenen Vorträgen aufmerksam gemacht habe. Wir können sagen: Schlafend ist der Mensch in Intuition, wachend im logischen Denken, aufwachend inspiriert er sich, einschlafend imaginiert er. – Sie sehen daraus, daß diejenigen Tätigkeiten, die wir anführen als die höheren Tätigkeiten der Erkenntnis, dem gewöhnlichen Leben nicht fremd sind, sondern daß sie durchaus im gewöhnlichen Leben vorhanden sind, daß sie nur ins Bewußtsein heraufgehoben werden müssen, wenn eine höhere Erkenntnis entwickelt werden soll.

Worauf immer wieder hingewiesen werden muß, das ist, daß in den letzten drei bis vier Jahrhunderten die äußere Wissenschaft eine große Summe von rein materiellen Tatsachen zusammengefaßt und in Gesetze gebracht hat. Diese Tatsachen müssen erst wiederum geistig durchdrungen werden. Aber es ist gut – wenn ich so sagen darf, obwohl es zunächst paradox klingt –, daß der Materialismus da war, sonst wären die Menschen in die Nebulosität herein verfallen. Sie hätten zuletzt überhaupt allen Zusammenhang mit dem Erdendasein verloren. Als im 15. Jahrhundert der Materialismus begann, war nämlich die Menschheit im hohen Grade daran, luziferischen

Einflüssen zu verfallen, nach und nach immer mehr und mehr ausgehöhlt zu werden. Da kamen eben die ahrimanischen Einflüsse seit jener Zeit. Und in den letzten vier, fünf Jahrhunderten haben sich die ahrimanischen Einflüsse bis zu einer gewissen Höhe entwickelt. Heute sind sie sehr stark geworden, und es ist die Gefahr vorhanden, daß sie über ihr Ziel hinausschießen, wenn wir ihnen nicht entgegenhalten dasjenige, was sie gewissermaßen erlahmen macht: wenn wir ihnen nicht das Geistige entgegenhalten.

Aber da handelt es sich darum, daß man gerade für das Verhältnis des Geistigen zum Materiellen das richtige Gefühl entwickelt. Es gibt in der älteren deutschen Denkweise ein Gedicht, das man «Muspilli» genannt hat, das sich zuerst in einem Buche gefunden hat, das Ludwig dem Deutschen im 9. Jahrhundert gewidmet war, das aber natürlich aus viel früherer Zeit stammt. In diesem Gedicht liegt etwas rein Christliches vor: es wird uns der Kampf des Elias mit dem Antichrist vorgeführt. Aber die ganze Art und Weise, wie diese Erzählung verläuft, dieser Kampf des Elias mit dem Antichrist, erinnert an die alten Kämpfe der Sagen der Bewohner von Asgard mit den Bewohnern von Jötunheim, den Bewohnern des Riesenreiches. Es ist einfach das Reich der Asen in das Reich des Elias verwandelt worden, das Reich der Riesen in das Reich des Antichrist.

Diese Denkweise, die uns da noch entgegentritt, die verhüllt die wahre Tatsache weniger als die späteren Denkweisen. Die späteren Denkweisen, die reden eigentlich immer von einer Dualität, von dem Guten und Bösen, von Gott und dem Teufel und so weiter. Aber diese Denkweisen, die man in der späteren Zeit ausgebildet hat, stimmen nicht mehr zu den früheren. Jene Menschen, die den Kampf ausgebildet haben zwischen dem Götterheim und dem Riesenheim, die haben in den Göttern nicht dasselbe gesehen, wie es etwa der heutige Christ

Asgard
Luzifer - Ormuzd

Jötunheim
Ahriman

unter dem Reiche seines Gottes versteht, sondern diese älteren Vorstellungen haben zum Beispiel oben Asgard, das Reich der Götter gehabt, und unten Jötunheim, das Reich der Riesen; in der Mitte entfaltet sich der Mensch, Midgard. Das ist nichts anderes als in germanisch-europäischer Art dasselbe, was im alten Persien als Ormuzd und Ahriman vorhanden war. Da müßten wir nun in unserer Sprache sagen: Luzifer und Ahriman. Wir müßten Ormuzd als Luzifer ansprechen und nicht etwa bloß als den guten Gott. Und das ist der große Irrtum, der begangen wird, daß man diesen Dualismus so faßt, als wenn Ormuzd nur der gute Gott wäre und sein Gegner Ahriman der böse Gott. Das Verhältnis ist vielmehr das wie von Luzifer zu Ahriman. Und in Mittelgard, da wird in der Zeit, in der dieses Gedicht «Muspilli» abgefaßt ist, noch ganz richtig nicht vorgestellt: Der Christus läßt oben sein Blut herunterstrahlen –, sondern: Elias ist da, der sein Blut herunterstrahlen läßt. – Und der Mensch wird in die Mitte hineingestellt. Die Vorstellung war in der Zeit, in der wahrscheinlich Ludwig der Deutsche dieses Gedicht in sein Buch hineingeschrieben hat, noch eine richtigere als die spätere. Denn die spätere Zeit hat das Sonderbare begangen, die Trinität außer acht zu lassen; das heißt, die oberen Götter, die in Asgard sind, und die unteren Götter, die Riesengötter, die im ahrimanischen Reich sind, diese als das All aufzufassen, und zwar die oberen, die luziferischen, als die guten Götter und die andern als die bösen Götter. Das hat die spätere Zeit gemacht; die frühere Zeit hat noch diesen Gegensatz zwischen Luzifer und Ahriman richtig ins Auge gefaßt und daher so etwas wie den Elias in das luziferische Reich hineingestellt mit seiner emotionellen Prophetie, mit demjenigen, was er dazumal verkündigen konnte, weil man den Christus hineinstellen wollte in Mittelgard, in dasjenige, was in der Mitte liegt.

Wir müssen wiederum zurück zu diesen Vorstellungen in vollem Bewußtsein, sonst werden wir, wenn wir nur von der Dualität zwischen Gott und dem Teufel sprechen, nicht wiederum zu der Trinität kommen: zu den luziferischen Göttern, zu den ahrimanischen Mächten und dazwischen zu dem, was das Christus-Reich ist. Ohne daß wir dazu vorrücken, kommen wir nicht zu einem wirklichen Verständnis der Welt. Denken Sie, es ist darin ein ungeheures Geheimnis der geschichtlichen Entwikkelung der europäischen Menschheit, daß der alte Ormuzd zu dem guten Gott gemacht worden ist, während er eigentlich eine luziferische Macht ist, eine Lichtmacht. Dadurch allerdings hat man die Genugtuung haben können, daß man wiederum den Luzifer so schlecht wie möglich machen konnte; weil einem der Luzifername nicht gepaßt hat für den Ormuzd, hat man den Luzifer auf den Ahriman hingeleitet, hat einen Mischmasch gemacht, der noch bei Goethe in seiner Mephistophelesfigur nachwirkt, in dem sich da ja auch Luzifer und Ahriman miteinander vermischen, wie ich ausdrücklich in meinem Büchelchen *Goethes Geistesart* gezeigt habe. Es ist in der Tat die europäische Menschheit, die Menschheit der gegenwärtigen Zivilisation in eine große Verwirrung hineingekommen, und diese Verwirrung geht schließlich durch alles Denken. Sie wird nur wettgemacht dadurch, daß man aus der Dualität wieder in die Trinität hineinführt, denn alles Duale führt zuletzt in etwas, in dem der Mensch nicht leben kann, das er als eine Polarität anschauen muß, in der er den Ausgleich nun wirklich finden kann: Christus ist da zum Ausgleich des Luzifers und Ahriman, zum Ausgleich von Ormuzd und Ahriman und so weiter.

Das ist das Thema, das ich einmal anschlagen wollte und das wir dann in den nächsten Tagen in verschiedenen Verzweigungen weiterführen wollen.

Grundlinien einer okkulten Psychologie

Dornach, 30. September 1921

Wir wollen in den Betrachtungen etwas fortfahren, die wir letzten Freitag und Sonnabend hier gepflogen haben,[64] und ich möchte heute im besonderen Ihren Blick wenden auf eine Betrachtung des seelischen Lebens, wie sie sich ergibt, wenn man dieses seelische Leben ins Auge faßt von dem Gesichtspunkte der imaginativen Erkenntnis aus, den Sie ja kennen aus meiner Schrift *Wie erlangt man Erkenntnisse der höheren Welten?* Sie wissen, wir unterscheiden, aufsteigend von unserem gewöhnlichen Bewußtsein aus, vier Erkenntnisstufen: diejenige Erkenntnisstufe, die uns eignet im heutigen gewöhnlichen Leben und in der heutigen gewöhnlichen Wissenschaft, jene Erkenntnisstufe, die das eigentliche Zeitbewußtsein ausmacht und die ja genannt wird im Sinne dieser Schrift *Wie erlangt man Erkenntnisse der höheren Welten?* das gegenständliche Erkennen, und dann kommt man hinein in das Gebiet des Übersinnlichen durch die Erkenntnisstufen der Imagination, der Inspiration, der Intuition. Im gewöhnlichen gegenständlichen Erkennen ist es unmöglich, das Seelische zu betrachten. Das Seelische wird erlebt, und indem man es erlebt, entwickelt man die gegenständliche Erkenntnis. Aber eine eigentliche Erkenntnis kann ja nur gewonnen werden, wenn man das zu Erkennende objektiv vor sich hinstellen kann. Das kann man im gewöhnlichen Bewußtsein mit dem seelischen Leben nicht. Man muß sich gewissermaßen um eine Stufe hinter das seelische Leben zurückziehen, damit es außerhalb von uns zu stehen kommt; dann kann man es betrachten. Das aber ergibt sich eben durch die imaginative Erkenntnis. Und zwar möchte ich Ihnen heute einfach schildern, was sich da für die Betrachtung herausstellt.

Sie wissen, wir unterscheiden, indem wir den Menschen überblicken, den physischen Leib, den ätherischen oder Bildekräfteleib, der eigentlich eine Summe von Tätigkeiten ist, den astralischen Leib und das Ich zunächst, wenn wir bei dem stehenbleiben, was im gegenwärtigen Menschen west. Wenn wir nun das seelische Erleben heraufbringen nicht zur Erkenntnis, aber zum Bewußtsein, so unterscheiden wir es ja, indem wir es gewissermaßen im fluktuierenden Leben erfassen, in Denken, in Fühlen, in Wollen. Es ist das schon so, daß Denken, Fühlen und Wollen im gewöhnlichen Seelenleben ineinanderspielen. Sie können sich keinen Gedankenverlauf vorstellen, ohne daß Sie sich das Hineinspielen des Willens in den Gedankenverlauf mit vorstellen. Wie wir einen Gedanken zu dem anderen hinzufügen, wie wir einen Gedanken von dem anderen trennen, das ist durchaus eine in das Denkleben hineinstrebende Willenstätigkeit. Und wiederum, wenn auch zunächst, wie ich oftmals auseinandergesetzt habe, der Vorgang dunkel bleibt: wir wissen doch, daß, wenn wir als Menschen wollend sind, in unser Wollen als Impulse unsere Gedanken hineinspielen, so daß wir auch im gewöhnlichen Seelenleben durchaus nicht ein Wollen abgesondert für sich haben, sondern ein gedankendurchsetztes Wollen. Und erst recht fluten ineinander Gedanken, Willensimpulse und die eigentlichen Gefühle im Fühlen. Wir haben also durchaus das Seelenleben als ineinanderflutend, aber doch so, daß wir gedrängt sind durch Dinge, die wir heute immer außer acht lassen wollen, innerhalb dieses flutenden Seelenlebens zu unterscheiden Denken, Fühlen, Wollen. Wenn Sie meine *Philosophie der Freiheit* in die Hand nehmen, werden Sie sehen, wie man genötigt ist, das Denken reinlich loszulösen vom Fühlen und Wollen, aus dem Grunde, weil man nur durch eine Betrachtung des losgelösten Denkens zu einer Anschauung über die menschliche Freiheit kommt.

Also indem wir einfach, ich möchte sagen, lebendig erfassen Denken, Fühlen, Wollen, erfassen wir zugleich das flutende, das webende Seelenleben. Und wenn wir das dann, was wir da in unmittelbarer Lebendigkeit erfassen, zusammenhalten mit demjenigen, was uns anthroposophische Geisteswissenschaft erkennen lehrt über den Zusammenhang der einzelnen Glieder des Menschen, physischer Leib, Ätherleib, astralischer Leib und Ich, dann ergibt sich eben für ein imaginatives Erkennen das Folgende.

Wir wissen ja, daß wir während des wachen Lebens, vom Aufwachen bis zum Einschlafen, in einem gewissen innigen Zusammenhange haben physischen Leib, Ätherleib, astralischen Leib und Ich. Wir wissen ferner, daß wir im schlafenden Zustande getrennt haben physischen Leib und Ätherleib auf der einen Seite, astralischen Leib und Ich auf der anderen Seite. Wenn auch die Ausdrucksweise durchaus nur approximativ richtig ist, daß man sagt: Ich und astralischer Leib trennen sich vom physischen Leibe und Ätherleibe – man kommt zunächst zu einer durchaus gültigen Vorstellung, wenn man eben diese Ausdrucksweise gebraucht. Das Ich mit dem astralischen Leibe ist vom Einschlafen bis zum Aufwachen außer dem physischen Leibe und dem Ätherleibe.

Sobald der Mensch nun zum imaginativen Erkennen vorrückt, wird er immer mehr und mehr in die Lage versetzt, genau ins Seelenauge, ins innere Anschauen zu fassen, was sich erleben läßt, ich möchte sagen, wie vorübergehend, im Status nascendi. Man hat es und muß es rasch erfassen, aber man kann es erfassen. Man hat vor sich, was in dem Momente des Aufwachens und Einschlafens besonders scharf beobachtet werden kann. Diese Momente des Einschlafens und Aufwachens können beobachtet werden für ein imaginatives Erkennen. Sie wissen ja, daß unter den Vorbereitungen, welche notwendig sind, um zu höheren Erkenntnissen zu kommen, von mir in dem vorhin angeführten Buche erwähnt worden ist die Heranerziehung einer gewissen Geistesgegenwart. Die Menschen reden ja im gewöhnlichen Leben so wenig von den Beobachtungen, die sich von der geistigen Welt her machen lassen, weil ihnen diese Geistesgegenwart fehlt. Würde diese Geistesgegenwart in ausgiebigerem Sinne bei den Menschen heranerzogen, so würden heute schon alle Menschen reden können von geistig-übersinnlichen Impressionen, denn sie drängen sich eigentlich im eminentesten Maße auf beim Einschlafen und Aufwachen, insbesondere beim Aufwachen. Nur weil so wenig heranerzogen wird, was Geistesgegenwart ist, deshalb bemerken die Menschen das nicht. Im Momente des Aufwachens tritt ja vor der Seele eine ganze Welt auf. Aber im Entstehen vergeht sie schon wiederum, und ehe sich die Menschen darauf besinnen, sie zu erfassen, ist sie fort. Daher können sie so wenig reden von dieser ganzen Welt, die da vor die Seele sich hinstellt und die wahrhaftig zum Begreifen des inneren Menschen von ganz besonderer Bedeutung ist.

Was sich da vor die Seele hinstellt, wenn man wirklich dazu kommt, in Geistesgegenwart den Aufwachmoment zu ergreifen, das ist eine ganze Welt von flutenden Gedanken. Nichts Phantastisches braucht dabeizusein. So wie man im chemischen Laboratorium beobachtet, mit derselben Seelenruhe und Besonnenheit kann man sie beobachten. Und dennoch ist diese flutende Gedankenwelt, die sehr genau zu unterscheiden ist vom bloßen Träumen, da. Das bloße Träumen spielt sich so ab, daß es erfüllt ist von Lebensreminiszenzen. Was sich da abspielt im Momente des Aufwachens, das sind nicht Lebensreminiszenzen. Sie sind sehr gut zu unterscheiden von Lebensreminiszenzen, diese flutenden Gedanken. Man kann sie sich in die Sprache des gewöhnlichen Bewußtseins übersetzen, aber es sind im Grunde genommen fremdartige Gedanken, Gedanken, die wir sonst nicht erfahren können, wenn wir sie nicht in dem Momente, der entweder durch geisteswissenschaftliche Schulung in uns möglich gemacht ist, oder eben in diesem Momente des Aufwachens erfassen.

Was erfassen wir da eigentlich? Nun, wir sind mit unserem Ich und unserem astralischen Leibe eingedrungen in den Ätherleib und in den physischen Leib. Was im Ätherleibe erlebt wird, wird allerdings so erlebt, daß es traumhaft ist. Und man lernt, indem man dieses, wie ich es angedeutet habe, subtil in Geistesgegenwart beobachten lernt, man lernt wohl unterscheiden dieses Hindurchgehen durch den Ätherleib, in dem die Lebensreminiszenzen traumhaft auftreten, und dann, vor dem vollen Erwachen, vor den Eindrücken, die die Sinne nun haben nach dem Erwachen, das Hineingestelltsein in eine Welt, die durchaus eine Welt von webenden Gedanken ist, die aber nicht so erlebt wird wie die Traumgedanken, bei denen man genau weiß, man hat sie subjektiv in sich. Die Gedanken, die ich jetzt meine, sie stellen sich wie ganz objektiv dar gegenüber dem eindringenden Ich und astralischen Menschen, und man merkt ganz genau: man muß passieren den Ätherleib; denn solange man den Ätherleib passiert, bleibt alles traumhaft. Man muß aber auch passieren den Abgrund, den Zwischenraum – möchte ich sagen, wenn ich mich recht uneigentlich, aber dadurch vielleicht deutlicher ausdrücke –, den Zwischenraum zwischen Ätherleib und physischem Leib, und schlüpft dann in das volle Ätherisch-Physische hinein, indem man aufwacht und die äußeren physischen Eindrücke der Sinne da sind. Sobald man in den physischen Leib hineingeschlüpft ist, sind eben die äußeren physischen Sinneseindrücke da. Was wir da an Gedan-

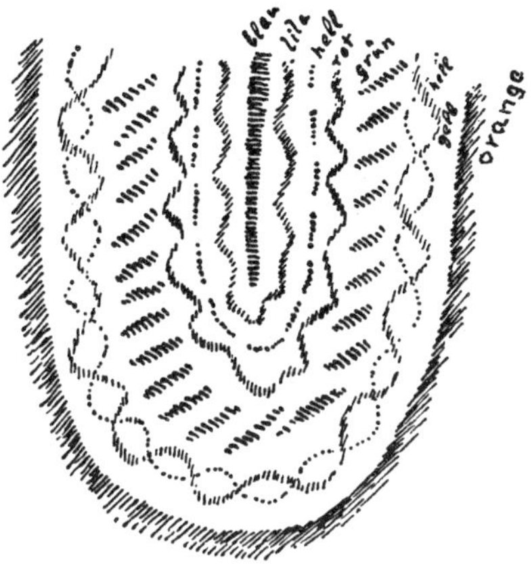

kenweben objektiver Art erleben, spielt sich also durchaus zwischen dem Ätherleib und dem physischen Leib ab. Wir müssen in ihm also sehen eine Wechselwirkung des Ätherleibes und des physischen Leibes. So daß wir sagen können, wenn wir schematisch zeichnen: Wenn etwa das den physischen Leib darstellt (orange), das den Ätherleib (grün), so haben wir das lebendige Weben von physischem Leib und Ätherleib in den Gedanken, die wir da erfassen, und man kommt dann auf dem Wege einer solchen Beobachtung zu der Erkenntnis, daß sich zwischen unserem physischen und unserem Ätherleib, gleichgültig ob wir wachen, ob wir schlafen, immerzu Vorgänge abspielen, die eigentlich im webenden Gedankensein bestehen, die webendes Gedankensein zwischen unserem physischen Leib und unserem Ätherleib sind (gelb). So daß wir jetzt das erste Element des seelischen Lebens verobjektiviert erfaßt haben. Wir sehen in ihm ein Weben zwischen dem Ätherleib und dem physischen Leib.

Dieses webende Gedankenleben kommt eigentlich so, wie es ist, im Wachzustande nicht zu unserem Bewußtsein. Es muß eben auf die Art, wie ich es geschildert habe, erfaßt werden.

Wenn wir nämlich aufgewacht sind, schlüpfen wir mit unserem Ich und mit unserem astralischen Leib in unseren physischen Leib hinein. Ich und astralischer Leib in unserem mit dem Ätherleib durchdrungenen physischen Leib nehmen teil an dem Sinneswahrnehmungsleben. Sie werden, indem Sie das Sinneswahrnehmungsleben in sich haben, mit den äußeren Weltengedanken, die Sie sich bilden können an den Sinneswahrnehmungen, durchdrungen und haben dann die Stärke, dieses objektive Gedankenweben zu übertönen. An der Stelle, wo sonst die objektiven Gedanken weben, bilden wir also gewissermaßen aus der Substanz dieses Gedankenwebens heraus unsere alltäglichen Gedanken, die wir uns im Verkehre mit der Sinneswelt auf die eben angedeutete Weise ausbilden. Und ich kann sagen: In dieses objektive Gedankenweben hinein spielt dasjenige, was nun das subjektive Gedankenweben ist (hell), das das andere übertönt, das sich aber auch abspielt zwischen dem Ätherleib und dem physischen Leib. Wir leben in der Tat in diesem – wie ich schon sagte: uneigentlich, aber deshalb doch verständlich, muß ich es als Zwischenraum zwischen Ätherleib und physischem Leib bezeichnen –, wir leben in diesem Zwischenraum zwischen Ätherleib und physischem Leib, wenn wir mit der Seele selber Gedanken weben. Wir übertönen die objektiven Gedanken, die im schlafenden und wachenden Zustand immer vorhanden sind, mit unserem subjektiven Gedankenweben. Aber gewissermaßen in derselben Region unseres menschlichen Wesens ist beides vorhanden: das objektive Gedankenweben und das subjektive Gedankenweben.

Was hat das objektive Gedankenweben für eine Bedeutung? Das objektive Gedankenweben, wenn es wahrgenommen wird, wenn wirklich eintritt, was ich geschildert habe als das geistesgegenwärtige Ergreifen des Momentes des Aufwachens, dieses objektive Gedankenweben wird nicht als bloß Gedankliches erfaßt, sondern es wird erfaßt als dasjenige, was in uns lebt als die Kräfte des Wachstums, als die Kräfte des Lebens überhaupt. Diese Kräfte des Lebens sind verbunden mit dem Gedankenweben. Sie durchsetzen dann den Äther- oder Lebensleib nach innen; sie konfigurieren nach außen den physischen Leib. Wir nehmen das, was wir als objektives Gedankenweben da wahrnehmen im geistesgegenwärtigen Erfassen des Aufwachmomentes, durchaus wahr als Gedankenweben nach der einen Seite und als Wachstums-, als Ernährungstätigkeit auf der anderen Seite. Was in dieser Art in uns ist, wir nehmen es als ein innerliches Weben wahr, das aber durchaus ein Lebendiges darstellt. Das Denken verliert gewissermaßen seine Bildhaftigkeit und Abstraktheit. Es verliert auch alles das, was scharfe Konturen sind. Es wird fluktuierendes Denken, aber es ist deutlich als Denken zu erkennen. Das Weltendenken webt in uns, und wir erfahren, wie das Weltendenken in uns webt und wie wir mit unserem subjektiven Denken untertauchen in dieses Weltendenken. So haben wir das Seelische in einem gewissen Gebiete erfaßt.

Gehen wir jetzt weiter im geistesgegenwärtigen Erfassen des Aufwachmomentes, so finden wir das Folgende. Wir können, wenn wir in der Lage sind, Traumhaftes zu erleben beim Passieren des Ätherleibes, wenn wir also mit dem Ich und dem astralischen Leibe den Ätherleib passieren, wir können dann bildhaft das Traumhafte uns vergegenwärtigen. Die Bilder des Traumes müssen aufhören in dem Augenblicke, wo wir aufwachen, sonst würden wir den Traum in das gewöhnliche bewußte Wacherleben hineinnehmen und wachende Träumer sein, wodurch wir ja die Besonnenheit verlieren würden. Die Träume als solche müssen aufhören. Aber wer mit Bewußtsein die Träume erlebt, wer also jene Geistesgegenwart bis zurück zum Erleben der Träume hat – denn das gewöhnliche Erleben der Träume ist ein Reminiszenzerleben, ist eigentlich ein Nachher-Erinnern an die Träume; denn das ist ja das gewöhnliche Gewahrwerden des Traumes, daß man ihn eigentlich erst wie eine Reminiszenz erfaßt, wenn er abgelaufen ist –, also wenn der Traum erlebt wird beim Durchfluten des Ätherleibes, nicht erst nachher im Erinnern, wo er in Kürze erfaßt werden kann, wie er gewöhnlich erfaßt wird, wenn man ihn also erfaßt während er *ist,* also gerade beim Durchdringen durch den Ätherleib, dann erweist er sich wie etwas Regsames, wie etwas, das man so erlebt wie Wesenhaftes, in dem man sich fühlt. Das Bildhafte hört auf, bloß Bildhaftes zu sein. Man bekommt das Erlebnis, daß man im Bilde drinnen ist. Dadurch aber, daß man dieses Erlebnis bekommt, daß man im Bilde drinnen ist, daß man also mit dem Seelischen sich regt, wie man sonst im wachen Leben mit dem Körperlichen in der Beinbewegung, in der Handbewegung sich regt – so wird nämlich der Traum: er wird aktiv, er wird so, daß man ihn erlebt, wie man eben Arm- und Beinbewegungen oder Kopfbewegungen und dergleichen erlebt –, wenn man das erlebt, wenn man dieses Erfassen des Traumhaften wie etwas Wesenhaftes erlebt, dann schließt sich gerade beim weiteren Fortgang, beim Aufwachen, an dieses Erlebnis ein weiteres an: daß diese Regsamkeit, die man da im Traume erlebt, in der man nunmehr drinnensteht als in etwas Gegenwärtigem, daß diese untertaucht in unsere Leiblichkeit. Geradeso wie wir beim Denken fühlen: Wir dringen bis zu der Grenze unseres physischen Leibes, wo die Sinnesorgane sind, und nehmen die Sinneseindrücke auf mit dem Denken, so fühlen wir, wie wir in uns untertauchen mit demjenigen, was im Traume als innerliche Regsamkeit erlebt wird. Was man da erlebt im Momente des Aufwachens – oder eigentlich vor dem Momente des Aufwachens, wenn man im Traume drinnen ist, wenn man durchaus noch außer seinem physischen Leibe, aber schon im Ätherleib ist, beziehungsweise gerade hineingeht in seinen Ätherleib –, das taucht unter in unsere Organisation. Und ist man so weit, daß man dieses Untertauchen als Erlebnis vor sich hat, dann weiß man auch, was nun wird mit dem Untergetauchten: das Untergetauchte strahlt wieder zurück in unser waches Bewußtsein, und zwar strahlt es zurück als Gefühl, als Fühlen. Die Gefühle sind in unsere Organisation untergetauchte Träume.

Wenn wir das, was webend ist in der Außenwelt, in diesem traumwebhaften Zustande wahrnehmen, sind es Träume. Wenn die Träume untertauchen in unsere Organisation und von innen heraus bewußt werden, erleben wir sie als Gefühle. Wir erleben also die Gefühle dadurch, daß dasjenige in uns, was in unserem astralischen Leib ist, untertaucht in unseren Ätherleib und dann weiter in unsere physische Organisation, nicht bis zu den Sinnen hin, nicht also bis zu der Peripherie der Organisation, sondern nur in die innere Organisation hinein. Dann, wenn man dies erfaßt hat, zunächst durch imaginative Erkenntnis besonders deutlich erschaut hat im Momente des Aufwachens, dann bekommt man auch die innere Kraft, es fortwährend zu schauen. Wir träumen nämlich während des wachen Lebens fortwährend. Wir überleuchten nur das Träumen mit unserem denkenden Bewußtsein, mit dem Vorstellungsleben. Wer unter die Oberfläche des Vorstellungslebens blicken kann – und man schult sich zu diesem Blicken dadurch, daß man eben geistesgegenwärtig erfaßt den Moment des Träumens selber –, wer sich so geschult hat, daß er das beim Aufwachen erfassen kann, was ich bezeichnet habe, der kann dann auch unter der Oberfläche des lichtvollen Vorstellungslebens das den ganzen Tag hindurch dauernde Träumen erleben, das aber nicht als Träumen erlebt wird, sondern das immer sofort untertaucht in unsere Organisation und als Gefühlswelt zurückstrahlt. Und er weiß dann: Was das Fühlen ist, es spielt sich ab zwischen dem astralischen Leib, den ich hier schematisch so zeichne (siehe Zeichnung Seite 303, hell), und dem Ätherleib. Es drückt sich natürlich im physischen Leib aus. So daß der eigentliche Ursprung des Fühlens zwischen dem astralischen Leib und dem Ätherleib liegt (rot). So wie der physische Leib und der Ätherleib in lebendiger Wechselwirkung ineinanderwirken müssen zum Gedankenleben, so müssen ätherischer Leib und astralischer Leib in lebendiger Wechselwirkung sein zum Gefühlsleben. Wenn wir wachend sind, erleben wir dieses lebendige Wechselspiel unseres ineinandergedrängten Ätherleibes und astralischen Leibes als unser Fühlen. Wenn wir schlafen, erleben wir, was der nunmehr außen lebende astralische Leib in der äußeren Ätherwelt erlebt, als die Bilder des Traumes, die nun während des ganzen Schlafens vorhanden sind, aber eben nicht wahrgenommen werden im gewöhnlichen Bewußtsein, sondern nur eben reminiszenzenhaft in jenen Fragmenten, die das gewöhnliche Traumleben bilden.

Sie sehen daraus, daß wir, wenn wir das Seelenleben erfassen wollen, noch zwischen die Glieder der menschlichen Organisation hineinblicken müssen. Wir denken uns das Seelenleben als flutendes Denken, Fühlen, Wollen. Von letzterem wollen wir gleich sprechen. Aber wir erfassen es objektiv, indem wir gewissermaßen in die Zwischenräume zwischen diese vier Glieder hineinschauen, zwischen den physischen Leib und Ätherleib, und Ätherleib und astralischen Leib.

Was sich im Wollen ausdrückt, das entzieht sich ja, wie ich öfters von anderen Gesichtspunkten aus hier ausgeführt habe, durchaus der Betrachtung des gewöhnlichen Wachlebens, des gewöhnlichen Bewußtseins. In diesem gewöhnlichen Bewußtsein sind vorhanden die Vorstellungen, nach denen wir unser Wollen orientieren, die Gefühle, die wir entwickeln in

Anlehnung an die Vorstellungen als Motive für unser Wollen; aber wie das, was da als der Vorstellungsinhalt unseres Wollens klar in unserem Bewußtsein liegt, hinunterspielt, wenn ich nur die Arme bewege zum Wollen, was da eigentlich vorgeht, das wird uns im gewöhnlichen Bewußtsein nicht gegeben. In dem Augenblicke, wo der Geistesforscher die Imagination in sich heranzieht und dazu kommt, die Natur des Denkens, des Fühlens so anzusehen, wie ich gesagt habe, dann kann er auch dahin gelangen, als etwas in das Bewußtsein Hereinfallendes die menschlichen Erlebnisse zu haben, die zwischen dem Einschlafen und dem Aufwachen sich abspielen. Denn in den Übungen zur Imagination werden Ich und astralischer Leib erkraftet. Sie werden in sich stärker, sie lernen sich erleben. Im gewöhnlichen Bewußtsein hat man eben nicht das wirkliche Ich. Wie hat man das Ich im gewöhnlichen Bewußtsein? Sehen Sie, immer wiederum muß ich diesen Vergleich machen: Wenn man das Leben in der Erinnerung zurück anschaut, so stellt es sich scheinbar als eine geschlossene Strömung dar. Die ist es aber doch nicht, sondern wir müßten eigentlich, indem wir jetzt leben, den heutigen Tag überblicken bis zum Aufwachen, haben dann eine leere Stelle, daran schließt sich der Bewußtseinsinhalt des gestrigen Tages und so weiter fort. Was wir da in der Rückerinnerung beobachten, das trägt allerdings in sich auch diejenigen Zustände, die wir nicht bewußt durchlebt haben, die also in dem präsenten Inhalt des Bewußtseins nicht drinnen sind. Aber sie sind auf andere Art drinnen. Ein Mensch, der gar nicht schlafen würde – wenn ich das hypothetisch anführen darf –, der würde eine ganz zerstörte Rückerinnerung haben. Die Rückerinnerung würde ihn gewissermaßen blenden. Er würde alles das, was er in der Rückerinnerung vor sein Bewußtsein hinstellt, als etwas ihm ganz Fremdes, blendend Glänzendes erleben. Er würde überwältigt sein davon, und er würde sich vollständig ausschalten müssen. Er käme gar nicht dazu, sich selber in sich zu erfühlen. Nur dadurch, daß sich die Schlafzustände hineinstellen in die Rückerinnerung, wird die Rückerinnerung abgeblendet. Wir sind in der Lage, sie auszuhalten. Denn dadurch wird es möglich, daß wir uns selbst behaupten gegenüber unserer Erinnerung. Lediglich dem Umstande, daß wir schlafen, haben wir unsere Selbstbehauptung in der Erinnerung zu verdanken. Was ich jetzt sage, könnte schon durch empirische Beobachtung der menschlichen Lebensläufe in vergleichender Weise gut konstatiert werden.

Aber geradeso, wie wir da die innere Aktivität erfühlen in der Rückerinnerung, so erfühlen wir ja eigentlich unser Ich aus unserem gesamten Organismus heraus. Wir erfühlen es so, wie wir die Schlafzustände als, ich möchte sagen, die finsteren Räume im Erinnerungsfortgang wahrnehmen. Wir nehmen das Ich nicht direkt wahr für das gewöhnliche Bewußtsein, sondern wir nehmen es nur wahr, wie wir die Schlafzustände wahrnehmen. Aber indem wir das imaginative Bewußtsein erwerben, tritt dieses Ich wirklich auf, und es ist willensartiger Natur. Und wir merken: Was in uns ein Gefühl, das in sich schließt, mit der Welt sympathisch oder antipatisch zu fühlen, was das in uns aktiviert zum Wollen, das spielt sich in einem ähnlichen Prozesse ab, wie er sich abspielt zwischen dem Wachen und dem Hineinkommen in das Schlafen. Man kann das wiederum geistesgegenwärtig beobachten, wenn man ebenso wie für das Aufwachen für das Einschlafen dieselben Eigenschaften entwickelt, von denen ich gesprochen habe. Da merkt man beim Einschlafen, daß man hineinträgt in den Schlafzustand, was ausstrahlt, als Aktivität ausstrahlt aus unserem Gefühlsleben, und was hineinstrahlt in die Außenwelt, und man lernt dann erkennen, wie man jedesmal, wenn man sich wirklich willensmäßig entwickelt, untertaucht jetzt in einen ähnlichen

Zustand, wie man untertaucht in den Schlafzustand. In ein inneres Schlafen taucht man ein. Was einmal vorgeht beim Einschlafen, wo dann das Ich mit dem astralischen Leib herausrückt aus physischem Leib und Ätherleib, das tritt jedesmal innerlich ein beim Wollen.

Natürlich müssen Sie sich darüber klar sein, daß das, was ich Ihnen da schildere, viel schwieriger zu ergreifen ist als das, was ich vorhin geschildert habe, denn der Moment des Einschlafens ist eben geistesgegenwärtig meistens noch schwieriger zu erfassen als der des Aufwachens. Nach dem Aufwachen sind wir wach; da haben wir wenigstens die Anlehnung an die Reminiszenzen. Beim Einschlafen müssen wir den Wachzustand noch in das Schlafen hinein fortsetzen, wenn wir zu einer Beobachtung kommen wollen. Aber der Mensch schläft eben meistens ein; er sendet nicht hinein in das Einschlafen die Aktivität des Fühlens. Kann er sie aber da hinein fortsetzen, was eben durch Schulung in imaginativer Erkenntnis geschieht, dann merkt er, daß tatsächlich im Wollen ein Untertauchen in dasselbe Element ist, in das wir untertauchen, wenn wir einschlafen. Wir werden tatsächlich im Wollen von unserer Organisation frei. Wir verbinden uns mit der realen Objektivität. So wie wir beim Aufwachen durch unseren Ätherleib einziehen, durch unseren physischen Leib und bis in die Sinnesregion, also bis an die Peripherie des Leibes kommen, gewissermaßen von dem ganzen Leib Besitz ergreifen, den ganzen Leib durchtränken, so senden wir wiederum im Fühlen in den Leib zurück, indem wir innerlich untertauchen, unsere Träume; sie werden eben Gefühle. Aber wenn wir jetzt nicht im Leibe bleiben, sondern, ohne daß wir an die Peripherie des Leibes gehen, innerlich geistig aus dem Leibe herausgehen, dann kommen wir zum Wollen. So daß sich das Wollen tatsächlich eigentlich unabhängig vom Leibe vollzieht. Ich weiß, daß damit viel gesagt wird, aber ich muß das auch darstellen, weil es eine Realität ist. Und in dem Erfassen dessen kommen wir dazu, nun einzusehen, daß – wenn wir nun hier das Ich haben (siehe Zeichnung Seite 303, blau) – das Wollen sich abspielt zwischen dem astralischen Leib und dem Ich (lila).

Wir können also sagen: Wir gliedern den Menschen in physischen Leib, in Ätherleib oder Bildekräfteleib, in astralischen Leib und in Ich. Zwischen dem physischen Leib und dem Ätherleib spielt sich seelisch das Denken ab. Zwischen dem Ätherleib und dem astralischen Leib spielt sich seelisch das Fühlen ab. Zwischen dem astralischen Leib und dem Ich spielt sich seelisch das Wollen ab. Indem wir an die Peripherie des physischen Leibes kommen, haben wir die Sinneswahrnehmung. Indem wir auf dem Wege durch unser Ich herauskommen aus uns, unsere ganze Organisation in die Außenwelt hineinstellen, wird das Wollen zur Handlung, dem anderen Pol der Sinneswahrnehmung (siehe Zeichnung Seite 303).

Auf diese Weise gelangt man zu einem objektiven Erfassen dessen, was subjektiv im flutenden Denken, Fühlen und Wollen erlebt wird. So verwandelt sich das Erleben in das Erkennen. Alle Psychologie, welche das flutende Denken, Fühlen und Wollen sonst auf eine andere Weise erfassen will, bleibt formal, weil sie nicht an die Realität herandringt. An die Realität kann für das seelische Erleben nur die imaginative Erkenntnis herandringen.

Fassen wir jetzt einmal ins Auge, was sich uns gewissermaßen wie eine Begleiterscheinung unserer ganzen Betrachtungen ergeben hat. Wir sagten: Man kann durch geistesgegenwärtige Betrachtung im Moment des Aufwachens, wenn man durchgeschlüpft ist durch den Ätherleib, Gedankenweben, das objektiver Art ist, sehen. Man nimmt dieses objektive Gedankenweben zunächst wahr. Ich sagte, man kann es von den Träumen und auch vom alltäglichen Gedankenleben, vom subjektiven Gedankenleben ganz gut unterscheiden, denn es ist verbunden mit dem Wachstum, mit dem Werden. Es ist eigentlich eine reale Organisation. Faßt man es aber auf, was da webt, was man, wenn man es durchschaut, als Gedankenweben wahrnimmt, wenn man es, ich möchte sagen, anfühlt, innerlich antastet, so nimmt man es als Wachstumskraft, als Ernährungskraft und so weiter, als den werdenden Menschen wahr. Es ist etwas, was zunächst fremd ist, aber Gedankenwelt ist. Wenn man es nur genauer studieren kann, so ist es ja das innerliche Weben von Gedanken an uns selbst. Wir erfassen es an der Peripherie unseres physischen Leibes; bevor wir an das Sinneswahrnehmen herankommen, erfassen wir es. Wenn wir es genauer verstehen lernen, wenn wir uns in seine Fremdheit gegenüber unserem subjektiven Denken einleben, dann erkennen wir es, dann erkennen wir es als das, was wir mitgebracht haben durch unsere Geburt aus früheren Erlebnissen, aus vorgeburtlichen respektive vor der Konzeption liegenden Erlebnissen. Und es wird für uns etwas objektiv Gegenständliches das Geistige, das unseren ganzen Organismus zusammenbringt. Der Präexistenzgedanke gewinnt Objektivität, wird zum objektiven Anschauen. Wir können mit innerem Erfassen sagen: Wir sind aus der Welt des Geistes heraus durch Gedanken gewoben. Die subjektiven Gedanken, die wir dazufügen, sie stehen im Bereiche unserer Freiheit. Diejenigen Gedanken, die wir da erblicken, sie bilden uns, sie bauen unseren Leib aus dem Gedankenweben heraus auf. Sie sind unser vergangenes Karma (siehe Zeichnung Seite 315). Also: Ehe wir an die Sinneswahrnehmungen herankommen, nehmen wir unser vergangenes Karma wahr.

Und wenn wir einschlafen, so hat dieses Einschlafen für denjenigen, der in objektiver Erkenntnis lebt, etwas Ähnliches mit dem Wollen. Wenn das Wollen zur vollständigen Bewußtheit gebracht wird, merkt man ganz deutlich: Man schläft in den eigenen Organismus hinein. So wie sonst die Träume hinuntergehen, gehen in unsere Organisation die Wollensmotive hinein. Man schläft in den Organismus hinein. Man lernt unterscheiden dieses Hineinschlafen in den Organismus, das sich zunächst auslebt in unseren gewöhnlichen Handlungen – die sind eben äußerlich sich vollziehend, wir vollziehen sie zwischen dem Aufwachen und Einschlafen –; aber nicht alles das, was in unserem Gefühlsleben drinnen lebt, lebt sich in diese Handlungen hinein. Wir vollbringen ja auch das Leben zwischen dem Einschlafen und Aufwachen. Und was wir sonst in die Handlungen hineindrängen würden, drängen wir ja aus uns durch denselben Vorgang im Einschlafen hinaus. Eine ganze Summe von Willensimpulsen drängen wir hinaus in die rein geistige Welt, in der wir uns befinden zwischen dem Einschlafen und Aufwachen. Willensimpulse, die in unser geistiges Sein übergehen, die wir nur hegen zwischen dem Einschlafen und Aufwachen: lernen wir sie durch imaginative Erkenntnis beobachten, so nehmen wir in ihnen wahr, was an Handlungsorientierung vorhanden bleibt über den Tod hinaus, was mit uns geht über den Tod hinaus.

Zwischen dem astralischen Leib und dem Ich entwickelt sich das Wollen. Das Wollen wird Handlung, indem es so weit nach der Außenwelt geht, bis es an den Ort kommt, woher sonst die Sinneseindrücke kommen. Aber im Einschlafen geht ja eine ganze Menge hinaus, was wie Handlung werden will, aber eben nicht Handlung wird, sondern mit dem Ich verbunden bleibt, indem das Ich durch den Tod in die geistige Welt übergeht.

Sie sehen, wir erleben hier auf der anderen Seite unser werdendes Karma (siehe Zeichnung Seite 315). Zwischen dem Wollen und der Handlung erleben wir unser werdendes Karma. Beide schließen sich dann im imaginativen Bewußtsein

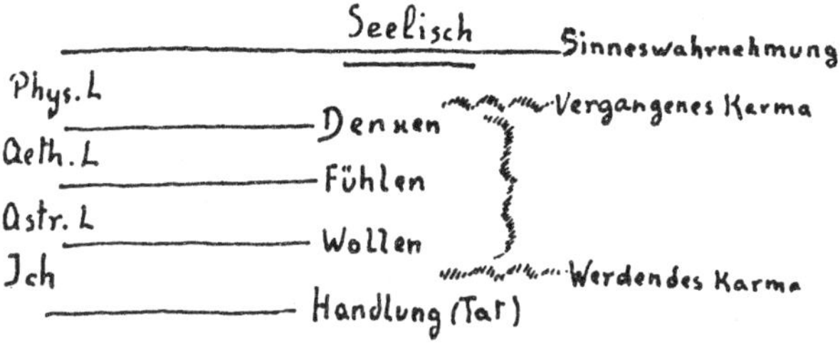

zusammen: das vergangene und das werdende Karma, das, was in uns webt und lebt und so sich gibt, daß es weiterwebt unter der Schwelle, über welcher unsere freien Handlungen liegen, die wir ausleben können zwischen Geburt und Tod. Zwischen Geburt und Tod leben wir in der Freiheit. Aber es webt und lebt unter dieser Region des freien Willens, Wollens, die eigentlich nur ein Dasein hat zwischen Geburt und Tod, das Karma, dessen aus der Vergangenheit kommende Wirkungen wir wahrnehmen, wenn wir uns aufhalten können mit unserem Ich und unserem astralischen Leibe im Ätherleib gerade beim Durchbrechen bis zum physischen Leibe hin. Und wiederum auf der anderen Seite nehmen wir unser werdendes Karma wahr, wenn wir uns aufhalten können in der Region, die gerade liegt zwischen dem Wollen und dem Handeln, und wenn wir soviel Selbstzucht durch Übung entwickeln können, daß wir innerlich uns ebenso aktivieren können in einem Gefühl, wie wir uns, ich möchte sagen, indem wir den Leib zu Hilfe nehmen, aktivieren in der Handlung; wenn wir uns im Geiste aktivieren können im Gefühl, wenn wir also eine Handlung festhalten im Ich.

Stellen Sie sich das lebhaft vor: Man kann so enthusiasmiert sein, so innerlich eingenommen sein für irgend etwas, was aus dem Gefühle sprießt, wie das, was sonst in die Handlung übergeht; aber man muß es zurückhalten: dann leuchtet es auf in der Imagination als das werdende Karma.

Was ich Ihnen hier geschildert habe, ist natürlich im Menschen immer vorhanden. Der Mensch passiert mit jedem Aufwachen, jeden Morgen beim Aufwachen die Region seines vergangenen Karmas; er passiert jeden Abend beim Einschlafen die Region seines werdenden Karmas. Der Mensch kann durch eine gewisse Aufmerksamkeit auch ohne besondere Schulung in Geistesgegenwärtigkeit erfassen das vergangene Objektive, ohne daß er es freilich so deutlich erkennt, wie ich es jetzt geschildert habe. Er kann es aber wahrnehmen; es ist da. Und es ist dann da alles das, was er in seinen sittlichen Impulsen in sich trägt im Guten und im Schlechten. Durch dieses lernt sich eigentlich der Mensch besser kennen, als wenn er im Momente des Aufwachens dieses Gedankenweben, das ihn selbst bildet, gewahr wird.

Aber schon schreckhafter ist das Wahrnehmen dessen, was zwischen dem Wollen und der Handlung liegt, was man zurückhalten kann. Da lernt man sich kennen insoweit, als man sich selber gemacht hat während dieses Lebens. Da lernt man kennen, was man als innere Artung durch den Tod hinausträgt als werdendes Karma.

Ich wollte Ihnen heute zeigen, wie man über diese Dinge in lebendiger Erfassung reden kann, wie durchaus Anthroposophie sich nicht erschöpft in einer Schematik, sondern wie die Dinge lebendig geschildert werden können, und werde morgen[65] dann in dieser Betrachtung weiter fortfahren, indem ich übergehen werde zu einer noch tieferen Erfassung der menschlichen Wesenheit auf Grundlage des heute Ausgeführten.

Anmerkungen

1 Psychophysischer Parallelismus, Anschauung mancher Philosophen (Spinoza, Leibniz, Schelling, Schopenhauer, Fechner), wonach Seelisches und Leibliches, Psychisches und Physisches kausal unabhängig voneinander parallel nebeneinander verlaufen. Zu Beginn der naturwissenschaftlichen Ära von Psychologie und Medizin prägte der Physiologe Johannes Müller in seinem *Handbuch der Physiologie des Menschen* (1833 – 1840) den allgemein begeistert aufgenommenen Satz: «Nemo psychologus nisi physiologus».

2 Franz Brentano (1838 – 1917), Philosoph; Hauptwerk: *Die Psychologie vom empirischen Standpunkt* (1874).

3 Gemeint ist der 1. Vortrag des Zyklus *Westliche und östliche Weltgegensätzlichkeit*, gehalten am 1. Juni 1922 in Wien unter dem Thema: «Anthroposophie und Naturwissenschaft».

4 Mit Willkür ist hier von Rudolf Steiner bewußte willentliche Absicht gemeint.

5 Richard Wahle (1857 – 1936), Philosoph; *Das Ganze der Philosophie und ihr Ende* (1894); *Über den Mechanismus des geistigen Lebens* (1906).

6 Rudolf Steiner: «Moderne Seelenforschung» (1901), in GA 30.

7 Rudolf Steiner, GA 161, S. 124.

8 Gemeint sind die drei öffentlichen Vorträge «Theosophische Seelenlehre I,II und III», gehalten am 16., 23. und 30. März 1904 im Architektenhaus in Berlin. Der hier abgedruckte Vortrag ist der erste von diesen drei zusammenhängenden Vorträgen.

9 Johannes Scotus Eriugena (um 810 – 877): *De Divisione Natura.*
Thomas von Aquino (1225 – 1274): *Summa Theologica I,* 75 – 78 ff.; *Summa contra gentiles II,* 46 ff.

10 Cartesius = René Descartes (1596 – 1650), Philosoph und Mathematiker.

11 Zur Psychologie ohne Seele vergleiche die folgenden psychologischen Richtungen im 19. und 20. Jahrhundert: physiologische Psychologie, experimentelle Psychologie, naturwissenschaftliche Psychologie, «objektive» Psychologie, Reflexologie, Behaviorismus (Verhaltenspsychologie). Allen diesen Richtungen gemeinsam ist die aus einer materialistischen Weltanschauung entspringende methodische Grundthese, nur physisch-sinnlich Beobachtbares, Registrierbares und Meßbares könne Gegenstand einer wissenschaftlichen Psychologie sein.

Der «Vater» dieser «objektiven» naturwissenschaftlich ausgerichteten Psychologie war der Physiologe Carl Ludwig (1816 – 1895), der 1858 in seinem *Lehrbuch der Physiologie des Menschen* einen Grundsatz aller kommenden «Objektivisten» formulierte: «Die Anhänger der zahllosen Abstufungen realistischer Weltanschauungen haben sich, insofern sie sich überhaupt zur Bildung einer Vorstellung entschließen konnten, darüber geeinigt, daß die Seelenerscheinungen resultieren aus einer gewissen Summe im Hirn und Blut enthaltener Bedingungen.» Sein Schüler J.M. Setschenow (1829 – 1905) veröffentlichte 1863 die Schrift *Reflexe des Gehirns*, darin teilt er das gesamte menschliche Seelenleben, Denken, Gefühle, Willenshandlungen und das Verhalten in Gehirnreflexe ein. Diese Schrift hatte entscheidenden Einfluß auf das Denken seines Schülers J.P. Pawlow (1849 – 1936), der auch noch Schüler von C. Ludwig war und für die Weiterführung dieser Gedanken 1904 den Nobelpreis erhielt.

12 Ernst Haeckel (1834 – 1919): *Die Welträtsel* (1899).

13 Die Lehre von den Funktionszentren des Gehirns geht auf die Schädellehre von Franz Joseph Gall (1758 – 1828) zurück. Galls Lehre (Phrenologie) wurde 1802 in Deutschland verboten. Aber seit der Entdeckung des motorischen Sprachzentrums durch Paul Broca im Jahre 1861 wurde die Erforschung von Funktionszentren der Großhirnrinde zu einem der interessantesten Forschungsgegenstände von Anatomie, Physiologie, Neurologie, Psychiatrie und Psychologie.

14 Bartholomäus von Carneri (1821 – 1909): *Grundlegung der Ethik* (1881); *Sittlichkeit und Darwinismus* (1871).

15 Johannes Müller (1801 – 1858), Physiologe; vgl. Anm. 1.

16 Paul H.D. Baron von Holbach (1723 – 1789): *Système de la nature ou des Lois du monde physique et du monde morale* (1770).

17 *Milindapanha*, deutsch von F. O. Schrader unter dem Titel *Die Fragen des Königs Menandros* (Berlin 1907).

18 Jlja Jljitsch Metschnikow (1845 – 1916), russischer Zoologe.

19 Aristoteles (384 – 322 v. Chr.): *De anima* («Über die Seele»).

20 Vgl. Anm. 9.

21 Vgl. Vortrag vom 7. Februar 1918 in GA 67; gemeint ist die Betrachtung des Menschen nach dem Dogma der Zweiheit von Leib und Seele unter Mißachtung des Geistes seit dem Konzilsbeschluß von 869.

22 Vgl. Vortrag vom 7. Februar 1918 in GA 67.

23 Vgl. Anm. 4.

24 Emil Du Bois-Reymond (1818 – 1896, Physiologe, Schüler, Assistent und Nachfolger von J. Müller (vgl. Anm. 1 und 15): *Über die Grenzen des Naturerkennens. Die sieben Welträtsel* (2 Vorträge, 1882).

25 F. Th. Vischer (1807 – 1887), Dichter und Ästhetiker.

26 Vgl. Vortrag vom 21. März 1918 in GA 67, der in unsere Auswahl nicht aufgenommen wurde, weil er sich vorwiegend mit dem krankhaften Seelenleben beschäftigt, das hier nicht unser Thema ist.

27 Julius Pikler: *Das Grundgesetz alles neuro-physischen Lebens, zugleich eine physiologisch-psychologische Grundlage für den richtigen Teil der sog. materialistischen Geschichtsauffassung* (Leipzig 1900).

28 Karl Fortlage: *Vier psychologische Vorträge* (Jena 1874).

29 Eduard von Hartmann (1842 – 1906), Philosoph, bekannt als der Philosoph des Unbewußten durch sein Hauptwerk: *Die Philosophie des Unbewußten* (1869).

30 Vermutlich handelt es sich um Max von Kassowitz (1842 – 1913), Professor an der Universität Wien; über «Nerven und Seele» in *Allgemeine Biologie* (Wien 1906).

31 Noch immer sind über die für das Bewußtsein notwendige Nerventätigkeit des Gehirns keine ausreichenden Erkenntnisse vorhanden. Es gibt diesbe-

züglich nur wenige Anhaltspunkte, die sich z.B. auf den Zusammenhang von Großhirnrinde und Formatio reticularis beziehen. Doch lassen sich drei Grundtatsachen der Neurobiologie und Physiologie erwähnen, die schon deutlich in die Richtung des hier von Rudolf Steiner Gesagten deuten:

1. Das Gehirn ist das einzige Organ, das mit der Geburt seine endgültige Anzahl von Organzellen besitzt; es können keine neuen Nervenzellen im Laufe des Lebens gebildet werden.
2. Die mit der Geburt ihrer Zahl nach endgültig vorhandenen Gehirnzellen besitzen keine ausreichende Regenerationsfähigkeit, um sich z.B. nach Verletzungen oder Ernährungs-(Stoffwechsel-)Störungen wieder regenerieren zu können, wie das bereits periphere Nervenzellen schon in gewissem Maße können, andere Organzellen ständig tun. Daraus ist ersichtlich, daß die Gehirnnervenzellen wegen der fehlenden Zellteilungsfähigkeit und der fehlenden Regenerationsfähigkeit sehr viel weniger Leben besitzen als unsere sonstigen Organzellen.
3. Die noch vorhandene Lebendigkeit, die die Zellen des Zentralnervensystems besitzen, zeigt sich in den enormen katabolen (abbauenden) Stoffwechselvorgängen der Nervenzellen: das Gehirn zählt zu den größten Energieverbrauchern unseres Körpers, was in seiner starken Durchblutung und seinem großen Sauerstoffbedarf zum Ausdruck kommt. Der Sauerstoffbedarf ist der höchste aller Organe und etwa 20mal größer als im ruhenden Skelettmuskel. Während das Gewicht des Gehirns beim Erwachsenen nur etwa 2 % des Körpergewichts ausmacht, fließen ihm 20 % des in Ruhe aufgenommenen Sauerstoffs zu. Der normale Aktivitätszustand des Gehirns variiert, im EEG erkennbar, zwischen Wachzustand mit geöffneten Augen, Wachzustand mit geschlossenen Augen, verschieden tiefen Schlafzuständen und Traumzuständen. In den Aktivitätsphasen einzelner Nervenzellen finden in diesen Zellen u. a. chemische, enzymatische Abbauvorgänge statt. Diese Abbauvorgänge sind das Charakteristische der Nervenprozesse im Gehirn, da die entsprechend notwendigen Aufbau- und Ernährungsvorgänge nicht in den eigentlichen Nervenzellen (Neuronen)

geschehen, sondern in den Gliazellen. Die Glia ist das Stütz-, Ernährungs-, Stoffaustausch- und Entgiftungsgewebe für die Nervenzellen. Hier findet der eigentliche ernährende Stoffwechsel des Nervensystems statt.

Die reduzierte Lebendigkeit des Gehirns ist der Preis, den wir für unser normales Bewußtsein bezahlen müssen. Diese Grundfakten des Nervensystems sind sicher erste Hinweise für das hier von Rudolf Steiner Gemeinte und von der zukünftigen naturwissenschaftlichen Forschung noch Erwartete.

32 Die neuere Hirnforschung scheint sich über dieses Stadium der Abhängigkeit des Ich vom Leib (Gehirn) gerade in ersten Schritten hinwegzubewegen. Vgl. moderne Hirnforscher:

Sperry (1970): «Bewußtseinsphänomene erscheinen unter dieser Betrachtungsweise so, daß sie mit den physikalisch-chemischen und physiologischen Aspekten der Gehirnvorgänge interagieren und deren Ablauf weitgehend bestimmen. Offensichtlich gibt es aber auch den umgekehrten Zusammenhang, und so kommt es zu einem wechselseitigen Zusammenspiel zwischen den physiologischen und den geistigen Faktoren. Die vorliegende Interpretation tendiert dahin, dem Geist wieder seine alte Vorzugsstellung über die Materie zurückzugeben, jedenfalls in dem Sinne, daß die geistigen Phänomene die physiologischen und biochemischen Phänomene transzendieren.»

Penfield (1969): «Die körperliche Grundlage des Geistes ist die Gehirntätigkeit in jedem Individuum. Sie begleitet die Aktivität seines Geistes, aber der Geist ist frei. Er besitzt die Fähigkeit, einen gewissen Grad von Initiative zu entfalten. Der Geist ist der Mensch, den man kennt. Er muß während Perioden des Schlafes oder des Komas stets Kontinuität haben. Dann mutmaße ich auch, daß dieser Geist nach dem Tod des Menschen irgendwie weiterleben muß.»

Eccles (1980): «Ich glaube, daß die Wissenschaft zu weit gegangen ist, als sie den Glauben des Menschen an seine geistige Größe zum Einsturz brachte und ihm statt dessen die Überzeugung einflößte, daß der Mensch bloß ein unbedeutendes animalisches Lebewesen ist, das aus einem Gemisch von

Zufall und Notwendigkeit auf einem unbedeutenden Planeten entstanden ist ... Wir sollten stets der großen unbekannten Tatsachen eingedenk sein, die ebenso in der materiellen Ausstattung und Arbeitsweise unseres Gehirns zu bemerken sind, wie in den Beziehungen zwischen Gehirn und Geist, sowie auch in unserer kreativen Phantasie ... Indem wir dieses wunderbare Geschenk von Leben und Tod entgegennehmen, müssen wir nicht auf die Unvermeidbarkeit, sondern auf die Möglichkeit irgendeiner anderen Existenz vorbereitet sein ... Dann mögen wir mit Ernst und zugleich voller Freude auf die künftigen Enthüllungen alles dessen harren, was uns nach dem Tode bevorsteht.»

Alle Zitate nach J. C. Eccles, H. Zeier: *Gehirn und Geist* (1980).

33 Vortrag vom 7. März 1918 in GA 67.

34 Johann Friedrich Herbart (1776 – 1841), Philosoph.

35 Vgl. Rudolf Steiner: *Von Seelenrätseln* (1917), GA 21, Kap. IV.

36 Vgl. Anm. 31.

37 Vgl. hierzu GA 170.

38 Vgl. Vortrag vom 29. Oktober 1921 in GA 208.

39 Vgl. Vortrag vom 28. Oktober 1921 in GA 208.

40 Descartes, vgl. Anm. 10.
Baruch Spinoza (1632 – 1677), Philosoph.

41 «Psychoid», seelenartiges Gebilde, z.B. in der psychologischen Literatur bei Driesch (1867 – 1941).

42 Gustav Theodor Fechner (1801 – 1887), Philosoph und Begründer der Psychophysik, einer experimentellen Psychologie zur Erklärung des Leib-Seele-Verhältnisses im Sinne eines psychophysischen Parallelismus. Rudolf Steiner 1901 über Fechner: «Dem Versuch in der Psychologie sein Recht angewiesen zu haben ist das Verdienst, das sich Fechner durch die Darlegung seines Werkes ‹Elemente der Psychophysik› (1860) erworben hat.»

43 Arthur Drews (1865 – 1935), Professor für Philosophie, hielt im Herbst 1921 eine Reihe von Vorträgen gegen die Anthroposophie; vgl. *Metaphysik und Anthroposophie* (Berlin 1922), besonders das Kapitel «Die Erkenntnis des Übersinnlichen».

44 Eduard von Hartmann, vgl. Anm. 29.

45 Ernst Mach (1838 – 1916), Physiker und Philosoph, 1897 – 1901 Professor für Philosophie in Wien.

46 Hans Driesch (1867 – 1941), Biologe und Philosoph, 1909 für Naturphilosophie habilitiert, später Professor für Philosophie; Hauptwerk: *Philosophie des Organischen* (1909).

47 Kuno Fischer (1824 – 1907), Philosophiehistoriker.

48 Vgl. die Vorträge «Anthroposophie» vom 23. – 27. 10. 1909 in GA 115; *Anthroposophie – ein Fragment* (1910), GA 45; und zur Übersicht: Rudolf-Steiner-Thementaschenbücher Bd. 3: *Zur Sinneslehre* (1980).

49 Vgl. Anm. 35 und: *Zur Frage der motorischen und sensitiven Nerven*, Auszüge aus Werken Rudolf Steiners, zusammengestellt von H. Hensel und H. J. Scheurle (1979).

50 Carl Unger (1878 – 1929), seit 1902 Mitglied der Theosophischen Gesellschaft, seit 1905 persönlicher Schüler Rudolf Steiners, ab 1912 Mitglied der Anthroposophischen Gesellschaft; seit 1907 nach Aufforderung von Rudolf Steiner auf zahlreichen Vortragsreisen in den Zweigen der Theosophischen, später der Anthroposophischen Gesellschaft unterwegs. Werke: *Gesammelte Schriften in drei Bänden* (1971).

51 Henri Bergson (1859 – 1941), französischer Philosoph.

52 Georg Wilhelm Friedrich Hegel (1770 – 1831). Den Hymnus «Eleusis» sandte Hegel, der damals Hauslehrer in der Schweiz war, im Spätsommer 1786 seinem Freund Hölderlin.

53 Nach der These von Arthur Schopenhauer (1788 – 1860): Die Welt ist meine Vorstellung.

54 Nach der These von Immanuel Kant (1724 – 1804), der von einem unerkennbar sein sollenden «Ding an sich» gesprochen hat.

55 Aus dem Jahre 1765.

56 Dieses Gedicht wurde zu Beginn des 1. Vortrags am 1. 11. 1910 rezitiert; vgl. GA 115.

57 Vgl. «Leben und Tod», öffentlicher Vortrag vom 27. 10. 1910 in Berlin, in GA 60.

58 Sigmund Freud (1856 – 1939), Begründer der Psychoanalyse.

59 Franz Brentano (1838 – 1917), Philosoph, seit 1874 zunächst Professor, später Privatdozent für Philosophie in Wien. In den achtziger Jahren waren R. Steiner, E. Husserl und S. Freud unter seinen Hörern an der Universität in Wien. Psychologisches Hauptwerk: *Psychologie vom empirischen Standpunkt*, 1. Band (1874); der 2. Band erschien nie. Rudolf Steiner über Franz Brentano vgl. *Von Seelenrätseln* (1917), GA 21.

60 Theodor Lipps (1851 – 1914), Philosoph, wandte sich gegen die Bevorzugung naturwissenschaftlicher Methoden in der Psychologie; er entwikkelte seine «Einfühlungstheorie» in Anlehnung an die «Einfühlung» von Friedrich Theodor Vischer; *Vom Fühlen, Denken und Wollen* (1902); *Leitfaden der Psychologie* (1903).

61 Wilhelm Wundt (1832 – 1920), Philosoph und Psychologe, gründete 1879 in Leipzig das erste «Institut für experimentelle Psychologie» in Fortführung der experimentellen «Psychophysik» von G. Th. Fechner (1801 – 1887), seit 1875 Professor in Leipzig.

62 Johann Joachim Winckelmann (1717 – 1768), Archäologe; vgl. seine *Geschichte der Kunst im Altertum* (1764).

63 Karl W. R. von Rotteck (1775 1840), Historiker; Hauptwerk: *Allgemeine Weltgeschichte* (1812 – 1827) in 9 Bänden.

64 Vgl. Vorträge vom 23. und 24. September 1921 in GA 207.

65 Vgl. Vortrag vom 1. Oktober 1921 in GA 207.

Nachwort

I. Die Frage nach der Seele
Erste Ansätze einer Psychologie

1. Vom Erleben der Seele

Die Frage nach dem Wesen der Seele ist so alt wie die zu sich selbst erwachende Menschheit. Aus frühen Kulturen und alten Zeiten kennen wir Ansichten und Aussagen über die Seele, die den Zusammenhang von Seele und Welt deutlich erkennen lassen. Nicht das Seelenleben des Einzelmenschen, isoliert und individuell, stand im Interesse der Menschen alter Kulturen. Es wurde die Seele als ein schaffendes, belebendes Prinzip in der Natur *erlebt*, an dem auch der Mensch, aber nicht nur er, Anteil hatte. Die Seele wurde als Bewegendes, als Atem, Hauch, Wind, Schatten, Feuer, als Stern, als menschliche Gestalt, als Vogel oder Schmetterling und in vielen anderen Bildern erlebt oder vorgestellt. Weniges ist uns davon aus der indischen, persischen, babylonischen und ägyptischen Kultur bekannt. Namen der Seele wie das «Manas» der Inder, das «Ka» oder «Ba» der Ägypter, die «Psyche» der Griechen kennen wir. Bis zu den vorsokratischen Naturphilosophen, bei ihnen in einem staunenden Erleben kulminierend, wurde die Seele als Natur-Seele erlebt. «Der Mensch fühlte sich mit der Welt draußen außer sich, wenn er das Seelische erlebte. Das Physische erlebte man im Innern, das Seelische erlebte man, indem man aus sich heraus ging und mit der Welt draußen lebte.»[1]

Von dieser Zeit an wissen wir dann Genaueres über die Seelenkunde der nachkommenden griechischen Philosophen, denn mit Sokrates ist das Denken erwacht. Das Staunen war der Schritt vom Erleben zum Denken, zur Philosophie. Mit dieser Stufe, die Reflexion, Selbstbesinnung möglich machte, ja Selbsterkenntnis als höchstes menschliches Ziel benennt und fordert, ist die Menschheit zu sich selbst erwacht.

Die Fragen nach dem Wesen der Seele beziehen sich jetzt auf die Seele im Menschen, auf seine «Innenwelt». Der Zusammenhang mit der ganzen Welt als Schöpfung, deren Teil der Mensch ist, ist aus dem Erleben verschwunden. Das Bewußtsein vom Zusammenhang mit der Geistwelt, an der der Mensch Anteil hat, geht verloren. Die Fragen konzentrieren sich nun auf den Menschen allein, der Blick engt sich ein. Der Mensch erlebt sich unabhängig; er lernt sich als ein freies Wesen in der Welt kennen und behaupten.

In der Entwicklung der individuellen Seele sehen wir ein vergleichbares Ereignis. Das erste bewußte Erlebnis, die erste Beobachtung unserer eigenen Seele haben wir ungefähr im Übergang vom zweiten zum dritten Jahrsiebt. Die Suche nach dem eigenen Selbst, das Bemühen um die Selbstfindung, das Erleben des eigenen Ich ist das zentrale Thema der seelisch-geistigen Entwicklung in der vorpuberalen Zeit des neunten bis zwölften Lebensjahres.

«Ich will erzählen, wie das Ich-Erlebnis bei mir persönlich begann. Es war Hochsommer, ich war etwa 12 Jahre alt, ich erwachte sehr früh. Eine kleine Kammer, die mit nur einem Fenster auf den Garten hinaussah. Mein Bett stand in der hintersten Ecke des Zimmers mit dem Kopfende nach dem Fenster zu. Ich richtete mich auf, drehte mich um und sah kniend hinaus in das Laub der Bäume. In diesem Moment hatte ich das Ich-Erlebnis. Es war, als löste sich alles von mir und ich wurde plötzlich isoliert. Ein merkwürdig schwebendes Gefühl. Und zugleich die verwunderte Frage an mich selbst: bist du der Rudi Delius? Bist du derselbe, den deine Freunde so nennen? Der in der Schule einen bestimmten Namen trägt und bestimmte Zensuren bekommt. – Bist du derselbe? Ein zweites Ich in mir stellte sich diesem anderen Ich, das hier ganz objektiv als Namen wirkte, gegenüber. Es war ein fast physisches Losreißen von meiner Umgebung, mit der ich bisher in unbewußter Einheit gelebt hatte. Ich empfand diese Losreißung als etwas Seltsames, Merkwürdiges. Ich ahnte dunkel, daß da etwas für immer Bedeutsames in mir vorgegangen sei. Daher blieb mir auch dieser Augenblick, das Zimmer, die kniende Stellung im Bett, das Herumdrehen scharf im Gedächtnis. Es war mir, als hätte irgendein geistiger Blitz plötzlich in mich eingeschlagen.»[2] Deutlicher kann dieses sich ganz in der Empfindung ausdrückende erste Ich-Erlebnis des Schulkindes kaum beschrieben werden. Ein gewaltiger Schritt geschieht, es ist ein Aufwach-Erlebnis aus dem Traumschlaf der Kindheit in den Wachtraum der Jugend.

«Das Kind kommt in einer gewissen Weise zu einem ersten Erstaunen über alles, was in der Welt vorgeht, weil es anfängt, sich in der Welt drinnen zu sehen. Man kommt erst in diesem Stadium des Lebens zum Ich-Bewußtsein.»[3]

In der weiteren Lebens- und Seelenentwicklung gibt es Steigerungen und Vertiefungen dieses inneren Freiheitserlebens und Ich-Bewußtseins. In den Kindheitsphasen davor gibt es Vorstufen, Zeiten der Vorbereitung, der Sammlung und Ruhe, Phasen der Anstrengung und Anspannung, vorsichtige Äußerungen und temperamentvolle Eruptionen jenes starken Dranges nach Freiheit und Selbständigkeit, Ausdruck jener menschlichen Ich-Kraft, die sich im menschlichen Schicksal offenbart.

Über dem Beginn des individuellen Erdenschicksals, über der Geburt, liegt Dunkel. Ahnungsvoll beschreibt der Dichter Adalbert Stifter eine Nachempfindung, wie er das Licht der Welt erblickte: «Weit zurück in dem leeren Nichts ist etwas wie Wonne und Entzücken, das gewaltig fassend, fast vernichtend in mein Wesen drang, und dem nichts mehr in meinem künftigen Leben glich. Die Merkmale, die festgehalten wurden, sind: es war Glanz, es war Gewühl, es war unten. Dies muß sehr früh gewesen sein; denn mir ist, als liege eine sehr weite Finsternis des Nichts um das Ding herum.»[4] Normalerweise haben wir keine Erinnerung an unsere ersten zwei bis drei Lebensjahre. In dieser Zeit entwickeln sich unsere wichtigsten menschlichen Fähigkeiten: wir lernen unsere Bewegung beherrschen. Es beginnt mit der Fähigkeit des Kopfhebens und -wendens und den Augenbewegungen, die den ersten Kontakt aufnehmen können. Die *Bewegungsfähigkeit* schreitet weiter vom Kopf abwärts, belebt und bewegt, ja beseelt Rumpf, Arme, Hände, Beine und Füße. Koordinierte, abgerundete, harmonische Körperhaltung und -bewegungen werden möglich, sie werden durch Nachahmung gelernt. Später werden sie charakteristisch für den betreffenden Menschen. Man kann ihn unter Umständen daran erkennen. Blicken, Greifen, Stehen und Gehen sind diese grundlegenden Schritte im ersten Lebensjahr.

Eine weitere Stufe erreicht das Kind mit dem Erwerb der Sprache. Im *Sprechenlernen* liegt eine weitere Fähigkeit der Äußerung des Menschen. Von außen durch Nachahmung gelernt, liegt dem Sprechenlernen eine innere Empfindung zugrunde. Die seelisch-geistigen Kräfte, die in der aufrechten Körperhaltung und Gliedmaßenbewegung wirksam sind, kommen jetzt von unten, von der Gliedmaßen- und rhythmischen Organisation zu einem Empfinden der Kopf-Organisation mit den Sinneswahrnehmungen. Aus diesen unbewußten Empfindungen lernt das Kind sprechen, seine Seele äußern. «Gewissermaßen dieselben Kräfte, die beim Geschlechtsreifwerden den ganzen Menschen ergreifen und dirigierend wirken auf sein Verhältnis zur Außenwelt, machen sich geltend zwischen dem unteren und oberen Menschen. Und indem der untere Mensch lernt, den oberen Menschen zu empfinden, wie sonst der Mensch im späteren Alter die Außenwelt empfinden lernt, lernt er sprechen.»[5]

In einem weiteren Schritt um das dritte Lebensjahr beginnt die *Erinnerungsfähigkeit* des Menschen. Darin liegt die offenbarste Äußerung der seelischen Innerlichkeit. Der Erinnerungsfähigkeit liegen metamorphosierte Lebenskräfte des Ätherleibes zugrunde. In der Sprache drückt sich vornehmlich die Seele, der Astralleib des Menschen aus. In der Körperhaltung und Bewegung wirkt die geistige Ich-Organisation im physischen Leib des Menschen. Diese drei charakteristischen und menschentypischen Stufen begegnen uns nach der Zäsur der Pubertät, um den Beginn des 3. Jahrsiebts, in der weiteren Entwicklung als wesentliche Marksteine einer seelisch-geistigen Selbstbegegnung des Menschen (siehe unten Seite 361 ff).

Wenden wir uns rückblickend der Geschichte der Psychologie von diesem historischen Augenblick an zu, als die Frage nach dem Wesen der Seele sich der individuellen menschlichen Seele zuwandte.

2. Geistlehre der Seele: Platon

Bei Platon (427 – 347 v. Chr.) begegnen wir einem Bild von der menschlichen Seele, das der geistigen Ideenwelt des Menschen und der lebendigen Körperwelt gerecht wird. In einem Gleichnis beschreibt Platon die Seele: «Was die Seele wirklich ist, das ist lang, und nur ein Göttermund könnte es aussprechen. Doch ihr Gleichnis ist kürzer und kann durch Menschenmund so ausgesprochen werden: Die Seele ist gleich der Kraft, die einem befiederten Gespann und einem Wagenlenker innewohnt. Pferde und Wagenlenker der Götter nun sind alle gut und von guter Herkunft; die der anderen (der Menschen) aber sind gemischt. Bei uns nun lenkt zunächst der Führer das Gespann; darauf erweist sich ihm das eine Pferd als fromm und gut und von ebensolcher Herkunft, das andere dagegen von entgegengesetzter Herkunft und Beschaffenheit, wild und unedel. Die Lenkung des Wagens ist also bei uns (den Menschen) notwendig beschwerlich und mühsam. Wieso nun ein Lebewesen sterblich und unsterblich genannt werden kann, das müssen wir nun zu sagen versuchen. Alles, was Seele ist, sorgt für das gesamte Unbeseelte; es durchzieht den ganzen Himmelsraum, bald in dieser, bald in jener Gestalt. Ist sie nun vollkommen und befiedert, so schwebt sie in der Höhe und durchwaltet die ganze Welt. Hat sie aber die Federn verloren, so schwebt sie umher, bis sie auf etwas Festes stößt, wo sie seßhaft wird und einen erdigen Leib annimmt, der sich selbst zu bewegen scheint, dank der ihr eigenen Kraft, und dieses Ganze, Seele und Leib zusammengefügt, wurde Lebewesen genannt und bekam den Beinamen sterblich. Den Namen unsterblich dagegen erhält sie auch nicht aus einem einzigen erwiesenen Grunde, sondern ohne einen Gott zu sehen und zu erkennen, bilden wir ihn uns als ein unsterbliches Lebewesen, das zwar eine Seele, doch auch einen Leib hat, bei dem diese aber für alle Zeit zusammengefügt sind. Mag sich das nun so verhalten, wie es dem Gotte gefällt, und so sei auch davon gesprochen.»[6]

Die Seele stammt aus dem übersinnlichen Reich der Ideen. Was der Menschenseele an Sinneswahrnehmungen im Leben begegnet, ist nur ein schwacher Abglanz, ein dunkler Schatten der geistig-ideellen Welt. Der Polarität von ideellem Sein und materiell-sinnlichem Sein entspricht die Polarität von Seele und Leib. Aber die Seele ist nicht einheitlich in sich: sie ist ein Gebilde aus drei Elementen, dem Wagenlenker und den beiden Pferden. Der Lenker symbolisiert den denkenden Seelenteil; er soll herrschen. Das schöne und fromme Pferd entspricht der tugendhaften und mutigen Seele; das unedle und wilde Pferd entspricht dem begierdehaften Seelenteil. Diese beiden sollen dem Lenker gehorchen, ihm ihre Kraft leihen. «Wo die Lenker nichts taugen, da lahmen die Pferde, und vielen Seelen brechen die Flügel.» Die beiden niederen Seelenteile sind leibgebunden und vergänglich wie dieser. Nur die höhere Geistseele ist unsterblich. Bei Platon spiegelt sich diese Dreigliederung der Seele wider in seiner Auffassung vom idealen Staat, der sich in drei Stände gliedert, entsprechend den drei Seelenteilen des Menschen.[7]

So sehen wir bei Platon schon deutlich den Schritt zur individuellen Seele mit der sich daraus ergebenden Spannung der Seele zwischen Leib- und Geistorientierung. Gleichzeitig weist Platon aber auch auf die jetzt vom Menschen geprägte Außenwelt, den Staat mit seinen Ständen. Der Zusammenhang zwischen Seelen-Innenwelt und Kulturwelt des Menschen wird deutlich. In beiden Bereichen sind die Seelengesetze erlebbar.

3. Naturlehre der Seele: Aristoteles

Aristoteles (384 – 321 v. Chr.), der siebzehnjährig nach Athen kam und in die Akademie des damals 60jährigen Platon eintrat, verwendet in seiner Schrift *Über die Seele*, nach seinem Weggang von der Akademie nach Platons Tod 347 v. Chr. entstanden, auch ein Bild, um zu erklären, was die Seele sei.

Es ist kein poetisches Bild, wie bei seinem Lehrer Platon, sondern ein sachlich-nüchterner Vergleich: «Die Seele ist Substanz ihrem Begriff nach. Dies aber bedeutet das eigentliche Wesen eines so und so bestimmten Körpers … Wäre das Auge ein Tier, so wäre die Sehkraft seine Seele, die Sehkraft ist ja die Substanz des Auges dem Begriffe nach.»[8] Die Seele ist also wesensmäßig mit dem Leib verbunden, sie ist sein Wesen. Nicht jeder Körper aber hat eine Seele, «sondern nur bei solchen, die das Prinzip der Bewegung und des Stillstandes in sich selbst» haben. Das heißt, nur belebten Körpern ist eine Seele eigen. Entsprechend schreibt Aristoteles den Pflanzen eine Seele zu, mit den Eigenschaften der Ernährung, des Wachstums und der Fortpflanzung. Dieser Bereich entspricht den grundlegenden Lebensprozessen, die Leben qualitativ bestimmen und von Unbelebtem unterscheiden.

Die Seele der Tiere ist durch die Eigenschaften des Wahrnehmungsvermögens, der Begierdenhaftigkeit und der Bewegung gekennzeichnet. Die menschliche Seele besitzt über diese Eigenschaften der Ernährung, Wachstum, Fortpflanzung, Wahrnehmung, Bewegung und Begierde hinaus noch die Fähigkeit des Denkens und Wollens. Allein die menschliche Seele hat Anteil an dem denkenden Geist. Und nur dieser geistbegabte Seelenteil kann von den übrigen Seelenteilen abgetrennt werden «wie das Ewige vom Vergänglichen».

Aufbau und Gliederung der Seelenwelt sowie die weitere Beschreibung der einzelnen Seelenvermögen lassen erkennen, welchen Standpunkt Aristoteles, der einer Arztfamilie entstammte, in seiner Seelenlehre vertritt: es ist eine Naturlehre der Seele, im Gegensatz zur Geistlehre der Seele seines Lehrers Platon. Entsprechend wollte Aristoteles die drei Bücher *Über die Seele* den naturwissenschaftlichen Schriften zugeordnet wissen.

«Für Platon kommt in Betracht, was in der Seele lebt und als solches an der Geistwelt Anteil hat; für Aristoteles ist wichtig, wie die Seele sich im Menschen für die eigene Erkenntnis darstellt.»[9] Dazu gehört für Aristoteles noch – oder schon – der Zusammenhang mit der sinnlich-physischen Natur des Menschen und der niedrigeren Naturreiche.

Die Polarität zwischen geisteswissenschaftlicher und naturwissenschaftlicher Psychologie, die in der über zweitausendjährigen Geschichte lebendig geblieben ist, hat ihren Ursprung in der platonischen Geistlehre und der aristotelischen Naturlehre von der Seele. Immer wiederkehrend treten diese Strömungen auf den Plan und beanspruchen, das Feld der Seele allein zu bestellen. Tatsächlich sind diese beiden Pole nichts anderes als der Ausdruck der beiden die Seele begrenzenden und bestimmenden Reiche der Natur und des Geistes.

«Die menschliche Seele besitzt eine solche Fülle verschiedener Vermögen, weil sie im Grenzgebiet der geistigen und körperhaften Wesen wohnt; in ihr vereinigen sich daher die Kräfte beider Schöpfungsbereiche» (Thomas von Aquin).

4. Von der äußeren zur inneren Empirie: Augustinus

Gerade tausend Jahre nach der der Außenwelt zugewandten Seelenerfahrung der griechischen Naturphilosophen erschließt der katholische Kirchenvater und Philosoph Augustinus (354– 430) in seinen im Jahre 400 geschriebenen *Confessiones* dem Menschen die seelische Innenwelt durch Versenkung und Innenschau (Introspektion).

«Was also habe ich mit den Menschen zu schaffen, daß sie meine Bekenntnisse hören sollen, gleich als könnten sie alle meine Schwachheiten heilen? Neugierig, von dem Leben anderer zu hören, sind sie träge, wo es gilt, das Eigene zu bessern.

Was begehren sie von mir zu vernehmen, was ich bin, wenn sie von dir nicht hören wollen, wer sie selbst sind? Und wenn sie hören, was ich von mir berichte, woher wissen sie, ob ich die Wahrheit sage, da doch kein Mensch weiß, was im Menschen vorgeht, als nur der Geist des Menschen, der in ihm selbst ist.»[10a] Dieser Geist ist das Beständige, Wachen und Schlafen Überdauernde. In dem Erlebnis des eigenen Menschengeistes gründet sich das Ich-Bewußtsein. Dazu gehört auch die Erinnerung: «Dort begegne ich auch mir selbst und erinnere mich, was ich getan habe und wann und wo, und welches meine Eindrükke waren, da ich es tat … In dem umfassenden Schoße meines Geistes, den die unzähligen Bilder aller dieser Dinge erfüllen, gehe ich mit mir zu Rate und spreche: Ich werde das und jenes tun, und das und jenes wird die Folge sein.»[10b]

«Kurz gesagt: ich bin es, der durch das Gedächtnis sich erinnert, ich bin es, der durch den Intellekt denkt, ich bin es, der durch die Liebe liebt. Ich bin nämlich nicht das Gedächtnis, ich bin nicht der Verstand, ich bin nicht die Liebe, sondern ich habe sie.»[11] Augustinus ist der «Ahnherr der Ich-Psychologie» (Pongratz) Hund entwickelte zum Erleben des Ich-Bewußtseins mit der Innenschau das Fundament einer «inneren Empirie» (Rudolf Steiner).

«Das griechische Denken deutet auf die Seele; bei Augustinus wird auf den Mittelpunkt des Seelenlebens gewiesen. Die griechischen Denker betrachten die Seele in ihrem Verhältnis zur Welt; bei Augustinus stellt sich dem Seelenleben etwas in demselben gegenüber und betrachtet dieses Seelenleben als eine besondere, in sich geschlossene Welt. Man kann den Mittelpunkt des Seelenlebens das Ich des Menschen nennen. Im griechischen Denken wird das Verhältnis der Seele zur Welt zum Rätsel; den neueren Denkern das Verhältnis des Ich zur Seele. Bei Augustinus kündigt sich das erst an; die folgenden

Weltanschauungsbestrebungen haben noch zu viel zu tun, um Weltanschauung und Religion in Einklang zu bringen, als daß das Neue, das jetzt in das Geistesleben hereingetreten ist, ihnen schon deutlich zum Bewußtsein käme. Und doch lebt in der Folgezeit, den Seelen mehr oder weniger unbewußt, das Bestreben, die Welträtsel so zu betrachten, wie es das neue Element fordert.»[9]

Seit Platon und Aristoteles konnte die Psychologie Geisteswissenschaft oder Naturwissenschaft sein. Seit Augustinus galt der Wissenschaft von der Seele die Beobachtung der Natur und der menschlichen Außenwelt nichts mehr; die Seelen-Innenwelt war entdeckt worden. Die Psychologie ist *Ich-Psychologie* geworden. Das neue Element der psychologischen Innenbeobachtung, einer inneren Erfahrung, mithin einer realen Selbsterfahrung, war entdeckt, – wenn es auch in der Folgezeit noch nicht deutlich zum Bewußtsein kam und noch nicht als Erkenntnismethode bewußt gehandhabt wurde.

II. Die gegenwärtige Situation der Psychologie Wege und Abwege

Nach vielen Wegen und Wandlungen der Psychologie – in den dazwischenliegenden Jahrhunderten stets in die beiden angedeuteten Richtungen zur Naturseite und zur Geistseite der Seele getrennt, vorwiegend geisteswissenschaftlich und individualistisch orientiert – bilden die Jahre 1860/61 und 1900 Wendepunkte in der Geschichte der Seelenwissenschaft: 1860 erscheint die *Psychophysik* G. Th. Fechners und 1900 die *Traumdeutung* S. Freuds, die die Psychoanalyse begründet.

1. Von der Psychologie zur Psychophysik

In dem vielfarbigen Panorama des 19. Jahrhunderts, dessen Töne vom Idealismus bis zum Materialismus, von der Romantik bis zur Deszendenstheorie, von dem Triumph der Physik bis zur Geburt der modernen Psychologie reichen, nimmt Gustav Theodor Fechner (1801 – 1887) eine bemerkenswerte Stelle ein.

1801 als Sohn eines protestantischen Geistlichen geboren, studiert er in Leipzig Medizin. Abgestoßen von den naturphilosophischen Spekulationen, die damals in der Medizin vorherrschten, wendet er sich der exakten Physik zu. Mit 32 Jahren wird er in Leipzig Professor für Physik. Von diesem Augenblick an, da er erreichte, was er erstrebt hatte, war seine Kraft gebrochen. Mit Mühe nur kommt er seinen Vorlesungspflichten in den folgenden sieben Jahren nach. Zusätzlich durch an sich selbst mit Hartnäckigkeit durchgeführte optische Experimente geschwächt, erlebt er 1840 einen Zusammenbruch. Er muß die Lehrtätigkeit einstellen. Er zieht sich von der Außenwelt zurück, lebt in einem verdunkelten, schwarz gestrichenen Zimmer oder trägt eine Maske vor den Augen. Drei Jahre dauert dieser Zustand einer «sublimen Hypochondrie». Als er, durch merkwürdige und wunderbare Umstände genesen – der Traum einer Bekannten und ein eigener Traum spielten die entscheidende Rolle –, nach der Zeit der Dunkelheit in seinem Garten zum erstenmal wieder die Augen öffnet, ist er betroffen von der Schönheit der Blumen und erkennt, daß sie eine Seele haben. Dies führt später zu dem Buch *Nana oder über das Seelenleben der Pflanzen.*

Aus dem Physiker ist während dreijähriger depressiver Krankheit ein Metaphysiker und Philosoph geworden. 1843 nimmt er seine Lehrtätigkeit wieder auf, nun für Naturphilosophie. Um die Zeit der Jahrhundertmitte, der Hochblüte des Materialismus – die Naturphilosophie war inzwischen unmodern geworden und aus den Universitäten vertrieben –, veröffentlicht er eine Reihe geistreicher, pantheistisch orientierter Werke, z.B. *Über die Dinge des Himmels und des Jenseits.* Andererseits, auf dem Fundament der naturwissenschaftlichen Erkenntnis seiner Zeit stehend, beginnt Fechner mit neuen Forschungen, in denen er die Erscheinungswelt, das heißt für ihn die Welt der bewußten Empfindungen, zu ergründen sucht. Diese Forschungen begründeten die Psychophysik, einen Versuch, seelische Beobachtungsresultate auf naturwissenschaftlichem Wege zu gewinnen, der allerdings die seelische Beobachtung auf die quantitativ-meßbare Größe der Reizstärke reduziert. Ein Ergebnis dieser Forschungen ist das bekannte Weber-Fechnersche Gesetz ($e = k \cdot \log r$), wonach sich die Empfindung proportional zum Logarithmus der Reizstärke verhält, mit dem konstanten Schwellenwert als Proportionalitätsfaktor k. Die Psychophysik bildet seit Fechner den exakt naturwissenschaftlichen Zweig der Psychologie;

Fechners Nachfolger Wilhelm Wundt führte sie ins 20. Jahrhundert hinüber.

Das Hauptwerk Fechners, *Elemente der Psychophysik* (2 Bände), erschien 1860. Es wurde ein Jahr danach ergänzt durch die Schrift *Über die Seelenfrage – Ein Gang durch die sichtbare Welt um die unsichtbare zu finden.*

Die *Psychophysik* ist ein Buch über die Gesetze, «nach denen Leib und Seele zusammenhängen». Das allgemeinste Gesetz besagt, «daß nichts im Geiste bestehen, entstehen, gehen kann, ohne daß etwas im Körper mitbesteht, entsteht, geht, was seine Wirkungen und Folgen in den Umkreis und die Zukunft der Körperwelt hinein erstreckt. Man kann es kurz so ausdrücken, daß alles Geistige seinen Träger oder Ausdruck in etwas Körperlichem und hierdurch seine weiteren Wirkungen und Folgen im Körperlichen hat.»[12]

Mit Fechner begann, von bemerkenswerten Schicksalsumständen begleitet, eine Epoche neuen psychologischen Fragens: die Richtung der objektiven, naturwissenschaftlich-experimentellen Psychologie, die durch W. Wundt dann allgemeine wissenschaftliche Anerkennung fand. Wer um 1890 sich dem Studium der Psychologie zuwandte, konnte dies mit dem stolzen Bewußtsein tun, an einer jungen, exakten Wissenschaft mitzuarbeiten, deren Möglichkeiten noch unübersehbar schienen. In diesem Fechnerschen Ansatz einer der Physis, d.h. der Natur und der ihr adäquaten exakten, messenden naturwissenschaftlichen Methoden verpflichteten Seelenlehre (= Psycho-Physik), sehen wir eine «moderne» Form der alten naturphilosophischen, nach außen zur Natur hin orientierten Seelenlehren. Es geht primär um die «äußere Psychophysik», d.h. um die Beziehung von physisch-sinnlichem Außenreiz auf die seelische Empfindung, weniger um die «innere Psychophysik», die Verbindung von Empfindungen und Körpergeschehen.

Was in der naturphilosophischen Seelenkunde die Mischung der Elemente oder Körpersäfte war, was die Stärke der Empfindungen und Temperamente bestimmte, ist in der naturwissenschaftlichen Psychophysik, einer «Außen-Psychologie», zur mathematischen Formel von der Empfindungsintensität erstarrt.

Entscheidend an diesem Weg ist der Versuch, die Wissenschaft von der Seele und dem seelischen Geschehen aus den spekulativen Gefilden herauszuführen und das seelische Geschehen objektiv zu erfassen. Allerdings wird auf dem weiteren Weg in diese Richtung die Seele selber verlorengehen.[9]

Der «Gegen-Wendepunkt» in den Entwicklungsbahnen der modernen Psychologie, mit der Jahrhundertwende bezeichnet, dem Erscheinungsjahr von Sigmund Freuds *Traumdeutung*, weist in die entgegengesetzte Richtung einer inneren, subjektiven Tiefen-Psychologie.

2. *Tiefenpsychologie und Verhaltenspsychologie*

In dem ersten Lehrbuch der Psychologie, in der jetzt 2300 Jahre alten Schrift *Über die Seele* von Aristoteles, finden wir den folgenden Satz: «Eine zutreffende Vorstellung vom Wesen der Seele zu erlangen gehört zu den allerschwierigsten Aufgaben.» Diese Feststellung gilt heute noch unvermindert. Auch die Geschichte der Psychologie als einer modernen Wissenschaft, die gerade 100 Jahre alt ist, hat diese Auffassung nicht widerlegen können. 1927 beschrieb Karl Bühler die «Aufbaukrise» dieser jungen Wissenschaft: «So viele Psychologien nebeneinander wie heute, so viele Ansätze auf eigene Faust, sind wohl noch nie gleichzeitig beisammen gewesen.»[13] In den seither vergangenen Jahrzehnten hat sich in der wissenschaftlichen Psychologie viel getan, ereignet und verändert. In dem Bericht *Zur Lage der*

Psychologie 1970 der «Deutschen Gesellschaft für Psychologie» heißt es denn: «Schulen im klassischen Sinne des Wortes sind ausgestorben; Eklektizismen beherrschen die Szene. Doch letztlich ist keine der alten Kontroversen entschieden worden.»[14] Und 10 Jahre später, in dem Bericht *Zur Lage der Psychologie 1980* wird immer noch die «Unsicherheit in der Psychologie» registriert, deren Ursachen aber nicht aufgedeckt werden können.[15] Theorien über Erleben und Verhalten beherrschen weitgehend das wissenschaftliche psychologische Feld. Die Psychologie wartet noch immer auf ihren Newton, wie es im Lexikon der Psychologie von 1972 heißt.[16]

Neben der alten Kontroverse, der Polarität einer geisteswissenschaftlichen und einer naturwissenschaftlichen Psychologie, gewinnt ein anderes Gegensatzpaar in unserem Jahrhundert große Bedeutung, besonders in den therapeutischen Anwendungsbereichen der Psychologie: die Tiefenpsychologie oder Psychoanalyse und die Verhaltenspsychologie.

Beide Richtungen sind in ihren therapeutischen Verfahren bei seelischen Krankheiten besonders mächtig und weit verbreitet, deshalb sei unserer Betrachtung eine Beschreibung ihres Verständnisses von geistiger Gesundheit vorangestellt: «Wir wollen geistige Gesundheit als die Anpassung des Menschen an die Welt und aneinander bei einem Maximum an Effektivität und Glück bezeichnen. Nicht Effektivität allein oder nur Zufriedenheit, oder der Beschluß, den Spielregeln freudig zu gehorchen. Es ist alles zusammen. Es ist die Fähigkeit, ein ausgeglichenes Temperament, rege Intelligenz, sozial gebilligtes Verhalten und eine glückliche Sinnesart beibehalten zu können. Das ist, denke ich, ein gesunder Geist.»[17]

Zur Verhaltenspsychologie

Der Behaviorismus, die Verhaltenspsychologie, will ausschließlich das äußere Verhalten untersuchen. Selbstbeobachtung und Verstehen fremden Seelenlebens werden als Möglichkeit abgelehnt, die Seele selbst geleugnet und der Mensch als Reflexapparat nach dem Reiz-Reaktions-Muster interpretiert. Der Behaviorismus ist damit die moderne Fortsetzung der Reflexlehre Pawlows.[18]

Das Ziel einer dementsprechenden Verhaltenstherapie ist die Anpassung des Menschen an die Gesellschaft, verbunden mit dem Gefühl des Glücks. Die Behandlungsmethode in ihrer orthodoxen – heute so nicht mehr angewandten – Form ist Dressur. Ein Beispiel von J. B. Watson (1878 – 1958), dem Begründer des modernen Behaviorismus, zeigt dies deutlich: «Watson erzeugte in einem 11 Monate alten Jungen, Albert, der gerne mit weißen Ratten spielte, eine neurotische Phobie. Wenn der Junge sich zu den Ratten niederbeugte, ertönte ein Geräusch. Niederbeugen und Hören des Tones assoziieren sich zum Phänomen der Angst vor Ratten. Diese Angst setzte auch dann ein, wenn nur die Ratte erschien und kein Geräusch ertönte. Sie dehnte sich auf Kaninchen und sogar Pelzmäntel aus. Das Kind wurde von Watson umkonditioniert, d.h. geheilt. Es wurden Ratten zunächst in Entfernung gezeigt. Bei Wohlverhalten gegenüber den Tieren wurde Schokolade verabreicht. Albert assoziierte diesen Schokoladengenuß mit dem Erscheinen der Ratten. Die Phobie vor den Tieren verschwand.»[19]

Eine solche Behandlungsmethode – auch noch als Experiment an einem Jungen durchgeführt, der gar nicht krank war – offenbart deutlich das dahinter verborgene Menschenbild. Noch deutlicher wird es, wenn wir B. F. Skinner (Verhaltenspsychologe, 1904 – 1990) selber sprechen lassen, welche Bedeutung der Mensch und grundlegende menschliche Werte für ihn haben: «Leben, Freiheit und das Streben nach Glück sind grundlegende Rechte. Doch sie sind Rechte der Einzelperson, und als solche wurden sie auch zu einer Zeit festgehalten, als es in der Literatur über die Freiheit und die Würde um die Erhöhung der Einzelperson ging. Für die Erhaltung einer Kultur haben sie nur geringe Bedeutung ... Was im Begriff ist, abgeschafft zu werden, ist der ‹autonome Mensch› – der ‹innere Mensch›, der ‹Homunkulus›, der besitzergreifende Dämon, der Mensch, der von der Literatur der Freiheit und der Würde verteidigt wird. Seine Abschaffung ist seit langem überfällig. Der ‹autonome Mensch› ist ein Mittel, dessen wir uns bei der Erklärung jener Dinge bedienen, die wir nicht anders erklären können. Er ist ein Produkt unserer Unwissenheit, und während unser Wissen wächst, löst sich die Substanz, aus der er gemacht ist, immer mehr in Nichts auf. Die Wissenschaft entmenschlicht den Menschen nicht, sie ‹dehomunkulusiert› ihn, und es bleibt ihr nichts anderes übrig, wenn sie der Abschaffung der menschlichen Spezies vorbeugen will: wir können froh sein, wenn wir uns von diesem Menschen im Menschen befreit haben. Nur wenn wir ihn seiner Rechte entsetzen, können wir uns den echten Ursachen menschlichen Verhaltens zuwenden.»[20]

Das Thema dieser «Psychologie» und «Psychotherapie» ist das äußere Verhalten eines von der Umwelt kontrollierten und konditionierten Apparates «Mensch», dessen je vorhandene Innerlichkeit abzuschaffen ist. «Wird der Mensch abgeschafft werden? Er wird gewiß nicht abgeschafft werden als Spezies oder als Einzelperson, die bestimmte Dinge erstrebt und vollbringt. Es ist der ‹autonome innere Mensch›, der abgeschafft wird, und das ist ein guter Schritt voran. Aber wird der Mensch dadurch nicht zum Betrogenen oder zu einem passiven Beobachter dessen, was mit ihm geschieht? Er wird in der Tat von seiner Umwelt kontrolliert, doch dürfen wir nicht vergessen, daß dies eine Umwelt ist, die er großenteils selber geschaffen hat ... Eine neue Theorie kann die Möglichkeit verändern, auf den Gegenstand (den Menschen) einzuwirken. Die wissenschaftliche Sicht des Menschen bietet erregende Möglichkeiten. Wir haben noch nicht erkannt, was der Mensch aus dem Menschen machen kann.»[20]

Damit ist der wissenschaftliche Reduktionismus Programm, Ziel dieser sogenannten «Therapie», und ermöglicht die Kontrolle über den Menschen; der Mensch wird zum seelenlosen Apparat. «Ein zynischer Beobachter könnte versucht sein zu sagen, daß die Psychologie, nachdem sie zuerst ihre Seele verschachert und dann den Verstand verloren hat, jetzt, da ihr ein vorzeitiges Ende droht, jegliches Bewußtsein eingebüßt zu haben scheint.»[21]

Zur Tiefenpsychologie

Die Gegenrichtung, die Psychoanalyse, beschreibt geistig-seelische Gesundheit folgendermaßen: «Geistig-seelische Gesundheit ist gekennzeichnet durch die Fähigkeit, zu lieben und schöpferisch zu sein, ... durch ein Gefühl der Identität, aufgrund des Erlebens seiner selbst als Subjekt und Organ der Eigenkräfte, durch Erfassen der Realität in uns und um uns, d.h. durch die Entwicklung von Objektivität und Vernunft.»[22] So verschieden dieses Verständnis von geistig-seelischer Gesundheit von dem der Verhaltenspsychologie ist, so verschieden ist auch das therapeutische Vorgehen und Ziel. Doch sind Objektivität und Vernunft als Kriterien geistig-seelischer Gesundheit fragwürdige Begriffe, wenn man den Hintergrund der Psychoanalyse mit in Betracht zieht.

Die Geburtsstunde der Psychoanalyse kann mit dem Jahr 1900, dem Erscheinungsjahr von Freuds *Traumdeutung* angegeben werden. Sigmund Freud (1856 – 1939) war ein Schüler des Physiologen Ernst Brücke, der wiederum ein Schüler von Johannes Müller war (vgl. Anm. 1 zu den Vorträgen, S. 317). Freud war zeit seines Lebens dem naturwissenschaftlich-materialistisch-mechanistischen Weltbild des ausgehenden 19. Jahrhunderts verpflichtet. Sein Schüler und Biograph E. Jones sagt von seinem verehrten Lehrer: «Er war der geborene Agnostiker.» Wohin der Agnostizismus führt, schilderte Rudolf Steiner 1921: «Gedanken und Vorstellungen werden durch das Erleben des Agnostizismus kraftlos gemacht. Gefühle werden stumpf gemacht, der Wille wird leer gemacht, und dann ist der Mensch ausgeliefert entweder irgendeiner äußerlichen Autorität, die ihm seinen Imperativ gibt, oder aber dem Animalischen, demjenigen, was als die physischen Bedürfnisse sich geltend macht, demjenigen, was aus der tiefsten unterbewußten Welt ohne alles Vorstellen, ja ohne alles Regulativ des Fühlens heraufquillt.»[23]

Diese Strömung hat in Sigmund Freud einen Vertreter. Seine vorwissenschaftlichen materialistischen Grundannahmen bestimmten sein Fragen und Forschen – und seine gefundenen Antworten: Alles seelische Geschehen beruht auf einer physisch-biologischen Grundlage; mithin ist alles seelische Geschehen, wie das physisch-biologische auch, determiniert, unfrei. Vom Biologischen her müssen alle seelischen Prozesse erklärt werden und letztendlich auch durch physische Prozesse beeinflußt, reguliert, behandelt werden. Nach dieser Ansicht ist das zukünftige, wegen mangelnder Erkenntnisse noch nicht erreichte Ziel der Psychoanalyse eine biochemisch-pharmakologische Behandlung seelischer Krankheiten.

Auf der Grundlage seines biologistischen und triebbetonten Menschenbildes lehnt Freud die Möglichkeit einer Selbsterkenntnis und eines Ich-Erlebens durch konzentrierte Innenschau (Introspektion) ab. Für ihn besteht der Mensch aus einem geschlossenen psycho-physischen Energiesystem biologisch-animalischer Triebe. Die Triebe drängen nach Befriedigung, das ist Verminderung ihrer Spannung; dabei kann es zu Konflikten kommen, die sich im Menschen als seelische Krankheit, mit dem unglücklichen Namen «Neurose» belegt, zeigen. Die Konflikte entstehen z.B. infolge der Diskrepanz zwischen Triebbedürfnis und gesellschaftlichen Normen. Diese Normen oder Regeln und Gebote werden im Seelischen von einer Instanz vertreten, «Über-Ich» genannt. Es ist ursprünglich durch Verinnerlichung der elterlichen Gebote und Verbote entstanden. Schließlich hat es die Rolle eines Richters über das «Ich». Der Gegenpol zum «Über-Ich» ist das «Es», der Trieb-Pol des Menschen, von dem alle psychische Energie abstammt und dessen Inhalte unbewußt sind. Zwischen diesen beiden Instanzen ist das «Ich» von der Energie und den Ansprüchen, den biologischen Triebbedürfnissen des «Es» ebenso abhängig wie auch von den Forderungen des «Über-Ich» und den Verhältnissen der äußeren Realität. Im neurotischen Konflikt ist das «Ich» immer besonders beteiligt, insofern es sich um die Integrität und Konstanz der Persönlichkeit und ihrer psychischen Bedürfnisse bemüht. Das «Ich» ist nur zum Teil bewußt, zu einem großen Teil ist es unbewußt. Das sind die Instanzen des «psychischen Apparates», wozu Freud die Seele herabreduziert und mechanisiert hat. Die «Grundpfeiler der psychoanalytischen Theorie» nennt Freud selbst: «Die Annahme unbewußter seelischer Vorgänge, die Anerkennung der Lehre vom Widerstand und der Verdrängung, die Einschätzung der Sexualität und des Ödipuskomplexes sind die Hauptinhalte der Psychoanalyse und die Grundlage ihrer Theorie, und wer sie nicht alle gut zu heißen vermag, sollte sich nicht zu den Psychoanalytikern zählen.»[24] Die unbewußten psychischen Vorgänge und die biologischen Triebprozesse sind für das menschliche Denken, Fühlen und Handeln weit bestimmender als bewußte seelische Prozesse. Also können menschliches Denken, können Entschlüsse und menschliches Handeln nicht frei sein. Der Mensch ist determiniert.

3. Die Folgen für das Menschenbild

Die *Psychoanalyse* ist eine «spekulative Naturwissenschaft» von der subjektiven «Innenseele» des Menschen. Ihr Menschenbild ist, pointiert ausgedrückt, in der Vorstellung eines «Triebbündels» begründet; es ist bei allem Menschlich-Allzumenschlichen, das die Tiefenpsychologie zweifellos erforscht hat, doch mehr dem Tierischen als dem geistbegabten Menschen verwandt.

Die *Verhaltenspsychologie* ist eine beobachtende Naturwissenschaft von der objektiven «Außenseele». Ihrem Menschenbild liegt das Modell einer seelenlosen und bewußtlosen Reiz-Reaktions-Maschine zugrunde.

Beide weit verbreiteten Richtungen der Psychologie des 20. Jahrhunderts tragen schwer an ihrem geistigen Gepäck der vorigen Jahrhunderte: In ihrem gemeinsamen Anspruch, materialistische Naturwissenschaft zu sein, können sie zu keiner adäquaten Erkenntnis des menschlichen Wesens kommen; die Begriffe der menschlichen Freiheit und Würde bleiben ihnen fremd. Die objektive «Außenseiten-Psychologie» hat ihre Berechtigung im Anwenden naturwissenschaftlicher Methoden, doch erfaßt sie so das Wesen der Seele nicht vollständig. Die «Innen»- oder Tiefenpsychologie wendet sich mit Berechtigung und bewußtseinsgeschichtlicher Notwendigkeit der Innenseite des Seelenlebens zu, doch ist die agnostizistische, materialistische Weltanschauung ihr im Wege, das Wesen des Menschen richtig deuten zu können.

Beide Richtungen haben ihre Berechtigungen – und ihre Einseitigkeiten. Als Extremerscheinungen dokumentieren sie, was der Mensch in der Entwicklung bis dahin verloren hat: seine Verbindung mit dem Geistigen. Was der Mensch aus diesem Verlust gewinnen kann, ein *Bewußtsein seiner Freiheit*, erfüllen diese beiden Richtungen aber gerade nicht. Sie haben keinen Begriff von der Freiheit und keinen Zugang zum Geist. Sie binden den Menschen einseitig an die Natur. Die Mitte zwischen Natur und Geist, in der die Freiheit des Menschen sich entfalten kann, finden diese Richtungen der Psychologie nicht.

«So führte man den Menschen früher im 18. Jahrhundert auf die Maschine,[25] im 19. Jahrhundert auf das Tier zurück. Das alles ist historisch gut zu begreifen. Im ganzen Fortgang der Menschheitsentwicklung hat das seinen guten Sinn, denn unter dem Einfluß dieser Unkenntnis vom Menschenwesen entstanden die neuzeitlichen Empfindungen über den Menschen. Wären die alten Ansichten geblieben von der innerlichen Physik, von der innerlichen Chemie, der vom Menschen außerhalb seiner selbst erlebten Psychologie und Pneumatologie, – so wäre zum Beispiel die Freiheitsentwicklung niemals in der Menschheitsentwicklung erwacht. Der Mensch mußte sich als elementares Wesen verlieren, um sich als freies Wesen zu finden. Das konnte er nur, wenn er gewissermaßen eine Weile zurücktrat von sich, sich nicht mehr beachtete, sich mit dem Äußeren befaßte, und wenn er Theorien über sich wollte, das in sich hereinnahm, was nun zum Verständnis der äußeren Welt sehr gut paßte. In dieser Zwischenzeit, in der der Mensch sich mit sich Zeit ließ, um so etwas wie Freiheitsempfindung zu entwickeln, in dieser Zwischenzeit entwickelte der Mensch die naturwissenschaftliche

Vorstellung, jene Vorstellungen, die – ich möchte sagen – so robust waren, daß sie die äußere Natur begreifen können, aber zu grob sind für das Wesen des Menschen, weil sie sich nicht die Mühe machen müssen, sich so zu verfeinern, daß sie auch den Menschen mitbegreifen. Und so entstanden die naturwissenschaftlichen Begriffe, die auf die Natur gut anwendbar sind, ihre großen Triumphe feiern, die aber unbrauchbar sind, um das Wesen des Menschen in sich aufzunehmen.

«Hieraus sehen Sie auch, daß ich wirklich nicht eine Kritik liefere über das Naturwissenschaftliche, sondern daß ich nur Charakteristik liefern will. Gerade dadurch erlangt ja der Mensch sein ganzes Freiheitsbewußtsein, daß er nicht mehr belastet war mit alledem, wovon er eigentlich belastet sein mußte, als er so eigentlich die ganze Sache noch in sich trug. Dieses Freiheitserlebnis für den Menschen kam, als der Mensch sich eine Wissenschaft zimmerte, die in ihrer Robustheit nur für die äußere Natur paßte, und da sie ja doch nun eben nicht eine Totalität ist, natürlich auch wiederum Kritik erfahren kann, nicht anwendbar ist,[26] – anwendbar ist eigentlich nur am bequemsten als Physik, in der Physiologie fängt's schon an zu hapern, die Psychologie wird eigentlich ein vollständiges Abstraktum, usw. Aber die Menschen mußten durch ein Zeitalter so in diesem Verlaufe hindurchgehen, um eben nach einer ganz anderen Seite, nach der Seite des Freiheitsbewußtseins, nach der Seite der individuellen Moralauffassung von der Welt usw. zu kommen. Man kann die Entstehung der Naturwissenschaft im neueren Zeitalter nicht verstehen, wenn man sie nur einseitig betrachtet, wenn man sie nicht betrachtet so, daß sie eine Parallelerscheinung ist des nun in demselben Zeitalter heraufkommenden Freiheitsbewußtseins des Menschen und alles dessen, was moralisch und religiös mit diesem Freiheitsbewußtsein zusammenhängt.»[27]

Die erste Andeutung dieser «Freiheitsempfindung» finden wir im Florenz der Renaissance-Zeit, am Beginn des naturwissenschaftlichen Zeitalters, in der Rede «Von der Würde des Menschen» von Giovanni Pico della Mirandola; «Müssen wir darin nicht zugleich die höchste Freigiebigkeit Gott-Vaters und das höchste Glück des Menschen bewundern? Des Menschen, dem es gegeben ist, das zu haben, was er wünscht, und das zu sein, was er will. Denn die Tiere, sobald sie geboren werden, tragen vom Mutterleibe an das mit sich, was sie später besitzen werden, wie Lucilius sagt. Die höchsten Geister aber sind von Anfang an oder bald darauf das gewesen, was sie in alle Ewigkeiten sein werden. In den Menschen aber hat der Vater gleich bei seiner Geburt die Samen aller Möglichkeiten und die Lebenskeime jeder Art hineingelegt. Welche er selbst davon pflegen wird, diejenigen werden heranwachsen und werden in ihm ihre Früchte bringen. Wenn er nur die des Wachsens pflegt, wird er nicht mehr denn eine Pflanze sein. Pflegt er nur die sinnlichen Keime, wird er gleich dem Tiere stumpf werden. Bei der Pflege der rationalen wird er als ein himmlisches Wesen hervorgehen. Bei der Pflege der intellektualen wird er ein Engel und Gottes Sohn sein.»[28]

Psychologie als Naturwissenschaft, seien ihre Methoden messend, beobachtend oder vorwiegend spekulativ, kann das Wesen des Menschen nicht adäquat erfassen, da der Mensch nicht nur ein Naturwesen ist. Er ist auch ein Geistwesen und insofern ist ihm Freiheit eigen, Freiheit – sich in Richtung der Natur oder zum Geist zu entwickeln.

III. Voraussetzungen einer anthroposophisch-spirituellen Psychologie

«Die erste Wissenschaft, in der es der Geist mit sich selbst zu tun hat, ist die Psychologie. Der Geist steht sich betrachtend selbst gegenüber ... Selbsterfassung ist also hier die Methode.»[29]

Selbsterfassung des denkenden Menschengeistes ist Selbsterkenntnis des Menschen. Eine «Sache» dem geistigen Wesen nach erkennen ist intuitive Erkenntnis. «Was sonst Intuition ist, wird hier Selbstbetrachtung.»[29] Damit zentriert sich die älteste und höchste, vornehmste und schwierigste Aufgabe des Menschen, sich selbst zu erkennen, zum Ausgangs- und Mittelpunkt unserer Betrachtung einer spirituellen Psychologie.

Dem ratsuchenden Pilger, der sich in vorchristlicher Zeit dem Apollon-Heiligtum in Delphi mit einer Frage an das Orakel näherte, stand in dem vorgelagerten Raum des Tempels, der Reinigung und Besinnung dienend, der mahnende Spruch entgegen: «Erkenne dich selbst – folge dem Gott.» Noch bevor der Ratsuchende seine Frage vorbringen und eine mehrdeutige Antwort des Orakels erhalten konnte, wurde ihm vor Augen gehalten, unter welcher Voraussetzung allein seine Reise zu der Orakelstätte erfolgreich sein würde: Nur wenn er sich um Selbsterkenntnis bemüht, ist er in der Lage, die angemessene Frage zu stellen und die empfangene Antwort des Orakels richtig zu deuten, die ihm den Weg des Gottes weist. «Erkenne dich selbst – folge dem Gott», dem Weithergereisten in steinerner Inschrift vor Augen gehalten, hieß schon damals nicht nur: «Schau in dich», sondern vielmehr: «Schau in dich, bedenke deinen Standort und deinen Weg in der Welt, den der Gott dich weist, und folge ihm.» Die Reise des Pilgers durch die zauberhafte Landschaft vor Delphi, die Ölbaum-bewachsene heilige Ebene von Ithea, vom Meer langsam bergan steigend, die Schicksalsfrage im Herzen, auf Lösung hoffend, ist ein Sinnbild für die Reise des Menschen ins eigene Innere, jene Seelenreise zur Selbsterkenntnis, die nur zu oft wegen ungenügender Ausrüstung das Ziel verfehlt und irgendwo im Dunkel oder in Illusion endet.

1. Rüstzeug der Selbsterkenntnis

An den beiden oben besprochenen Hauptströmungen der Psychologie in unserem Jahrhundert läßt sich zunächst das Unzureichende zeigen: Die Verhaltenspsychologie (Behaviorismus), deren Methode und Ziel in der Beobachtung des äußeren Verhaltens und dessen beliebiger Konditionierung liegt, hätte, wenn sie sich überhaupt für eine Selbsterkenntnis interessierte, nur die Beobachtung des äußerlich sichtbaren Verhaltens zur Verfügung. Eine innere Instanz, ein Selbst, ein innerliches Seelenleben lehnt diese Psychologie ohne Seele vollkommen ab.

Anders sieht es bei der Psychoanalyse aus, die sich heute selbst als eine Wissenschaft der Introspektion (Innenschau) versteht: Ihre Methode ist die freie Assoziation zu Träumen, Bildern, spontanen Einfällen, Fantasien. Es ist im Grunde ein intimes, aber ungeordnetes, «freies», unkontrolliertes, ungesteuertes Erinnern. Das oberste Prinzip dieses Vorgehens ist die Aufdeckung des Unbewußten.[30] Der psychoanalytische Weg der introspektiven Selbstanalyse geschieht in dem wechselseitigen Kontakt eines Gesprächs zwischen Analytiker und Analysant. Die Selbsterkenntnis wird vermittelt durch ein

Gegenüber, das gelegentlich fragt, deutet, erklärt. Unter diesem Gesichtspunkt ist für uns die Psychoanalyse oder Tiefenpsychologie eine «erklärende Psychologie». Das Seelenleben wird nach psychoanalytischen Regeln gedeutet (vgl. S. 345 f, Anm. 24). Im Unterschied dazu sind z.B. die Seelenlehren der vorsokratischen griechischen Naturphilosophen «erlebende Psychologien». – Die «erlebende Psychologie» ist eine Psychologie aus der Empfindungsseele. Die «erklärende Psychologie» ist eine Psychologie aus der Verstandesseele. Eine Psychologie aus der Bewußtseinsseele kann eine «erkennende Psychologie» sein.

«Die Psychologie muß aus der Bewußtseinsseele heraus neu begründet werden» (vgl. Anm. 1 zum Vorwort, S. 8). Die Bewußtseinsseele baut im Menschen auf den beiden vorhergehenden Seelengliedern, der Verstandesseele und der Empfindungsseele, auf. Ohne diese Grundlage kann sie nicht entwickelt werden. Die Empfindungsseele lebt ganz, wie ihr Name besagt, in der Empfindung, auch in Erinnerungen. Die Lebensfrage der *Empfindungsseele* lautet: «Wie erlebe ich die Welt und an der Welt mich selbst?»[31] Die Erlebnisrichtung geht nach außen – auch um sich selbst zu erleben. Aus diesem Erleben der Welt entstanden z.B. die Seelenlehren der vorsokratischen Naturphilosophen, deren Seelenerleben in der Natur-Außenwelt war, während unsere heutige äußere Naturwissenschaft damals innerlich erlebt wurde (vgl. Anm. 27).

In der daran sich anschließenden philosophischen Epoche entwickelte sich die *Verstandes-Gemüts-Seele*, einhergehend mit einer Distanzierung von allem weltzugewandten Empfindungsmäßigen. Im Mittelpunkt der Verstandes-Gemüts-Seele entwickelte sich das Denken, insbesondere das Nachdenken. Die Seelenrichtung geht nach außen oder nach innen. Gesetzmäßigkeiten werden gesucht und erkannt. Naturgesetze, logische Gesetze, seelische Gesetzmäßigkeiten.

Die *Bewußtseinsseele*, durch unbewußte Arbeit des Ich am physischen Leib entwickelt (wie die beiden anderen Seelenglieder durch die Arbeit an Ätherleib und Astralleib), faßt die Errungenschaften ihrer beiden Vorstufen zusammen: «Im Zentrum der Bewußtseinsseele wird die Welt erkannt, das eigene Bewußtsein erwacht am Wesen der Welt und findet so zur Selbsterkenntnis. Nicht indem das Ich wieder in die Seelenperipherie eintaucht, wird die neue Weltbeziehung geknüpft, sondern indem es, aus dem Zentrum der Seele dem höheren Ich folgend, durchstößt zu einer neuen geistigen Weltverbindung. Damit ist das Gemeinsame, worin Welt und Selbsterkenntnis sich finden, offenbar: es ist die Welt des Geistes, die in der irdischen Welt wie im Menschen lebt. Der Mensch kann sich selbst nun als bewußtes Glied dieser geistigen Welt erkennen und dadurch zugleich die neue Welterkenntnis gewinnen.»[32]

Eine spirituelle psychologische Selbsterkenntnis, aus der entwickelten Bewußtseinsseele heraus geübt, kann sich also sicher nicht in jener Introspektion heutiger Tiefenpsychologie erschöpfen, jenem Nur-ins-eigene-Innere-Schauen, das bei dem vielen Über-sich-Reden allzuleicht zu einem Nach-innen-Starren wird.

2. *Goethe über die Selbsterkenntnis*

Schon Goethe, der bedeutendste Autobiograph der deutschen Literatur, war ein dezidierter Gegner der reinen, allein dem eigenen Ich zugewandten Introspektion. In dem kleinen Aufsatz «Bedeutende Fördernis durch ein einziges geistreiches Wort», mit dem Goethe dem Inhaber des ersten Psychiatrielehrstuhls, Johann Christian Friedrich August Heinroth (1773 – 1843), für dessen Charakteristik des Goetheschen Denkens als eines «gegenständlichen Denkens» danken wollte, äußert sich Goethe 74jährig mit aller Deutlichkeit zu jenem «Erkenne dich selbst», wie es zu seiner Zeit verstanden wurde: «Hierbei bekenne ich, daß mir von jeher die große und so bedeutende Aufgabe: erkenne dich selbst, immer verdächtig vorkam, als eine List geheim verbündeter Priester, die den Menschen durch unerreichbare Forderungen verwirren und von der Tätigkeit gegen die Außenwelt zu einer inneren falschen Beschaulichkeit verleiten wollen. Der Mensch kennt nur sich selbst, insofern er die Welt kennt, die er nur in sich und sich in ihr gewahr wird.»[33] Auch in den *Maximen und Reflexionen* (Sprüche in Prosa) hat sich Goethe zu dem «Erkenne dich selbst» geäußert: «Nehmen wir sodann das bedeutende Wort vor: ‹erkenne dich selbst›, so müssen wir es nicht im asketischen Sinne auslegen. Es ist keineswegs die Heautognosie unserer modernen Hypochondristen, Humoristen und Heautontimorumenen damit gemeint, sondern es heißt ganz einfach: gib einigermaßen acht auf dich selbst, nimm Notiz von dir selbst, damit du gewahr werdest, wie du zu deinesgleichen und der Welt zu stehen kommst. Hierzu bedarf es keiner psychologischen Quälereien; jeder tüchtige Mensch weiß und erfährt, was es heißen soll; es ist ein guter Rat, der einem jeden praktisch zum größten Vorteil gereicht.»

Hier und in der folgenden Reflexion rückt Goethe, aus einer Bewußtseinsseelenhaltung sprechend, ein introvertiertes, selbstbezogenes Mißverständnis der Selbsterkenntnisforderung zurecht: «Wie kann man sich selbst kennenlernen? Durch Betrachten niemals, wohl aber durch Handeln. Versuche, deine Pflicht zu tun, und du weißt gleich, was an dir ist.»

In *Wilhelm Meisters Lehrjahre* heißt es: «Da lernt er erst sich selbst kennen; denn das Handeln vergleicht uns mit andern.»

In Goethes Beurteilung der unfruchtbaren reinen Innenschau und der Betonung einer wechselseitig sich bedingenden und fördernden Welt- und Selbsterkenntnis sehen wir sowohl das Prinzip einer Seelenhygiene als auch ein methodisches Prinzip zur Gewinnung richtiger Erkenntnisse. «Der Mensch kennt nur sich selbst, insofern er die Welt kennt, die er nur in sich und sich in ihr gewahr wird. Jeder neue Gegenstand, wohl beschaut, schließt ein neues Organ in uns auf.» Damit ist ein echter und bedeutungsvoller anthropologischer Entwicklungsgedanke mit der Erkenntnistheorie verknüpft: «Da im Wissen sowohl als in der Reflexion kein Ganzes zusammengebracht werden kann, weil jenem das Innere, dieser das Äußere fehlt, so müssen wir uns die Wissenschaft notwendig als Kunst denken, wenn wir von ihr irgendeine Art von Ganzheit erwarten. Und zwar haben wir diese nicht im Allgemeinen, im Überschwenglichen zu suchen, sondern, wie die Kunst sich immer ganz in jedem einzelnen Kunstwerk darstellt, so sollte die Wissenschaft sich auch jedesmal ganz in jedem einzelnen Behandelten erweisen. Um aber einer solchen Forderung sich zu nähern, so müßte man keine der menschlichen Kräfte bei wissenschaftlicher Tätigkeit ausschließen ...»[34] Jede wissenschaftliche Erkenntnis fordert den ganzen Menschen, alle «menschlichen Kräfte» in ihm, und fördert ihn dadurch, neue Erkenntnisorgane in ihm ausbildend, bis der ganze Mensch sich zum Erkenntnisorgan umbildet. So wird Erkenntnis zu Bildung, im doppelten realen Sinn des Wortes, Wissenschaft wird zu Kunst, Menschenerkenntnis zu Menschenbildung.

3. Vom «Ich-Wahn» zur Selbstwahrnehmung

Nicht das Anhängen dem «irdischen Ich-Wahn» heutiger Selbsterfahrungs-Fanatiker mit dem starken Hang, «viel von sich zu sprechen, viel über sich nachzudenken»,[35] ist eine ernst zu nehmende Möglichkeit der Selbsterkenntnis. «Denn dieses Viel-über-sich-Sprechen, dieses Viel-über-sich-Nachdenken ist wirklich der schlechteste Weg zur Selbsterkenntnis. Wenn man den Hang hat, viel über sich zu sprechen, alle Dinge so zu beurteilen, daß man vor allen Dingen darauf bedacht ist, wie man sich selbst hineinstellt in die Welt, was man der Welt bedeutet: wenn man diesen Hang hat, so ist man schlecht geeignet, sich in der geistigen Welt zurechtzufinden oder irgend etwas von der geistigen Welt zum Ausdruck zu bringen. In spirituellem Sinne beschäftigt man sich am allermeisten mit sich, wenn man im irdischen Sinne am wenigsten sich mit sich selbst beschäftigt, im irdischen Sinne am wenigsten an sich denkt; denn das, was uns im irdischen Sinne am interessantesten ist – der Zusammenhang der Welt mit unserer eigenen Person –, das ist für die geistige Welt das Allerbedeutungsloseste, das Allerunbedeutendste.»[36]

Zu einer spirituellen Selbsterkenntnis bedarf es einer geschulten Selbstwahrnehmung. Im Wahrnehmen wie im Erkennen bin ich immer selbst beteiligt. In der Selbstwahrnehmung wie in der Selbsterkenntnis bin ich also Tätiger und Erleidender zugleich, Subjekt und Objekt der Wahrnehmung bzw. Erkenntnis. Auch wenn das philosophisch und schwierig klingt, so ist Selbstwahrnehmung doch auch eine alltägliche Erfahrung, die es bei unserem Anliegen einer spirituellen Selbsterkenntnis zu üben und zu vertiefen gilt. Eine Selbstwahrnehmung habe ich scheinbar äußerlich tagtäglich in der Wahrnehmung meines Körpers, meiner Gestalt, in Ruhe und besonders in der Bewegung meiner Gliedmaßen. Diese Wahrnehmung von mir selbst bleibt mir normalerweise so flüchtig und unbedeutend, daß ich kaum eine Erkenntnis damit verbinde. Das muß aber nicht so sein. – Eine zweite Wahrnehmung von mir selbst, ebenso alltäglich, habe ich, wenn ich spreche und mich sprechen höre.

Ich nehme dabei scheinbar Äußerliches, meine Stimme, meine Sprache wahr, sowie eindeutig Innerliches, Seelisch-Geistiges: meine Gedanken, die ich in Worten ausdrücke. – Eine dritte Seelenwahrnehmung führt uns in einen Innenraum: unsere Erinnerungen an unsere eigene Lebensgeschichte. «Wer sich klarmacht, daß die menschliche Entwicklung nicht bloß Entwicklung, sondern Geschichte ist, der kann in ähnlicher Weise sich klar sein über die Methode der Selbstbeobachtung wie derjenige, welcher sich klar gemacht hat, was mathematische Wahrheiten sind.»[37]

Haben wir zu Beginn unserer Betrachtung die drei Entwicklungsschritte im Kleinkindesalter erwähnt: Erlernen und Beherrschen der Körperbewegung, Erlernen und Beherrschen der Sprache und Erlernen der Erinnerungsfähigkeit, so begegnen uns hier die gleichen Fähigkeiten auf unserem Wege zu einer Selbstwahrnehmung und Selbsterkenntnis wieder.

«Man muß nur die Selbsterkenntnis im wirklichen Sinne, nicht in dem eines bloßen Hineinstarrens in das ‹Innere› üben.»[38] Das heißt, es kann sich nicht darum handeln, eine Selbsterkenntnis in dem üblichen Sinne einer psychologischen Persönlichkeitsbeschreibung anzustreben. Auch innerhalb einer anthroposophischen Psychologie sind mehrere gleichberechtigte Wege einer Selbsterkenntnis möglich. Denkbar ist z.B. das in dem Vortrag «Der menschliche Charakter» geschilderte Vorgehen einer Beobachtung der Gestik, um zu einer Menschen- und Selbsterkenntnis zu gelangen. Wir kommen weiter unten darauf zurück.

Eine weitere, sehr praktische Methode ist dem Leser dieser Vorträge bekannt geworden in dem Vortrag «Vom Wesen des Bewußtseins» aus der Reihe der «Psychosophie»-Vorträge (4.11. 1910). Darin schilderte Rudolf Steiner ein Schema des Seelenlebens, von dem er dann selber ausspricht: «Nun kann ich Ihnen die Versicherung geben, daß sich Ihnen unzählige Rätsel der Seele lösen werden, wenn Sie dieses Schema zugrunde legen.»

Darin liegt eine konkrete Aufgabe und eine nicht zu überschätzende Möglichkeit einer anthroposophischen Psychologie, der nachzukommen den Raum eines Nachwortes übersteigt.

4. Methodische Vorbemerkung

Anthroposophisch-spirituelle Erkenntnis setzt an zwei «Eckpfeilern des wissenschaftlichen Lebens» an: «Der eine Eckpfeiler sind die Grenzen der Naturerkenntnis.» Hier setzt der eine Teil anthroposophisch-spiritueller Methodik an: wir führen mit aller Kraft unseren Willen in unser Vorstellen, in den Intellekt, in unser Gedankenleben ein.[39] Nicht in ungeordnetem, «freiem», willenlosem Vorstellungsleben, wie es das freie Assoziieren der psychoanalytischen Methode ist, sondern in dem genau umgekehrten Bemühen, das Vorstellungs- und Gedankenleben willentlich und bewußt zu führen, liegt die Erkenntnismöglichkeit, durch Konzentration und Meditation an den Grenzen der äußeren Naturerkenntnis nicht in Spekulation oder Mystik abzuschweifen, sondern seelisch darüber hinauszukommen: «Dann spekuliert man nicht mehr und philosophiert nicht mehr an diesen Grenzen des Naturerkennens, sondern man *erlebt* etwas an gewissen Begriffen. Es geht etwas in der Seele vor, das Erlebnisse umfaßt gegenüber diesen Begriffen, wie wir sie meinetwillen nur erleben, wenn wir äußerlich lieben oder wenn wir sonst im Kampf des äußeren Lebens drinnenstehen. Darauf kommt es an, daß wir, indem wir von aller äußeren Welt absehen, in unserem Innern etwas durchmachen, das uns also in eine Realität führt, die ebenso intensiv für unser Bewußtsein sich darlebt, wie sonst nur die äußere Realität, die wir mit unseren Händen und Füßen berechtigt berühren und bearbeiten. Wenn wir uns in dieser Weise durch Konzentration, durch Meditation durchgearbeitet haben zu einem Bewußtsein, das innerlich im Intellekt willentlich erstarkt ist, dann tritt endlich das ein, was man so kennzeichnen kann: wie man sonst das Rot durch äußere Beobachtung erkennt als Farbe, wie man das Blau erkennt, wie man das Cis oder das C hört, so erkennt man, wenn man sich in dieser Weise durchgearbeitet hat, so daß man erlebt in jenem Seelischen, das sich nun nicht mehr des Körperlichen, nicht mehr des Nervensystems oder dergleichen als eines Werkzeuges bedient, im unmittelbaren Bewußtsein, daß es ein *Seelisches an sich* gibt.»[40]

Der zweite «Eckpfeiler», an dem anthroposophisch-geisteswissenschaftliche Methode ansetzt, ist nun die Grenze der Selbsterkenntnis: «Der zweite wichtige Teil anthroposophischer Methodik besteht nun darin, daß man in einer anderen Weise, als das gewöhnlich der Fall ist, an das eigene Selbst des Menschen heranrückt ... Wer sich wirklich bemüht, in strengerer Psychologie, als heute gewöhnlich üblich ist, in solcher Art das menschliche Innere zu erforschen, der weiß, wie die menschliche Selbsterkenntnis Täuschungen ausgesetzt ist und wie dasjenige, was die Mystiker aller Zeiten glaubten aus ihrem Innern hervorzuholen als irgendeine Kraft, nichts anderes ist als die umgestaltete, vielleicht nebulos gewordene, jedenfalls aber metamorphosierte Erfahrung früheren Lebensalters. Wie man, um ohne Täuschung an die Grenze der Naturerkenntnis heranzurücken, solches durchmachen muß, wie ich es jetzt geschildert habe, so muß man sich nicht im gewöhnlichen Sinn nebuloser Mystik hingeben, sondern man muß wiederum an einer anderen Art Eckpfeiler menschlichen Erkennens in systematischer Weise die Seele schulen. Und das kann man nur, wenn man an etwas herantritt, auf das man eigentlich sonst im Leben wenig achtet.»[40]

Dieser Weg der Selbsterziehung und Lebensgestaltung ist nun der umgekehrte wie der beim Überschreiten der Grenzen der Naturerkenntnis: in den Willen, in mein Willensleben, in meine willentlichen Lebenshandlungen trage ich meine Vorstellungen hinein, mache ich meine Begriffe und Ideen zu Führern, wo ich mich sonst oft genug nur passiv hingebe und treiben lasse. Erübe ich es auf diese Weise, mein Leben in die Hand zu nehmen, und vergegenwärtige ich mir immer wieder, z. B. durch Rückschau-Übungen, wieweit ich mein Leben wirklich willentlich gestaltet habe, so wird mit der Zeit mein Willensleben für mich beobachtbar, weil es sich in meinen Lebenshandlungen zeigt. Ich bin auf dieser Stufe Handelnder und Beobachter zugleich. Damit habe ich den Zustand möglicher Selbsterkenntnis erreicht. Und jetzt tritt eine neue Veränderung in meinem Seelenleben ein: Meine Erinnerungsbilder werden lebendig, die Vergangenheit wird seelisch gegenwärtiger; es ist, als ob die Zeit zum Raum würde. Mein Erinnerungsleben ist heller geworden. «Dadurch, daß man in solcher Weise behandelt die beiden Eckpfeiler der menschlichen Erkenntnis, die Naturerkenntnis auf der einen Seite, die Selbsterkenntnis auf der anderen Seite, – dadurch, daß man hinausgelangt auf der einen Seile über die Grenzen des Naturerkennens, aber nicht durch Spekulieren, sondern durch unmittelbares Erleben; daß man hineingelangt auf der anderen Seite in das eigene Element seines Willens, indem man nicht Mystik treibt, sondern in strenger Selbstzucht und Methode das Erinnerungsvermögen in sich heranbildet, – dadurch weckt man in der Tat im Innern des Menschen dasjenige auf, was dieses Menschen Unsterbliches ist.»[40]

5. Die Schritte der Selbst-Erkenntnis

1. Das Erinnerungsleben hatten wir bereits erwähnt bei den Elementen der Selbstwahrnehmung. Die Erinnerung ist der erste Schritt auf unserem Weg der Selbsterkenntnis, die Erinnerung ist sozusagen das Selbstverständlichste. «Bei einer solchen wirklichen Selbst-Erkenntnis findet man zunächst, was in der Erinnerung lebt.»[41] Habe ich mein Erinnerungsleben auf dem oben geschilderten Weg, der Schulung des Willens, aktiviert, so bleiben meine Erinnerungsbilder nicht mehr schattenhaft, sie werden lebendig, hell, leuchtend. «Durch die Erinnerung sieht man auf das Geistige der eigenen Seele.»[41] Unserer seelischen Wesenheit nach sind wir in Gewohnheiten und Eigenschaften das, was unsere Erlebnisse, «die in der Erinnerung ihre Schatten werfen», aus uns gemacht haben. In den lebendigen Erinnerungsbildern drückt sich unser Ätherleib aus. – Denken wir an dieser Stelle einen Moment zurück an die Erinnerungsmethode der Psychoanalyse, das «freie Assoziieren», so sehen wir darin tatsächlich einen Schattenwurf wirklicher Selbsterkenntnis, im «Souterrain» der menschlichen Seele.[42]

2. Zum nächsten Schritt der Selbsterkenntnis gehört die Selbstwahrnehmung der Sprache. «Man nähere sich nun in derselben Art, wie wenn man so an die Erinnerung herangetreten ist, der Sprache. Sie quillt aus dem Innern des Menschen hervor wie die Erinnerung. In ihr verbindet sich der Mensch mit einem Sein, wie er sich in der Erinnerung mit seinen eigenen Erlebnissen verbindet.»[41] In der Sprache drücke ich mich aus. Ich offenbare ein Innerlicheres als in der Erinnerung, insofern sich durch die Sprache mehr ausdrückt als nur Erinnerung: eine innere Bewegung – bei äußerer Ruhe –, die, wie jeder aus alltäglicher Erfahrung weiß, mehr ausdrückt als nur das Aus-Gesprochene. In seiner Sprache drückt sich der Sprecher aus. Sprache ist mehr

als nur Verständigungsmittel; sie enthält mehr als begriffliche Mitteilungen. Im Klang der Sprache schwingt das Seelenleben des Sprechers mit» in der Artikulation, der Aussprache erscheint die Geistesgegenwart des Sprechenden im Physischen. Klang und Artikulation, Deutlichkeit, werden im Sprechen repräsentiert durch Vokale und Konsonanten, die Grundelemente der Sprache. «Wenn man von Konsonantischem spricht, hat man eigentlich im Gefühl immer etwas, was an Musikinstrumente erinnert. Und die Gesamtheit, die Harmonie alles Konsonantischen stellt eigentlich die Plastik des menschlichen Organismus dar. Und das Vokalische – das ist die Seele, die auf diesem Musikinstrument spielt. Die gibt das Vokalische. So daß Sie eigentlich, wenn Sie in der Sprache das Konsonantische und das Vokalische verfolgen, in jeder sprachlichen und tonlichen Äußerung eine Selbstäußerung des Menschen haben. Die Seele des Menschen spielt vokalisch auf dem Konsonantismus des menschlichen Körperinstruments.»[43] «Indem der Mensch sich sprachlich äußert, indem der Mensch sich gesanglich äußert, drückt er ja als eine Offenbarung seinen ganzen Organismus nach Leib, Seele und Geist nach außen hin und nach sich selbst zu, nach innen hin, aus. Der Mensch ist gewissermaßen in dem, was er lautlich und tonlich offenbart, ganz darinnen enthalten.» Insofern der Mensch als Sprechender sein eigener Zuhörer sein kann, liegt hier ein zweiter Schritt der Selbstwahrnehmung und Selbsterkenntnis vor. In der Sprache, im Sprechen, drückt sich unsere Seele, unser Astralleib aus.

3. In einem dritten Schritt ist Selbsterfahrung und Selbsterkenntnis möglich, wenn wir unsere Aufmerksamkeit richten auf unser Äußerstes, die Bewegung unserer Gliedmaßengestalt. «Man kann weitergehen. An dem Sprechen ist der Mensch mit einem Teil seines Wesens beteiligt. Er bringt im Sprechen sein Inneres in Bewegung … Aber der ganze Mensch kommt in

Bewegung, wenn er in Regsamkeit bringt, was gliedmaßenartig an ihm ist. In dieser Bewegung ist der Mensch nicht minder ausdrucksvoll als in der Erinnerung und in der Sprache. Die Erinnerung drückt die Erlebnisse aus; die Sprache hat ihr Wesen eben darinnen, daß sie Ausdruck von etwas ist. So auch drückt der in seinem ganzen Wesen bewegte Mensch ein «Etwas» aus.»[41] In der Körperhaltung und -bewegung, in Mimik, Gestik, Gebärde drückt sich nicht nur äußerlich der ganze Mensch aus, sondern sein innerstes, gestaltbildendes und bewegendes Selbst, sein Charakter (vgl. hier den Vortrag «Der menschliche Charakter»), offenbart sich in der Bewegung. Das Zentrum erscheint an der Peripherie, wird hier sinnlich wahrnehmbar und selbstwahrnehmbar für das bewegende Ich. Hier erst erfüllt sich die Identität von Umkreis und Mitte, Peripherie und Zentrum, wie sie nur dem Ich eigen ist. Die letzte Stufe der Selbstwahrnehmung und Selbsterkenntnis haben wir hier erreicht, mit der «Introspektion» von innen nach außen. «Die leib-verkörperte Seele fühlt sich als Selbst, weil sie im Leibe sich befindet. Die Seele im Leibe sagt zu ihrem Leibe ‹Ich›».[44]

Zu den geschilderten drei Stufen der Selbsterkenntnis: der Erinnerung, der Sprache und der Bewegung, gibt es aus der anthroposophischen Geisteswissenschaft psycho-hygienische und therapeutische Übungen, z.B. die Rückschau, Erinnerungs- und Aufmerksamkeitsübungen, die Sprachgestaltung und die Eurythmie und Heileurythmie.

Der Mensch steht als Selbst in der Welt, hat mit ihr zu tun, lebt und handelt in ihr. Nur in diesem Bezugsrahmen von Selbst und Welt ist eine Selbsterkenntnis spirituell, ist eine so geübte Psychologie eine «spirituelle Betätigung.» «So kann wirkliche Selbst-Erkenntnis des Menschenwesens geübt werden. Aber der Mensch erfaßt dabei nicht das eigene Selbst allein. Stufenweise erfaßt er seine Glieder: den physischen Leib, den Ätherleib, den Astralleib, das Selbst. Aber indem er diese erfaßt, kommt er auch stufenweise an höhere Welten heran, die wie die drei Naturreiche, das tierische, das pflanzliche, das mineralische, als drei geistige Reiche zu der Gesamtwelt gehören, in der sich sein Wesen entfaltet.»[45]

Die Seele des Menschen entfaltet sich zwischen Leib und Geist. Der Leib gehört den Naturreichen, der menschliche Geist den geistigen Reichen an. Durch die Seele inkarniert sich ein Menschengeist in einem Leib für ein individuelles Leben. Im Leib wirkt das Naturgesetz der Vererbung. Der Geist folgt dem Gesetz der Wiederverkörperung, den wiederholten Erdenleben. Die Seele lebt nach dem selbstgeschaffenen Schicksal, ihrem Karma; sie vermittelt den Zusammenhang zwischen Leib und Geist durch die Tätigkeit des Ich, deren sich der Mensch durch Selbsterkenntnis vergewissern und bewußt werden kann.[46] Aus diesem Grunde bildet die Selbsterkenntnis das anthroposophische Prinzip einer spirituellen Psychologie, die das Wesen der menschlichen Seele erfassen will.

Markus Treichler

Anmerkungen

1 Rudolf Steiner: *Der Entstehungsmoment der Naturwissenschaft in der Weltgeschichte und ihre seitherige Entwicklung* (1922/23), GA 326.

2 Rudolf von Delius: *Schöpfertum* (1922); zit. nach Ch. Bühler: *Das Seelenleben des Jugendlichen* (1975), S. 85.

3 Rudolf Steiner: *Menschenerkenntnis und Unterrichtsgestaltung* (1921), GA 302.

4 Adalbert Stifter in seinem autobiographischen Fragment; zit. nach: *Stifter* von Urban Rödel (1982).

5 Rudolf Steiner, Vortrag vom 7.4.1921, in GA 76; vgl. auch: Rudolf Steiner, Themen aus dem Gesamtwerk, Band 2: *Sprechen und Sprache* (1980).

6 Platon: *Phaidros*, 25.

7 Platon: *Der Staat.*

8 Aristoteles: *Über die Seele.*

9 Rudolf Steiner: *Rätsel der Philosophie* (1914), GA 18, 1. Bd.

10a Augustinus: *Confessiones* (Bekenntnisse), X, 3.

10b Ebd., X, 8.

11 Augustinus, zit. nach L. J. Pongratz: *Problemgeschichte der Psychologie* (1967).

12 Gustav Theodor Fechner: *Über die Seelenfrage.*

13 Karl Bühler: *Die Krise der Psychologie* (1927; 1978).

14 C. F. Graumann: *Zur Lage der Psychologie 1970*, Bericht über den 27. Kongreß der Deutschen Gesellschaft für Psychologie 1970 in Kiel (vgl. Vorwort, Anm. 4).

15 E. Roth: *Zur Lage der Psychologie 1980*, Bericht über den 32. Kongreß der Deutschen Gesellschaft für Psychologie 1980 in Zürich (vgl. Vorwort, Anm. 4).

16 P. Hofstätter: *Fischers Lexikon der Psychologie* (1972).

17 C. F. Redlich: «Der Gesundheitsbegriff in der Psychiatrie»; in: *Der Kranke in der modernen Gesellschaft* (1967), hrsg. von A. Mitscherlich.

18 Vgl. Anm. 11 zu den Vorträgen (S. 318 f.).

19 zitiert nach W. Schulz: *Philosophie in der veränderten Welt* (1974).

20 B. F. Skinner: *Jenseits von Freiheit und Würde* (1973); zitiert nach H. Balmer: «Objektive Psychologie – verstehende Psychologie»; in: *Die Psychologie im 20. Jahrhundert* (1979).

21 Sir Cyril Burt; zitiert nach A. Köstler: *Die Armut der Psychologie* (1980).

22 Vgl. Anm. 17.

23 Rudolf Steiner: *Anthroposophie – ihre Erkenntniswurzeln und Lebensfrüchte* (1921), GA 78.

24 S. Freud: *Gesammelte Werke*, Band XIII.

25 Die Vorstellung geht zurück auf René Descartes. Die philosophischen, physiologisch-medizinischen und psychologischen Konsequenzen seiner Auffassung werden z.B. in der «objektiven» und Verhaltenspsychologie manifest.

26 z.B. ist die messende Naturwissenschaft nicht anwendbar auf die Seele, was die beiden oben charakterisierten psychologischen Richtungen tun.

27 Rudolf Steiner: *Der Entstehungsmoment der Naturwissenschaft in der Weltgeschichte und ihre seitherige Entwicklung* (1923), GA 326.

28 Giovanni Pico della Mirandola (1463 – 1494), Humanist und Philosoph, Urheber der modernen philosophischen Anthropologie durch Betonung der Freiheit des Menschen, worin seine Würde urständet.

29 Rudolf Steiner: *Grundlinien einer Erkenntnistheorie der Goetheschen Weltanschauung* (1886), GA 2, Kap. 18.

30 G. Benedetti: «Vom Wesen der Psychoanalyse als einer Wissenschaft der Introspektion»; in: *Sich selbst erkennen* (1982).

31 Rudolf Treichler: *Die Entwicklung der Seele im Lebenslauf* (1981).

32 Rudolf Treichler: a. a. O.

33 J. W. Goethe: «Bedeutende Fördernis durch ein einziges geistreiches Wort», Hamburger Ausgabe, Bd. XIII.

34 J. W. Goethe, zitiert nach W. Blankenburg: «Was heißt anthropologische Psychiatrie?»; in: *Leib, Geist, Geschichte*, hrsg. v. A. Kraus, (1978).

35 Rudolf Steiner: *Wege der geistigen Erkenntnis und der Erneuerung künstlerischer Weltanschauung* (1915), GA 161.

36 Rudolf Steiner, a. a. O.

37 Rudolf Steiner, vgl. 2. Vortrag S. 40 in diesem Band, entnommen aus GA 52.

38 Rudolf Steiner: *Anthroposophische Leitsätze – Der Erkenntnisweg der Anthroposophie – Das Michaelmysterium* (1924/25), GA 26.

39 Rudolf Steiner, vgl. den Vortrag «Geist, Seele und Leib des Menschen» vom 28.2.1918, 3. Vortrag in diesem Band.

40 Rudolf Steiner: «Anthroposophie, ihr Wesen und ihre philosophischen Grundlagen», Vortrag vom 8.7.1920.

41 Rudolf Steiner: *Anthroposophische Leitsätze* (1924/25), GA 26.

42 Vgl. Binswanger: «Erinnerungen an S. Freud»; zitiert nach W. Blankenburg, a. a. O.

43 Rudolf Steiner: «Das Wesen des Musikalischen und das Ton-Erlebnis im Menschen», Vortrag vom 2.12.1922, GA 283; enthalten auch in: Rudolf Steiner, Themen aus dem Gesamtwerk Bd. 2, *Sprechen und Sprache* (1980).

44 Rudolf Steiner: *Ursprung und Ziel des Menschen* (1904 / 05), GA 53.

45 Vgl. Anm. 41, a. a. O.

46 Rudolf Steiner: *Theosophie* (1904), GA 9.

Quellennachweis

Anthroposophie und Psychologie, Wien, 2. Juni 1922; in: *Westliche und östliche Weltgegensätzlichkeit*, GA Bibl.-Nr. 83, Dornach [3]1981.

Theosophische Seelenlehre, Berlin, 16. März 1904; in: *Spirituelle Seelenlehre und Weltbetrachtung*, GA Bibl.-Nr. 52, Dornach 1972.

Geist, Seele und Leib des Menschen, Berlin, 28. Februar 1918; in: *Das Ewige in der Menschenseele*, GA Bibl.-Nr. 67, Dornach [2]1992.

Die vorgeburtliche und nachtodliche Wurzel des Seelischen in Bild und Keim, Stuttgart, 22. August 1919; in: *Allgemeine Menschenkunde als Grundlage der Pädagogik*, GA Bibl.-Nr. 293, Dornach [9]1992.

Die Dreigliederung der Seele, Dornach, 30. Oktober 1921; in: *Anthroposophie als Kosmosophie* (II), GA Bibl.-Nr. 208, Dornach [3]1992.

Die leibliche, seelische und geistige Seite des Seelenlebens, Berlin, 1. November 1910; in: *Anthroposophie – Psychosophie – Pneumatosophie*, GA Bibl.-Nr. 115, Dornach [3]1980.

Seelenkräfte zwischen Vorstellen und Begehren, Berlin, 3. November 1910; GA Bibl.-Nr. 115.

Vom Wesen des Bewußtseins. Das Entstehen des Urteils und der Ich-Vorstellung, Berlin, 4. November 1910; in GA Bibl.-Nr. 115.

Der menschliche Charakter, München, 14. März 1910; in: *Metamorphosen des Seelenlebens* (I), GA Bibl.-Nr. 58, Dornach 1984.

Denken – Fühlen – Wollen, Dornach, 15. Juli 1921; in: *Menschenwerden, Weltenseele und Weltengeist* (I), GA Bibl.-Nr. 205, Dornach [2]1987.

Grundlinien einer okkulten Psychologie, Dornach, 30. September 1921; in: *Anthroposophie als Kosmosophie* (I), GA Bibl.-Nr. 207, Dornach [3]1990.